ちくま学芸文庫

「物質」の蜂起をめざして

レーニン、〈力〉の思想

白井 聡

筑摩書房

君は僕等東洋人の一人だ。
君は僕等日本人の一人だ。
君は源の頼朝の息子だ。
君は――君は僕の中にもゐるのだ。

君は恐らくは知らずにゐるだらう、
君がミイラになつたことを？
しかし君は知つてゐるだらう、
誰も超人は君のやうにミイラにならなければならぬことを？　（略）

誰よりも十戒を守つた君は
誰よりも十戒を破つた君だ。
誰よりも民衆を愛した君は
誰よりも民衆を軽蔑した君だ。
誰よりも理想に燃え上つた君は
誰よりも現実を知つてゐた君だ。
君は僕等の東洋が生んだ
草花の匂のする電気機関車だ。

――芥川龍之介『僕の瑞威《スキツツル》から』

目次

増補新版まえがき――なぜ、あなた方はレーニンを読まないのか？ 013
はしがき――幾多の出会いそこねを超えて 017
序論 レーニンと二〇世紀 023
Ⅰ いまレーニンを読むこと 023
Ⅱ 本書の内容・方法・構成 029
第一部 思想史上のレーニン
はじめに 041
第一章 歴史の〈外部〉への跳躍――レーニンのスプレマチズム 046
Ⅰ 近代のエピステーメーと無限なもの 046

Ⅱ　近代思想としてのマルクス主義　049
Ⅲ　レーニンの唯物論と革命――「物質」の解放　054
Ⅳ　唯物論と主体性、そして歴史の超克　068
Ⅴ　レーニンのスプレマチズム　076
第二章　〈物質〉の叛乱のために――唯物論とテクノロジー　086
Ⅰ　忘れ去られたテクスト　086
Ⅱ　『唯物論と経験批判論』をめぐる歴史的文脈　088
Ⅲ　唯物論論争の問題機制　096
Ⅳ　「物質」の「反映」における困難　108
Ⅴ　経験される「物質」　116
Ⅵ　世界を不意打ちする手段としての唯物論　132
第三章　マルクスを受け継ぐこと――不均等発展論と十月革命　135
Ⅰ　マルクス学説のロシアへの適用　135

Ⅱ 「不均等発展」の理論 140
Ⅲ 「不均等発展」とロシアにおける社会主義革命 147
Ⅳ レーニンの客観概念 162
Ⅴ 転倒的継承 170
第四章 〈力〉の秩序としてのコミュニズム——無国家社会の倫理的基礎 174
Ⅰ 近代国家の起源 174
Ⅱ 逆説的権力としての近代資本制における国家 182
Ⅲ レーニンにおける等価関係の廃絶の構想 190
Ⅳ 〈もの〉の〈力〉 197
第二部 現代思想としてのレーニン
はじめに 209

第五章　民主主義とその不満――レーニン、フロイト、ラディカル・デモクラシー　219
Ⅰ　デモクラシーの危機？　219
Ⅱ　暴力の封じ込めとその回帰　228
Ⅲ　フロイト『トーテムとタブー』　237
Ⅳ　カール・シュミットの自由民主主義批判　249
Ⅴ　コミュニケーションと真理（一、ラディカル・デモクラシーの場合）　256
Ⅵ　コミュニケーションと真理（二、フロイトの場合）　272
Ⅶ　コミュニケーションと真理（三、レーニンの場合）　289
Ⅷ　街頭と議会の狭間としてのソヴィエト　304
第六章　実在論の政治学――レーニンとネグリ　308
Ⅰ　形式の交替劇としての哲学・政治学史　308
Ⅱ　アントニオ・ネグリ『構成的権力』の問題提起　311
Ⅲ　形式か自由か？　316

Ⅳ 形式と自由、レーニン的解決 320
Ⅴ 実在へ 330
Ⅵ レーニンとネグリの差異 334

第七章 経済学と革命――宇野弘蔵におけるレーニン 336
Ⅰ 宇野弘蔵におけるレーニン 336
Ⅱ 宇野理論の構造 357
Ⅲ 切断という方法 372
Ⅳ 科学とカイロス 391

補論 終末の認識論――レーニン〈再見〉に寄せて 395
Ⅰ レーニンにおける「テクストの快楽」 395
Ⅱ レーニンにとってのマルクス主義 400
Ⅲ 終末の認識論 405
Ⅳ マルクス主義の超克 412

Ⅴ　レーニン的情熱との〈再見〉　417

結論　「モノ」のざわめきから新たなるコミュニズムへ　421
Ⅰ　無意識と革命　421
Ⅱ　エピローグ　431

付録一　われわれにとっての『国家と革命』　439
Ⅰ　驚くべき書物　439
Ⅱ　われわれにとっての『国家と革命』　446
Ⅲ　『国家と革命』の「使い方」　454

付録二　二一世紀世界の〝欲望〟として再生するレーニンのユートピア　460
Ⅰ　レーニンの〝清算〟から〝再生〟へ　460
Ⅱ　ネグリによるレーニン　464
Ⅲ　レーニンと現代　480

注　487
旧版あとがき　526
文庫版あとがき　532
解説　〈戦後日本〉の救済者（細見和之）　536
研究・参考文献　v
索引　i

【凡例】

一、引用文中で著者が補った言葉は［　］で括って示している。

二、引用文中で省略した箇所は、（中略）（後略）という形で示している。「……」は原文のままである。

三、引用文中でイタリック等によって強調された部分は、傍点によって示している。

四、引用文で原典が注記されている場合は、著者による訳文である。参考にさせていただいた訳書を併せて注記してある。

五、大月書店版『レーニン全集』は『全集』と略記している。

増補新版まえがき——なぜ、あなた方はレーニンを読まないのか？

一区切りをつけた自分の仕事について、つけ加えてものを言うことは難しい。この本を出したのが五年前、その後にあの3・11原発震災があり、その衝撃から私は『永続敗戦論——戦後日本の核心』（太田出版、二〇一三年。のち講談社プラスアルファ文庫、二〇一六年）を書くことになった。この本は幸いなことに大きな注目を集めた。同書は時事政論的な側面をかなりの程度持つものであるが、こうした時事的著作を自分が書くことになるとは、予想もつかなかったことだった。そして、『永続敗戦論』をきっかけに、各種の媒体で時事論的文章を相当の頻度で書くことにもなっている。これは、3・11以降、第二次安倍政権の成立を経て、日本の政治状況の悪化、社会的危機がますます切迫しているという事実によって、私の学究生活に生じた変化である。

レーニンの政治思想研究と戦後日本政治論という二つのテーマは、一見つながりが薄いかもしれない。しかし私は、いま危機の時代——それは「永続敗戦レジーム」と私が名づけた体制が、崩壊の危機に瀕して、自己存続を図ろうと死に物狂いの抵抗を行なっていることによる危機である——のなかで、数々の時事的言論を展開するにあたって、自分がレーニンを研究したことを心からよかったと感じている。なぜなら、レーニンのテクストは、権力批判の言論をどのように構築するべきなのかについてのこの上ない見本であり、また、政治闘争において信用できる同盟者と心を許してはならない同盟者（究極的には敵である者）をどうやって見分けるのかを、これまたこの上なく明瞭に教えてくれるからである。『未完のレーニン』刊行から『「物質」の蜂起をめざして』を出すに至るまで、私は多くの人から「なんでこの時代にレーニンなんか?」という質問を受け続けたが、いまや今度は私が彼らに聞く番であろう。「なぜ、あなた方はレーニンを読まないのか?」と。

本書の主に第二部に収められた諸論考に明らかであろうが、私のレーニン研究は、レーニンを現代政治思想のなかに位置づけようという試みでもあった。あるいはそれは、「現代政治思想」と呼び習わされている学問ジャンルのなかでレーニンを取り扱うことの不可能性の証明であったかもしれない。いずれにせよ私は、現代の政治理論の状況に介入する意図を持った論考を書いたのである。それは、現代自由民主主義の前提を絶対的条件として思考することへの批判であった。無論、本書は自由民主主義のパラダイムを超えるものをまだ積極的に打ち出せてはいない。その代わりに、レーニンを現代政治思想のなかに位置づける試みは、政治思想史そのものの組み替え、語り直しを要求することを、本書でなされた考察は示唆している。その作業はおそらく、「力の思想の系譜学」とでも名づけられるものの構築として展開されねばならないであろう。

だが、このような学問的要請以前に、原発事故以降露呈した危機は、自由民主主義の限界を白日の下にさらけ出しているようにも、私には見える。例えば、自由民主主義の政治思想は、「対話」を好み、「法の支配」を好む。今日、このイデオロギーの信奉者は、果たして原子力ムラの住人と「誠実な対話」が可能であるのか、自己利益のためには立憲主義を公然と軽蔑する権力者に「法の支配」を説くことが可能であるのか、とっくりと自問自答してみる必要があるだろう。蛇足ながら言えば、私自身は「対話」や「法の支配」を軽蔑しているわけではない。それらが実現されることを望んでいる。しかし、私が強調したいのは、それらの諸価値が実現される条件のないところで、それらを金科玉条視することは、権力批判の手段を失うこと、また敵の出方を見誤ることに必ず帰結する、ということだ。要するに、自由民主主義の諸前提をあくまで相対的な価値として取り扱わなければ、政治闘争など不可能だ、ということにほかならない。ゆえに、今日の危機の最中で、真に有効な批判を組織できるのは、リベラル・デモクラットではない。「レーニンを経験する」ことが、現在の危機に本気で対処しようとする人には皆、求められているのである。

私のやってきたレーニン研究と『永続敗戦論』以降の仕事が連続したものであることを、いまや誰でも理解できるであろう。レーニンは、私が最重要視するテクストである『国家と革命』の後書きにおいて、次のように言っている。「「革命の経験」をやり遂げることは、それについて書くよりも、愉快で有益である」、と。レーニンは、同書の最終章として

「一九〇五年と一九一七年のロシア革命」と題する章を設け、著作を完成させるつもりだったが、十月革命の前夜、状況の切迫により、この作業を放棄することになったのであった。『永続敗戦論』の著者として、自分がレーニンについて書いたことを振り返ると、非常に僭越ではあるが、こう言いたくなる。「レーニンのように書くことは、レーニンについて書くよりも、愉快で有益である」、と。無論、私がこれまでに成し遂げたことなど、レーニンのそれに較べれば無に等しい。しかし、それでもなお、レーニンの思考の脈動にあらためて触れるとき、闘争の言語とは何であるのか、どのようなものでなければならないのかを教えられ、愉快で有益な実践へとわれわれは導かれるのである。私は、「レーニンの教え」を機械的に繰り返すだけの、不愉快で無益な「レーニン主義者」には何の興味もないし、本書はこれらの人々のためのものではない。本書を通じて、語の最良の意味で「レーニンのように書く」人々が数多く現れることを、私は願ってやまない。

なお、この増補新版には、旧版刊行後にレーニンについて私が書いた二つの文章が収められることとなった。いずれもレーニン関係の本の解説として書かれた文章である。レーニンを現代の文脈において理解するための一助となれば幸いである。

二〇一五年七月

はしがき——幾多の出会いそこねを超えて

本書は、筆者にとって二冊目の「レーニン論」だ。どれほどささやかな書物であったとしても、すでに繰り返し論じられてきた人物についてモノグラフを書くという行為は、本質的に不遜な振る舞いである。なぜなら、かかる振る舞いは、これまでのすべての読みが全面的に、あるいは部分的に間違っているということを、主観的にではあれ、前提としない限り、成立不可能であるからだ。筆者としては、かかる不遜さに慄きつつも、いまとなっては結局のところ居直るほかはない。否むしろ、一体何が筆者をしてこのような不遜な振る舞いをあえてさせたのか、を問うてみるべきなのだ。

筆者が初めてレーニンのテクストに触れたとき——大学生時代（一九九〇年代後半）であったと記憶するが——、レーニンは「過去の人」であると巷では言われており、またそのような先入観を持って読んでいた、といまにして思う。彼の姿勢はあまりにも妥協を知らず、頑固・意固地である一方で、過剰なまでに楽観的な展望から単純きわまる公式が繰り出される。この硬さと単純さが結びついて具体的な制度・体制が形づくられた結果が、あのソヴィエト連邦であったのであろう——このような感想を持ったように記憶する。要するに、レーニンは当時の筆者にとって、知的に興味深い対象ではなかった。

それでは、なぜその後レーニンを主要研究対象とするに至ったのか。細かい事情・経緯を述べ立てても読者を退屈させるだけであるから、端的に言おう。それはもちろん、レーニンの魅力が見えてくるようになったからである。レーニンのテクストの語る事柄は、命題の次元では、いつでもとても単純明快だ。しばしばそれは単純にすぎるほどだ。しかし、その単純な命題を繰り出してくる彼の知性の運動は、決して単純なものではない。このことに気づいたとき、筆者はレーニンにもう一度出会ったのだった。この気づきがあって以来、レーニンの存在は、筆者にとって興味の尽きない一個の謎となった。それゆえ、筆者がレーニンを論じることによって問題としたいのは、彼の提起したさまざまな命題が社会科学的に正しいか否かというようなことではない。彼の思考の運動、知性の不可思議な在り方、それ（だけ）が筆者にとっての探究の対象である。

ソ連邦においてはもちろんのこと、多くの諸国における二〇世紀の共産主義体制・運動の抱えた問題は、マルクス＝レーニン主義と呼ばれる政治思想の硬直性に部分的には起因していた。それは、言い換えれば、レーニンの繰り出した命題・公式を現実に適用しようとするときに生じる齟齬（そして、その齟齬を暴力的に否認すること）であり、そもそもある特殊な歴史的状況から生まれた方針を金科玉条視することのもたらす知的動脈硬化であった。こうした（かつての）状況が広義のスターリン主義の現象にほかならないわけであるが、これに対して、「正しい」（歴史的に）レーニンの命題を対置してみたり、あるいは、一歩引いて、レーニンの命題の「正しさ」（社会科学的な、倫理的な）を吟味してみたりすることに、筆者は全く興味がない。それらは、レーニンの知性の運動の結果のみを問題にしているにすぎず、その意味で本質的なスターリン主義批判たり得ていない。思考の結果＝命題の現実への粗雑な応用が最悪の帰結を生んできたことは、周知の通りである。

ロシア革命、ソヴィエト連邦の成立により、二〇世紀は「レーニンの世紀」になったはずであった。しかし、それは、実のところ「レーニンと出会いそこねた世紀」にほかならなかったのではないか。その結果が、彼の創始した体制の崩壊と、左翼思想の無残なまでの失墜である。だからわれわれは、すべてを何度でもやり直さなければならない。レーニンの遺したものの精華、彼の精神の特異な運動が感じ取られ、その運動、動きが語り掛けてくるものを、われわれがしかと聞き取ることができるようになるときまでは。

「物質」の蜂起をめざして――レーニン、〈力〉の思想

序論　レーニンと二〇世紀

I　いまレーニンを読むこと

　ロシア革命とソヴィエト連邦の成立は二〇世紀における最大の事件であった、とはきわめてしばしば語られる見解である。社会主義の実現とは、一体全体何であろう。それはすなわち、安楽椅子で葉巻をくゆらす資本家から額に汗して働く人々へと権力の担い手が移動することである、とされた。権力の在り処は社会の上層から下層へと一挙に移動し、大昔から存在し続けてきた他人の労働に寄生する連中は金輪際消えうせるのである。労働の果実を他人から奪われる心配のなくなった人々は、意気揚々として労働に励むはずであり、したがって労働の果実は劇的に増えるはずだ。権力の転換は、知性・科学の解放でもある。搾取者階級の利害ばかりに奉仕していた科学と学問の力は、これからは万人に開かれ、万人の幸福に寄与するようになる。またそれは、市場の放任から計画経済への移行でもあった。つまり、無政府的な生産・交換を廃止し、経済の理性的な組織化を以て置き換えること、これにより資本制によって拘束されていた生産力は解放され、飛躍的に上昇し、生産物は最も平等な形で分配されるであろう。これらすべてのことから、人々は平等かつ豊かになる——これが社会主義の意味する事柄であった。

さらには、社会主義は、労働者階級をはじめとするあらゆる抑圧されてきた人々、民族を解放するプロジェクトであり、ゆくゆくは抑圧装置としての国家もまた社会主義の拡大浸透とともに消え去るに違いないものとされた。それは、人類が気の遠くなるような長い時間にわたる進化と進歩、そして苦しみに満ちた歩みの末に、ようやくたどり着いた理想郷であった。こうした壮大な構想の現実化に先鞭をつけた事件として、ロシア革命とソヴィエト連邦の成立は二〇世紀の世界に巨大な影響を与えたとされ、したがって「最大の事件」であるという評価が成り立つわけである。

しかし、これらの根拠からロシア革命とソヴィエト社会主義の出現を二〇世紀最大の事件ととらえることに、筆者は何とも言えない白々しさを覚えてしまう。そこには、筆者の世代的経験が影響しているのかもしれない。筆者が物心ついた頃のソ連邦（一九八〇年代）は、当初のそれが放っていたであろう希望の輝きは、その片鱗すらも感じさせないものになり果てていた。一方では無意味なまでに大量の核兵器を貯め込みながら、他方で生活必需品を質量ともに十分に供給することのできない無能な政府。公然たる特権階級《ノーメンクラトゥーラ》の存在。

国家上層部の面々の勲章に対する異様な執着。官僚主義、言論の自由の不在、万能の秘密警察、強制収容所、市民の相互監視、閉鎖性、等々……数え上げればきりがないが、これらはすべて、現存社会主義体制が本来の社会主義のヴィジョンとほとんど何の関係もないことを示す徴候のように思われた。そして、こうした推測は的外れではなかったものと見え、理想と現実とのギャップを埋めようとするゴルバチョフの試み（ペレストロイカ）が実行に移されることとなった。だがそれは、結果として、社会主義の理想と現実の両方を押し流すことに帰結した。この一連の経過は、筆者に幻滅をもたらすものではなかった。もともと幻は存在しなかったのであるから。

ゆえに、筆者にとって、ソヴィエト社会主義の成立は、よく言われる意味においては、「二〇世紀最大の事件」ではない。履行されない約束の一覧表は、心地の好くない目眩を催させるにすぎない。

だが、冷戦の終焉を言祝ぐ多幸感に溢れた一時期が過ぎた後には、冷徹な商売の季節が始まる。そこでは、地球上のすべての人々とモノがより活発緊密につながり合うようになる、というこれまたまことに結構なふれこみを掲げたグローバリゼーションの過程が進行するが、年を経るにつれ、その本質は徐々に姿を現し始める。その諸相について語るのは本書の役割ではない。ここで確認しておくべきは、「歴史の終焉」によって基本的に実現したとされた自由民主主義のユートピアもまた、ソヴィエトの社会主義建設の構想と同じ程度に空想的なものにすぎなかった、という事実であろう。「歴史の終焉」＝「大きな物語の終焉」という語りそのものが、これまたひとつの物語にすぎなかったことが、否み難い事実として突きつけられた。

われわれがいまレーニンを読むのは、このような文脈においてである。われわれが二度目の幻滅に立ち会っているのだとするなら、ソ連邦の犯した数限りない失敗にもかかわらず、レーニンのテクストは依然として新鮮なものとして、われわれの眼の前にある。このことは驚くべきことである。〈社会主義の実験〉の結末を知っていながらも、われわれは、それでもなお、彼のテクストに脈打つ力を感じざるを得ない。この感覚に何らかの真実が含まれているとすれば、それは、われわれは「レーニンの偉大」をこれまでとは全く違った仕方でとらえなければならない、ということを意味しているのではないだろうか。すなわち、労働者階級の解放者、社会主義の実現者、理性による統治の実現者であったからレーニンは偉大なのではない。

それでは、この了解に立ったとき、果たして彼のテクストに何が残るのか。この問いが、筆者が自らに探究することを課した課題である。筆者はすでに、二〇〇七年に『未完のレーニン――〈力〉の思想を読む』（講談社選書メチエ、のち講談社学術文庫）を発表し、〈力〉という概念を焦点にレーニンのテクストを読むことを提案した。本書は、この方法論による読解の延長線上において構築される。レーニンのテクストにおいて脈を打ち、そして彼の言葉によって造形される〈力〉の本質に迫ることが、本書の課題となる。

言うまでもなく、この〈力〉は、危険なものともなりうる両義性を持つ。レーニンが切り拓き炸裂させた巨大で強力な何かがあった。それが突きつけたものは、あまりに強烈であったために、それに対応する処置として、またその対応の不可能性の表現として、スターリン主義という異様な社会体制とイデオロギー的宇宙が形づくられることにもなる。〈力〉の開いた空間は畸形的なものへと生成してしまった。以後のソ連邦は、革命の当初の理念と体制維持の要求との間で引き裂かれつつ、硬直の度合いを強めてゆく。

そして、もはや立て直しもままならずソ連が崩壊したとき、左派的知識人の多くが一種のアイデンティティ・クライシスに陥るという事態が生じた。その結果、本論のなかでも見るように、今日に至るまで、政治思想の分野において〈力〉について語ることは、長い間はばかられる事柄となった。[1] こうした理論的趨勢において、レーニンの思想は非難され、それに続いて無視されるに至ったのは、当然のことであった。〈力〉の思想のたどった奇妙にも見える軌跡は、それを注視してきた人々を困惑させるものであった。

しかし、こうした経過のなかで、資本主義の抱える根本矛盾がどこかに消えてなくなってしまったわけではない。むしろ反対に、かつては広大な社会主義圏の存在によって一定の歯止めを掛けられていた資本の運動は、あらゆる抑制装置を失ったかに見える。その結果それは、いまや危機を自己のなかで展開させつつ変質し、しかもなお世界をますます広く深く覆っている。ゆえに、資本主義社会という宇宙の〈外部〉は存在し得ないと、ますます多くの人々が考えるようになってきている。しかし、いわゆる資本主義のグローバリゼーションの進行とは、資本主義の内包する矛盾の昂進過程にほかならない。資本主義の矛盾とは何であり、その矛盾が現代世界においてどのように現象しているのか、という問題にここで立ち入ることは到底できないが、はっきりしているのは、今日経済成長を実現している国家・社会においても、資本主義の発展＝近代化・現代化＝幸福の増進というかつての単純で楽観的な見方はもはや通用していない、ということだ。金融資本の途轍もない複雑化が進行する一方で、家事労働・介護・性・身体・兵士・治安・清浄な空気・知識・遺伝子に至るまでのありとあらゆるものの商品化の際限のない拡大、資源・公共財の再商品化、労働力・土地の商品化の高度化等々がまっしぐらに進められている。こうした成り行きの向かう先にほとんど誰もが不吉なものを漠然と感じながらも、さりとて、資本主義以外の原理を社会の構成原理とするための新たなヴィジョンもまた、生まれているとは言い難い。われわれが今日感じざるを得ない思想的閉塞感は、こうした状況に根ざしている。

いまレーニンの遺したテクストを読む意味は、端的にはここにある。彼の実行した革命は、帝国主義戦争の勃発とそれに直面した国際社会主義運動の破産（＝第二インターナショナルの崩壊）といういわば絶望の淵において、産み落とされたものであった。領土獲得に邁進する帝国主義諸国家が地表をことごとく覆い尽くし、〈外部〉が消滅した世界が内破した瞬間をとらえて、それは成し遂げられた。われわれがレーニンから学ぶべきであるとすれば、その最も重大な点はここにある、と筆者は考える。われわれは現在における新しい社会的な指導的理念の不在をしばしば嘆きがちであるが、レーニンが直面し乗り越えようとした状況（すなわち、帝国主義戦争と既存の社会主義運動の崩壊）も、ある側面では今日のそれと本質的には異ならない。資本主義の〈外部〉がこの世界から消滅したと思われる瞬間に、いかにして〈外部〉を発見し、それをこの世界に導き入れることができたのか、いかなる思想的境位がそれを可能にしたのか——ここにレーニンの思想と実践の意義を今日問う際に、対象化されるべき焦点がある。〈外部〉が消滅したかに見える瞬間に〈外部〉を切り拓く〈力〉の思想、これが、筆者が本書において描写しようと試みるものである。

II　本書の内容・方法・構成

a——本書の主題

さて、本論に入る前に、本書の学術的な内容・方法・構成について、簡潔に説明する。本書はウラジーミル・イリッチ・レーニン（一八七〇〜一九二四）の政治思想を考察の対象とする。言うまでもなく、レーニンのたどった思想と生涯についての書物はすでに数多く書かれてきた。ゆえに、本書は、レーニンの生涯をたどり、彼の実践の展開とそれに随伴した思想的歩みを時系列に沿って追跡するというようなオーソドックスな叙述方法を採用しない。こうした方法による研究書はすでに多数存在する以上、これらの諸成果に似たような書物をさらに一冊つけ加えることにさほどの意義があるとは思えないからである。(2)また、こうした研究の多くは歴史学の枠組みのなかでなされてきたが、本書は、政治思想研究の領域に属するものであり、レーニンの生涯の足跡に関する新事実の発見や新解釈の提示を目指すものではない。

時系列に沿った包括的研究以外の従来のレーニン研究には、個別的トピックをめぐるものが多々ある。例えば、国家論、階級論、組織論、帝国主義論、資本主義発展論、唯物論といった個別テーマに即して、レーニンの思想の発展や、他の思想家との比較を図るという研究である。こうした研究の多くは、レーニンの言説に対する客観的な評価を目指して、レーニンの立論の論理整合性や歴史的事実との整合性を批判的に吟味するという方法を採っており、それによりレーニン無謬神話の陥穽と反共主義の不毛を共に免れている。(3)

しかし、本書は、こうした研究対象の意義と限界を見極めるといういわゆる批判的研究と、方法論を同じくするものではない。詳細な分析を加えるならば、レーニンの立論から不整合性を見出すことは可能であるし、また右に挙げた個々のテーマについて、彼よりも包括的な議論を展開した他の理論家を挙げることも困難ではない。だが、こうした事柄はそもそも驚くべきことではなく、むしろ当然のことであり、今日殊更に言挙げするには及ばない、と筆者は考える。レーニンの立論の科学性に対する批判の営為が高い批判的価値を有していたのは、その科学性なるものが疑うべからざるものとして（ある人々に対して）君臨していた状況においてである。翻って、そのような前提がすでに全面崩壊して久しい今日、「科学的社会主義」の領導者、あるいは社会科学の巨人としてのレーニンという像はもはや存立し得ない以上、かかる批判的研究とは異なった方法が求められるはずである。

かくして本書が意図するのは、レーニンの立論の社会科学的な価値や真正性を検証することではない。社会科学的価値からひとまず離れて思想家としてのレーニンを取り出した場合、そこに何が見出されるのかを剔抉することが、本書の目的である。

b——本書の方法と構成

以上を前提として、本書では、比較思想史的な方法が採用される。比較思想史的方法によってレーニンの思想を解釈する試みにも、少なからぬ前例がある。こうした諸例と対比するならば、本書における「比較」は、その重点を通時性よりも共時性の方に設定するところに特色がある。

従来の比較思想史的な研究においては、レーニンの思想は通時的視座に基づいて、かつマルクス主義思想の歴史という枠組みで解釈される場合が多かった(4)。そして、多くの場合、通時性の視座は「進化」の観念を暗黙の裡にせよ含んでいる。「進化」のパースペクティヴに依拠するならば、レーニンの思想は、必然的に、マルクス主義の「進化」したものか、あるいは「退化」したものか、という形で提示される。前者は、それをマルクス主義の正常進化形としてとらえる（公式的、マルクス＝レーニン主義的解釈）――その代表者は、「レーニン主義とは、帝国主義とプロレタリア革命の時代のマルクス主義である(5)」と規定したスターリンである。他方、後者は、ロシア特有のマルクス主義という特殊な歪曲を受けて発展（実質的には退化）したものとして、それを解釈する（西欧マルクス主義的解釈(6)）。実際に、この二つの読解の傾向は、従来のマルクス主義思想研究において、主流を成している。

こうした傾向からどのような結論が出てくるであろうか。前者のマルクス＝レーニン主義的解釈の場合では、レーニンの思想はマルクス主義の必然的な到達点として受け止められ、護教のために御都合主義的に利用される素材と化すほかない。ソ連のマルクス主義が陥ったのは、まさにこのような事態であった。一方で後者の傾向、すなわち西欧マルクス主義に代表される傾向は、硬直化したソヴィエト・マルクス主義に対抗して、マルクス主義の真正な伝統を創造的に復興しようという正当な理念に動機づけられている。しかし、多くの場合、革命家であるよりも知識人である思想家たちによって領導された西欧マルクス主義は、時代が下るにつれて、密かにあるいは公然と、マルクス（一八一八～一八八三）

とレーニンを切り離す方向へと踏み出して行ったように思われる。つまり、マルクス主義と革命との接点は見失われ、スターリン主義的な教条主義的マルクス主義とは異なるものとしてのレーニン思想の内容を剔抉し、それをマルクス主義の真正な伝統と内在的に結びつける作業は完遂されなかった、と言いうる[7]。

こうした事情は、二つの傾向のいずれの場合でも、レーニンの思想はマルクス主義の枠組みの内部で理解され、その枠組みを出なかったということ、またマルクス主義思想のひとつとして彼の思想をとらえる場合ですら不十分にしか検討されてこなかった、ということを物語っている。そして、ソ連邦崩壊以後、マルクス主義の全般的退潮という情勢下においては、全体主義論の枠組みが議論を席巻し[8]、この枠組みのなかで、レーニンはもっぱら解釈されるようになるに至った。すなわち、スターリンの恐怖政治の真の発明者としてのレーニン、マルクス主義＝全体主義という一面的な見方である。

こうして、いずれにせよ、レーニンの思想は近現代の政治思想史のなかで本格的に位置づけられているとは言えない。筆者の考えでは、こうした位置づけを行なうために必要とされるのが、思想の共時性の観点である。すなわち、レーニンが自らの思想を形成し、革命を実行した時代は、欧米においてもアジアにおいても、大衆の出現および産業文明の高度化、そしてそれらを基盤として闘われる総力戦といった事態とともに、今日にまでその影響が及んでいる重要な新しい思想的・文化的諸潮流が生まれた時代であった。言うまでもなく、それら二〇世紀の抱えた問題を凝縮した運動は、狭義のマルクス主義の思潮内に限られたものではあり得ない。これらの運動は、帝国主義へと展開しその暴力性をむき出しにしてゆく資本主義の矛盾、そして資本主義とテクノロジーの発展によって変貌する生活体験、感覚そのものの変容という、この時代の共通の経験の只中から生じてきた。かかる出自を持っているがゆえに、それらの思想的・文化的運動のうちの少なくない部分が革新的傾向を有し、その一部は、例えば前衛芸術運動に代表されるように、文化革命を標榜していた(9)。つまり、これらの現象の背景には、世界像の崩壊と、ブルジョワ文明の全般的な行き詰まり、閉塞感という精神的雰囲気がある。こうした状況下で、これら諸運動の多くは、近代文明の破壊と再生への強い衝動を持っていた。そして、彼らの願望はある意味で実現されてしまう。現に、第一次大戦という文明の全面的破綻を経験したヨーロッパ諸国の多くで、革命ないし対抗革命（保守革命）は避けられないものとなり、そこから生まれた体制は、既存の近代的政治・文化に対して否を突きつけることになる。かかる意味において、本書で言及されるさまざまな思想潮流は、近代文明と資本主義の〈外部〉を探究するものとして、分析される。

こうした新思潮と文化運動の群生状態のなかにあらためてボリシェヴィズムなりレーニンなりの存在を置き直してみるならば、それはこれらの〈外部〉を求める多様なラディカリズムの一構成要素であった、と見ることもできる(10)。実際に、本論でも検討するアレクサンドル・ボグダーノフ（一八七三〜一九二八）らとのマッハ主義をめぐる哲学論争において典型的に現れるように、レーニンの思想、独自のマルクス主義の創造という営為は、これらの知的地殻変動の動向と否応なく直接的に関わっていた。また翻って、革命後には、これらの動向に対してロシア革命の成就がグローバルな規模でインパクトを与えることにもなる。(11)

本書の研究のみによって、こうした相互関係を網羅的・総合的にとらえることはもとよりできるはずもない。とはいえ、知の革命と政治の革命はいかなる関係を持ったのかという、レーニンの思想とその時代精神を共時性の観点から〈革命〉を媒概念として検討するような研究には、いまだ本格的に手が付けられていない。(12)本書は、こうした研究の必要性を訴え、その方法論的な基礎を提示することを目指す。

いま述べたレーニンと同時代の新しい思想的・文化的潮流とは、その一端を挙げるならば、哲学においては程なく現象学の誕生へとつながってゆく現象主義の思想（＝マッハ主義）であり、ロシア革命と同伴したアヴァンギャルド芸術の運動であり、そしてフロイトによる精神分析である。周知のように、レーニンはこれらの新思潮の共鳴者ではなかった。彼は、マッハ主義とは激しく闘い、ロシア未来派の詩には理解を示さず、精神分析には懐疑的であった。しかしながら、レーニンが表面的に何を主張していたとしても、ボリシェヴィズムがこれらの思潮を生んだ時代の酵母と同じ酵母から生まれてきたことは、疑いを容れない。

当然のことながら、筆者の言わんとするところは、レーニンの主張とこうした新思潮の主張が常に本質的に同じである、ということではない。レーニンの言説と他の知的アヴァンギャルドたちの言説は、時にオーバーラップし、時に激しく対立する。こうした交錯のなかから垣間見える、彼らにとって共通の或るものを追究するのが、本書の狙いである。言い換えれば、両者の立論を共に規定する問題機制を考察することが、課題となる。そして、このことが果たされるならば、ロシア革命とは何を乗り越えようとした革命であったのか、という問いの答えへの示唆を得ることができよう。

以上に述べてきたことから、本書は「レーニンの政治思想」を網羅的に論じて理論の全体像を提出することは行なわないし、もとより網羅性・全体性を志向してもいない。本書の各章はそれぞれ独立した論考としても読まれうるものであるが、こうした構成の意図するところは、レーニンを取り囲む諸々の言説・主張といういくつものプリズムを通してあらためて彼の言説を吟味することによって、既存の議論の枠組みとは異なる角度からその思想的特徴――それを筆者は〈力〉の思想と名づける――を照射しようと試みることにある。それにより、彼の生きた時代の知と政治的世界観の構造の立体的な見取り図を得ることが目指される。

本書が目標とするいまひとつの課題は、レーニンの思想と後代の思想との対話を試みることによって、より現代的な政治思想の課題に対してレーニンの思想が持つ意味を考察することである。こうした試みは、ある意味で通時的な方法によって企てられているとも言えるが、本書は、思想の単線的進化という立場を採ることはしない。言い換えれば、レーニンの議論における欠点や不整合が後の読み手たちの思想によって揚棄されたとの見方を採ることはない。また逆に、退歩という見方、すなわちレーニンの到達した点が後に来る者によって忘れ去られるか、低められたとの見方も基本的に採らない。つまり、ここでも課題は、共通の問題機制の剔抉にあり、そこからレーニンの思想の本質を透視することにある。すなわち、本書が後代の思想として取り上げる思想家の多くは、それぞれに卓越したレーニンの読み手であるが、本書の企図は、これらの読み手たちがいかなる音調において、レーニンの思想との時空を超えた共鳴の関係に入るのかを聴き取るところにある。そして、この共鳴から浮かび上がるレーニンの思想における本質的なものを摘出し、それを吟味することを目指すのである。

大まかに言って、第一部「思想史上のレーニン」の部分には、共時的比較を試みた論考が数多く収められ、第二部「現代思想としてのレーニン」の部分には、現代的な諸問題との関連性がより強い論考が収められているが、この二つの傾向による分類は絶対的なものではない。ひとつの論考に、両方の傾向が含まれている場合が間々あるからである。したがって、第一部に現代的テーマへの言及を含む論考も入っているし、逆に第二部に思想史研究的要素を含む論考が入っていることもある。各章はそれぞれに独立した論考として読みうるものであるから、どの章から読むことも可能である。補論に収録した原稿は、もともと講演のための原稿として執筆されたものであるため、他の章とは文体等が異なる。違和感を持つ読者もいるかもしれないが、テーマ的に本書に収めることが適切であると判断した。

第一部

思想史上のレーニン

マルク・シャガール《革命》(1937 年)

はじめに

この第一部では、思想史的観点からレーニンを論じる。エルウィン・パノフスキー（一八九二〜一九六八）は、名著『〈象徴形式〉としての遠近法』において人間中心主義の思想と表現技法としての遠近法との内面的つながりを論じたが、その末尾部分で、次のように述べている。すなわち、「遠近法的な空間観は、実体《ウーシア》を現象《ファイノメノン》に変えることによって、神的なものを単なる人間の意識内容に切り縮めるように見えるが、しかしその見返りに逆に、人間の意識を神的なものの容器にまで広げもする」のであり、「それゆえ、こうした遠近法的な空間観が芸術の発展のこれまでの過程で二度にわたってゆるぎない地歩を占めたのも偶然ではない。その一度は、古代神権政治《テオクラティー》が崩壊したときにその終焉のしるしとしてであったし、もう一度は、近代の人間の政治《アントロポクラティー》が擡頭したときにその出発のしるしとしてであった（1）」。

われわれが論じようとしているのは、まさにこの遠近法が崩壊に向かった時代である。芸術は言うに及ばず、あらゆる知の領域で、遠近法は崩れ去っていった。それは例えば、理性に対し無意識を優位に置くフロイディズムであり、これから見るマッハ主義の哲学もまた人間主体の中心にあるとされてきたカント的な超越論的統覚を解体するものであった。これらすべては、「近代の人間の政治」の終焉を告げている。「唯物論」という言葉は、このことに対する最も尖鋭な自覚の表現である。人からモノへ、人ではなくモノが支配する世界へ（それは、人がモノのように取り扱われることとは断じて区別されなければならない）――この転換においてレーニンをとらえることが、ここでの企てである。

はじめの二章では、レーニンにおける唯物論、すなわち哲学的言説を主に検討する。通常、レーニンの哲学的主著としては『唯物論と経験批判論』（一九〇九年刊行）、および革命の直前期に書かれ死後刊行された『哲学ノート』が挙げられる。ロシア革命の後、この二著が、マルクス主義的唯物論哲学の原点という位置づけを与えられることになったが、今日これらの著作に対する関心は総じて高いものとは言えない(2)。特に前者、『唯物論と経験批判論』は、しばしば「生硬かつ機械論的(3)」と評され、冷戦期の東側陣営における公式哲学の硬直化の淵源と目されることもある。このテクストにおける理論的難点がどこにあるのかについては、第二章であらためて論じることになるだろう。

だが、こうした検討作業が目指すのは、レーニンの唯物論の哲学的意義と限界を指摘する（つまり、哲学史上の然るべき地位を与えて眠りについてもらう）ことではない。今日「レーニンの哲学」に批判を加えることは、困難な作業ではない。すなわち、哲学書としておよそ洗練されているとは言えない『唯物論と経験批判論』の問題点を指摘することや、

『哲学ノート』――同書は、『唯物論と経験批判論』の生硬さ・教条性を克服する可能性の萌芽を示してはいるかもしれないが、それでもあくまで「ノート」である（にすぎない）――の不十分さを指摘することは、さして難しいことではない。さらに言えば、本書第二部第六章で論じるように、「レーニンの哲学」は本来的には存在しない以上、それを評価するという作業は筆者にとって倒錯的であり、こうした議論の方法によって、筆者の想定するレーニンの思考の特異性や、そのイデオロギーの強力さの起源を探究することは不可能である。

翻って、本書で目指されるのは、二〇世紀初頭という歴史的文脈において、レーニンの思考（この場合は哲学における）を位置づけることだ。すなわち、いわゆるマルクス主義思想に限らず、レーニンの思考が同時代のいかなる思想潮流と共鳴しうるものであったのか。言い換えれば、レーニンの唯物論がさまざまな難点を含むものであったにもかかわらず、ついには二〇世紀において最も影響力のあるイデオロギーのひとつと化すに至るのは、彼の言説がどのようなものとして読まれうるものであったからなのか――このことが主題的に問われる事柄となる。こうした観点から『唯物論と経験批判論』を読み直してみるならば、このテクストは、忘却されるべき愚考などではなく、ロシア革命が、あるいはその時代が、いかなる事柄を突破しようとしたのかを、世界像の転換という観点から――あるいは人間学的見地から――検討するための豊かな材料を提供するものであることが、理解できる。

具体的には、第一章においては、レーニンのマルクス主義が近代思想の地平において何をいかにして突破しようとしたのかを考察したうえで、ロシア・アヴァンギャルド芸術運動の中心人物のひとりである、画家のカジミール・マレーヴィチ（一八七八〜一九三五）によるレーニンの解釈、およびその芸術実践における共鳴関係を検討する。これにより、レーニンの唯物論における「物質」の概念に刻み込まれた有限の歴史（マルクスの用語で言えば、「人類の前史」）から脱出しようとする過激な終末論が明らかにされるだけでなく、マレーヴィチこそ当代きってのレーニンの読み手であったこと、その読解によって開示される「イメージ」の外側にある「物質」の次元が明らかになるであろう。

次いで第二章においては、『唯物論と経験批判論』が書かれた歴史的文脈から、同テクストで主張された唯物論を一層内在的に吟味する。歴史的文脈とは、狭くは革命以前にボリシェヴィキ党内で生じたいわゆる「哲学論争」であり、広くは同時代の哲学における一般的傾向を指す。この両面からレーニンの構想した戦闘的哲学としての唯物論の特質を明らかにするが、その際、当時のテクノロジーの高度化がもたらした知覚的経験の主体の変容という問題を考察しつつそれを行なう。

続く第三章・第四章は、十月革命をもたらしたレーニンの思想、十月革命から構想されたレーニンのコミュニズムの構想を考察する。まず第三章では、マルクスの語った資本主義の発展段階論がレーニンによってどのように改釈されて受け継がれたのか、ということを思想史的文脈から検討する。革命前後の彼の言説を検討することによって明らかになるのは、あたかもレーニンが実質的にマルクス主義を放棄し、彼が徹底的に批判していたはずのナロードニキ主義の歴史哲学を導入したかのようである、ということだ。にもかかわらず、彼は自らをマルクス主義者として規定し続けた。本章では、この逆説的状況から浮かび上がってくるレーニンにおける特異な「客観性」の概念を剔抉する。

第四章では、かかる「客観性」の地平が革命によって開示された世界において、いかにしてコミュニズムが可能になるのかについてのレーニンの展望を、『国家と革命』を素材に検討する。その際に参照されるのは、革命後にマルクス主義法学の確立を目指して「法の死滅」を唱導し、後にスターリンによる大テロルの嵐のなかで粛清されたエヴゲーニー・パシュカーニス（一八九一～一九三七）の議論であり、そしてロシア革命の変質を横目に見つつ、「一般経済学」に基づく独自のコミュニズムを構想していたジョルジュ・バタイユ（一八九七～一九六二）の議論である。両者は、レーニンよりも年下の同時代人であるが、彼らの近代的権力への鋭い批判のまなざしは、マルクス＝レーニンの洞察から影響を受けたものであった。本章では、レーニンのコミュニズムの理路と、彼らのヴィジョンとを比較対照することによって、近代的権力の解体された後に、いかなる力の秩序が構想されていたのかを考察する。

第一章

歴史の〈外部〉への跳躍――レーニンのスプレマチズム

I　近代のエピステーメーと無限なもの

近代思想の根本課題はそもそもパラドキシカルなものであった。マイケル・ハート（一九六〇〜）とアントニオ・ネグリ（一九三三〜二〇二三）は明快にそれを指摘しているが、その議論によれば事態は以下のようである。すなわち、およそ一三世紀から一七世紀にかけてのヨーロッパで一種の「哲学革命」が起こり、人間が力能の原動力であり、創造する力の主であることが発見された。人間性と欲望が世界の中心に据えられる。この「革命」は狭義の哲学にとどまらず、政治・経済その他のあらゆる社会的領域に波及してゆく。しかし、「革命」にはすぐさま「反革命」がとり憑いたという。

しかしながら、このような新しい革命的プロセスの出現は、争いを生み出すことになった。一体、どうすれば、これほどまでにラディカルな旧秩序の転覆が、強力な敵対性を誘発するのを回避することができたというのだろうか？　一体、どうすれば、こうした革命が、反革命を引き起こすのを回避することができたというのだろうか？　実際、まさに語の本来の意味における反革命が発生したのだ。すなわち、過去に戻ることもできなければ新しい諸力を破壊することもできない以上、新たに出現した運動と力動性がもつ力を支配し、取り上げることが、文化・哲学・社会・政治の諸領域において、率先して追求されたのであったのだ。このように、新しい諸力と戦い、それらの力を全面的に支配する卓越した権力を打ち立てるべく組み立てられたもの、これこそが近代性の第二の様式なのである(1)。

人間の革命的な力の発見と拡張が近代性そのものであるとすれば、それを抑制・支配することもまた近代性である。すなわち、無限に拡張する力能・欲望が人間に認められつつ、それが何らかの形で統御される装置がつねに考案される。例えば、市場をベースとする「欲求の体系」（ヘーゲル）たる市民社会における「自由な」個人の利己的な利潤追求が認められつつ、利己的な個人はどこかのレベルで統制されていなければならない。近代哲学においても思考の構図は基本的に同類である。見出された人間の諸能力をそれらの本性に従ってあたう限り拡張すること、そしてそれと同時にそれぞれの諸能力に自らの分をわきまえさせること。すなわち、無限な諸能力が自らの力によって自らを統制し、自らの混沌をもはらむ諸力を調和へと導くこと。その統制の機制が作動するレベルがどこに存在するかという問題については、さまざまな議論がある。しかし、何らかの統制能力が人間主体の内部に見出されようと、あるいは人間主体間の実体化された諸関係として主体の外部に見出されようと、根本的な主題は不変である。ホッブズの「リヴァイアサン」にせよ、カントの「批判的理性」にせよ、ヘーゲルの「国家」にせよ、それらは見出された人間的諸能力とそこから生ずる諸表象からなる「無限」を保持しつつ、それがアナーキーへと落ち込む危険性を一点において止揚するものとして考案された概念である。つまり、近代性そのもののなかに相反する二つの方向性が含み込まれている。ゆえに、社会科学にせよ人文科学にせよ、近代のエピステーメー（認識論的布置）は「無限」を秩序立てること、すなわちそれが無限に拡張する潜在的な力を殺さぬままに、それを統制するという問題をめぐって基本的に形成されてきた。

したがって、近代を創始した「無限」は、何らかの方法によって「有限」にあくまで先行的に貫かれていたとも言いうることになる。「無限」なるものが先行するのか、それとも「有限」なるものが先行するのか――この問題は二〇世紀初頭にかけて、思想的・社会的問題としてあらためて主題化される。近代が解き放った「無限」なるものとそれを統制することにおける新たな配置を見出すこと、このことが課題として立ち現れる。この問題への二〇世紀的な回答のひとつが、おそらくは「超国家主義」であった。マルクス主義もまた、ボリシェヴィズムという形でこの問題を自らに提起しつつ、ある意味で「解決」を与えることとなる。そこには果たしてどのような理路があったのか。これが本章で考察される最初のテーマである。

II　近代思想としてのマルクス主義

ミシェル・フーコー（一九二六〜一九八四）は『言葉と物』において、近代のエピステーメーを総括しつつ、次のように述べている。

そして人間自身、みずからを思考するやいなや、とうぜん隠されている厚みのなかで、解消しえぬ先在性において、すでに生物であり、生産手段であり、彼に先だって実在している語の運搬具である存在という形態のもとでのみ、みずからの眼に解明されるのにほかならない。（中略）人間の有限性は――有無もいわせぬ仕方で――知の実定性のなかに告示される。脳の解剖、生産経費のメカニズム、あるいはインド＝ヨーロッパ語族の活用体系を認識するように、人間の有限であることを人々は知るだろう。（中略）つまり、人間がそこでみずからは有限だと学びうる、そうした積極的（＝実定的）諸形態のひとつひとつは、人間固有の有限性を下地としてはじめて人間にあたえられるものにほかならない。しかしながら、この有限性は、実定的なもののもっとも純化された本質ではなく、そこから出発して実定的なものの出現が可能となっているものである。[2]

ここでフーコーが言っているのは、近代の知において無限に拡張しうると考えられている「価値」「人間の労働力」「理性」といった諸々の「実定的」表象が、人間の近代的な意味での根源的な有限性によって先行的に限界づけられているということである。しかも、ほかならぬその有限なもの、それこそが「実定的なものの出現」を可能にする、すなわち「無限」なものの仮象を生ぜしめる。人間は「無限」を見出しては、そもそもこの「無限」を成り立たしめているところの有限性に出会わざるを得ない。しかし、その有限性そのものがまたしても「無限」を人間に想い見させる。これは悪循環にほかならない。

マルクス主義もまた、それが近代思想である限り、この問題――すなわち「無限」をいかにして、近代の思想がその表象において内在的にはらんでいる根源的な有限性を超えて、解放するかという問題――を抱えていた、と言えるだろう。フーコーの言葉を使えば、それは「人間が逆に労働から解放されるように人間を解放する労働についての形而上学」[3]として出現したのである。

ひとことで言えば、マルクスは、近代哲学が言う意味での統制された「無限」に対して、もうひとつの無限を対置したのだった。というのも、先に述べたように近代哲学は無限なるものを措定しながらも、それがどこかで統制されていなければならないということを暗黙の前提としていた。この矛盾は具体的な形で現れる。例えば、近代哲学の政治経済的現れとしてのリベラリズムの矛盾と限界を経験的に証明するのは、「無限」の経済的繁栄が可能性としてある一方で現に存在する労働者階級の貧困・失業という事態であり、また時として不可避的に現れることになる帝国主義戦争である。あるいは、個人の「無限」に利己的な行動が許される一方で、個人を抑圧する暴力装置としての国家が存在し続ける。つまり、ブルジョワ・イデオロギーとしての社会科学や近代哲学の語る「無限」は偽であって、これらの偽の「無限」を粉砕し——それは同時に、偽の「自由」、偽の「国家」、偽の「欲望」、偽の「理性」を粉砕することでもある——、「無限」を成り立たしめつつもそこではあくまで潜在的なものにとどまっている無限性そのものを解放することが、「空想」から「科学」へと蟬脱《せんだつ》した社会主義＝マルクス主義が課題として自らに提起したものにほかならなかった。

偽の「無限」に対して真なる無限としてマルクスが措定したのは、無限に拡張しようとする傾向をその本性からして持っている資本そのものと、資本を構成する価値の根源的源泉としての人間労働力およびその可能的な拡張であった。マルクス理論の一解釈によれば、資本主義社会においては、後者（＝労働力）は前者（＝資本）に従属しており、後者の無限性は前者によって抑圧されている。この事実に対して、史的唯物論のテーゼはこの主従関係が歴史の一点(=革命)において転倒されることを説いた。この転倒によって近代哲学やリベラリズムが措定するところの「無限」がそのポテンシャルを完全に解放される、という。なぜなら資本主義的な社会的諸関係こそが、人間的諸能力の最終的な桎梏とされているからだ。

「マルクス主義史観」がこのように理解されるならば、それは疎外論的な論理構成に依拠していることになる。すなわち、人間労働力から疎外された資本が、折れ返るようにして人間労働力を抑圧するという認識に基づくからである。だが、このような疎外論的な資本・労働力観によって「無限」を解放することが本当に可能なのだろうか。同じくフーコーは次のように言っている。

マルクス主義が経済にかかわる「ブルジョワ」理論に対立し、その対立のなかで、「ブルジョワ」理論に対抗して〈歴史〉の根源的転換を企てたとしても、そうした葛藤と投企は、すべての〈歴史〉の奪取ではなく、十九世紀のブルジョワ経済学と革命的経済学とをおなじ様態にもとづいて同時に規制してきた、考古学全体によって正確に位置づけられうる出来事を、その成立条件としているのである。両者の論争が、何らかの風波をかきたて、表面に波紋を描こうとも空しい。所詮それは子供の遊ぶ盥のなかの嵐にすぎない(4)。

フーコーはマルクス主義の革命論は少しも革命的ではない、と言っている。確かに、革命の理論が疎外論的構成にとどまる限りでは、フーコーの言うとおり、それは「盥のなかの嵐」にすぎないだろう。なぜなら、疎外論的な革命理論は、本源的な拡張可能性をはらむところの無限の人間労働力というもの自体が、「労働力の商品化」の結果であることを無視しているからである。つまり、無限の人間労働力とは超歴史的な概念ではなく、資本主義的生産様式の出現によって歴史的に出現したものであり、人間の労働が「抽象的人間労働」として歴史的にもたらされ、労働力が資本を構成する一部分へと包摂されることによってもたらされたものにほかならない、というのがマルクスが『資本論』において到達した視点(5)であり、疎外論的な革命理論はそのことを閑却したところで、はじめて成立するものであるからだ。言ってみれば、疎外論的な革命理論において生じていることは順序、あるいは因果関係の転倒である。『資本論』のマルクスが資本主義において第一義的に発見し、解明しようと取り組んだのは、商品から生まれ無限の自己増殖を図る資本そのものの運動であって、その一方で労働力が有機的に構成され、それ自身が無限に拡張することが根拠づけられるのは、無限なるものとしての資本が運動することの結果によってであるほかない。

しかし、通俗化されたマルクス主義の疎外論においては、この原因‐結果の順序は転倒され、人間労働力という疎外論にとってア・プリオリに措定される無限が、資本主義によって抑圧・疎外されているという認識に至るのである。そして、この関係を転倒するものとしての革命は、「必然的に歴史の主体（Subject）がそれによって自分の疎外された実体的内容を自分自身へと獲得（appropriation）するための、つまり、そのなかに自分自身の生産物を認めるための行為として現れる」[6]。ここにおいて、フーコーが言う意味でのマルクス主義が、近代の人間に刻印された有限性を克服することはあり得ない。なぜなら、疎外論がア・プリオリに超歴史的に措定した人間労働力の無限性（可能性としての疎外されざる労働）は、生産手段の一部にほかならぬものとしての人間（抽象的労働の担い手）という有限性に、つねにすでに貫かれてあるものにすぎないからである。

Ⅲ　レーニンの唯物論と革命――「物質」の解放

a――レーニンの論理構造

だが、レーニンの唯物論は、ボリシェヴィズムは、その原点においていかなるものであったのだろうか。筆者の見るところ、レーニンにとっての革命の思想および実践は、フーコーが『言葉と物』で言及するところの幾分戯画化されて描かれたマルクス主義と同じものではない。レーニンの理論は、疎外論的な構図、すなわち本来は自らが所有しているにもかかわらず不当に簒奪されているものを回復するという論理に基づいてはいない。レーニンにとっての革命とはそのような出来事ではない。

すでに述べたように、本来的にはマルクスのプロジェクトは、「実定的」な表象に折り込まれた有限性を粉砕することであったと言ってよい。それをある意味で受け継いだレーニンの理論の主眼は、フーコーが言う諸々の「実定的」なものを取り返すことではなく、それらのものの「外」に出ることにある。そのような「外部」とは、「歴史」（人類の前史としての）、「労働」（資本主義的生産様式における）、あるいは「価値」（商品経済下における）といった有限性に否応なくとり憑かれた諸物の「外」で、諸物の新たな秩序が構築されるべき全く新しい場所である。したがって、例えば『国家と革命』において「国家・階級の最終的な死滅」という形で主題化されるように、革命の理論は、有限なる存在者としての人類の「歴史」を「前史」にすぎないものとして終結させ、そこからいかにして離脱するかという問題を究極的な課題としている。

そしてそれは、人間が本来所有しているにもかかわらず奪われているものを取り返すという問題構成には必ずしも依拠していない。むしろそのような「失われた起源の反復」よりも、それが「起源」であるとか「本来性」であるというふうに名指すことのできないような何かを、言い換えれば、有限なるものとしての人間主体の側からなされるそれらの名指し（働き掛け）を一蹴してしまうような、有限なる人間主体とは無関係な、一種の「客観」（それは無限なるものへと通ずるであろう）を露呈させる出来事として革命は構想されているのであって、それは人間がその本来性を取り返すということとは根本的に異なるものである。それがどのような言葉で語られようと、革命が「失われたものの回復」というテーマをその理論的根拠とするならば、人間がそもそも「何かを失った」という事実によって人間の有限性は必然的に前提され、そこから生ずる論理的帰結として、革命は人間固有の有限性のなかにとどまることになる。レーニンが転覆を企てたのは、まさしくこのような構図である。

それゆえに、レーニンの革命の理論は、人間性の「外部」への跳躍と定義するほかないような主題を含んでいる。そして、ここにこそレーニンの思想が懸けられている決定的な点がある。この論理はおそらくレーニンが遺したあらゆるテクストに見て取れるものであり、それゆえにロシア革命とその後のソヴィエト国家の展開はこの論理に多大に影響されたのであった。

b――『唯物論と経験批判論』における「物質」概念

ここでは、レーニンの『唯物論と経験批判論』における「物質」の概念を手がかりに、やがて彼の描く革命の概念が導かれる筋道を考察してみたい。(7)

一九〇八年に執筆され、その翌年出版されたこの著作は、「一反動哲学についての批判的覚え書」という副題がつけられ、エルンスト・マッハ（一八三八〜一九一六）の思想に影響されたボリシェヴィキの同志アレクサンドル・ボグダーノフを筆頭とする「経験批判論」者の認識論を徹底批判することを目標としていた。

次章でより詳しく検討するが、レーニンに激しく攻撃された「経験批判論」とは一体どのような思想であったのかということを認識論に関して簡潔に言えば、それは「対象の実在を主体の認識行為と対象との関係のなかに解消する理論」であったと言えよう。つまり、認識対象の根拠としての超越的実在を認めず、対象をあくまで知覚の経験と絶対不可分のものとして、知覚とその対象との関係性においてのみとらえようとしたのである。

レーニンにとって度し難いものと思われたのは、認識主体と絶対的に隔絶して存在するところの「物質」を、主体の経験のなかに消去することだった。人間主体の側から行なわれるあらゆる意図・働き掛けとは無関係に存在する「客観的なもの」（＝「物質」）――レーニンいわく、このものの存在を認めるか否かが唯物論の試金石である――を次のように表現している。

物質の存在が感覚に依存しているのではない。物質は第一次的なものである。感覚、思想、意識は、特殊な仕方で組織された物質の最高の産物である。これが一般に唯物論の、

特にマルクスとエンゲルスの見解である。(8)

精神病院に入院したこともなく、観念論哲学者の学派に加わったこともない、あらゆる健全な人間の《素朴実在論》は、物、環境、世界が、われわれの感覚、われわれの意識、われわれの自我、および人間一般から独立して存在する、という点にある。われわれから独立して存在するものは他の人々であって、高いとか、低いとか、黄色いとか、固いとか、等々といった私の感覚の単なる複合ではない、という断固たる確信をわれわれのうちにつくり出した経験(マッハ主義的な意味ではなく、言葉の人間的な意味での)――この経験こそが、物、世界、環境はわれわれから独立して存在する、ということに対するわれわれの確信をつくり出す。われわれの感覚、われわれの意識は外界の反映像にすぎない。そして、模写は模写されるものなしには存在できないが、模写されるものが模写するものから独立して存在することは自明である。唯物論によって、人類の《素朴な》確信は、意識的にその認識論の基礎に置かれるのである。(9)[強調原文]

このような表現はテクストの随所に見られ、「物質」は人間の感覚・主観の「外に」存在することが繰り返し執拗に強調される。つまり、重要なのは、レーニンが人間のあらゆる意図ないし主観から隔絶したところに存在する「何か」に、彼の唯物論の核心を置いたことである。言い換えれば、レーニンが言うところの「物質」とは、あらゆる人間的な解釈を拒むような、つまり主観の内に手前勝手な形で内面化されることを拒み続ける「何か」にほかならぬ、ということだ。この「何か」を認めるか否かによって、唯物論と観念論が截然と分かたれるというのがレーニンの主張である。

無論、客観的な「物質」に対していかなる解釈を施すことをも禁じられているわけではない。「物質」の真理には、いわゆる意識の「近似的な反映」によって接近することができるとされている。だが、重要なのは、「近似的な反映」によって「物質」の認識主観に対する根源的な異他性が解消されるわけでは決してない、ということである。極端に言えば、「物質」の真理が科学によってどの程度解明されようと、哲学的にはそれは本質的な問題ではない。レーニンの唯物論にとって、真の問題は、人間と、本来的に人間の外部に存在するものとの関係にほかならない。

科学の進歩が「物質」の解釈に対してどのような関係を持つのかについて、レーニンは次のように語っている。

「物質が消滅する」ということは、これまでわれわれが物質をそこまで知っていたその限界が消滅するということであり、われわれの知識がより深化することである。かつて絶対的で、不変で、根源的であるように見えていた物質の諸性質（不可入性、慣性、質量等々）が消滅し、今ではこれらの諸性質は、相対的であって、物質のある一定の状態にのみ具わっていることが明らかになっている。なぜなら、物質の唯一の「性質」――哲学的唯物論は、それを承認することと結びついている――は、客観的実在であるという性質、すなわち、われわれの意識の外に存在するという性質だからである。[10]［強調原文］

ここで言われている「物質の消滅」とは、具体的に言えば、自然科学が新たな自然法則を発見することによって、それまで知られていなかった自然に存在する「物質」の性格がより正確に摘出されるということである。レーニンによれば、科学的探求の絶えざる進歩のプロセスによって、「われわれの《経験》と認識とが、客観的な空間と時間とにますます適応し、それをますます正しく、ますます深く反映する」[11]［強調原文］という。

このような「近似的反映論」がボリシェヴィズムの科学崇拝と結びついて、スターリン主義における哲学上の教条主義を生み出したと見なす議論も存在する。[12]だがここでは、レーニンの思想・実践とスターリン主義を因果関係論（すなわち、前者を後者の原因と見なすか、後者を前者からの逸脱と見なすかという二者択一的な解釈）によって解釈することは、われわれの課題ではない。後世から見た、したがって不可避的に遠近法的倒錯にとらわれる視点で因果関係を問うこと以前に、レーニンがその唯物論によって予言し、かつもたらした世界観の成立をこそ、われわれは問わねばならない。その世界があってはじめて、その後の歴史のすべてが生起したのであるから。

c——唯物論と真理

要するに、レーニンの唯物論は、「物質」の世界としての客観と、漸進的に客観世界との一致を図る認識主観との通約不可能な二元論であった。そう言ってしまうと、レーニンの議論の立場は、彼が「不可知論」として斥けたカント哲学の認識論に奇妙にも接近してくる。だが、このことは必ずしも逆説的ではない。次章で詳しく見るように、マッハ哲学の立場はカントの「物自体」の概念に対する強い批判を特徴のひとつとしているが、その意味では、レーニンはカントとともに「物」の存在を擁護したのである。

しかし、「物」に対する「信」をめぐって二人の態度は根本的に異なる。カントが認識の根拠として究極的には「信」（「信じる」という行為は、対象からではなく人間の側から生ずるほかないだろう、その意味でレーニンが言うようにカント哲学は観念論哲学である）を置くことによって、「神抜きの神学」を構想したのに対して、レーニンはある意味であからさまに「神学」的思考を導入したということにおいて、二人の考え方の間には絶対的な差異が存在する。

簡潔に言えば、カントとレーニンを分かつものは、分割された二つの世界が、究極的にどのような関係にあるのかという点にある。すなわち、カントにあっては、現象の根拠をなす超越論的対象としての「物自体」と、主体の諸能力を統合する空虚な点としての超越論的統覚とが、どちらも「超越論的なもの」としてのトポロジカルな同一性を有することによって認識の正当性の根拠が確立される。「世界」と「人間主体」が同一の構造にあるがゆえにこの二者は普遍的に調和しうる、という考えを認めるか否かは、単にそれを「信じる」か否かの問題であると言うほかない。ただし、ここでは信じる主体が人間であると同時に、信じられる客体も同じく人間の主観の構造である以上、信仰の対象としてあり続けてきた人間の外部の実在としての神は巧妙に消去されているのである。これに対して、レーニンが言うところの「物質」の真理が開示されるか否かという問題は、レーニン自身によって「物質の概念は、（中略）認識論的には、人間の意識から独立して存在し、そして人間の意識によって模写される客観的実在以外の何物をも意味しない(13)」［強調原文］と一見明快に答えられているが、その認識論的な根拠はあくまで「近似的」な意識による反映・模写でしかない。

　してみれば、『唯物論と経験批判論』が巻き起こした論争において(14)、ボグダーノフがレーニンの思想に信仰の匂いを嗅ぎつけ、レーニンを反批判したのは、けだし当然のことであったと言わねばなるまい。「近似的反映」から「物質」の客観的実在を論証すること（正確に言えば、その論証は不可能なのだから論証ではない）を可能にするのは、客観の世界を信じるという信仰ただひとつだけであって、カント哲学と異なるのはそこには何の根拠もないことである。つまり、それは一種の「飛躍」によって、人間が人間的なものの外部へと超出することによってしかなされ得ないものにほかならない。

しかし、このような神学的論理を唯物論の名の下にレーニンが提示できたのは、彼が信仰を、人間の認識における固有の、あるいは必然的とも言いうる誤謬の構造によって説明した(このような論理が見て取れることからも、レーニンはある意味でカント的である)からである。科学史における「パラダイム」の概念を発明したトーマス・クーン(一九二二～一九九六)は、次のように述べている。

コペルニクス説に宗旨を変えた人が月を見たとしたら、「私はかつて惑星と見たが、今や衛星として見ている」などと言いはしない。この言い方は、プトレマイオス説がかつて正しかったという意味を含んでいる。新しい天文学の信奉者は、むしろ「私はかつて月を惑星と考えた(あるいは月を惑星と見た)が、それは間違いであった」と言う。(15)

レーニンの立場はここで言われている「新しい天文学の信奉者」のそれに等しい。かつてのドグマを否定することは、新たなドグマを打ち立てることにほかならない。しかし、そのことが意識されていようとも、ドグマの不可避性を消去することはできないのだ。

> 現代唯物論、すなわちマルクス主義の観点から見れば、われわれの知識が客観的・絶対的真理に近づく最大限度は、歴史的に条件づけられている。しかし、この真理の存在は無条件的であり、われわれがそれに近づきつつあることは無条件的である。（中略）ひとことで言えば、あらゆるイデオロギーは歴史的に条件づけられているが、しかしあらゆる科学的イデオロギーには（例えば宗教的イデオロギーとは異なり）客観的真理、すなわち絶対的な自然が照応している、ということは無条件的である。[16]［強調原文］

ここで言われているのは、絶対的真理の観点から見れば、あらゆる真理は歴史的諸段階（クーンの用語で言えば歴史的な諸々のパラダイム）によって条件づけられた相対的なものにすぎないが（引用部分の直後でレーニンは「マルクスとエンゲルスの唯物論的弁証法は無条件的に相対主義を含んでいる」と書いている）、その相対性というものは「無条件的」に意識され得ないのだ、ということだ。つまり科学的イデオロギーは、その性質上「客観的真理」という形態でしか現れ得ないのであって、それは無論、誤謬に落ち込む可能性を排除することができない。しかし、それはレーニンにとって、人間が「科学的」であろうとする限り避けることのできない誤謬にほかならなかった。[17]

以上のような論理、「客観的真理」の断固たる主張を含むものとしてのレーニンの科学論が、いわゆる教条主義を斥けることを重要視していたボグダーノフにとって受け容れ難いものであったことは、容易に想像しうる。しかし、プロレタリア階級の経験を基礎とした新しい唯物論というボグダーノフらの発想とレーニンの一見生硬な科学論・真理論とのいずれが真に柔軟な思考であるかを判ずるのは、容易なことではない。

参考になるのは、レーニン対ボグダーノフの哲学論争と似通った主題をめぐって、一九二〇年代末から一九三〇年代にかけて、日本でも唯物論をめぐる論争、マルクス解釈をめぐっての論争が生じたことである。この論争において、ハイデガー哲学とマルクス主義の結合を志した三木清およびルカーチに依拠する福本和夫を諸共に批判した加藤正は、次のように言っている。「さてここに二つの立場が対立した。弁証法的唯物論は無産者階級の意識として規定さるべきか、あるいは世界のありのままの認識として規定さるべきか(18)」。加藤の見るところ、三木と福本は前者の立場を採る点で共通している。これに対し、エンゲルス＝レーニンの線から議論を進める加藤が立脚するのは、後者の立場である。加藤によれば、弁証法的唯物論は、プロレタリアートの階級意識に立脚するから正しいのではなく、ただ単に正しい。なぜなら、それは「客観世界をそれ自身の連関において在るがままに把える(19)」からである。

このように加藤の所説を要約すると、何かおそろしく単純素朴で教条的な主張のように聞こえるかもしれない。しかし、歴史上の特異な主体（だけ）が発見できる真理という、真理概念の一種の相対化をはらまざるを得ない見地に対して、加藤は批判を加えたことが決定的である。そして、階級意識に基づく真理−主体概念は、特異な主体による真理の所有（主観化）を意味するであろう。しかし、レーニンにとってと同じく、加藤にとって、真理は客観的なものであり、主観によって所有されるものではなかった。この客観的なものを把握することにおいて、一切の主体の契機は消え去るのである。

弁証法的唯物論にとっては、なんらかの主観に立つ把握あるいは把握における主観的要素は排除されていなければならぬ。それは一切の主観を客観的世界の連関の中に成立するものとして把える。（中略）弁証法的唯物論にとっては、自己を絶対的前提とし、他を把えるが他によって把えられることのない主観、従って自己認識が最高の世界把握であるがごとき主観、はもはや存在しないのである。(20)

あるいは、加藤は次のようにも言っている。

認識とは自己の頭脳の精神的連鎖の中へ対象を摂取することである。精神はだが、tabula rasa〔白紙状態〕ではなく、認識の段階に応じて一定の運動形式をもっている。対象はこの形式に合致する限りでのみ精神の中へ反映する、そして対象の全き認識のためにはだから頭脳の方を種々なる方法で対象の運動に合致するように変革しなければならぬ。だから唯物論を意識的に採用するのでなければ、すなわち自己の素朴な思惟によって、あるいはまた自己が自己についていだいている見解によって、対象を規定するのでなく、反対に、対象がそれ自身に具えている諸規定に何らかの仕方で思惟を適応せしめるという方法で認識を進めるのでなければ、吾々は対象を全然認識できないか、その一面をしか認識できない。(21)［強調原文］

加藤の真理論・科学方法論は、レーニンの議論の核心を見事にとらえ、かつそれを発展させている。「対象」――レーニンにおいては「物質」あるいは「絶対的自然」――は、それを人間主体が把握しようとするときに、その主観・主体の「思惟を適応せしめる」ことを強いる、言い換えれば、それは主体を呑み込み、その頭脳を変革する。個別的な主観性は、「物質」との邂逅により、そのうちへと没してゆくのである。してみれば、レーニンがほとんど狂気を思わせる激烈な言葉によって擁護しようとしたのは、主観に先立ちそれを呑み込み、そしてそれを変化させる他者としての「物質」であったと言えよう。この立場からすると、経験批判論にはいわば他者が欠けている。他者としての「モノ」との衝突によって、認識の新たなる段階が拓かれ、科学的思考が進化する――これがレーニンと加藤正の主張であった。言うなれば、彼らにとって、弁証法的唯物論とは、他なるものとの衝突によって主体自身が破壊され新たに再生されるための知の方法にほかならなかった。

Ⅳ 唯物論と主体性、そして歴史の超克

a──認識の外部と革命の主体

ここまで見てきたレーニンの議論は、周知のとおり、マルクス主義唯物論を革命の理論として構成するという政治的・実践的課題を念頭に置いて書かれたものである。マルクス主義者がつねに直面してきた困難は、マルクス＝エンゲルスのテクストには具体的な革命のプログラムを直接に演繹しうる理論が見出し難いことにあった。そして、レーニンが批判したボグダーノフも同じ困難に取り組んでいたのであり、その意図は、マルクス主義の立場から革命を担う主体を哲学的に基礎づけることであった。この試みに対するレーニンの答えは、マッハ主義の立場、すなわち「物」（＝客観的実在）を消去することからはプロレタリア革命のイデオロギーにふさわしい唯物論は創出できない、むしろこのような立場はブルジョワ・イデオロギーへの譲歩を表す、というものだった。彼は「物質のない運動は考えられるか？」[22]という問いを提出し、それが考えられないことを断固として述べる。この思考に含まれる論理は、後に『国家と革命』において、日和見主義を批判することによって「国家そのものの死滅を最終目標とする革命抜きの社会主義」を徹底的に斥けたの

理」にほかならない。

と全く同じである。どちらにおいても、否定されたのは「客観的なものの露呈抜きの真理」にほかならない。

すでに述べたように、レーニンにおいて真理を担保する客観は、有限なる人間の外部に存在しなければならず、このような「人間の外部」の露呈は、「人間の有限性」の解放として計画される。言うまでもなく、この解放の瞬間は「プロレタリア革命」と名づけられるだろう。そしてここに、レーニンの革命のプログラムが乗り越えようとした重要な両義性があると言わねばならない。なぜなら、もし解放が人間の側から、人間の尺度によってなされるならば、フーコーが言うとおり、それは「人間が逆に労働から解放されるように人間を解放する労働についての形而上学[23]」にほかならず、必然的に「人間の有限性によって寸法の決められた形而上学」にとどまるだろう。

したがって、客観的で無限なものの出現は、それ自体によってなされなければならない。だが、この立場で事足れりとすること、つまり「絶対的な自然」それ自体の力能、すなわち「自然発生性」に歴史を委ねることは、政治的には日和見主義あるいはその反対物の冒険主義へと帰結する。したがって、「自然発生性」もまた批判されなければならない。レーニンの見るところ、「自然発生性」を崇拝することの悪影響は二つの仕方で出現する。すなわち、一方では、労働者階級の運動に対する革命的社会主義者の介入を有害無益なものと見なす「経済主義」として、他方では過激なテロリズムとして。前者は、労働者階級の運動それ自体の力能――それは潜在的には無限なものである――にすべてを委ねることであり、後者は客観的で無限なものの力が一個人を直接に貫いているかのごとくに振る舞うことである。だが、前者は、あくまで潜在的であるものを現に全能の力を振るっているものと取り違えることであり、また後者は、無限なものを我有化してそれを僭称することにほかならない。ゆえに、レーニンは次のように言う。

> 「経済主義者」と今日のテロリストとにはひとつの共通の根がある。あの自然発生性への拝跪が、それである。一見したところでは、われわれのこの主張は逆説のように思われるかもしれない。（中略）しかし、これは逆説ではない。「経済主義者」とテロリストは、自然発生的潮流の相異なる対極の前に拝跪するのである。すなわち、「経済主義者」は「純労働運動」の自然発生性の前に拝跪するし、テロリストは、革命的活動を労働運動に結びつけてひとつの全体とする能力を持たないか、またはその可能性を持たないインテリゲンツィアの、最も熱烈な憤激の自然発生性の前に拝跪するのである。(24)［強調原文］

「経済主義者」は、すでに現前している「客観的なもの」にのみ信を置く。それがいつしか必然的に革命に転化してゆくことを期待しつつ。他方、「テロリスト」は主体の自己犠牲によって「客観的なもの」を表現することを期待する。これに対しレーニンは、両者を等しく斥けることによって、革命において必要なのは客観的な歴史の必然性なのか、それとも革命的な主体の行為なのかという問いとして現れる一種の主客二元論を追放する。革命に立ちはだかる扉を開くための鍵は、そのいずれでもない、と。言い換えれば、そのどちらの立場に定位することによっても真正な革命は導き出せない、と彼は考えていた。マルクス主義にとって素朴な主意主義・主観主義は論外だが、だからといって、客観的・必然的なものによる決定を単に言いつのることや、自らがその化身であるかのように振る舞うことは、逆に客観的なものを「様々なる意匠」として主観が消費（＝我有化）することに帰結するにすぎない。したがって、レーニンが目指したのは主観と客観の両方の立場を無効化してしまうような一種の「メタ客観」である。しかし、それはまた現象学的な「共同主観性」のようにリジッドな形で措定されうる立場でもあり得ない。

個人の意識を人類の意識と取り替え、あるいは、ひとりの人間の経験を社会的に組織された経験と取り替えれば哲学的観念論が消えてなくなると考えるのは、ひとりの資本家を株式会社と取り替えれば資本主義が消えてなくなるかのように考えるのと同じことである。(25)

レーニンがここで斥けようとしているのは、「思惟と存在が一致する」という思想であり、それがいかなる認識論的前提を持っていようとも、それは本質的問題ではない。どれほど精密な概念化が施されていようとも、それは装いを変えて「哲学的観念論」を反復するにすぎないのだ。してみれば、近代哲学における主体の成立というものが、本質的には何らかのパースペクティヴに依拠することによって主観の確たる根拠を措定することだとすれば、レーニンの議論には主体が存在しない。ルイ・アルチュセール（一九一八～一九九〇）は次のように言っている。

> レーニンは《絶対的なものはこの世にただ一つしか存在しない、それは、方法、あるいは絶対的な過程そのものの概念である》という命題を、ヘーゲルから引き出していると述べることになります。さらに、ヘーゲル自身が『論理学』の冒頭によって、存在＝無を、また『論理学』の位置そのものによって、起源として否定された起源、主体として否定された主体を、そこに招いたので、レーニンは、あらゆる起源とあらゆる主体を断乎として廃棄しなければならず（彼が『資本論』の深い読書からすでに学んでいたことです）、また、絶対的なものとは、現実におけると同時に科学的認識においても、主体なき過程であると言わねばならない、ということの確証をそこに見出すのであります。[26]
>
> ［強調原文］

しかし、このように「主体は存在しない」と断言することは、レーニンの提出した決定的な論点を見失わせかねない。先に述べたようにレーニンの議論が宗教・神学的な要素をその決定的な部分で持っていたことを考慮するならば、強調すべきは、主体が依拠すべきパースペクティヴを持っていない、より正確に言えば持つべきでない、にもかかわらず、それでもなお主体化は行なわれなければならない、ということである。言い換えれば、そこでは主体化は存在するが、固定されたものとしての主体は存在しない。つまりは、その起源も終着点も存在しない、したがって根拠もない、純然たる跳躍としての主体化が企てられている。(27) したがって、あえてポジティヴにレーニンが語る主体性の立場を定義するならば、それは名指し得ない「物質」の運動の世界に主体が一致しようとするところに見出されると言うほかない。必ずそこには、主観と客観の間の消去し得ない「ズレ」が存在する。しかし、その「ズレ」を消去しないこと（消去してしまえば、思考は必然的に観念論へ陥り、政治的には自然発生性の拝跪へと至る）、それを敷衍して言えば、その「ズレ」そのものに定位することがレーニンの主張する主体性にほかならない。

b──主体と「歴史」の超克

そして、レーニンの特異な前衛党の理論が、このような主体概念に根拠づけられていることを理解することはさして困難ではない。

> 「イデオローグ」は、彼が自然発生的な運動の先に立って進み、運動に道を指し示すときにだけ、運動の「物質的諸要素」が自然発生的に突き当たるあらゆる理論的・政治的・戦術的・組織的諸問題を、彼が他の者たちよりも早く解決することができるときにだけ、はじめてイデオローグの名に値するということを、彼ら［＝経済主義者］は理解していないのである。(28)［強調原文］

主観と客観との「ズレ」に定位する主体の在り方とは、ここで書かれていることに従って具体的に言えば、必然性の「先に立つ」ことにほかならない。つまり、客観的なものとして現れる自然発生的なものが進む道を、つねに先取りすること、その前にいること（＝前衛性）が、レーニンの言う主体性である。しかしこの立場は、しばしばボリシェヴィズムについて考えられているように、(29)歴史の法則を司る全能の神のごとき立場へと、人間が上昇することを意味しはしない。先に見たように、そのような確固として固定された超越的パースペクティヴは排除されている。してみれば、前衛たることとは、主体が、必然的な自然発生性の向かう道を、跳躍としての投企によって、その先端において開示することであり、その結果として、客観的なものとしての「歴史」の必然性を促進し、客観的なものをそれ自身によって客観的なものとして出現させることにほかならない。

約言すれば、レーニンが企てていることは「客観の客観化」である。そもそもわれわれの認識が到達することのできない無底としての「客観」を、さらに「客観化」するという思想は、ある種の不気味さすらをもたたえている。おそらく、ここに不気味さが感じ取られるのは、「客観的なもの」の最終的な到達点、すなわち客観的なものが現実的に客観化する瞬間、言い換えれば「歴史」が必然的に自らを完全に展開し終える時点を、この「客観の客観化」という観念は否応なく指し示すからだ。「歴史」における客観的なものが、「歴史」を先取りする主体の投企によって増幅され、その出現が促進されるとすれば、「歴史」の展開は速度を増すだろう。かつそれは、加速された「歴史」が、突如として静止に至るという最大限の矛盾を含む出来事を告知している。なぜなら、いかに速度が増そうとも単に相対的に速くあることとは、有限なる人間の「歴史」の内部にあることだ。したがって、「物質」という無限なるものが解放される瞬間がもたらされるためには、つまり速度がそれ自身を超克するような絶対的速度に至るためには、有限者としての人間の「歴史」の発展が速度そのものから離脱すること、すなわち絶対的な静止に至らなければならない。

「歴史」が自らを展開し終える点が有無を言わさぬ仕方で示されるとは、このような意味においてである。このような瞬間は文字通りのユートピアであると断言する権利が果たしてわれわれにあるだろうか。レーニンの認識論・絶対的真理観に従って言えば、こうした客観的な絶対の点というものを人間が排除できないことは事実に違いない。

V　レーニンのスプレマチズム

a――「無対象」としての歴史

レーニンの唯物論が開こうとしていた地平、あるいはそれが示唆するところのものが、ここまでの考察によっていくらか明らかになったと考えるが、この思想が単にレーニンひとりのものであったと考えるのは、おそらく誤りである。むしろ、それが不特定多数の人々に共有された一個の「時代精神」として現れたということに、彼の革命の思想とそれが世界にもたらしたものの重大さが見て取れる。

ロシア・アヴァンギャルドの画家であり、理論家でもあったカジミール・マレーヴィチ（一八七九〜一九三五）は、そのような「時代精神」の証言者であった。マレーヴィチは自らの美術の原理を「スプレマチズム」（至高主義）と名づけたが、それは多くのアヴァンギャルディストに共通するように、ラディカルな伝統否定・破壊を含む実践であった。最も有名なのはあの《白地の上の黒い正方形》（図1を参照、この作品が制作されたのは一九一五年である）であるが、このような作品を生み出した思想を彼は次のように語っている。

実物の諸形態を再現し、模写することで、われわれは芸術に対する誤った理解を育んできた。

プリミティヴなものが創造と解された。

古典作品もまた創造と解された。

同じひとつのコップを二〇回置き直すことも、やはり創造である。

目に見えるものをカンバスに再現する技能としての芸術が創造と見なされた。

まさか、机のうえにサモワールを置いただけで、これも創造だとでもいうのだろうか。

私の考えは全く違う。

現実にあるものをカンバスに移すことは、巧みな模倣の芸術であって、それ以上のものではない。

そして、創造する芸術と再現する芸術とのあいだには、大きな違いがある。(30)

マレーヴィチにとって、何らかの対象を模倣しようとする芸術においては、模倣するものが模倣される対象に依存せざるを得ず、畢竟そのような作品は本物に対する偽物にすぎない。つまり、芸術作品が対象を有する限り、作品が対象を超えることは原理的にあり得ない。それゆえ、どのような形であれ対象の反復・再現を事とする芸術はすべて廃棄され

図1　K. マレーヴィチ《白地の上の黒い正方形》

なければならない。ここから導き出される論理的帰結は、真なる意味での創造は、いかなる対象をも持ってはならないということであり、彼の理論は、いかなるものの再現をも排除した純粋な「無対象」へと向かうことになる。だが、それはいかなる創造行為であるのか。

しかし、私はフォルム－ゼロにおいて変貌を遂げ、ゼロを超え、創造へと踏み出した。つまり、スプレマチズムへ、絵画の新たなるリアリズムへ、無対象の創造へと。
スプレマチズムは新しい文化の始まりである。いまや原始人は猿と同様に打ち負かされた。

もはやあの片隅への愛はない。芸術の真実を歪めてきたあの愛はもはやない。(31)

正方形は無意識的なフォルムではない。それは直感的理性による創造である。

新しい芸術の顔!

正方形は生ける王者の御子である。

芸術における純粋な創造の第一歩。ここに至るまでにあったのは、稚拙な歪曲と実物の模写であった。(32)


してみれば、彼の「黒い正方形」とは、人類のそれまでのすべての絵画――無論、それらは対象にとらわれているため、純粋な創造行為としては何をも意味しない、すなわち「無」であるという解釈を受けている――を総括するものであり、まさにこの「総括する」という営為において絵画の「歴史」を終わらせ、かつそこから未曾有の、「無対象」としての歴史が始まる起源として措定されるものにほかならない。

以上のようなヴィジョンに基づいて、マレーヴィチは、かかる「歴史」の終結と新しい歴史の開始としての革命を熱狂的に受け止めた。既存の一切の絵画が死滅することは、革命の到来と同時であり、等価なのである。次に引く文章は一九一九年に書かれているが、それは、彼の「正方形」がイメージならざるイメージとして革命に寸分違うことなく重ね合わせられていることを、雄弁に物語るものである。

一九世紀が私に差し出したのは絵画の屍骸だった。私は、色彩の浸透から死を見つけ出し、身体から色彩を抜き出し、新しいシステムへと投げ出した。

世界は、経済、政治、古ぼけた国家の屍骸を差し出し、革命は、それらの死であった。そして、革命は、生きたエレメントとしての生活のシステムへと投げ出された。

絵画は、古ぼけた国家のように死んだ。なぜなら、絵画は古ぼけた国家の組織の一部であったからだ。（中略）

革命とスプレマチズムは、両極を形成する現代性のシステムである。（中略）

私は何も発明したわけではない。ただ、自己のなかに夜を感じ取り、そこに新しきものを観ただけだ。そしてその新しきものを、スプレマチズムと名づけた。それは、私のなかで、黒い平面となって現れ、正方形を、そして円を形づくった。私はそれらにおいて新しい色彩の世界を観たが、これはもうずっと前のことだ。いまや、その世界はわれわれの眼の前で生きている。これは世界の象徴であり旗だ。これは、新しい夜明けの朝が生まれる夜なのだ。[33]

マレーヴィチの内面において生じた「正方形」は、革命によって彼の眼前に出現した。注目すべきことに、マレーヴィチはレーニンに「政治における無対象主義者」を見出し、尊敬していたという。[34] レーニンの唯物論とそれに依拠する歴史観を検討してきたわれわれにとっては、このことは決して意外なことではない。レーニンが認識論においてその核心に置いた、「意識による物質の近似的模写・反映」という思想は、ラディカルにそれを推し進めるならば、自己破綻するほかない契機をはらんだ理論ではなかっただろうか。すなわち、「意識による反映」とはあくまで近似的なものにとどまることを運命づけられているのであり、真理そのものではない。意識において、意識自体によって、自足することができる真理という考え方こそ、レーニンが断固として攻撃したものであった。つまり、レーニンからすれば、そのような思考は意識による対象の模写に満足する立場であると見えた。してみれば、レーニンの言う「物質」とは、もはや意識する主体にとっての対象ではあり得ない。所詮、意識は模倣することにとどまるのだから。それでもなお「物質」が志向されるならば、それはマレーヴィチの言うように主観による対象性を一切欠いたもの、すなわち「無対象」として求められるほかない。

そして、このような「無対象」としての客観を出現させることが、レーニンにとってのプロレタリア革命である。マレーヴィチの「黒い正方形」がそうであったように、それは人類のすべての「歴史」(前史としての)の総括、そして新たなる歴史の始発点として定義されるだろう。ここには、不可逆的で鋭い時間の断絶の意識が導入されている。すなわち、「無対象」の出現の一点から、それまでの「歴史」は必然性の展開の歩みとして把捉されるが、それは同時にマレーヴィチにとっては不十分な模倣の繰り返しであり、また史的唯物論にとってはあれこれの権力者の交代の繰り返しであって、そのようなものとしての「歴史」は両方とも同じことの反復にすぎないのだから、そこには無意味しか見出すことができない。したがって、そのような「歴史」を総括する表象には、無＝物質としての「無対象」が充てられる。一方で、「無対象」の出現以降の歴史は、そのような自然発生性の悠久の運動にとらわれた「歴史」から離脱した、質の異なるものとして現れる。意味を欠いた「歴史」は燃え尽きて、意味を持った世界が「フォルム‐ゼロ」から、あるいは無底の「物質」から創造されねばならなかった。

b――「歴史」の超克とそれがもたらしたもの

われわれにとっての問題は、やがて国家と資本主義の止揚へ、人類の普遍的な解放へと至るとされた革命が、すなわち「無対象」へ向かう跳躍としての革命が実際に行なわれてしまったということ、そしてさらに、そこから出来したものは、その当初の理念からかけ離れたものであったということである。レーニンの唯物論をその究極的な相において読み抜いていたマレーヴィチは、レーニンの死の直後、おりしもレーニン崇拝が始まろうとしていたときに、この新たな現象を批判して次のように書いた。

すべての教義は唯ひとつのこと――無対象ということだけを教えている。つまり、思想が対象（предмет）に到達することはない、ただイメージに到達するにすぎないということを教えている。そして、このイメージとは、唯物論、現実のありうべきぎりぎりの限界としての形態にほかならない。教師たるものはいずれも、弟子に対して、無対象についてのみ語っている。だが、その死後には、往々にして、弟子の誰ひとりとして師を理解できず、対象となるものをつくり出し、その対象において師の思想を実現させようと欲する。このようにして、教師が言及したことのないようなおびただしい儀礼や対象が生じてきた。教師がそれらについて語らなかったのは、物質的な対象となろうとする思想がつねに駄目になること、イメージよりも先には進めないことを、彼が知っていたからである。(35)

マレーヴィチにとって度し難いことであったのは、レーニンの唯物論がイメージ・表象の外部へと突き進んでいたにもかかわらず、弟子たち（＝レーニン主義者）はレーニンをイメージへと還元し、それを流通させようとしていたことだった。この論理は、レーニンが『唯物論と経験批判論』において客観的な「物質」を主観による表象に回収しようとする思想に反対したことを、厳密な意味で反復している。

「歴史」の超克の後で、「無対象」の出現の後で現れた「対象への回帰」は、マレーヴィチからすれば「反動」以外の何物でもなかったが、同時にそのような「反動」は必然的でもあっただろう。なぜなら、「歴史」の後の創造行為において、否応もなく「何を具体的に創造するのか」という問いの形で「対象」が出現せざるを得なかったからだ。しかも同時に、その創造行為は全く新しいものとして現れなければならず、過去のいかなる「対象」をも反復してはならなかった。

このような一種のアンチノミーは、独特の畸形的方法によって「解決」されることになる。「スターリニズム」とは、おそらく、この解決法に与えられた名前である。レーニンの「無対象主義」によって放たれた無限なるものは、「全能の指導者スターリン」のイメージのなかで生きながらに葬り去られる。

それがいかにしてなされたのかを、ここで述べることはできない。ただひとつ指摘できることは、アンチノミーの解決法としてのスターリニズムとは、レーニンがもたらした「無対象」の時空から生まれたという歴史的事実である。このことを指摘することは、レーニン主義とスターリン主義の単純な因果関係を云々することと同じではない。ここで問題となるのは、歴史上にもたらされた世界観の構造の成立とその変容であって、個人としての、あるいは政治家としてのレーニンやスターリンの気質やキャラクターといった偶然的要素が問題なのではないからである。したがってわれわれは、「無対象」の時空がどのような構造をもって成立し、何をもたらしたのかということを、まず第一に問い掛けねばならないだろう。

第二章　〈物質〉の叛乱のために——唯物論とテクノロジー

I　忘れ去られたテクスト

歴史はつねに残酷なものであり、歴史的状況のために過大評価を受けることになったテクストは、時を経れば必ず反対に過小評価を受ける運命を免れ得ない。レーニンの『唯物論と経験批判論——一反動哲学についての批判的覚え書』（一九〇八年執筆、翌年刊行）は、そのようなテクストの見本のようなものだ。このテクストの有する顕著な特徴、すなわち、あまりに「論争的な」というよりも喧嘩腰と形容すべき決して上品ではない文体、読者を辟易させる同じ主張の繰り返し、哲学の素人による独断論と素朴実在論、現代では完全に葬り去られた自然科学のパラダイムへの熱烈な傾倒——今日このテクストを読む者が受け取る印象は大方以上の諸点に集約されるかもしれない。

だが、こうした顕著な欠点と思われる事柄にもかかわらず、ロシア革命の成就は、このテクストを共産主義的唯物論の基礎経典の位置へと押し上げることとなった。その反動から、現代の読み手たちの多くは、このテクストの価値をあたう限り低く見積もろうと試みている。例えば、歴史家のスティーヴン・カーンは、皮肉めいた筆致でこう言っている。「レーニンがボグダーノフの社会的相対論と戦っているあいだに、もっとずっと重要な相対論がアインシュタインによって開発されつつあった。（中略）一九二〇年にアインシュタインは、《無限の数の空間が存在し、それらはお互いに関係しつつ動いている》と大胆に要約して述べた。幸いなことに、レーニンは革命運動に多忙なあまり、アインシュタインの理論には気づかなかった(1)」、と。つまり、『唯物論と経験批判論』は、歴史上の興味深い一齣ではあったとしても、理論としてはもはや忘れ去られるべき代物にすぎない、とされる。

しかしながら、すでに述べたような今日の読者の反応は哲学的常識の観点からすれば正当なものであるかもしれないが、それはこのテクストがそれでもなお興味深い思想書であることと矛盾するわけではない。歴史によって、『唯物論と経験批判論』は哲学書としては不当な高みへと昇らされることになった。それゆえに、歴史的現在においてこのテクストはほとんど完全な無視という憂き目にあっている。とはいえ、この書物を読むことがやはり驚きに満ちた経験であることに変わりはない。近代哲学の、あるいは哲学の全歴史を見渡しても、これほどの激烈な怒りが表現されているテクストは、おそらく存在しないだろう。このことがわれわれ読者を驚かせるのである。この驚きを手放さないこと、このことのみが歴史の残酷さに抗う手段となりうる、と筆者は考える。

してみれば、このテクストの書き手のあまりの執拗さに閉口するとき、われわれはこう問うべきではないのか――それにしても、なぜ、この著者は自らの主張に飽くことがないのか、この著者を稀に見るような怒りとおよそ本人以外誰も付いてゆくことができないほどの反復運動へと駆り立てているものは、果たして何であるのか、と。レーニンが、「物質」とは人間の意識から独立して存在する客観的実在であると言うとき、つまり「物質」は主観によって表象されるものではないと言うとき、人は言うかもしれない、それは表象し得ぬものの表象にすぎない、と。しかし、注意深く読む者がレーニンのテクストから引き出すことができるのは、語り得ぬものを語ることによって、それを地上に出現させるためのひとつの戦略にほかならないのである。

II 『唯物論と経験批判論』をめぐる歴史的文脈

a――ロシアの文脈

レーニンが、自らを哲学の素人と見なしながらも、当時流行していた文献を急遽読み漁って『唯物論と経験批判論』というまがりなりにも体系的に唯物論哲学を論ずる書物を著すことになった歴史的事情はよく知られている。すなわち、ボリシェヴィキの同志であり、同時に党の政治路線、主たる問題としては帝政下の国会（ドゥーマ）への対応をめぐって当時レーニンと激しく対立していたアレクサンドル・ボグダーノフが唱導していた「経験一元論」を観念論＝政治的反動主義と通底するものとして批判し、またボグダーノフに影響を与えていたエルンスト・マッハやリヒャルト・アヴェナリウス（一八四三〜一八九六）らの思想を反動主義に導くものとして断罪すること、このことが『唯物論と経験批判論』に込められた著者の明確な意図であった。ボグダーノフが領導した思想傾向は、当時のボリシェヴィキのうちでも、アナトーリー・ルナチャルスキー（一八七五〜一九三三）等の有力な賛同者を得つつあった。そして、この哲学論争が持ち上がったのは、一九〇五年革命における革命運動の高揚が完全に終息し、革命派は首相ストルイピン（一八六二〜一九一一）による弾圧の前に後退を余儀なくされていた時期である。さらには、同時期のロシアは、革命の退潮を背景として、『道標』派に代表されるように、かつてマルクス主義に深くコミットしていたインテリゲンツィアの多くが政治的には自由主義、哲学的には観念論や宗教思想へと「改心」してゆく時代でもあった。[2] 当時のレーニンは、「ロシアのインテリ・マルクス主義者」を、「懐疑主義によって虚弱になり、衒学のために愚鈍になり、懺悔の言葉を好み、早々と革命に倦み疲れ、革命を埋葬してそれを立憲的平凡事に置き換えることを、祭日か何かのように夢見ている[3]」、と酷評している。

つまり、このときのレーニンにとって、革命運動の現状はいわば総崩れとでも言うべきものであり、もしもボグダーノフの主張する「経験批判論」が単に観念論の亜種であって、ブルジョワ・イデオロギーへの譲歩・転落にほかならぬものであるとすれば、危機は革命運動の直近の身内のなかにも迫っているということを意味した。さらには、同時期にボグダーノフの周囲では、作家のマクシム・ゴーリキー、ルナチャルスキーらが「建神主義」なる主張を唱え始めていた。これは、その唱導者たちによれば、来るべき社会主義社会において旧来の宗教に代わる道徳を提供するものであるとされたが、レーニンから見れば、きわめていかがわしい、ブルジョワ・イデオロギーへの退行と思われるものであった。したがって、『唯物論と経験批判論』に込められた彼の意図は、当然、これらの傾向を告発し、本来的な唯物論を標榜するための理論的土俵を構築することにあった。(4)

b——世界史的文脈

右に略述した事情は、『唯物論と経験批判論』が執筆された当時のボリシェヴィキ党内部の事情や、あるいはもう少し大きく言っても、一九〇五年革命の退潮期におけるロシアの革命運動の趨勢という最狭義のコンテクストである。おそらくレーニンにとって、この最狭義のコンテクストにおける理論＝政治的介入が最重要の目的であった。(5)だが、当時のより広範な思想的コンテクストから見てみた場合、当事者たちがどれほど意識していたか否かに関係なく、この哲学論争はロシアの左翼政党内部での単なる内輪もめとして総括できるものなどではなく、一種の世界的な思想上のパラダイム転換、あるいは世界像の転換の動きと密接に関わり、それを反映していたものであったと言いうる。

レーニンが非難の主な標的としたマッハの思想は、アインシュタインの「相対性理論」に着想を与え、またその「現象主義」的構えはフッサールの「現象学」の先駆的存在ともなったと言われる。(6) つまり、マッハ思想は、今日から振り返れば、当時洋の東西を問わず各所で出現しつつあった諸々の哲学的新思潮のなかでも特に後世に与えた影響の大きかったもののひとつとして挙げることのできるものである。これらの新思潮によって導かれた広範囲なパラダイム転換がどのようなものであるかについて、ここで全般的に論じることはできないが、端的にその一面を挙げれば、それはデカルトに端を発する物心二元論への懐疑、その乗り越えを志向するものであった。つまり、このパラダイム転換は、近代哲学・思想の根本的諸機制の転換に関わるものだったのである。この時代に進行した思想的パラダイムの転換の様相について、廣松渉（一九三三～一九九四）は次のように整理している。

哲学史を繙いてみるまでもなく、マッハの時代は、実証主義的な風潮、心理学的研究の進捗、等々を背景として、幾多の経験論的理説を生み出した時代であった。それはカント的「批判主義」の復興と並んで、第三者的・結果的にみるかぎり、「経験論」の復興が遂行された時期でもあった。かつての「イギリス経験論」がそうであったのと同様、経験論は論理必然的に現相主義的態度へと帰趨する。現に、物体と観念との中間物というべきイマージュから出発するベルグソン、内在主義のキュルペ、経験批判論のアヴェナリウス、純粋経験から出発するウィリアム・ジェームズ、純粋体験から出発する西田幾多郎等々、〝物心未分の場面〟から再出発しようという構えは、前世紀の末から今世紀［＝二〇世紀］の初めにかけて、さながら流行現象の観があった。(7)

これらの新思潮はいずれも認識論に新たな視座を与えることを目指すものであったが、こうした動きを洋の東西を問わず数多挙げることができる。そして、レーニン＝ボグダーノフの論争は、疑いなく、新しい世界観を求める論争としての認識論をめぐる百家争鳴という同時代的文脈において戦われたものである。哲学に限らずボリシェヴィズムを支えた世界観を世界史、あるいは二〇世紀の精神史という大きな文脈に置き直して多角的に考察する研究(8)はまだ多くは現れていないが、こうした研究がレーニンの思想やロシア革命の本質を新たに再考する契機となることは間違いなかろう。

さらにつけ加えるなら、この時代の新思潮が取り組んだ課題に最終的に片がつけられたわけではない。哲学史の教科書風に記述するならば、これら認識論における新思潮はやがて現象学へと発展的に解消され、さらにそこからハイデガーやサルトルらの実存主義思想が出現するということになる。そして、その実存主義も構造主義によって乗り越えられ、その後にはポスト構造主義が現れる……。こうした記述はなめらかではある。だが、それではこうした過程において最初に提起された問題そのものはいかにして解決されたのか？おそらく、この問いに対する正面からの答えは存在し得まい。こうした哲学史的推移のなかで、認識論というテーマ自体が、その明確な理由が明らかにならないまま、かつての重みを失ってゆくように思われるからである。廣松の言い方によれば、「認識論の流行」は「物心未分の場面」から新たな哲学体系を構築しようと試みたわけであるが、やがてこの流行は停止する。それは、単に「〝流行〟の終熄」であったにすぎず、認識論は「破産を宣告されたわけでも、況《いわん》や内在的に克服されたわけでもなかった」。言い換えれば、認識論がある種の問題をめぐって「途方に暮れた(9)」ために、論争の土台が打ち捨てられたということでもある。つまり、レーニン＝ボグダーノフが関わった問題は、それとは知られないままに、積み残されている。

あるいは、知的動向の世界的な地殻変動という文脈からすれば、問題を狭義の哲学に限ることは不当ですらある。一九世紀末から二〇世紀の初めの時代は、第二部以降でレーニンの思想との関係を検討されるフロイトによる精神分析の創始、デュルケム、ウェーバーらによる社会学の新展開といった新たな知的領域が開拓された時代である。またそれは、美術においては、印象派から表現主義、キュビズム、シュールレアリズム等へと目まぐるしく新様式が発生した時代でもある。そして、これらの変革の影響は、建築、写真、文学などをはじめとしてあらゆる表現領域へと波及してゆく。合理的主体像は葬られ、ルネサンス以来の単一の焦点しか持たない遠近法は放棄される。こうした地殻変動の衝撃は、今日にまで続いている。過去の歴史を俯瞰する今日の視点から見れば、これらの試みの多くは、近代の知的枠組みを対自化しそれを乗り越えようとする自覚的でラディカルな運動であった。要言するなら、これらの試みにおいて模索されたのは、〈近代の超克〉にほかならなかった。

この時代の社会思想における大転換についての古典的研究となっているスチュアート・ヒューズの『意識と社会』には、次のような記述が見出される。

第一次世界大戦の直前の世代にあっては、これらの思想家たちは心理的な不安感(malaise)という広範な経験を共有していた。それはつまり、切迫した破滅感、旧来の慣行や制度がもはや社会の現実に適合しなくなったという感じである。実に多くのヨーロッパ大陸人がこの感覚にとり憑かれたが、周縁世界においては弱められた形でそうなったにすぎなかった。

この古い社会の退譲期という感覚、加うるに次の新しい社会がどのような形のものとなるかはわからないという不確かさによる苦悶、そこにこの研究の時間的範囲を私が限定した理由が暗示されている。その時期は、世紀末から一九三〇年代の大不況期の始まりまで四〇年に及んでいる。[10]［強調原文］

言うまでもなく、ロシア革命はこうした「不確かさによる苦悶」の時代の只中に位置している。かつ、ヒューズの見方に従うならば、レーニンやボグダーノフといったロシアの革命家＝知識人は「周縁世界」に属しているが、レーニンにおいて典型的なように、彼らの多くが西欧で長く生活することを強いられ、また彼らの教養もヨーロッパ的なものであった。つまり、彼らは西欧の知識人のあいだに蔓延した不安感・破滅感といったものを現場で共有しつつ、同時にそれらの感情は彼らにあっては「弱められた」ものでもあったという、微妙な立場にあったと推量しうる。レーニンの企図した社会主義革命は、「切迫した破滅感」をその極点において人類の苦悩を絶対的に終息させる希望へとラディカルに転換しようとする試みであったが、こうした急激な一方の極から他方の極への転換が思想的にも実践的にも可能になったという事実は、いま述べたレーニンの微妙な立ち位置に起因するのかもしれない。

われわれが探求したいのは、二つの転換——すなわち、革命と世界像の転換——がいかなる関係にあったのか、ということである。右に指摘したさまざまな分野における転換の内容について網羅的に論じることはここではできないが、われわれが間違いなく前提することができるのは、次のことである。すなわち、当時にあっては、科学およびテクノロジーの発展、資本主義の発展と急速な都市化といった現象によって、現実そのものが日々刻々と変化しつつあったわけだが、この変化に対応するものとして諸々の認識論の新基軸が打ち出され、また新たな知的領域も開拓された。そしてそれらは、従前の人間像・世界像に対して根本的な懐疑の目を向けさせるものであった。言い換えれば、近代の学的諸前提、近代的人間像が否定されざるを得なくなった、ということである。かくして、座標軸を失った旧世界の認識論的布置をいかにして変革し、またさらに現実そのものをいかにして変革するのかという問題が立ち現れてくる。自覚的か否かにかかわりなく、レーニン＝マッハ主義の論争はこの問題にコミットするものであった。こうした思想的大転換のうねりにあって、論争当事者たちの思想はいかなる立場を採るものであったのか――このことを論争の中身の検討を通じて考察する。

Ⅲ　唯物論論争の問題機制

a――ボグダーノフの構想

以下、レーニンとマッハ主義との論争・対立点について、両者の主張に即して見てゆく。

レーニンにとっての直接的な論敵となったボグダーノフは、「医師、経済学者、政治家、社会学者、哲学者、心理学者、小説家、および批評家」と評されることもあった[11]ほどの多才な知識人であったが、彼がマッハの著作のロシア語訳に手を染め、また自身の思想体系のなかにマッハ思想を取り込もうとした動機には、当然のことながら、マルクス主義思想を現代的に改造するという意図が存在した。ここで問題なのは、彼とその仲間たちが、マルクス主義思想における一体何を、〈近代の超克〉を果たすために更新する必要があると考えたのか、ということだ。このような問い掛けにおいてすでに重大な問題が含まれている。というのは、レーニンにとって、マルクス主義の教義に何かそれとは無関係なものをつけ加えようという発想そのものがきわめて疑わしいものであったからである。

　そして、議論を錯綜させるのは、ボグダーノフとその同調者たちはマルクスやエンゲルス（一八二〇～一八九五）の学説を単に現代的に修正するというよりも、むしろ解釈を革新することによって彼らの本来の思想をより発展させる意図を持っていた、という事情である[12]。ボグダーノフの議論の特徴は、かかる探究において、新しい唯物論哲学の基礎をヘーゲル等の伝統的哲学に求めるのではなく、自然科学に求めたことにある。すなわち、当時の自然科学の最新の成果を導入することによって、マルクス主義思想をアップ・デートすることが彼の目論見であったが、実際、この時期は物理学におけるパラダイム・チェンジの前夜であり、ニュートン以来の「絶対運動」、「絶対空間」の概念が否定し去られる直前に当たる。マッハは、この転換を準備した人物のひとりであると言いうる。認識論についてのマッハの見解は後に検討するが、このマッハから着想を得ることによって、ボグダーノフは、刷新された自然科学のパラダイムを出発点として、新しい人間経験の在り方、殊に人間の集合的経験の組織化という構想を、社会主義社会の中核になるものとして抱懐していた。マルクス主義の哲学は次のごときものであるべきである、と彼は述べている。

> 私は次のような結論に達した。すなわち、哲学の基盤を自然諸科学に探し求めるかつての努力を放棄する根拠は全くない、ということだ。正反対に、マルクス主義の哲学はまず第一にまさに自然科学的でなければならないのである。というのは、自然諸科学というもの――これは社会の生産力のイデオロギーである。なぜなら、その基礎の役割を果たしているのは、技術的な経験と技術的な諸科学であるからだ。史的唯物論の基本思想とまさに一致して、社会の生産力は、その社会の成長一般の基礎を提供する。だが、マルクス主義の哲学が、元来「社会的な」諸科学に――当然のことながら――依拠しつつ、生産力の社会的形態をこそ反映しなければならないことも、同様に明らかである。(13)［強調原文］

ボグダーノフの思想における生産力決定論的な傾向は明白であると言えようが、現実に進行していた目覚ましい生産力の上昇とそれに伴う技術による生活世界の変容を前提としたうえでの革命の哲学を、マッハに淵源する経験批判論は与えるに違いない、というのが彼の確信であった。つまり、最大限に評価するならば、単なる経済論や歴史観としてではなく、産業社会へと変貌しつつある社会にふさわしく、かつ自然科学によって裏づけられた人間の組織方法を展望するトータルな革命的人間論としてのマルクス主義哲学、という視点がボグダーノフには存在したのであり、かような視点は、『経済学・哲学草稿』や『ドイツ・イデオロギー』が発見される以前であったことを鑑みれば、きわめて先駆的なものであった。だが、それはともかくとして、レーニンにとってもボグダーノフにとっても、マルクス主義の革命運動を根拠づける唯物論が必要であったことには、変わりがない。問題は、それがいかなる理路に基づいて獲得されるのか、というところにある。

b——「物自体」という争点

さて、唯物論において中核に据えられるべきは「物」の概念である。したがって、これをどのように概念化するべきかが問題になる。してみれば、カントの「物自体」の概念への批判的検討が主題化されるのは、当然のことであったであろう。後にマッハによる鋭い「物自体」概念への批判も検討するが、ボグダーノフの「経験一元論」がカントの「物自体-現象」という根本図式を「商業-交換」の普及を背景にした観念であるととらえ、こ(14)

れに対する批判に重点を置いていることは、注目に値する。カント哲学の二元論は、一元論によって乗り越えられなければならないが、それは生産する（商業-交換とは対照的に）プロレタリアートの集合的経験・活動に合致するのである。したがって、二元論における客観の極、すなわち「物自体」が、まず第一に批判されなければならない。ボグダーノフは次のように述べている。

> 「物自体」の概念が、カントによって哲学的洗練の最高段階にまで仕上げられたとき、この概念の崩壊は不可避になった。すなわち、この概念は論理的に空虚であり、それとともに現実には無意味であることを、形式的な不透明性の外皮によって、批判の刃に対して隠すことがもはやできなくなったのである。この概念が表しているのは、それ以外に何も残っていないというところまでみすぼらしくなった現実性にほかならない、ということが明らかになった。この概念においては、何も思い浮かばない――「物自体」概念の主な欠点はこのようなものである。[15]

ロシア・マルクス主義の哲学という狭い文脈に置いてみた場合、右のようなボグダーノフの議論は、「ロシア・マルクス主義の父」たるゲオルギー・プレハーノフ（一八五六～一九一八）に対する批判を意図したものであったと推量されうる。後述するように、プレハーノフは自らの唯物論哲学において「物自体」の存在を肯定するのと同時に、認識論については「象形文字説」なる説を唱えていた。それは要するに、認識主体と認識の客体とを本質的に隔絶し、主観の対象たる「現象」は「物自体」の「象形文字」であるとする考えである。後に見るように、一方の主体の側には「現象」＝「象形文字」があり、他方の客体の側には「物自体」があり、両者を通約＝媒介しうるような原理は措定されていない。こうしたプレハーノフの考え方には典型的な主客二元論を見て取ることができるが、かかる二元論によって位置づけられた「物自体」概念は、何の感性的特徴も持たない「空虚」であり「それ以外に何も残っていないというところまでみすぼらしくなった現実性」にすぎない一方で、それは同時に究極的な「客観的なもの」でもある。つまり、カントへの批判者にとって、「物自体」は、「客観的なもの」の次元を担保する概念ではあるものの、それと同時に、またそれ以上に、「客観的なもの」の没落を余儀ないものとし客観性の内実を実質的に滅却する両義的なものにほかならない。

「物自体」のこの二面性から、かつてヘーゲルがそうしたように、いっそこの概念をきっぱりと放擲してしまおうという発想が出てくるのは不思議なことではない。マッハは、例えば次の引用部にあるように、「物自体」概念の発生の理路に遡ったうえで、この概念を不合理で無用なものと宣告したのであった。

恒常的なものをひとつの名で呼び、構成要素をその都度分析することなく、ひとつの観念にまとめるという理にかなった習慣は、構成要素を分けようとする志向との間で独特な葛藤に陥りうる。あれこれの構成要素が脱落しても目立った変化をしない恒常的なものの漠然とした像は、何かしらそれ自体で存在するもののように見える。任意の構成要素をひとつずつ取り去ってもこの像は依然として全体を表し、再認され続けるので、構成要素を全部取り去ることができる、そうしてもなお或るものが残ると考えられてしまう。こうして、自然の成り行きで、初めは畏敬されたが後には奇怪であるとされるようになった（それの「現象」とは別な、不可知の）物自体という哲学的観念が成立する。[16]

つまり、マッハによれば、「物自体」とは、「思惟の操作を最大限に節約する」ことによって合理的な世界像を獲得しようとする人間理性の「理にかなった習慣」である「思惟の経済」[17]が自然発生的に抱いてしまう幻影にほかならない。しかし、この幻影が世界を最終的なところで構成している客観的本体であると考えられるに至って、それは看過し得ない有害なものとなる。なぜなら、そこには先に述べた両義性が呼び寄せられ、そのパラダイムにおいては、「客観的なもの」はその実質的内容を滅却されるか、あるいはその実質を知り得ないとする不可知論的世界観を甘受せざるを得ないからである。しかも、元はと言えば、世界の本体とされたこの「客観的なもの」とは、厳密に見れば現実にはその根拠が存在しない、人間主体の「思惟の経済」がつくり出したもの、つまり主観性の側からつくり出されたものにすぎない。してみれば、「物自体」が析出される構造は、フォイエルバッハが徹底的に批判した神なるものの不条理な存立構造と何ら変わるところがない。それは主観性の疎外態にすぎない。

思惟の構造がはらみ込んでしまうこうした不条理に対して、マッハが採った方策は、カントよりもより一層徹底的に経験に定位することであった。すなわち、認識行為という経験の向こう側に「物質」「物体」といった実在の証明が究極的にはできない絶対的客体を置くことをせずに、知覚において現れる感性的諸要素——対象の形、感触、明るさ、色、味、等々の諸要素——に議論を限定する、という態度である。かつ、マッハの思想がさらに興味深いものである所以は、このようにラディカルに経験に定位しながらも、その経験の場となる主体・主観を特権化することも避けた点にある。彼の考えによれば、「物質」や「物体」の実在が証明不可能であるのと同じように、さまざまな感性的知覚を統一しまとめ上げる全能の中心のようなものの実在を証明することもまたできない。要するに、マッハは客体の側と主体の側の両方の実体を否定した。彼は物理学における認識論を起点として、「物質」や「物体」といった外在の側の実体を否定しただけでなく、思惟の側の実体、すなわち「精神」や「自我」の実在性をも否定したのである。

こうして外在的存在の側での実体と思惟の側での実体に代えて、それらを要素複合体に対する思想上の記号と見なし、それらが織り成す相互依存的関係のなかに「物質」や「自我」のような実体的諸概念を還元することをマッハは提唱したのであった。カント思想が近代の主客二元論の代表者であり、その乗り越えが課題となっていたのであるとすれば、マッハの試みたことは、ひとことで言えば、経験による主客の暫定的綜合であった。「物体」も「自我」も両者の関係性を離れて自存的に存在するものではなく、両者の依属関係があってはじめて措定されうるものであり、実体的には存在しないとされる。

C――反形而上学

さて、右に見たマッハの思想的構えから同時に看取できる顕著な傾向は、その反形而上学的な姿勢である。(18) それは「世界の背後」についての無用な考量を斥け、世界と精神（もしそのようなものがあるのならば）とが具体的な関係を取り結ぶ場である感覚的諸要素をもっと注意深く取り扱うべきであると勧告する。実際マッハは、少なくとも自然科学の認識において、感性的対象の彼岸に探求すべきものは何もないと宣告し、哲学にとっても事情はおそらく同じであると示唆している。(19) そして、このスタンスは彼ひとりのものではなかった。形而上学的彼岸について、「生への嫌悪」を見出すか（ニーチェ）、あるいは「語り得ないものについては沈黙せねばならない」という当為への侵犯を見出すか（ウィトゲンシュタイン）、動機はさまざまであったにせよ、この時代の思想家たちの多くが反形而上学の傾向を有していたことは確かである。つまり、廣松の言う「流行」には、反形而上学の側面がまぎれもなく存在していた。

このような文脈上で、エルンスト・カッシーラー（一八七四〜一九四五）は一九一〇年（レーニンの『唯物論と経験批判論』が出版された翌年に当たる）に出版された『実体概念と関数概念』[20]において、次のように書いている。

> 形而上学に特有の手続きは、それが認識一般の領域を踏み越えるということにあるのではなく――というのも、この領域の外側には形而上学にとって可能な問いを立てるための素材はもはやないであろうから――認識そのものの領域内において相互的にのみ規定される共属的な観点を互いに分離させ、こうして論理的に相関しているものを事物的に対立するものへと解釈し直すことにある。思惟と存在との、認識の主観と客観との関係についての昔からの基本的な設問においてほど、この傾向が鮮明に浮き彫りにされ、由々しい意味を持ち重大な結果を招いたことはない。このひとつの対立が、すでに自らのうちに他のすべての対立を隠し持ち、そして次々と他のすべての対立のなかで自らを展開してゆく。ひと度「事物」と「精神」とが概念的に分かたれたならば、それらは直ちに二つの別々の空間的領域に、つまり、その間には何ら理解可能な因果的媒介のない内的世界と外的世界とに分裂してしまう。そして、その対立はいまやますます鋭く現れ

てきている。(21)［強調原文］

カッシーラーの形而上学批判がマッハと同一の路線を踏襲していることは一目瞭然であるが、それは、マッハ以上に決然としており、かつ洗練された形で表明されている。ここで明瞭に指摘されているのは、形而上学的思考方法＝超越的実体を想定する思考方法の無効性である。形而上学は、認識の客体の側にあるいは認識する主体の側に、あらゆる認識の根拠となる「実体」を追い求めるが、そのように想定されたものの概念は、その本性上通常の経験的認識の彼岸にある。かかる構図においては、われわれは超越的客体を捏造的に想定するか、あるいは啓示的に定立される超越的主観を想定するほかない。だから、カッシーラーにしてみれば、形而上学が唯物論的な体系を持とうとも観念論的な体系を持とうとも、言い換えれば、実体を物の側に求めようとも思惟の側に求めようとも、それが実体を措定し続ける限りそこに差異は存在しない。形而上学的な思考方法は蓋然的に誤りを含みうるがゆえに不当なものであるのではなく、単に無意味なのだ。それは認識領域において本来関数的に相関している諸側面の一部を特権化することによって、物（＝外的世界）が先か思惟（＝内的世界）が先なのかという誤った問題を設定している。このような問題設定は認識の範囲を完全に超越しているがゆえに、回答不能であり無意味である。

カッシーラーは続けて次のように言う。

客観が単に数多性としてのみ存立するならば、主観には単一性の要請が本質的であり、現実の本質に変化と運動の契機が属するならば、これに反して真の概念に要求されるのは同一性と不変性である。いかなる弁証法的な解決も、基本思想のもともとの定式化においてすでに生じていたこの分離を、あらためて完全に止揚することは決してできない。形而上学の歴史は、その一方から他方を導出することにも、あるいは一方に他方を還元することにも成功することなく、この対立する傾向の間で揺れ動いてきたのである。[22]
［強調原文］

形而上学的問題設定には意味がない。なぜなら、その問題設定が超越的であり、解決不可能の分裂を招き入れているからだ。ゆえにその歴史も無意味であり、無意味な問題をめぐって際限なく堂々めぐりをしていると判断される。

それでは、果たして、レーニンの唯物論は、こうした無意味な堂々めぐりの歴史に一ページを加えたものにすぎないものであるのか否か――われわれの論決すべき問題は、これである。

Ⅳ 「物質」の「反映」における困難

a――「物質」の「反映」

先の第一章でも検討したように、『唯物論と経験批判論』において議論の焦点となるのは、「物質」の概念、そして「物質」への人間の接近方法たるいわゆる「反映論」であることに、疑問の余地はなかろう。レーニンは「物質」を次のように定義する。

物質の唯一の「性質」は――哲学的唯物論はそれを承認することと結びついているのだが――、客観的実在である、すなわちわれわれの意識の外部に存在するという性質である。[23]［強調原文］

物質の概念が認識論的に意味しているのは、人間の意識から独立して存在し、意識によって反映される客観的実在以外の何物でもない。[24]［強調原文］

レーニンの措定する「物質」とはまずもって、人間の意識にとって内面化できない外なるものである。だが、右のように意識からの独立性・外部性として定義される「物質」が認識の対象として現れるとき、そこにはひとつの認識論的アポリアが生じざるを得ない。レーニンの言う「物質」は、人間の認識とは独立して、次元を異にして存在するものである。要するに、ここで主張されているのは「物質」の人間意識に対する絶対的な外部性である。であるとすれば、意識と「物質」はいかにして通約されうるのであろうか。単に意識に対する原理的異他性という形でのみ「物質」を定義してしまうならば、レーニンの唯物論は、カント哲学と同じ意味で、不可知論的なものとなってしまうだろう。なぜなら、「物質」と意識は別の次元に存在するものであり、意識が「物質」に到達することは原理的にあり得ないとされるからである。つまり、人間の意識、有限な主観は、「客観的実在」である「物質」の真理を永遠に把握し得ないということだ。

周知のごとく、このような帰結を避けるために、レーニンは反映論による認識論を展開している。すなわち、「客観的実在」としての「物質」を意識が模写・反映することによって、認識は真理に近づいてゆくとする主張である。それでは、果たしてこの意識による反映が「物質」の真理を汲み尽くすことになるのであろうか。仮にそうであるとすれば、先に述べた「物質」の意識に対する根源的な他者性は消失するということになるであろう。だが、その反対に「物質」の真理は汲み尽くせない、すなわち反映はどこまでも「近似的反映」たるにとどまると結論するのならば、レーニンの認識論は不可知論的なものであると言わざるを得ないであろう。しばしば言われるように、[25]レーニンの唯物論においてアポリアとして感じられる問題点はここにある。

右のごとき「物質－反映」の図式に対して、マルクス主義に内在する立場から批判を加えたのは、先にも触れた廣松渉であった。廣松の考えによれば、マルクス主義が克服した――と彼が主張する――はずの近代の主客二元論の構図に、レーニンの唯物論は深くとらわれている、という。それはなぜか。

「近世的な世界了解においては（中略）事物一般がそもそも両義的になる」(26)。すなわち、古代＝中世の「形相プラス質料」としての「事物」というパラダイムが崩壊した後、「事物」には、能知としての人間主体に対する所知＝客体としての立場が振り当てられるが、かくして「事物」は外的な客体であると同時に、主観によって構成されたものでもあるという「両義的」なものとなる。そうなれば、カッシーラーも述べていたように、哲学体系の構築方法としては客体の側に就くか主体の側に就くかのいずれかの立場を採るほかないが、主観的なものと客観的なものが存在論的な地平で根源的に分離されてしまっている以上、そのいずれの立場も相手の立場を包摂し切ることはできない。「物質」の実在性、そしてその第一義性を顕揚するレーニンの立場は、当然客体の側に就く立場と見なしうるが、その具体的内容は、廣松の整理によれば次のようなものとなるであろう。

世界は、主観から独立に客観的に実在する。そして、意識内容の両下位分類項、つまり知覚と観念とは、客観的実在の直接的な反映と間接的な反映との差異に照応する――という立場が成立する。

この実在論的な立場においては、意識内容は知覚をも含めて、主観的な歪みを混入されているにしても、この歪曲は原理上は矯正していくことが可能であり、従って、客観的実在の実相を把捉することが可能だとされる。この立場では、意識内容は、それが客観を正しく投影しうる限りで、いわば客体そのものの実相を透視する通路となる限りで意味をもつのであって、意識内容に変様を加える〝精神的実体〟なり〝純粋作用〟なりは、客観を把捉する原理的可能性という場面では括弧に収めうるものとなる。(27)

レーニンが「現代の唯物論、すなわちマルクス主義の観点からすれば、われわれの知識が客観的、絶対的な真理に接近する限度は歴史的に条件づけられているが、しかし、この真理の存在は無条件的であり、われわれがそれに近づきつつあることは無条件的である(28)」[強調原文]と述べ、認識の進化(絶対的真理の側から見れば、主観による歪曲の「矯正」)による「客観的実在の実相の把捉」可能性を論じていることを鑑みれば、廣松のここでの整理は的確なものと感ぜられる。ここでも問題はやはり、「主-客」の構図において、いずれかの項がもう一方の項を包摂し切れるかというところに帰着する。「矯正」が完成されるならば、主体は客体を呑み尽くすことができよう。すなわち、主体による客体の完全無欠な「反映」という事態である。しかし、そのときには、レーニンが「物質」の概念にそもそも置き入れた他者性は失われるように見える。ゆえに、この方向性を突き詰めるならば、レーニンの唯物論からは思いがけない観念論が引き出されることにもなるであろう。スラヴォイ・ジジェクは次のように言っている。

> レーニンの「反映論」がはらむ困難は、その密かな観念論にある。物的現実が意識の外部に独立して存在するのだという強迫的なまでの主張は、それ自体ひとつの徴候的な読み替えとして読まれるべきである。というのもそこでは、意識それ自体が、それが「反映する」現実に対して外的なものとして暗に措定されているという根本的事実が隠蔽されざるを得ないからだ。事物が現実にそうであるその在り方、すなわち客観的真理に向かって際限なく接近するという隠喩それ自体が、この観念論を露呈することになる。すなわち、この隠喩がその考察から取りこぼしているのは、この主観がそれが反映する過程に含まれているからこそ、「主観における反映」の部分性（歪曲）が起きるという事実である。(29)［強調原文］

廣松と同じように、ジジェクが指摘しているのは、「主観‐客観」という構図が含んでいる根本的な問題でもある。この構図において、もし客観的なもの（＝「物質」）の優位を強調するのならば、主観はそれを全く歪曲なしに映し出す完全になめらかな鏡面のごときものとならなければならない。しかし、この鏡はつねにすでに客観的事物の集合体たる現実の只中に置かれている、という在り方で存在している。したがって、仮にこの鏡面が完全な平面をなしており、傷ひとつない完璧なものであったとしても、置かれた鏡そのものの存在がそれの映し出す対象との関係においてもたらしてしまう光の屈折によって、対象の完全な像が得られることはない。ゆえに、「現実についての《客観的》知識は、われわれという意識がつねにすでにその一部であり、まさにその真只中にあるがゆえに、不可能であることが強調されねばならない――われわれが現実についての客観的知識から引き離されるのは、われわれが現実に巻き込まれて在るということそれ自体によってなのだ」(30)。したがって、こうした事情にもかかわらず主張される完全な鏡としての意識という概念はまさに観念論的に措定されている、とジジェクは言っている。こうした批判は、廣松渉が繰り返し説いた「主観とそれが含まれるこの世界は、つねにすでに社会的・歴史的に規定され共同化された共同主観的な構造としてのみ存立している」という議論と通底するものでもある。

ここに提出された問題は、徹底的な実在論的唯物論の立場が、これまた徹底的な主観的観念論の側面を持ってしまう可能性があるということであり、これらは廣松が言うところの「近世的な世界了解」が原理的に採りうる二つの立場にほかならない。

b――レーニンにおける「物自体」

あるいは、少々異なった方向から言えば、ここでレーニンがゆき当たっているのは、マッハも独自の思想を生み出す契機としてそれと苦闘したように、「物自体」の問題であった、と論ずることもできよう。「物自体」はそれが「物」たる限りで唯物論の系譜に位置づけられる可能性を持つ一方で、それがつまるところ実在性を持ち得ない純粋観念たる限りで観念論の系譜にも位置づけられる可能性を持つ。言い換えれば、「物自体」の概念（より正確には「物自体‐現象」という二項構造）が客観的実在論と主観的観念論の二つの立場を可能にしているということである。ゆえに、レーニンの「物質」概念の特質は、「物自体」との対質においていかなる性格を有するのかという観点から、考察することができる。仮に、「物質」が主体にとって最終的に異他的であるとすれば、それはカントの「物自体」のごとき彼岸性を有することになるのであろうか。

『唯物論と経験批判論』が出版された後、ボグダーノフは『信仰と科学』（一九一〇年）と題する書物を著してレーニンに対する反批判を試み、そこでレーニンの「物自体」概念への態度が首尾一貫しないものであると主張している。ボグダーノフのレーニンに対する批判のポイントを、同書の訳者である佐藤正則は次のようにまとめている。いわく、レーニンの「物自体」概念の解釈は、以下の三つの論点の間で揺れ動いているという。

一　世界とは感性的な実在であるとする考え方。「物自体」はわれわれの外部にありながらも、われわれが完全に認識できるものである。この点では「物自体」と「われわれにとっての物」との間、「物質」と「現象」との間には本質的な差異は存在しない。両者の違いは後者が前者の一部分、あるいは一側面であるという点にあるにすぎない。この概念は、『唯物論と経験批判論』第二章第三節において、フォイエルバッハに賛同する形で提示されている。

二　プレハーノフを支持し、「物自体」のいかなる感性的な特徴をも否定する見解。つまり「物自体」はまったく外見を持たない。これは『唯物論と経験批判論』第一章第四節において、バザーロフのプレハーノフ批判に対する反論の形で示されている。

三　いわゆる「反映論」(31)。

ここで指摘されている問題も、先述の「物質」概念における両義性と本質的に同一である。「物質」＝「客観的実在」を「われわれの意識の外部に存する」ということ以外のあらゆる定義から逃れるものとするならば、それは到達不可能なものとして定義されることになる（二の見方）。しかし、このような定義にとどまっては一種の不可知論に追い込まれることになるから、「物自体」は厳密にカント的な意味では存在しないと主張し、それが感性的なものに還元され尽くされるとしなければならない（一の見方）。だが、もしそうならば、ボグダーノフが言うように、(32) この見解はマッハのそれと違いがない。三の反映論は一で主張される認識の道行きをなすものと整理することができよう。つまり、レーニンの「物質」の意識からの独立自存性、外在性を強調するならば、それはカントの「物自体」概念に近いものと考えうるし、反映による接近可能性に力点を置いて理解するならば、それは「物自体」とは程遠いものとなる。こうして、前者の立場を採るならば、客観主義が帰結し、後者の立場を採るなら主観主義が帰結するように思われる。かつ、こうした両義性はすでに見たように、「近世的な世界了解」における宿命的なカップリングなのである。

V　経験される「物質」

a――経験論としての唯物論

しかし、ここで銘記されねばならないのは、レーニンが次のように言うとき、彼は唯物論と観念論との決定的な違いを、往々考えられているように「主体から始めるのか客体から始めるのか」という点に必ずしも求めてはいない、ということである。

感覚から出発して、唯我論へと導く主観主義の路線で進むこともできれば（「物体は感覚の複合または組み合わせである」）、唯物論へと導く客観主義の路線で進むこともできる（感覚は、物体、外界の像である）。第一の観点——不可知論、または少し進んで主観的観念論——にとっては、客観的真理なるものはあり得ない。第二の観点、すなわち唯物論にとっては、客観的真理の承認は本質的である。[33]［強調引用者］

カントの哲学の基本的特徴は、唯物論と観念論との調停、両者の妥協であり、種類の違った、相反する哲学的傾向をひとつの体系において結びつけていることである。カントが、われわれの表象にわれわれの外にある何か、何らかの物自体が相応すると認めるとき、そのときカントは唯物論者である。彼がこの物自体を認識不可能な、超越的な、彼岸のものと言明するとき、カントは観念論者として発言している。経験、感覚をわれわれの知識の唯一の源泉と認めるとき、カントは彼の哲学を感覚論の路線に方向づけ、さらに一定の条件のもとでは感覚論を経由して唯物論へと方向づけている。[34]［強調引用者］

われわれが何から始めるのか（世界が何から始まるのか、ではなく）。その際に感覚から出発すること自体は、決して観念論を意味するのではない。むしろ二つ目の引用部に言われているように、感覚論は唯物論へと至るための正しい道ですらある。このことは、マッハやマッハ主義者たちがレーニンにとって度し難いのは、彼らが彼らの探求を始めるにあたって感覚から出発しているためではないことを、意味している。観念論と唯物論が分岐するのは、その次の段階においてである。すなわち、外的存在（と思われるもの）を主観の構成物ないし主体と客体の間の関係による形成物と見なすのか、それとも外的存在は「像」であると見なすのか――この差異こそが観念論と唯物論を分かつのである、とレーニンは言っている。だが、「像」（образ）は、主観による構成物と果たしていかなる点で本質的に異なるのであろうか。かつ、この論点はレーニンにおいて、不可知論と全知を目指す立場とを分かつ重要なものとしても提起されている。

二つ目の引用部はカントについてのものだが、レーニンのカントに対する哲学史的位置づけは、ユニークなものである。言うまでもなく、通常カントは経験論と合理論の綜合者と見なされている。レーニンはこれを「唯物論と観念論との調停」者と少々強引に読み替える。すでに述べたように、経験批判論者のみならず唯物論者もまた感覚から、すなわち経験から出発する。つまり、ここでレーニンは経験論を唯物論に、合理論を観念論に対応させている。してみれば、オーソドックスな哲学史的整理からすれば、レーニンが固守しようとしている唯物論の路線とは、経験論の路線にほかならない。

b――「物質」の撮影

だから、レーニンが拘っているのは、実在的な外界の存在を認めるか否かという問題であると同時に、経験の問題でもある。あるいは、もっと厳密に言えば、後で見るように、これは同一の問題なのだ。レーニンはまぎれもなく経験論者である。この観点からすれば、われわれは「物質」概念の両義性をめぐって議論を進めてきたわけだが、この概念が唯物論的であるのか、観念論的であるのか、と問うことには意義がないことがいまや明らかになる。そして、経験の次元で見たとき、レーニンの言う「物質」概念のユニークさは、それが主観の構成物や主客の関係の産物ではなく、客体の「像」であるという点に見出される。レーニンが次のような形で定義を下すとき、「物質」が「物質」たる所以は、それは感覚によって受容されるものだが、主観による構成の産物ではなく、したがって構成の過程なしに、いわば瞬間的に、一挙に把捉される「像」において実現されるものとしてとらえられている、という点にある。

> 物質とは、人間に感覚において与えられており、われわれの感覚から独立して存在しながら、われわれの感覚によって模写され、写真に撮られ、反映される客観的実在を標示するための哲学的範疇である。(35)〔強調引用者〕

ここでレーニンが問題にしているのは、いわば経験の質なのだ。『唯物論と経験批判論』

において、レーニンがプレハーノフの唯物論におおむね賛意を示しながらも、認識の「象形文字説」に対しては異を唱えたことは、この論点を浮き彫りにしている。

他方のプレハーノフは、自らの唯物論的認識論を主張するにあたって、カントの「物自体－現象」の図式を基本的に正当なものと認めていた(36)。

> われわれの感覚器官において、何がまさに作用するのか？　この問いに対しては、私はカントとともに次のように答える。すなわち、物自体が作用する、と。つまり、物質とは物自体の総和以外の何物でもない。というのも、これらの物は、われわれの感覚の源泉であるからだ(37)。［強調原文］

「物自体」は感覚を触発するのみである。ゆえに、「実体である「物自体」は、物質についての私の表象に似てはいない(38)」何物かである。かくして、プレハーノフは、自らの認識論を象形文字説として打ち出すことになる。

> 物の形態と関係についてのわれわれの表象とは、まさしく象形文字である。しかし、この象形文字は物の形態と関係を標示するのであって、われわれが物自体のわれわれへの作用を理解することができ、今度はわれわれの側が反作用を及ぼすことができるために

は、それで十分なのだ。[39]〔強調原文〕

以上のようなプレハーノフの認識論＝象形文字説を、レーニンは以下のように解釈する。すなわち、それは「人間の感覚と表象は、存在するものや自然の過程の模写、それらのものの写像ではなく、記号、象徴、象形文字等々である[40]」とする理論である、と。そして、レーニンによれば、「プレハーノフは唯物論の説明にあたって明らかな誤りを犯した[41]」。

両者の行論において対立的にとらえられているのが、「模写・写像」（レーニン）と「象形文字・記号」（プレハーノフ）であるのは明らかだ。すなわち、後者にあっては、感覚において与えられるもの（記号）は感覚を触発するもの（物自体・物質）と性格を根本的に異にするとされている。これに対して前者にあっては、感覚において出現するものとその出現を触発するものは、根本的に性質を異にしているものの、感覚は対象を「模写し、写真に撮り、反映する」ことによってそれを感覚へと直接的にもたらすとされている。

両者において、感覚とその対象の性質とが根本的に異なるという論点は共通である。しかし、象形文字説にあっては感覚に受け止められたものはいまだ解釈・解読を要する「記号」（＝象形文字）であるのに対して、レーニンの反映論にあっては、それは直接的に、いわば直覚されるものとされている。それはすなわち、角度を変えて言えば、プレハーノフの認識論は言語ないし記号による表象という水準にとどまろうとしているのに対し、「〔符号」、記号、象形文字は、全く無用の不可知論の要素を持ち込む概念である」と断言する[42]レーニンの認識論は、一切の記号的なものを要さない無媒介な認識を目指しているということでもある。つまり、レーニンにあっては、客観的なもの、「物質」は、われわれの側からの読み取りの過程を跳び越して、主観のうちへといわば躍り込んで来るものとして、措定されている。

そして、この直接性の論理を支えているのが、「客観的実在」が「写真に撮られる」(фотографироваться)という隠喩である。この隠喩は、単なる物の喩えと見なすには過剰な意味を発散している。というのも、一九世紀前半に発明された写真技術が大衆的に普及していったのは、マルクス主義の創始・発展の時代とまさに同じ時代においてのことであったからだ。写真と社会主義は並行関係にある。後にヴァルター・ベンヤミン(一八九二〜一九四〇)は、写真と社会主義がもたらした芸術の危機の接近、そしてその内在的超克の可能性について語ることになるだろう。[43]

写真の発明と発展が認識論あるいは哲学一般に対して与えたインパクトについて分析する視覚文化論的言説は、すでにいくつも出現しており、それらについて広範な検討を加えることはここではできない。ただ、確実に言えるのは、次の事柄である。すなわち、われわれの論じてきたこの時代における哲学思潮の転換は、多くの場合デカルト的「精神」、あるいはカント的「超越論的統覚」に対する異議申し立てとなって現れたわけだが、写真のもたらしたインパクトは、生理学や心理学上の発見と並んで、こうした古典的な概念への懐疑を惹き起こしたきっかけのひとつとして数えられる、ということだ。自然科学によって示された人間主体の不安定性、人間の認識はカオス的であるという事実——写真は、視覚の断片性を明るみに出すことによって、これらを立証するのに一役買う技術としても機能した。(44)

c——経験の崩壊と意志の隠喩としての「撮影」

しかし、それ以上に重要であると思われるのは、レーニンの言う「感覚による撮影」は、ある種の意志の隠喩となっているように思われることだ。ジョナサン・クレーリーは、『知覚の宙吊り』において、われわれの論じてきたパラダイム転換に先鞭をつけた思想家としてアルトゥル・ショーペンハウアーを挙げているが、彼に関して次のように論じている。

ショーペンハウアーの仕事全体のなかで最も重要な転換のひとつは、超越論的な綜合された統一体としての統覚というカントの概念が廃棄されたことである。カントのこの概念は、いかにして世界がわれわれに対し表象されるのか、いかにして次々に知覚されるものが知的に一貫したものとなるのか、を説明するものであった。何らかのア・プリオリな統一の原理に代わって、ショーペンハウアーは、意志のみが、あらゆる表象を包括するものであると考えた。もちろん、ある意味でこの意志とは、ショーペンハウアーにとって統一の原理である。しかし、彼は、もはやカントとはいかなる共通の基盤も持たない世界にわれわれを据える。カントにとって、知覚の経験に必然的で絶対的な特徴を与えているのが、統覚による綜合的統一であったとすれば、ショーペンハウアーにおける意志とはまず、外見の背後には理性や論理や意味が一切不在であるという事態に一致している。(45)［強調原文］

クレーリーいわく、「超越論的統覚」が解体された後、それでも主体が単なるカオスでないとするなら、そこになお残る統一原理は「意志」である、というのがショーペンハウアーの考えである。「意志」は、現象の世界とは次元を異にして、世界の内奥の意味を担っている、とされる。

このようにして見出された統一原理を「意志」と呼ぶことが妥当であるか否かは、差し当たり問題ではない。重要なのは、ショーペンハウアーを引き合いに出すことによってここでクレーリーが強調していること、すなわち、「統覚」ないし「精神」からその主要な内容がことごとく取り去られたときに、それでもなおそこには何かが残存する、ということである。見てきたように、レーニンが批判したマッハ主義は「統覚による綜合的統一」

の不可能性を挙証する理論であった。そして、この態度をレーニンは「新手の主観的観念論」であると繰り返し断定する。果たして、この断定は単に的を外したものにすぎないのであろうか。

『唯物論と経験批判論』が数々の点（特に、量子力学の成立によって古典物理学における〈観察者〉と〈観察対象〉の独立性という前提が崩壊したという事実）でおよそ現代の視点からは受け容れ難い哲学の言説であるにもかかわらず、それでも興味深いものであるのは、レーニンが、マッハ主義の構えにおいて、カント的統覚の失墜後に前景化された「意志」（とショーペンハウアーが呼んだもの）が隠蔽されていることを見出しているからにほかならない。再びクレーリーの言葉を借りるなら、マッハ的思潮の同調者たちは「世界の客観的な絵を与えるようなあらゆる試み」を放棄し、「その代わりに、彼らはそれぞれ、いかなる本質的な実体や永続性も持たない諸要素による多様な複合体を表象する一時的で実践的な方法を模索した」[46]。かくして、彼らにあっては客観性の次元は放棄され、より確実な（と見なされる）次元が獲得される。それは即自的には（主観の客観への）超越への意志の衰弱・欠如である。しかし、レーニンはそれを「主観的観念論」、すなわち主観による外的世界の吸収であると断定する。なぜなら、彼の考えでは、認識におけるいかなる方法においても超越への意志が完全に無化されるということはあり得ないからである。

統覚がどれほど空無化されたとしても、そこには何かが残っている。つまり、「一時的で実践的な方法」によるとはいえ、いやしくも何事かが認識されるとき、その認識には、世界をどのような力に貫かれたものとして把握するのかについてのメタ認識、世界観、あるいは「意志」が含まれざるを得ない、ということをレーニンは前提としている。言い換えれば、そこには必ず、純粋な経験以前の何物かが存在すること、現象としての世界以前のものに対する洞察が存在せざるを得ないこと、このことを、ショーペンハウアーが統覚に代わる統一原理としての「意志」を措定したのと同じように、レーニンは確信しているわけである。そして、彼にとってマッハ主義が新手の観念論であるのは、感覚における表象という人間の側の原理のみが、この「意志」の役割を果たすからである。

無論、こうした「意志」は、ある意味で経験を超越しており、したがって主観性を超越している。言い換えれば、認識が成立するとき、主観性はつねにすでに超越されている。してみれば、「主観‐客観」という配置を無用な形而上学として棄却する「現象主義」の態度はこうした意志の存在を隠蔽しているのであり、それを「一時的で実践的な方法」とすることに対してレーニンが感じ取っているのは、超越の力能を建前上断念させられた主観が抱き続けるねじくれた欲望にほかならない。こうして、レーニンがマッハ主義を「主観的観念論の現代的亜種」であると執拗に論難することによって明るみに出されているのは、超越への意志の隠蔽、一種のルサンチマンとも見なすことのできるものである。マルティン・ハイデガー（一八八九～一九七六）が、おそらくはマッハ主義の思想を念頭に置きつつ、次のように言うとき、指摘されている問題は同断である。

ひと度物が、感覚所与の多様性へと粉砕されてしまうや否や、物の統一的な本質についての解釈は、ただ、次のように進捗し得たのみである。すなわち、こう述べられたのである。本来、物とは、単に感覚的なデータの集積にすぎず、その他になおそれが持っているのは、使用価値と美的価値と――われわれがそれを認識する限り――真理価値なのである、と。物とは、価値の付着した感覚の集積なのである。そこにおいては、感覚は、それ自身だけで表象される。感覚は、物が一体何であるのかあらかじめ述べられること抜きに、それ自体、物とされる。物が分解して、その破片――すなわち感覚――が、自称根源的なものとして残っている、ということになる。(47)

「われわれがそれを認識する限り」において存在する「真理価値」、すなわち主観化された真理、あるいは真理を主観化する立場こそ、ハイデガーがこの文脈において批判している対象である。こうした立場をハイデガーは、「ヨーロッパの思考において、すでに極めて素早くのさばり、今日でもなお断然乗り越えられていない見解(48)」と呼び、そしてこれをデカルト＝カント以来の「数学的なものの見方(49)」の帰結と見なしている。言うまでもなく、ハイデガーにとって、この帰結に対していかにして抗うかということが彼の思想的課題にほかならなかったわけだが、マルクス主義的コミュニズムが近代を丸ごと超克するための思想であるとすれば、レーニンの唯物論にとっても課題は同じ場所に設定されている。まずは「主観 - 客観」という形で分割された世界を、そしてさらには「物の破片」として分解された世界を、いかにして再構築することができるのか。この問いにおいて、ハイデガーの哲学的プロジェクトとレーニンの唯物論は現実に出会っている、と言いうる。

すでに述べたように、レーニンが拘っているのは、経験の在り方、あるいは主観と客観が形づくる関係性の在り方の問題でもある。われわれが感性から出発するからといって、なぜそこで「客観的実在」の存在、あるいは端的な「物」が否定されなければならないのか、そこにはいかなる意志が働いているのか、そしてその意志の在り方によってわれわれの経験はどのように規定されるのか——レーニンの問い掛けている問題はこうした事柄である。「客観的実在」が葬り去られ破砕されるとき、その反対項的相関者たる主観・自我もまた感覚のカオスのなかに溶解する。マッハこそ、この必然的帰結を徹底的に推し進めた思想家にほかならなかった。マッハの拓いた世界において、それでもなお残りうるのは、「物の破片」であり、それが「根源的なもの」としての地位を主張することとなる。

その主張とは、ニーチェ流に言うとすれば、超越への欲望を迂回させることを命じられて衰弱し隠蔽された「力への意志」が再び形を取ったものである。かかる意志の在り方によって、われわれの経験は必然的に分解し断片化されることになるであろう。してみれば、われわれが「物の統一的な本質についての解釈」あるいは「世界の客観的な絵を与えるようなあらゆる試み」を放棄することによって得ることができるのは、認識のより確実な地平ではなく、「物の破片」とそれに応じて断片化された主観性であるにすぎない。そして、このような経験の貧困化への不満は、レーニンやハイデガーにのみ認められるものではない。「現象」の概念についてマッハから触発されたフッサールが、後にマッハの「心理学主義」「生物学主義」を批判することによって主観性を「最も驚嘆すべきもの(50)」として再発見し、そこから独自の現象学を構想するに至る背景には、おそらくは同じ問題が横たわっている。

かくして、「物」の分解によって没落するのは「物」だけではない。それは主観性を没落させ、したがって経験そのものをも没落させずにはおかないのである。ひとことで言えば、そこにおいて経験の真正性は無化される。なぜなら、経験することとそれ自体が経験の領分を超え出た越権行為と化してしまうからだ。レーニンにおいて、こうしたことすべては、あの「物質」が人間主体へ、そして歴史の現実のなかへ躍り込むことを妨げるものである。レーニンが次のように言うとき、彼が言い当てているのは、われわれの論じてきた世界像の転換において生じ、こうした知的態度において現れた、ある種の意志の衰弱にほかならない。

多くの観念論者と不可知論者（カント主義者とヒュームを含め）が唯物論者を、実際、形而上学者呼ばわりするのは、外界の存在を認めることは経験の限界外に出ることであるかのように、彼らには思われるからである。(51)

ここで言われている「観念論者と不可知論者」とは、勿論、マッハ主義者たちを指している。そしてレーニンいわく、彼らは「経験の限界外に出ること」を恐れている。しかし、「経験の限界外に出ること」をいかに恐れようとも、経験することとそれ自体によってつねにすでに「経験の限界外」にあるものに人は事実として関係している。だから逆に言えば、レーニンにとって、「物質」を認めること、あるいはさらに進んで「物質」を写し撮ることは、「経験の限界外に出ること」を意味しない。否むしろ、レーニンにとって、認識するとはそもそも他なるものと意識との直接的な接触を意味しているのであり、この接触・衝突において真理がつかみ取られる。ゆえに、外界の「客観的実在」を認めることは、このプロセスが「経験」において不断に起きているという事実を認めることである。換言すれば、それは、超越への意志がつねにすでに作用していることを認めることにほかならない。先に触れた「写真」のメタファーが単なるメタファーにとどまらず本質的問題に関わっているのは、この技術がかかる経験の在り方を可能にし、超越をもたらす「力への意志」を全面的に解放するテクノロジーである、とレーニンが考えているからだ。

先に引いた廣松渉の言葉が述べていたように、われわれの論じてきた時代における新思潮の多くが、一面では経験主義的な構えを取ると同時に、例えばベルグソンの「生の躍動」や西田幾多郎の「純粋経験」といった概念に典型的に見られるように、経験において経験を成り立たしめている、思惟以前あるいは主客未分の次元における「直接的なもの」を追究していたことは、非常に示唆的である。経験主義的構えのなかに見られるこうした傾向がすでに、経験主義の超克への衝動を示している。

すでに見たように、経験主義を最も徹底化したマッハにおいて、主体も客体もその輪郭は失われた。明滅する諸感覚の要素連関のうちに、およそ確たるものは没していったのである。それは奇妙な体験であっただろう。われわれには経験のみがある。だが、あらゆる実体が打ち捨てられ、移ろいやすい感覚のさざ波だけが残るとき、その経験の真正性は一体何によって確保されるのであろうか。つまり、そこには奇妙な逆説がある。経験だけが信ずるに値するものとして残されるとき、それは真正性を欠いた虚ろな脱け殻のようにも感じられざるを得ないものとして現れる。してみれば、多くの思想家たちが追い求めた「直接的なもの」とは、経験そして認識におけるアウラ的なもの、真正性を回復するための試みでもあった。そして、この真正性への衝迫とは、超越への欲望・意志に裏打ちされたものにほかならない。

Ⅵ　世界を不意打ちする手段としての唯物論

こうした視角から見た場合、レーニンの唯物論的認識論のユニークさは際立っている。彼にあって直接的なものとは、主体の側にあるのではなく、主観のうちへそのまま突入して来る「外界」＝「客観的なもの」＝「物質」にほかならないからだ。レーニンにおける「客観的実在」としての「物質」、そしてそれを「写真に撮る」こと、それは経験の真正性を確保するための概念配置であると同時に、断片化された世界と主観性とをテクノロジーに媒介させることによってそれぞれ統一的なものへとまとめ上げることを志向するものであった。

こうしたことをなぜ写真というテクノロジーは可能にすることができる、というのであろうか。あるいは、レーニンはこのテクノロジーにどのような夢を見ていたのであろうか。ロラン・バルトいわく、写真を撮るとは、被写体に不意打ちを加え、「非常にうまく隠されているため、当事者さえも知らないかまたは意識していない事柄を、暴露する」(52)ことである。この定義に従うならば、レーニンにとって写真が偉大なテクノロジーであるのは、それが世界に不意打ちを喰らわせ、現在の世界がいまだ意識していないことまでをも明るみに出す武器たりうるからである。おそらく、レーニンにとって第一義的に念頭に置かれた客観的に実在するものとは、物理学における「物体」よりもむしろ、例えば資本主義の搾取機構であり、資本家階級であり、ツァーリズムであり、ブルジョワ国家であっただろう。実際、『唯物論と経験批判論』の以前も以後も、レーニンの紡ぎ出す政治的テクスト、経済学的テクストは、これらの「客観的実在」に対して容赦のない暴露の砲撃を加えたのであった。

だが、これらの「客観的実在」は、「像」である限りにおいて、現在の社会の表象にすぎない。そして、述べてきたように、レーニン的「物質」の真面目は、それが主観にとっての他者であり、表象の次元を突き破った位相に在る実在であるというところにある。彼の構想した革命とは、現在の秩序のなかで抑圧された真に客観的なものを歴史の現実へと躍り込ませ、全面的に展開させるための出来事にほかならなかった。言うまでもなく、レーニンのすべてのテクストは、この出来事、真に客観的なものの蜂起を生ぜしめるために書かれている。そして、われわれが論じてきた「物質」の両義性はここでその政治的機能を発揮する。つまり、唯物論者の理論的認識は、資本制、ブルジョワ国家等々といった破壊されるべき「客観的実在」＝「物質」を「写真に撮る」。だが同時に、意識と「物質」がある面では通約不可能である以上、そこに写る像は（ブルジョワ的）意識から逃れ去るものを含んでいる。してみれば、そこで暴露されるのは「客観的実在」において意識に対して隠されていること、言い換えれば、ブルジョワ世界の無意識にほかならない。マルクス主義の理論が、レーニンにとって、単にトータルな世界観を与えるものであるだけでなく、現存する世界の底を突き破って出現する革命を導くものであったこと、すなわち世界の無意識へと遡行することを可能にするものであるがゆえに特権的なイデオロギーであったことを想起するべきであろう。写真とマルクス主義思想の機能は、等価なのである。レーニンにとって、マルクス主義によって写し出されるものとは、「客観的実在」としての世界であった。この「客観的実在」はおそらく、ヘーゲルが、かの有名な言葉、「理性的であるものこそ現実的であり、現実的であるものこそ理性的である」(53)と語ったときの「現実的なもの」に等しい。つまり、革命運動の前に立ちはだかる現実としての「客観的実在」のなかに本当に展開されるべき物質（ヘーゲルにとっての「理性的なもの」）は宿っており、それは叛乱を通じて世界にもたらされる秋《とき》を待っている。してみれば、レーニンの、世界の無意識へと遡行する唯物論的認識論とは、ハンマーによって現実の外皮を叩き破り、無底の物質を引き出すための、不可欠なヴィジョンにほかならなかったのである。

第三章　マルクスを受け継ぐこと――不均等発展論と十月革命

I　マルクス学説のロシアへの適用

a――マルクスの発展観とその継承

カール・マルクスが遺した言葉のなかで最も論争的なもののひとつであり、また後代においては最も批判的に評価されるもののひとつとして、『資本論』第一版序文におけるあの有名な言葉を取り上げることができる。

すなわち、「資本主義的生産の自然法則から生ずる社会的な敵対関係の発展度の高低が、それ自体として問題になるのではない。この法則そのもの、鉄の必然性を以て作用し、自分を貫くこの傾向、これが問題なのである。産業の発展のより高い国は、その発展のより低い国に、ただこの国自身の未来の姿を示しているだけである[1]」〔強調原文〕、というのがそれだ。この言葉だけを字義通り読む限りでは、マルクスの社会発展あるいは経済発展に対する見方は、単線的なものであったと判断せざるを得ない。すなわち、すべての国々は必然的に最も先進的な国（マルクス生前の時代にはイギリス）がたどった途と同じ途をたどって発展する。つまり、発展の形はただひとつに収斂するのであり、その他の途はない。したがって、後発の「社会は自然的な発展の諸段階を跳び越えることも法令で取り除くこともできず」、たかだか発展に伴う「苦痛を短くし緩和すること」[2]しかできないよう運命づけられている、ということになる。これがいわゆる「収斂説」と呼ばれる歴史観・発展観の要諦である。そしてまた、資本主義の発展の歴史的道筋がかように単線的で決定論的なものとして措定されたがゆえに、マルクス主義の革命論もまた、ブルジョワ民主主義革命による政治的自由の実現を経て、さらに十分な移行期間を置いたうえで、社会主義革命がはじめて可能になる、といういわゆる「二段階革命論」のストーリーを普遍的な路線として想定することとなった。

マルクス主義者、すなわちマルクス学説の何らかの意味での継承者たることを自負する人々にとって、マルクスの歴史観・発展観をいかにして継承するのかという問題は、重大な事柄であった。だからこそ、この宿命論的とも言うべき命題に対して、「発展の多様な筋道」を示唆する視点がマルクス自身のうちにもあったのだということを立証するべく、少なからぬ研究が蓄積されてきた。例えば、山之内靖の『マルクス・エンゲルスの世界史像』（一九六九年）や淡路憲治の『マルクスの後進国革命像』（一九七一年）といった諸著作が狙っていたのは、マルクス＝エンゲルス自身の言葉を詳細に分析することによって、教条化されたマルクス主義の一元的発展史観に楔を打ち込むことであっただろう。

これらの仕事が、スターリン主義的に教条化された単線的歴史像・発展段階論を相対化するためになされなければならなかったという時代の要請は、よく理解できる。単線的なものとして絶対的に規定された歴史観は、決定論・宿命論的であり、またしばしば歴史の現実と一致しないということも、容易に指摘しうることである。しかし、マルクス思想が単なる思想であることを超えて「マルクス主義」化され巨大な思想と革命の運動となった際の原動力は、マルクスの思想が右に引用したような決定論的命題に凝縮され、単純化されたという事情から、切り離すことはできない。かつて小林秀雄が言ったように、それは他の解釈を許さないばかりか、社会に対する他の観方をも許容しない「非情な思想」（『私小説論』）として現れたのであり、そうであったがゆえに諸国の知識人の精神をデモーニッシュなまでに強力にとらえたのである。つまり、収斂説において最も明瞭に現れている宿命論的な思想は、マルクス主義における本質的な要素をなしていたことを、否定することはできない。

後発資本主義国たるロシアにおいても、この資本主義・歴史の発展に関する問題は、一九世紀後半から二〇世紀初頭にかけて激しい論争を呼び起こした。それは同時に、専制打倒や革命を実現するための運動において思想的ヘゲモニーを握るための闘いでもあったがゆえに、語の真正な意味でのイデオロギー的な闘いであった。そして、この闘いからひとりの革命家が生まれ、彼はマルクス主義の教義に基づいていると称する革命を世界ではじめて実行することになる。つまり、マルクスのデーモンに魂を吹き込む人物が現れる。本章では、レーニンの資本主義に対する認識とそれに関連づけられる社会主義革命の展望についての言説を分析することによって、どのような意味において彼がマルクスを継承したのかを考察する。

b——レーニンの「逸脱」

一八九〇年代半ばにレーニンが文筆家として論壇に登場してきた当初、彼の批判のターゲットがロシア・ナロードニキ主義であったことはよく知られている。当時の彼はすでに確信的なマルクス主義者であったが、その批判の第一の対象は自由主義や資本主義を支持する言説ではなく、社会主義的な色合いを持ったイデオロギーとしてのナロードニキ主義であった。このことは逆説であると言うべきであろうか。状況を複雑にしているのは、レーニンが批判の標的とした人々（代表的にはヴェ・ヴェことヴォロンツォフやニコライ・オンことダニエリソンといった人々）(3)も、『資本論』を読み、マルクスから多大の影響を受けていることを自認していた人々であったという事情である。つまりレーニンは、ナロードニキ主義者たちがマルクスを無視したから批判したのではない。そうではなく、彼らはマルクスを読んだにもかかわらずマルクスの根本思想を理解していない、と判断したために、レーニンは彼らを激しく執拗に批判したのであった。

ここでの目的は、レーニンが非難したナロードニキ主義の学説、その思想と歴史的展開を詳述することではないし、(4) またレーニンがそれに加えた批判が正鵠を射たものであったかどうかということも考察の対象ではない。ここで提起したい問題は、一九一七年のレーニン、すなわち十月革命を躊躇《ためら》うことなく実行したレーニンにかけられたひとつの疑惑である。つまり、レーニンはマルクス主義者を自称し、元来はナロードニキ主義の徹底的な批判者であったはずであるにもかかわらず、実際のところマルクス主義から逸脱し、ナロードニキ的発想に基づいて社会主義革命を実行したのではないか、という問題である。

すでに述べたように、先に引用したマルクスの言葉に代表されるような収斂説的歴史観に基づくマルクス主義のオーソドキシーに従う限りでは、社会主義革命の戦略的展望は資本主義的ブルジョワ的な経済・政治および社会の十分な発展の延長線上に描かれるべき、とされる。したがって、一九一七年のロシアにおける資本主義の発達、およびそれに対応する市民社会の発展段階が、社会主義革命の前夜の段階にあると解するわけにはいかない、とマルクス主義者たちのあいだでは一般的に考えられていた。

だが、一九一七年の二月革命以降一〇月の蜂起を実行するまで、レーニンは、ロシアにおける社会主義革命を実行するための「機はすでに熟した」との認識を一貫して主張するという挙に出る。かくのごとき現状認識は、当時のマルクス主義の常識的な視角からすれば、到底「正統的」とは言えない見解に陥っているものにほかならず、そのために彼はボリシェヴィキの側近からさえも狂人視されるに至った。確かに、当時のレーニンがのめり込んだ「社会主義への直接的移行の実現」という観念は、命題によって判断する限り、「ロシア・ナロードニキの最もお気に入りの思想」(5)と何ら変わるところがなく、現に当時そのようなものとして他のマルクス主義者から批判もされた。(6)だから後に見るように、レーニンは党内の反対派を必死に説得することによって、ようやくボリシェヴィキによる蜂起の決行にこぎつけることができたのであった。

II 「不均等発展」の理論

a――「不均等発展」の概念

このマルクス主義からの「逸脱」とも見えるレーニンの発言・行動の根拠を解釈するにあたって、レーニンの学説的首尾一貫性を見出そうとする立場から――すなわち、レーニンの理論をあくまでマルクス主義思想のひとつと見なし、それゆえ経済・歴史の発展法則の自然科学的な意味での客観的性格を重視する立場から――なされる議論においては、いわゆる「不均等発展」論がしばしば参照される。以下、この理論が十月革命の実行をどのように裏づけるものとされるのかを検討しよう。

「不均等発展」の概念は、『帝国主義』（一九一七年）においてその最も完成された表現が見出されるが、この理論はレーニンの経済理論の全体的なモチーフをも形づくっているものである。「不均等発展」論とは、手短に言えば、諸国の資本主義的発展の通時性と共時性とによって、資本主義的発展は単線的なものではなく、より複雑なジグザグなものとなる、という理論を指す。

『資本論』からの先の引用部分が示すところによれば、マルクスの基本的な経済発展認識においては、諸国の資本主義経済の発展は基本的にあるひとつの経済・社会像へ収斂的に向かってゆくとされていた(7)。この基本的な視点に対して、レーニンが強調したことは、次のことだ。すなわち、このような発展はあらゆる国・地域において等速度でなされるのではないということ、そしてさらに、このように不均等に発展することによって形成された諸経済圏は、その発展の度合いによってそれぞれがさまざまな歴史的段階にあるにもかかわらず、それらの諸経済圏は自足した閉鎖系ではない以上、交易等により同時にひとつの世界を共有している、ということである。

言い換えれば、「不均等発展」がもたらすのは、異なった歴史時間の諸点に存在するものが、同時に共通の時間において存在するという事態である。さらにつけ加えれば、発展の不均等性は諸経済共同体の間だけでなく、同一の経済共同体の諸部門間、すなわち諸産業の発展の度合いの違いにおいても見出されうる。その結果、諸国および諸部門の資本主義経済の発展は、単一の経済・社会の発展像をなぞるのではなく、事態ははるかに複雑になる。すなわち、後発資本主義国の発展の形態は先行する資本主義諸国とは異なる、ということがありうる。

「不均等発展」の概念は、「レーニンの著作においては、徐々に現われているが、しかし最初から、現われて」いる。[8]一例を挙げれば、初期の大著である『ロシアにおける資本主義の発展』（一八九六～一八九九年に執筆）においてすでに、「ロシアの資本主義のための国内市場はどのように形成されつつあるかという問題」は、「ロシアの国民経済のさまざまな側面は、どのように、またどういう方向に、発展しているか？　これらのさまざまな側面のあいだでの連関と相互依存性はどのようなものであるか？」[9]［強調引用者］と定式化されており、経済諸部門の必ずしも等しからざる発展と、それらが共時的に存在しつつ連関・相互依存することによって、全体としての経済構造が存立しているという視点が暗示されている。

b——「不均等発展」と帝国主義

このように初期のレーニンにおいてすでに現れていた「不均等発展」の視点が、帝国主義下における世界情勢の分析に適用されたのが、『帝国主義』である。この著作が書かれた一九一六年頃のレーニンは、特にホブソン『帝国主義論』、ヒルファディングの『金融資本論』やブハーリン『世界経済と帝国主義』等に触発されつつ、資本主義が帝国主義の段階に入ることによって、それまで経験されなかったような独占と金融支配の時代が到来した、という認識を固めつつあった。レーニンは、帝国主義を、資本主義の不均等な発展の結果として、資本主義の当初の原則としての自由競争の原理を完全にではないが斥けた新たなる（根本原理を棄却したがゆえに新しい）段階として、見ている。

この交代［自由競争から独占への交代］を引き起こしたものは、資本主義と商品生産一般の最も奥深く根本的な諸傾向の、直接の発展、拡大、継起以外の何物でもないということを念頭に置くことが、この場合、きわめて重要である。交換の発達、大規模生産の発達――これが数世紀にわたって文字通り全世界で見うけられる基本的な傾向である。そして交換の一定の発展段階において、大規模生産の一定の発展段階において、すなわち、おおよそ一九世紀と二〇世紀の境目において到達された段階において、交換が経済関係の国際化と資本の国際化をもたらし、大規模生産は非常に大規模なものになったので、自由競争は独占に取って代わられるようになったのである。(10)

このようにして、カルテル・トラスト等による独占に基づく資本主義においては、商品の輸出に代わって「資本の輸出が典型となった」(11)［強調原文］。なぜなら、膨大な集積がすでになされている先進諸国においては、「過剰の資本」が発生しているためである。問題は、この「過剰の資本」が、後進的な農業の発展や住民大衆の生活水準の引き上げなどには用いられず、その代わり生産コストが比較的安価である――すなわち資本の生み出す利潤がより大きい――後進諸国への輸出へと振り向けられるところから生じる。その結果として、列強諸国は資本の輸出先を確保するために後進世界の植民地的分割を追求することを強いられることとなり、その利害対立が帝国主義戦争の勃発を招来する一方で、被植民地諸国・諸地域の世界秩序における従属的地位が固定化される。であるとすれば、マルクスが思い描いた発展の過程、すなわち、すべての国々が時間差を伴いながらも最終的にはイギリス型の発展を遂げることになるなどという事態は、到底あり得なくなる。

レーニンの『帝国主義』の理論的射程は、深く広いものであった。資本の自己増殖を求める運動は基本的に一切限界を持たず、利潤の高い場所、生産様式、資本形態を徹底的に追求する。この運動傾向から生まれた植民地獲得の運動＝帝国主義は、世界のすべての部分が帝国主義列強によってすでに分割し尽くされてもはや新たなフロンティアが見出せなくなる時点で、世界の領土的再分割のための闘争を招かずにはおかない。第一次大戦に際して戦争反対の決意を貫けなかった第二インターナショナルの主な理論家たち（カウツキー、プレハーノフら）に対してレーニンが断固たる批判を展開できたのは、資本主義の新しい発展段階が帝国主義諸国間の和解不可能な対立をもたらしていることを、彼が確信的に認識していたためであった。

さらに、重要なことは、独占・金融資本の支配・植民政策といった帝国主義段階に特有の現象は、社会的矛盾を激化させるにもかかわらず、それでもなお資本主義を発展させるということだ。そのときには「この発展は、一般にますます不均等に」[12]なり、「不均等発展」の「不均等性」は極大化する。それは、発展の形が「偶然な歴史的生成」[13]の色彩を帯びることを意味するだろう。

c——「不均等発展」の含意

『帝国主義』によって示されたこれらのアウトラインが、レーニンのロシアにおける社会主義革命の展望に与えた影響は大きい。帝国主義によって資本主義の矛盾が深められ、それが列強間の国際的対立・紛争となって現れること、そして最も重要なことには、発展の形式に対して相対的な自由度が認められることによって、「社会主義革命の拠点を西ヨーロッパからその周辺〔すなわち、ロシア〕に移すための理論的根拠」[14]が確立された。

要言するならば、「不均等発展」の理論は、資本主義的発展における諸分野、諸国の発展段階の位置づけをきわめて複雑なものとする。収斂説的な発展のヴィジョンが放棄された以上、発展段階における諸国家・諸部門は、絶対的な座標を構成する単線的な軸の上にはもはや位置づけられ得ず、すべては相対的な視野からその発展段階における位置を決定されることになる。

そして、もうひとつ「不均等発展」の概念が暗示的に含んでいたものを指摘しておくべきだろう。それは、「世界資本主義体制の拡大が単に諸民族の相互依存関係の中で古い伝統的諸制度を破砕し近代化をすすめるだけでなく、同時に遅れた国々の先進国に対する従属関係をつくり出す」[15]こと、すなわち発展の不均等性が、資本主義の存続にとって死活問題であるということだ。レーニンによって示された「不均等」とは共時態における発展の度合いの差異（＝通時的差異）であり、まさにこのように差異が存在することによって豊富な利潤が創出され、資本の蓄積が可能になる。具体的に言えば、低発展の段階にいる後進諸国では、「資本は少なく、地価は比較的低く、労賃は低く、原料は安価」[16]である。要するに、そこでは諸財の価値が総じて低い。すなわち、諸財の織り成す総体としての価値体系が、低発展に見合って低い水準にある。それゆえ、総体としての価値体系の水準が低い場所で生産されたものを、より高い価値体系の水準を有する場所で売るならば、そこから産出される利潤は高い。そして、資本主義を駆動させるためには、このような複数の価値体系の間における差異が絶対に必要不可欠である。

レーニンが目撃した時代には低発展の地域を目指して資本は輸出されたわけだが、重要なことは、資本蓄積が継続するためには、このような地域——すなわち発展の度合いが低く諸財の構成する価値体系の水準が低い地域——が世界のどこかに必ず存在し続けなければならないということである。言い換えれば、共時態において通時的に異なった複数の世界が存在しなければならないし、もしそれが存在しないならば、それは何としてもつくり出されなければならない。言うまでもなく、ここで遅れた時間の役回りを振り当てられるのが、従属的諸国家、諸地域である。してみれば、資本主義にとっては、このような地域を確保しておくために、発展は「不均等」でなければならない。レーニンの「不均等発展」の概念が持っていたこのような「含み」が、後に従属理論や国際分業論に受け継がれてゆくことになる。[17]

資本主義の発展が不均等であるよう運命づけられているとすれば、従属的国家の従属的地位もまた半ば永遠的に運命づけられたものとなろう。したがって、従属的諸国家並びに後発資本主義諸国家（そのなかに革命前夜のロシアも含まれる）にとっては、資本主義的発展とその競争に参入することは、ひとつの巨大な悪循環に陥りかねないことを意味する。[18]

Ⅲ 「不均等発展」とロシアにおける社会主義革命

a——レーニンの確信という問題

これらすべてのことが示すのは、後進的なロシアにおいて資本主義の発展段階を十分に経ることなく社会主義革命が生じうる客観的な可能性と、そうであるならばそれを実際にロシアの地で実現すべきであるとの具体的な要請である。資本主義による発展の経路がもはや行き詰まっているという認識によって、社会主義革命の遂行、およびそれに基づく資本主義の道とは別の経路による発展というものが、目前の課題として把握されることになる。この認識によって、レーニンのかの有名なスローガン「帝国主義戦争を内乱へ」に現れた革命戦略の急展開が、理論的に現実性を帯びることになる。かくして、このスローガンと「不均等発展」論が密接に結びついていることが理解されよう。

レーニンがロシアにおいて即座に社会主義革命を実行する可能性について、いつそれを確信するに至ったのかということを確定するのは難しく、厄介な問題である。ロイ・メドヴェージェフは、「一九一七年初頭まではレーニンも、ロシアの他の社会民主主義者同様、ロシアに社会主義を導入するなど「この上なくばかげたこと」であり、「ロシアでは、直接には、一挙には、過渡的な諸方策なしには、実現できない」のだから、それは導入するのではなく「唱道」するにとどめるべきであると確信していた」[19]、と言っている。またアンジェイ・ヴァリツキによれば、「一九一七年以前には、ロシアは資本主義の段階を通過しなければならず、ロシア革命は「ブルジョワ民主主義的内容」を持つであろうことについて、レーニンはプレハーノフと意見が一致しており、これがロシアにおけるマルクス主義のオーソドキシーの主たる教義であった[20]」、という。要するにこれらの見解は、一九一七年の二月革命の発生という現実に促されてレーニンは即座の社会主義革命の実行を決意した、との見方を採っている。

一方で、浩瀚なレーニン伝を著したロバート・サーヴィスは、次のように言っている。「大戦中に、レーニンは革命の日程を圧縮するという戦略に手をつけている。彼は、以前にも一九〇五年に同じ問題を論じていたが、いま再び、どの国においても社会主義を導入するにあたって二段階で行なわなければならないという考えをボリシェヴィキが受け容れるのは正しいかどうかについて、考えていた。（中略）一九一六年になると、革命の戦略と日程についての切迫感が、彼のなかで再び強まっていた。マルクス主義者たるもの、ペトログラード［＝サンクトペテルブルク］で権力を奪取し維持する機会を逸してはならぬというのであった」(21)。この見解によれば、即座に実行すべきものとしての社会主義革命の青写真は、レーニンのなかでは一九〇五年革命の時点ですでに素描されていたものであり、したがって二月革命の以前でかなりの程度出来上がっていたはずだ、ということになるだろう。

このように識者のあいだでも意見は分かれている。実際にレーニンの諸著作を読んでみても、ロシアにおける社会主義革命の即座の実行を直接的に呼び掛けるテクストが二月革命以後に現れることは確かであるが、「東方での社会主義革命の可能性」という観念自体は、それ以前に現れているとも考えられなくはない。例えば、中国辛亥革命に反応して一九一三年に執筆された『後進的なヨーロッパと先進的なアジア』において、ブルジョワジーによって腐敗させられたヨーロッパよりも、いまは踏みにじられているが若い力を持ったアジアに社会主義への可能性があるという期待を表明している。[22]それはいまだ漠然たる表現にとどまっていたとはいえ、一九一七年に彼が到達する思想を暗示していたと考えられないことはない。あるいはもっと遡って見てみるならば、サーヴィスが言うように、すでに一九〇五年革命の段階で「革命の日程を圧縮するという戦略」は確かに見て取ることができる。この時期のレーニンが語った「プロレタリアートと農民の革命的民主主義的独裁」というスローガンには、一九一七年に書かれる『国家と革命』における主張に表面的に類似している側面もある。

ただし、一九〇五年革命期のレーニンによれば、このスローガンが示しているのは、ロシアにおけるブルジョワジーの政治的無能力と彼らのプロレタリアートに対する来るべき必然的な裏切りに鑑みて、ブルジョワジーに代わってプロレタリアと農民が専制に対抗して政治的自由を獲得するための闘争を行なわなければならない、ということである。つまり、ここにおいて『共産党宣言』流の二段階革命論の構図は基本的に堅持されており、レーニンは「民主主義的変革と社会主義的変革との混同」を厳しく批判してもいる。[23]

こうしてみると、われわれとしては、いつレーニンがロシアにおける社会主義革命の可能性を確信したのかということを、ある一定の時点を指示することによって明瞭に確定することはできない、と言わざるを得ない。(24) いずれにせよ、一九一七年のレーニンはロシアで機が熟したことを確信していた。その確信によれば、ロシアで社会主義革命を行なうための客観的な条件は整いつつある、社会主義革命の必然性は現に到来したということになる。

b――「不均等発展」論の帰結

資本主義に基づく発展という段階を経ないで社会主義へと直接的に移行しうる可能性は、先に見たように、マルクス主義の収斂説的な経済発展理論を「不均等発展」の理論へと改変することによって裏づけられた、とされる。革命後のレーニンは、次のような言葉によって、この理論的展開の政治的帰結を定式化することになる。

問題は次のように出された。すなわち、いま解放されつつあり、その内部で戦後のいま進歩の道を進む運動がみとめられている後進の諸民族にとって、国民経済の発展の資本主義的な段階が不可避であるという主張を、正しいと認めることができるか否か、と。われわれは、この問題に否定の答をした。勝利した革命的プロレタリアートがこれらの民族のあいだで系統的なプロパガンダを行ない、ソヴィエト政府が自分の持っているすべての手段でこれらの民族の援助に乗り出すならば、資本主義的発展段階が後進諸民族にとって不可避だと考えるのは、間違いである。（中略）共産主義インターナショナルは、次の命題を確立し、理論的に基礎づけなければならない。すなわち、先進国のプロレタリアートの援助を得て、後進国はソヴィエト制度へ移り、資本主義的な発展段階を経ることなしに、一定の発展段階を通って共産主義へと移ることができるのである、と。(25)

要するに、資本主義的発展段階は跳び越される。ここでのレーニンは明らかに、「不均等発展」論からの帰結としての新しい非単線的なマルクス主義的発展論が可能であるということを宣言している。

後に、最晩年のレーニンは『わが革命について』において、非常に簡潔な形によってではあるが、この問題への総括的な結論を与えている。ここでレーニンは、「ロシアは社会主義を可能とするほどの生産力の発展段階に達していなかった」としてボリシェヴィキ革命を批判した「第二インターナショナルの英雄」の命題に批判を加えている。未曾有の出来事としての帝国主義世界戦争という状況の下で、「完全な困窮状態が、労働者と農民の力を十倍に増やし、西ヨーロッパの他のすべての国家における場合とは別な行き方で、文明の基本的な前提をつくることへと進む可能性をわれわれに開いたとしたならば、どうであろうか？」(26)［強調引用者］、とレーニンはここで問い掛けている。先に略述した「不均等発展」の理論がもたらしたものが何であったのかということが、ここでは明白に語られている。すなわち、帝国主義段階の資本主義によって、単一の発展モデルが最終的に斥けられたこと。また、帝国主義戦争が資本主義の発展の結果として不可避的に生じたこと。これらの事実が招来する必然的な結果が、レーニンにとっては、社会主義の形態をとるロシアの発展にほかならなかった。

しかし、このレーニンの見解は、マルクス主義あるいは史的唯物論に対する看過し得ない重大な修正をはらんでいるように思われる。世界中の多くの社会主義者・知識人を魅了し、若き日のレーニンも魅了され、そして生涯彼自身が帰依することになったマルクス主義の教義のある種の魔力のようなものは、そもそも一体どこから発生したのか、それが他の社会主義思想の諸潮流を抑えて王座を占めることができたのはなぜであったのか、ということをここであらためて想起する必要がある。

この問いに対する回答はいくつもあり得ようが、疑いなく挙げられなければならないひとつの本質的要素は、多くの人々が指摘し本章の冒頭でも確認したように、マルクス主義の「非情さ」、すなわち宿命論・決定論的で統一的な世界観であり、そこから生じたマルクス主義の擬似宗教性である。マルクスその人の学説の性格が真にそうであったかどうかに関わりなく、彼の後に（あるいはすでに存命中に）成立した現象としてのマルクス主義は、世俗化された擬似宗教的要素を多かれ少なかれ含んでいた。特にロシアにおける革命思想・運動は宗教的な側面が強く、それは黙示録的熱狂とひとつになって現れた。

一九〇五年革命の後にマルクス主義および革命運動に対して批判的立場を採るに至ったロシアの知識人たちが編んだ論集、『道標』の寄稿者の一人であるフランクの言葉を借りれば、そこでは「無神論的唯物論さえもが平然として未来における世界調和への揺るぎなき信仰と睦みあっている。ロシア・インテリゲンツィアの大半が信奉している、いわゆる「科学的社会主義」においては、この形而上学的なオプティミズムが「科学的に論証ずみ」のものとさえ考えられている」[27]。

マルクスの学説を、世界を包括的に説明する唯一無比の世界観として受け止め、資本主義に基づく世界では資本の運動の法則が「鉄の必然性」を以て貫徹するという仮借なき決定論に帰依したうえで、来るべき「調和」を観ずること。「ロシア・マルクス主義の父」[28]＝プレハーノフがロシアに持ち込み、レーニンが全面的に受け容れた「形而上学的なオプティミズム」とは、まさしくこのようなものだった[29]。プレハーノフは、マルクス学説の意義とロシアの従来の知識人の知的スタンスに対する批判を、次のような言葉で述べている。

マルクス以前の社会科学が精密でなく、また精密であり得なかったことは、認められなければならない。最高の審判としての人間の本性に助けを求める限り、学者は必ず人間の社会関係を、人間の見解、人間の意識的な活動によって説明しなければならなかった。だが意識的な活動とは、必ず人間が自由な活動として考えなければならない人間の活動のことである。自由な活動は必然性の概念、すなわち合法則性の概念を排除する。ところが、合法則性は現象の一切の科学的な説明に欠くことのできない基礎である。自由の観念が必然性の概念を押しのけ、そのため科学の発展を妨げた。この逸脱は、今日までロシアの「主観的」著作家たちの「社会学的」著作に、驚くほどはっきりと観察されうるのである。

だがわれわれは、自由が必然性にならなければならないということをすでに知っている。(30)

若き日のレーニンを震撼させたものが、このような「必然性=合法則性」を基礎として打ち出された、「科学的」世界観であったことは想像に難くない。それは、従前の「主観的」な社会主義イデオロギー=ナロードニキ主義に破産を通告するものであり、同時にそれは革命思想として、革命の実行可能性を客観的に基礎づけるものであった。真の自由の到来は必然性に対する完全な洞察を通してのみもたらされうる、というプレハーノフの主張は、主観の持ち主としての人間を殺害すると同時に、それの必然的救済を保証する福音でもあった。

一方、プレハーノフの心酔者として出発したレーニンは、マルクス学説およびマルクス主義の意義を、次のような言葉によって説明している。

マルクス以前の「社会学」と歴史記述とは、せいぜい断片的にかき集められた生のままの事実の集積や歴史過程の個々の側面の描写を与えただけであった。マルクス主義は、一切の相矛盾する諸傾向の総体を考察し、それらをさまざまな社会的諸階級の正確に規定できる生活諸条件と生産諸条件とに帰属させ、個々の「支配的」な思想を選び出し、それを解釈する際の主観主義と恣意を排除し、例外なしにあらゆる思想、あらゆるさまざまな傾向の根源が物質的生産諸力の状態にあることを明らかにして、社会経済的諸構造の発生、発展、衰退の過程を包括的、全面的に研究する道を指し示した。(31)〔強調原文〕

当然のことながら、このレーニンの論述の要点は、先に引用したプレハーノフのそれと共通している。レーニンにとってマルクス主義の学説が重要性を持ったのは、「主観主義と恣意」が排除されることによって開示された総体性、包括性、全面性ゆえであったことが見て取れる。言い換えれば、それは世界・歴史を、さまざまな細切れの断片としてではなく、ただひとつの法則に貫かれた統体として提示する理論であったということだ。そして、その統体の基盤には「物質的生産諸力の状態」(＝下部構造)が置かれていることは明らかである。

こうした観点からすると、社会主義への「基本的な前提をつくる」という思想が、マルクス主義の基本教義からの逸脱を示すことは、疑いを容れない。マルクス主義の常識にとっては、「物質的生産諸力の状態」としての「前提」こそが客観的条件であり、唯物論的条件であって、この条件によって文明の構造が決定されなければならないことは疑うべくもない事柄であるからだ。したがって、レーニンの言う条件の自己決定とはマルクス主義の教義のまさに核心から逸脱することを示すことになるだろう。それは正統的立場からすれば、「異端」的と形容されるべき主張である。(32)

この逸脱は、示してきたように「不均等発展」の理論から導かれたものであったと見なすことができる。レーニンにとってみれば、「文明の基本的な前提をつくる」という思想は、「不均等発展」の理論によって再構築された新しいマルクス主義の教義に基づくものとして定義されるだろう。社会主義的発展の資本主義的発展に対する優位という彼の結論の根底には、いわばイデオロギーにおける「不均等発展」とも言うべき観念が透けて見える。仮に、経済発展のみならず、イデオロギーもまた不均等に発展するとすれば——すなわち、経済の発展速度とイデオロギーのそれとは必ずしも一致せず、経済発展の次元が低い場所でイデオロギーがより高次の段階に進みうるならば——、経済的条件に比してより高次の段階にあるイデオロギーが経済的条件を規定しうることになる。言い換えれば、政治的な上部構造が経済的な下部構造を規定することが可能となるであろう。

c――ナロードニキ主義への実質的回帰

ここにおいて、レーニンの思想がロシア・ナロードニキのそれに、ある意味で「先祖帰り」していることを目撃することができる。ナロードニチェストヴォ（人民主義）の思想は一九世紀の主に半ばに活躍したアレクサンドル・ゲルツェン（一八一二～一八七〇）にその嚆矢が見出される。いわゆる西欧派として思想的生活を出発したゲルツェンは、亡命者としてパリに長らく在住し、一八四八年革命の悲劇も身近に目撃した。この経験から、もっと正確に言えば、西欧への幻滅からゲルツェンが得たロシアと世界の未来についてのヴィジョンとは、勝田吉太郎によれば、次のようなものであった。

> 西欧のすべての河川は、俗物精神のマレンマ［＝湿地帯］へと注ぐ。旧世界は自己の胎内に孕んだ偉大な理念――社会主義の理想を達成できないでいる。これに反して、ロシヤをはじめとしてスラヴ諸族の根本的な性格はその非ブルジョワ性、反俗物性にある。新しい文明世界としてのスラヴ族の顕著な特徴は、物神化《フェティシ》した私有財産制度ではなく、ロシヤ農村の生活のうちにはっきりと見られるような共有財産制度の保持にある。後進的な東方世界にブルジョワジィが存在しないこと、少なくとも殆ど無視しうる社会的勢力でしかないこと、これこそがその長所でなければならない。遅れたロシヤは、進んだヨーロッパよりも、遙かに進歩的なのだ。[33]

「ロシヤ農村の生活のうちにはっきりと見られるような共有制度」を称揚することによって、西欧派として出発したゲルツェンは、ここでスラヴ派的見解に、すなわち、ロシアには西欧とは根本的に異なる社会的原理・発展の原理が存在する、という見解に接近している。そして、理想化されたロシアの農村共同体において、その原理の具体的基盤は見出される。この農村に対する見解、すなわち所有関係が近代化されきっていないロシアの農村の前近代性をどのように評価するのかという問題に関しては、ブルジョワ的な政治的自由の実現の問題等を絡めつつ、後のナロードニキたちのあいだでも議論が分かれてゆくが、ここでゲルツェンが拓いた新しい地平は次のようなものだ。すなわち、ロシアは後発国であるがゆえに、先を歩む諸国が発展の過程で陥った罠を観察することができるので、同じ罠を避けることができる、あるいは発展のための苦しみを大幅に軽減することができる可能性がある。したがって、少なくとも潜在的にはロシアはヨーロッパよりも先進的でありうる。「遅れて歴史の舞台に上ったロシヤは、ブルジョワ的西欧がおち込んだ宿命的な袋小路、つまり、俗物主義文明の泥沼を予見して、これを避けることができるはずである。その結果、ロシヤは、歴史のブルジョワ的発達の段階を経由することなく、直ちに社会主義の段階へと進むことができる(34)」、とされる。

パリで一八四八年革命を目にしたゲルツェンは、「ロシヤに住むことがおそろしいことであるなら、ヨーロッパに住むこともまた同じようにおそろしいことである」[35]と語り、自らがかつて崇拝した西欧文明が袋小路に入り込んだことを心痛とともに認識した。時は巡って二〇世紀初頭にレーニンが、彼もまた亡命者として西欧に見出したものは、ゲルツェンのような貴族主義的見地から見たブルジョワの「俗物根性」ではなかったにせよ、それは革命的精神を喪失しつつあった西欧であり、ゲルツェンが感じ取ったものとそう遠くはない「生命を失ったもの」であったはずだ[36]。そして大戦が勃発し、第二インターナショナルの主要な、したがって最も先進的でなければならなかったはずの理論家たちが国際社会民主主義運動を裏切ったとき、西欧へのレーニンのゲルツェン的な感覚は確信へと変わったであろう。

こうして、後進性が先進性へと転化するという「逆説的命題こそ、ゲルツェンとその後継者たちの経済社会理論を貫く歴史哲学的理念となったのみならず、政治的イデオロギーの対立を超えて、ロシヤ型マルクス主義たるボリシェヴィズムの教説のうちにも受けつがれていった[37]」、と言うことができる。ここで「その後継者たち」と呼ばれているのは、チエルヌイシェフスキー、トカチョーフ、ミハイロフスキー、ダニエリソン等の広範な人物像を指す。これらの人々に共通するのは、「遅れて出発した者の特権」によって非資本主義的発展を実現する方法を模索したということだ[38]。つまり、ゲルツェンに端を発するこの思想はロシアの近代思想におけるいわば主調低音として受け継がれてきたのである。

そして、プレハーノフによるロシア・マルクス主義の確立の意義とは、まさにこの主調低音を断ち切ったところにこそあった。してみれば、レーニンの「資本主義的発展段階を回避する」という発想はあまりにロシア的である。それは、マルクス主義の視点から見れば、マルクス主義以前の「主観的」な思想に退化したものであるように見える。

以上の考察からわれわれは、レーニンのマルクス主義はその最終的な段階において、次のような命題に至ったことを確認できる。すなわち、不均等な発展によって高度に発展した社会主義のイデオロギーは、より低次な段階にとどまっているイデオロギー（修正主義・組合主義等）が陥る泥沼を踏み越えて、正しいやり方で社会主義文明をつくり出すことができる。この見地からすれば、経済の資本主義的段階に対応する政治的制度としてのブルジョワ民主主義（＝議会制民主主義）などは、革命によって一足飛びに乗り越え可能なものとなる。

このような発展段階説に基づく社会主義理論は、言うまでもなくマルクス主義的ではなく、ナロードニキ的である。かつてレーニンは、正統派的な立場から、ゲルツェンに関して、彼の行なった革命的煽動を評価しつつも、ナロードニチェストヴォの思想には「社会主義は微塵もない」(39)［強調原文］と言っている。今度はレーニン自身が、かつてのレーニン的見解からすれば、「社会主義は微塵もなく」なることになる。

Ⅳ　レーニンの客観概念

a――「客観的なものの獲得」という思想

本章においてわれわれが探求してきた課題は、レーニンがマルクス思想をどのように継承したのかということであった。そして、その最も特徴的な理論として「不均等発展」の理論を見出した。しかし、この理論がもたらした政治的・理論的帰結とは、ある意味でマルクス主義の放棄とナロードニキ主義への事実上の回帰にほかならなかったように見える。したがって、「不均等発展」論をレーニンが抱懐し、それを発展させた時点で、すでに彼は決定論的マルクス主義から離脱していたとも言える。しかしそれと同時に、言うまでもなく、レーニンにおいて世界観の根幹をなすものは、マルクス主義と彼が呼ぶものであり続けた。それは単に自家撞着であると見なされるべきなのだろうか。

だが、もう一度『わが革命について』に立ち戻ってみるならば、終わり近くで次のような瞠目すべき言葉をわれわれは見出すことになる。

社会主義を建設するためには、一定の文化水準（とはいえ、この一定の「文化水準」がどのようなものであるかは、誰も言えない、なぜなら、それは西ヨーロッパ諸国のひとつひとつで違っているから）が必要であるならば、この**一定の水準のための前提条件をまず革命的方法で獲得すること**から始め、その後で労農権力とソヴィエト制度をもとにして、他の国民に追いつくために前進しては、どうしていけないのだろうか。(40)［傍点強調原文、太字強調引用者］

ここでは、レーニンがマルクス主義の「正統派的見解」から最終的に離脱し、そしてその代わりに何を原理として打ち立てたのか、さらには、マルクス主義とはレーニンの思考・実践の方法において究極的に何であるのか、ということが明瞭に語られている。レーニンがかつてナロードニキ主義を否定したのは、マルクスが語った「鉄の必然性を以て貫徹する資本主義の法則」によってであった。そして、『唯物論と経験批判論』においてマッハ主義を批判したのは、「物質」の客観的実在性によってであった。また、『帝国主義』における、カウツキー（一八五四〜一九三八）の「超帝国主義」に対する批判もまた、資本主義の最新段階の客観的法則に基づいていた。あるいは、「不均等発展」の理論も新たなる客観的法則として規定することもできる。いずれの場合も、批判は客観性のモメントに基づいて行なわれており、どれだけ深く客観性のモメントに定位できるかということは、レーニンにとってマルクス主義者の試金石にほかならなかった。

しかし、ここでレーニンが語っていることは全く別のことだ。ここで問題になっているのは、「一定の水準のための前提条件」、すなわち客観的な条件を、革命的な方法によって獲得することである。つまり、いまや、客観的なものは現実に対する判断に供される批判的な尺度としてすでに準備された出来合いのものではなく、革命によってはじめて開示され、獲得される何物かである。

われわれは、レーニンの理論的首尾一貫性を見出そうとする立場から、「不均等発展」の理論を発展の客観的法則についての学説として解釈し、この概念をさらに拡大適用することによってレーニンのロシア革命における立場を分析してきた。そこから明らかになったことは、レーニンのナロードニキ主義的な立場へのおそらくは無意識的な回帰であった。しかし、この最晩年のレーニンの言葉からわかるのは、彼のナロードニキ主義への回帰を指摘したところで、レーニンにおける真に本質的なものに迫ることは全くできない、ということだ。われわれは客観性のモメントに固執してレーニンの学説を検討してきたわけだが、レーニン自身はわれわれが通常想定するような意味での客観性に全く固執していない。いまここに引用されたレーニンの「客観的なものの概念」(=革命的な方法によって獲得される一定の水準のための前提条件)は、革命を客観的に基礎づけるための理論を分析するという、われわれが採ってきたアプローチを破産に追い込むものである。

してみれば、結局のところ、「客観とは何か」ということに問題は収斂する。この問題のより詳しい究明をここで行なうことはできないが、[41]さしあたりわれわれは次のように言うことができるであろう。われわれは客観性をつねに必然的な法則の側に、すなわち客体の側に置くことによって客観性を理解してきた。そして、このような客観概念は、レーニンにおける最も重要なものについて、ついに何をも語らない。それに対して、ここでレーニンが語っていることは、客観的なものは客体のなかにやすらっており、主観は客体のなかにある客観的なものを心を虚しくして認識すればよいとする観照の思想は斥けるべきだ、ということである。

だが、十月革命前夜におけるレーニンの蜂起を呼び掛ける言葉に即して後述するように、客体における客観性という立場を放棄したからといって、それは、レーニンの主観主義・主意主義への転向を決して意味しはしない。ここで言いうることは、客観的なものとは、現実の社会的諸関係を変える行動（＝革命）によって、はじめて明らかになるということだ。おそらくはこの客観概念に、レーニンを他のすべての革命家・社会主義理論家から分かった何かが、すなわち彼の独創性が存在するのであり、それによってレーニンは独特の仕方でマルクスと結びついている。

b——十月革命

そして、まさしくこのような「客観的なもの」を開示・獲得する行動として構想・実行されたのが十月革命であった。コルニーロフ将軍による反革命の反乱が失敗し、いよいよ事態が切迫するなかで、ジノヴィエフ、カーメネフをはじめとする多くのボリシェヴィキがレーニンの蜂起の呼び掛けに対して反対した、あるいは積極的にそれを支持しなかったのは、彼らが客観的な諸状況からして蜂起は時期尚早であると考えたからであった(42)。

蜂起は時期尚早であるという反対に対してレーニンが与えた、最も大掛かりでしかも才気溢れる筆致によってなされた反論は、一九一七年の九月末から一〇月にかけて執筆された論文「ボリシェヴィキは国家権力を維持できるか?」に見出される。このなかでレーニンは、「ボリシェヴィキは単独で全国家権力をその手に掌握する決心などとてもつかないか、またたとえ決心をつけて権力を掌握しても、ごく短時日といえどもそれを維持できないであろう(43)」、というボリシェヴィキ党外部からなされた主張に対して論駁を試みている。この論文中で、レーニンは前半のボリシェヴィキの不決断という問題に対してはほとんど何の回答も与えていない。なぜならこのとき彼は、現に「決心がつかない」ボリシェヴィキ党と闘っていたからである。

その一方で、後半の主張に対してレーニンは、逐一具体的な論拠を挙げて論駁している。しかし、こうしてボリシェヴィキが権力を獲得・維持することの可能性を論証することは、あくまで客観的な状況分析に基づいており、客体的な客観性の領野からの主張にすぎない。蜂起の成功のための客観的諸条件を、レーニンは次のように定式化する。

もし革命党が、革命的諸階級の先進部隊のなかでも、また全国を通じても、多数者を獲得していないなら、蜂起などということは問題にならない。そのうえ、蜂起のためには次のことが必要である。(一)全国規模で革命が成熟していること。(二)旧政府、例えば「連立」政府が、道徳的・政治的に完全に破産していること。(三)すべての中間分子、すなわち、昨日までは政府を完全に支持していたが、いまは政府を必ずしも完全には支持していない人々の陣営に、大きな動揺が起こっていること。(44)

仮に当時のロシアがこれらの諸条件をすべて満たしているとしても、こうした客観的諸状況が蜂起の成功を保証するまでに熟していたことを証明できるのか、という疑問が湧くのは避けられない。だが、客観的諸状況が成熟しているか否かが現状分析によって測られ、分析とは情報や知性の不足によって誤りうる以上、畢竟するに客観的諸状況の成熟なるものは、どれほど念入りに分析を重ねたとしても、あくまで蓋然的にしか判定し得ないものである。したがって、究極的には、それは証明不可能である。つまり、この疑問に含まれているパラドクスとは、現に蜂起が行なわれなければこの疑問には回答できない、というところにある。レーニンは現に蜂起を成功させ、さらには権力を維持することによって、客観的諸条件が確かに整っていたことを証明した。だが、あくまでその証明とは事後的なものにすぎず、事前になされうるものではない。

要するに、平たく言えば、「やってみなければわからない」ということである。だが、マルクス主義者たるボリシェヴィキにとっては主意主義は厭うべきものであって、彼らが蜂起を実行するためには蜂起の客観的諸条件が整っていなければならない、しかしそれらが整っているか否かは蜂起を実行しなければ全く証明され得ない。当時の「決心がつかない」ボリシェヴィキが陥ったのはこのジレンマ、いわば「客観性のジレンマ」とでも呼ぶべきものであった、と言ってよい。

しかし、レーニンはこの客観性のジレンマを内在的に断ち切る術を持っていた。「ボリシェヴィキは権力を維持できない」という主張に対する具体的状況分析に基づく論駁、すなわち客観的論駁を済ませた後で、彼は次のように言う。

> プロレタリアと貧農の反抗力というものを、われわれはまだ見たことがない。なぜなら、この力は、権力がプロレタリアートの手にあるときにはじめて、すなわち、国家権力が被抑圧階級の手に入ったこと、この権力が地主と資本家に対する貧民の闘争を助け、地主と資本家の反抗を打破していることを、困窮と資本主義的奴隷制とに押しつぶされた幾千万の人々が体験によって知り、感じるときにはじめて、あますところなく発揮されるからである。そのときにはじめて、われわれは、資本家に対するどれほどの無尽蔵なさらなる反抗力が人民のなかに潜んでいるかを、知ることができる。[45]［強調原文］

事物の客観性に達するとはいかなることなのかということが、ここではきわめて明瞭に語られている。先にも言ったように、状況を分析するだけでは結局のところ客観性に接近することはできても、そこに到達することはできない。それによって人々は決断不能のジレンマに陥る。このアポリアに対してレーニンが与えた打開策とは、客観的情勢に働き掛けること（＝蜂起の実行）によって、客観的な諸状況それ自体を変えてしまうことであった。レーニンの言う「反抗力」は、客観的な諸状況からして、蜂起の以前には存在しない。しかし、このような客観的諸状況を蜂起によって組み替えること（権力がプロレタリアートの手に入ること）によって、それまでの諸関係のなかでは存在しなかった、「われわれはまだ見たことがない」、〈力〉が「はじめて」存在することになる。

　この論理を、客観性というマルクス主義の根本カテゴリーからの逸脱であるとして批判することはできない。なぜなら、「反抗力」はいまここに存在するものとして想定されておらず（そのような想定は、現に存在しないものの想定＝空想である）、蜂起によってもたらされる新たな客観的な諸関係のなかにおいてのみその存在を得るものとして、それは定義されているからだ。ここでは、客観性のジレンマが、客観性のカテゴリーの内部で、そこから逸脱せずに、言い換えれば決断主義・主意主義を援用することなしに、内在的に解かれている。

客体において観照的に客観性を見出す立場からは、この「われわれはまだ見たことがない」ものを理解できず、客観的諸状況が熟するのを待つ。しかし、客観的諸状況の成熟とは行動によってのみ証明されるものである以上、彼らは際限なく待ち続けるほかない。そして好機は失われるであろう。したがって、もはや「待つことは、革命に対する犯罪である」(46)。現在の状況を組み替えることによって、そこから新たに出現してくる〈力〉を基盤にボリシェヴィキの権力を維持すること、これがレーニンが行なった十月革命という政治的な賭けの内容であった。この〈力〉の生成と展開(47)についての展望を、レーニンは『国家と革命』に書きつけることになるだろう。

V　転倒的継承

最後にわれわれの最初の問題提起に戻ることにしよう。レーニンはマルクスを「継承」した、と果たして言いうるのであろうか。それとも、革命的情勢の土壇場において、彼はロシア社会主義思想の伝統に連なることを選んだのだ、とわれわれは言うべきなのだろうか。おそらくは、抽象的命題の次元にとどまる限りではその通りなのであろう。だが、それにもかかわらず、なぜレーニンは正統派マルクス主義者たることを自認し続けることができたのだろうか。

レーニンにおいて正統派マルクス主義への同一化は度外れたものであった。そして、逆説的なことには、そうであったからこそ、彼は従前の正統派の教義（＝第二インターナショナルの教義）を投げ捨て、社会発展についてのマルクス主義の基本命題を完全に改変してしまう。先に見たように、「不均等発展」という発想は、共時態のなかに通時態を持ち込み歴史的現在の時間的構造を多層化することによって、終局的には、単線的発展というそもそもはマルクスのテクストに端を発する歴史像《ものがたり》を破砕するものであった。しかしながら、「不均等発展」の観念は、そもそもはマルクスの語った資本主義の発展の理論を現実に適用する過程から生まれたものにほかならない。

レーニンによるマルクス主義の一見「自由な」解釈は、人間の言語の習得にいささか似ているかもしれない。どの言語においても、人は、恣意的・私的という意味で「自由に」話すことは絶対にできない。人が「自由に」話すことができるのは、ある言語の法則（＝文法）を体得し、それに自然に従うことができるようになったときである。法則に従っていることをもはや意識することがなくなったときに、人は、その言語を自由に使っている、という状態になる。マルクス主義の思想は、統一的な世界観を与えるもの、言い換えれば、それは言語体系を与えるものである。レーニンは、この言語体系に過剰なまでに同一化した。それゆえにこそ、彼のマルクス主義は、マルクスからマルクス以上のものを引き出すことに成功したのであった。

こうした過程は、本当に逆説的であると言うべきなのだろうか。マルクスは商品の物神崇拝的性格について次のように言っていた。

だから、商品形態の秘密はただ単に次のうちのことにあるわけである。すなわち、商品形態は人間に対して人間自身の労働の社会的性格を労働生産物そのものの対象的性格として反映させ、これらの物の社会的属性として反映させ、したがってまた、総労働に対する生産者たちの社会的関係をも諸対象の彼らの外に存在する社会的関係として反映させるということである。(48)

本来何ら神秘的なものではない労働生産物が商品として、さらには自己増殖する資本として現れるという不可思議な事柄の根底に、マルクスは、「生産者たちの社会的関係」が「商品形態」という特殊な「彼らの外に存在する」形で反映される事情があることを見て取った。「ここで人間にとって諸物の関係という幻影的な形態をとるものは、ただ人間自身の特定の社会的関係でしかないのである」(49)。このような「幻影」は商品生産がなされるや否や必然的に生ずるものである、とマルクスは言う。「このような、商品世界の呪物的性格は、(中略)商品を生産する労働の特有な社会的性格から生ずるものである」(50)、と。

マルクスの主張は深く両義的である。なぜなら、彼は「幻影」の正体を暴き出す一方で、

「幻影」は必然的であると言う。そして、その根源は商品の分裂した二重の性格、すなわち使用価値と交換価値の分裂・矛盾にある。資本の運動を「自然史的過程」として描くマルクスに従うならば、商品における価値の分裂・矛盾が「自然に」止揚されるのをわれわれは待たねばならない。しかし、それはいつなされるというのか。この問いには誰も答えることができなかったし、今後も答えなど存在しないだろう。それは、共産主義の実現のために必要な社会発達の度合いの基準を確定することに等しいからだ。

果たしてわれわれに為しうるのは、この回答不能の問いの前で立ちつくすことだけだろうか。それよりも、「幻影」に特定の形態を与える客観的な基礎としての「人間自身の特定の社会的関係」をまず変更してしまえば、果たしてどうなるのだろうか？ つまり、「客観的なもの」を変更し、それに引き続いて「諸物の関係」を具体的に変更したうえで、そこから根本矛盾に向かい、「資本主義的生産の自然法則」の変更を企てなければならないのだろうか？ レーニンが進もうとしたのはこの途である。

いま一度問うてみよう。レーニンはマルクスを本当に継承したのか、と。その答えは、然りでもあり否でもあろう。ただし、次のことは確かである。それはすなわち、マルクスがヘーゲルを「足で立たせて」継承発展させたように、師の思想の転倒こそが独創的継承と呼ぶに値するということである。

第四章　〈力〉の秩序としてのコミュニズム——無国家社会の倫理的基礎

I　近代国家の起源

a——国家の起源という問題

コミュニズム、原始共産制ではなく今後実現されるべきものとしてのコミュニズムが実現された世界が、果たしていかなる世界であるのか、という主題について語ったテクストとして、レーニン『国家と革命』(一九一八年)[1]は歴史上でいまもって最も具体的なテクストである。筆者がかつて提示した図式に即して言えば、この書で展開されたのは、階級闘争に凝集した〈力〉が国家の〈力〉として析出された挙句、その〈力〉が革命を契機にプロレタリアートの独裁によって簒奪され、この簒奪され質的変容を遂げた〈力〉が階級闘争を終息させるがゆえに、〈力〉=国家は死滅する、という事態である。このプロセスの完成状態をコミュニズムと呼ぶことができるわけだが、その具体的内容は『国家と革命』

の主として第五章「国家死滅の経済的基礎」において語られている。本章では、この『国家と革命』第五章におけるいくつかの記述を手掛かりに、またいくつかの補助線となる諸思想家の所説を検討しつつ、レーニンにおける国家の揚棄の展望がいかなるものであったのかを再構成し、それが何を示唆するのかを考察する。

国家の消滅を目指すのならば、それが存在する必然性を、それがよって来る起源を消滅させねばならない。したがって、国家の起源が特定されなければならない。では、国家はどのようにして生まれたのか? この問いには極めつけの困難が伴う。あらゆる国家は神話的起源を持っており、言うまでもなく、それらの神話を実証的に証明あるいは反証することなど不可能である。さまざまな国家神話の正否よりもむしろ、あらゆる国家がそれ自身の起源の神話を持たねばならない必然性、そのような「共同幻想」の必然性が存在すること、それ自体が問題である。

だがレーニンは、エンゲルスから譲り受けた周知の定式によって、起源に関する複雑な問題を一刀両断に解決する。いわく、「国家は階級対立の非和解性の産物であり、その現れである」[(2)]［強調原文］、と。階級闘争以外の問題をすべて押しのけるこのような定式化によって、レーニンは問題を限定し、尖鋭化させたと言ってよい。すなわち、資本主義に基づく社会における、つまり近代的な国家の起源とその存立の必然性、そしてそれの破壊と死滅という形で問題は特化された。なぜなら、階級対立が絶対的に非和解的なものとなるのは、資本主義経済が社会に全面的に浸透した後においてであるからだ。資本主義経済の浸透によって、すなわち労働力の商品化が進行することによって、近代的な階級対立が発生し、それによって引き裂かれた社会において、社会を破局に追い込む和解不可能な闘争が実際に噴出するのを防ぐことを目的として、暴力を一元的に独占する国家が成立する。この対立が和解不可能なものであるのは、搾取者階級の搾取の意志が個人的欲望ではなく資本蓄積の衝動に基づけられており、したがってその意志は限度のないものとして現れるからである(3)。

「国家＝階級対立の非和解性の産物」という理論は、国家の起源を語っているように見える。しかし、言うまでもなく、このようなプロセスが生じたのは比較的近時であるはずにもかかわらず、かかるプロセスの具体的進行過程が経験的に目撃されているわけではない。つまり、この見方によって証明されているのは、近代国家が存在しなければならない根拠、存在の必然性であって、その起源の問い、その生起の必然性という問題には、必ずしも回答が与えられているわけではない。したがって問題なのは、われわれがこのように根拠としての起源を合理的に特定できるにもかかわらず、この起源以前につねにすでに国家が其処に在るということだ。

つまり、国家はさまざまな神話(＝イデオロギー)を携えて、合理的に措定しうる起源の手前で恒存的に在り続けてきたものとして、立ち現れてくる。言い換えれば、国家は、その存立の必然性以前の根拠を持つかのごとくに存在する。ゆえに、国家を「階級対立の非和解性の産物」と名指すだけではおそらく不十分なのだ。国家が、あたかも起源以前の起源を権利として有するかのごとくに定義されるのは何によってであるのか――この点を問うことが必要である。

われわれが現にそこで生活し、直接の経験を通して知っているのは、近代の国家である。したがって、まず問われるべきは、近代国家・近代的支配に特有の現象の背景が何であるかということだ。すなわち、近代資本制がもたらす階級対立が非和解的なものであるとして、なぜそこでは政治的な支配の形態が近代国家の形態をとらざるを得ないのか、なぜ政治的に支配するものが階級そのものではなく建前上中立的な国家であらねばならないのか、言い換えれば、なぜブルジョワ階級はプロレタリア階級を奴隷として扱って端的に支配せずに、それを形式的に対等な人格として扱い、自らも国家の支配に服するのか、ブルジョワ階級が実質的な政治的支配権を有するとしても、なぜ国家を介してその支配を行使するのか、といった問題群が考察されなければならない。

b――パシュカーニスの仮説

エヴゲーニー・パシュカーニスは、著書『法/権利の一般理論とマルクス主義』（邦訳書名は『法の一般理論とマルクス主義』）において、近代国家的なものが成立する起源、およびその萌芽的な現れを次のように語っている。

領土支配の公法的な原理と土地私有との区分は、中世ヨーロッパにおいて、どこよりも早く、またどこよりも完全に、都市のなかで成し遂げられた。そこではどこよりも早く、土地に対して課せられた物的および人的な義務・賦役は、都市共同体のための租税や義務と、私的所有権を基礎とする地代とに分裂した。

交換行為と結びついた関係、すなわち特に（par excellence）私的な関係が、事実上の権力的支配と並んで、またそれとは独立して現れたとき、権力的支配は公共性という明確で法律的な性格を獲得する。権力は、これらの関係を保証する者として現れることによって、社会的、公的な権力、すなわち秩序という非個人的な利益を追求する権力となる。(4)

この一節は、資本主義の浸透と近代的国家権力の成立との係わり合いについての、ひいては公共性なるものの起源についての、最も明瞭簡潔な記述のひとつであると見なされるに値する。私的な交換行為が政治的権力関係から独立して営まれる規模が大きくなるとき、つまり資本主義的交換行為が社会へ浸透してゆく度合いが深まるとき、政治権力は私的交換行為への介入を放棄せざるを得なくなり、その代わりに、これらの交換行為が円滑に遂行されうる秩序を保護する者、という役割を担うようになる。これが近代国家の起源にほかならない。この権力は「秩序という非個人的な利益」を追求するものであるがゆえに、「社会的、公的な権力」として現れてくる。

だから、言うなれば、近代国家は、従前の前近代的国家が社会の全体を掌握することを諦める地点で、発生する。国家が、政治的・経済的さらには道徳的秩序の中心に位置し、諸領域の秩序を構成する主体的な役割を果たすことを断念したときに、近代国家は成立するのである。初期の自由主義国家が夜警国家として表象されたのも、この事情による。かかるものとしての国家は、自らの統治の原理をそれ自身から積極的に提示し得ない。ミシェル・フーコーの表現を借りるならば、「[古典的な]自由主義を貫いているのは、「常に統治しすぎている」という原理――あるいは少なくとも統治しすぎているのではないかと常に疑わなければならないという原理」(5)である。資本主義の社会への浸透がある一定の程度を超えたとき、こうしたいわば消極的な原理に基づく国家権力が立ち現れる。

この権力は、政治的な支配力と経済的なそれとを一体的に兼ね備えたものとして社会から収奪することを、もはや行なわない。いまや収奪は、搾取へと姿を変えて、相対的に独立的なものとなった経済過程において行なわれる。経済過程は「自由、平等、所有、そしてベンサム」(マルクス)の支配する世界であって、そこにおいては、労働力商品の売り手はその買い手に対して「平等」な立場で、自ら「所有」する商品を強制によってではなく「自由」な意志によって、自らの功利（＝「ベンサム」）を最大限増幅させるために売り渡す。

近代における経済的領域はかくのごときものとして現れ、かつ社会全体に浸透してゆく傾向を持つために、権力による「強制」のモメントはもはや全く不要であるという幻想に、近代の人類はほとんど周期的にとらわれてきた（例えば、その最新ヴァージョンのひとつは「摩擦なき資本主義」というスローガンである(6)――資本主義に摩擦がないのならば、不平を言う労働者に「強制」する必要は存在しないし、あるいは労働者の不平に応えるべく資本家・企業に「強制」を加える必要もない）。

だが、経済的領域から「強制」の契機が表面上追放されたからといって、この世界から「強制」の契機が消えてなくなるわけでは、全くない。「プロレタリアが自分の労働力を商品として処分する主体として現れるブルジョワ資本主義社会ではじめて、経済的な搾取関係は契約の形態で法律的に媒介される(7)」という事態がもたらされるが、それによって、契約を法律的に媒介するものとしての政治的領域に「強制」の契機（すなわち暴力の契機）は集中される。そして、この政治的領域は公権力としての国家という脱人格化された抽象的な形を取る。

パシュカーニスの議論をさらに検討しよう。藤田勇によれば、パシュカーニスの理論は、初期ソヴィエト法学における、法＝支配階級によって押しつけられる規範、と考える「法の規範主義的見解」に反対して構築された。[8] このような素朴マルクス主義的な、法＝支配階級の道具と規定する見方に反して、資本制社会において現れる近代的法体系は、特定の階級や人格の意思や利益に奉仕するものではなく、より抽象的な支配力の発現としてとらえられなければならないのであって、その点を看取したところに、パシュカーニスの議論の画期性がある。彼は次のように言っている。

強制は、ある抽象的、一般的な人から発する強制として、この強制を発する個人のためではなく（なぜなら商品社会では人間はすべて利己的人間であるから）、法的交際のすべての参加者の利益のために行使される強制として現れなければならない。人間に対する人間の権力は、法それ自身の権力として、すなわち客観的で公平な規範の権力として行使される。[9]

近代に特有な政治的領域はこのような成り立ちを持っている。あるいは、言い換えれば、資本主義的交換が社会に浸透してはじめて、政治的なものは公的なものとして成り立つということだ。そして、「摩擦なき資本主義」がいかに声高に喧伝されようとも、このような強制の機構が絶対的に必要なのは、次のような事情による。

革命的な爆発やあるいは君主制的・封建的諸要素への平和的順応という方法で行なわれたブルジョワ的国家体制の以後のすべての改良は、次のようなひとつの原則に帰すことができる。その原則とは、すなわち、市場で交換しあう二人のうちのどちらも、交換関係を規制する権力者となることができず、そのためには、商品所有者が所有者としてお互いに与える相互保障を体現する、したがって商品所有者の交際の規則が人格化された、何らかの第三者が必要であるということである。(10)

「自由、平等、所有、そしてベンサム」の支配する世界においては、誰も特権者(=交換関係を規制する権力者)として振る舞うわけにはいかない。したがって、この「特権者」が出現することを防ぐための処置が絶えず必要になるだろう。そこから、この「第三者」、すなわち誰をも「交換関係を規制する権力者となることができ」なくするよう万人を強制するために存在するこの者、この公なる者が出現することになる。ここにこそ近代的国家権力の根源が看取されなければならないだろう。

II　逆説的権力としての近代資本制における国家

a――近代国家の存立構造

上述のような論理に基づいて措定された権力は逆説的な権力である。というのも、それは、公的暴力以外のあらゆる暴力を私闘の地位へと貶めることによって、正統な暴力を自らの許に独占している。その意味で、かかる権力は競争者を持たない絶対的なものである。しかし、逆説的だと言うのは、それにもかかわらず、近代国家の権力自身が提示する事柄は、積極的な内容を含まないという意味で、ひたすらに否定的な要求のみであるからだ。すなわちその要求とは、具体的な誰かが「交換関係を規制する権力者」たることを禁止することであり、そしてそれが積極的に与える唯一のものは「等価交換」の原則という抽象的な「商品所有者の交際の規則」(=公平な法の体系)にすぎない。ゆえに、公権力それ自体は脱人格化(=匿名化)された「法治国家」の形態を取り、事実としてどうであれ、具体的な権力者(誰か特定の人格の意を体現するもの)ですらないものとして表象される。なぜなら、国家が具体的な人格を背景とする権力者として現れた瞬間に、国家の意志に対して具体的に影響力を持っているその誰かが国家を介して「交換関係を規制する権力者」と化していることとなり、原理上このような事態は避けられなければならないからである。だからこそ、近代社会の実質的な支配階級はブルジョワ階級であるにもかかわらず、この階級は自ら政治的支配者になることは原則的にしない。

さて、われわれは近代国家を概念的に規定するにあたって、「国家は階級対立の非和解性の産物である」というテーゼから出発し、かくのごとき国家を現出せしめた起源としての「公権力＝商品所有者の交際の規則が人格化されたもの」としての国家を見出した。この図式によって、エンゲルス＝レーニンのテーゼは整合的に補足されうる。すなわち、資本主義的等価交換の原理が社会に浸透し、労働力と土地までもがこの原理に則して商品として売買されるようになり、それによって資本主義的生産様式の出現する前提条件が与えられる。これに基づいて、近代的な階級分化が生じ、労働力商品を売る階級とそれを買う階級とが対立するようになる。この両階級は和解不可能な形で対立しているために、両者の暴力的な激突を避けることを目的として、暴力を唯一正統に独占する（逆に言えば、国家暴力以外のすべての暴力を非正統化する）国家が成立する。この国家は暴力を独占するものの、自ら収奪を行なうという要求を放棄しており、その意味で自らの積極的な要求を持たず、等価交換の原理が社会を貫徹することのみを万人に等しく要求・強制する。以上が、資本主義社会を前提とした近代国家の存立構造であると言うことができる。

b——国家の去勢

しかし、このように論じることによって、国家の起源への遡行は十分に果たされたと言いうるのであろうか。実際のところ、われわれは一種のトートロジーに陥っているのではないだろうか。というのは、「階級対立の非和解性の現れとしての国家」の根源に、「規則の人格化」としての「メタ国家」とも言うべきものを見出して、言い換えているにすぎないからである。してみれば、ここであらためて生ずる課題とは、このメタ国家的なものを成立せしめたさらなる根源としてのロジックを特定することであろう。

マルクスは、この「規則の人格化」によって万人に保障・強制される人間関係（すなわち、等価交換を基軸とする人間同士の法的関係）をもたらした根源的なものを、次のような言葉で描き出している。

契約をその形態とするこの法的関係は、法律的に発展していてもいなくても、経済的関係がそこに反映しているひとつの意志関係である。この法的関係、あるいは意志関係の内容は、経済的関係そのものによって与えられている。(11)

マルクスがここで言っているのは、国家の法として成立する（あるいはそうなっていない場合でさえ）法的関係の内実・根源は、経済的関係にほかならない、ということである。この一節は、通常言われる意味（すなわち「生産力決定論」）とは違った意味で、「経済決定論」的である。なぜなら、資本主義的な経済関係が事実として有力なものになると、それが法的関係をいわば併呑する形で、合法的なものとされるという事情を物語っているからだ。つまり、法的関係は経済関係をいわば追認するものにすぎない。このように国家が自己の中心的原理を他から借り受けているという意味で、また、先述したように近代国家は社会的中心たることをつねにすでに断念しているという意味で、近代国家は、暴力の独占とその統治のテクノロジーの高度化にもかかわらず、去勢されて在る。その根底には空無がある。(12) これが近代国家権力の逆説性の内容である。

さて、近代国家の成立に対する理論的・歴史的分析の古典的言説のひとつに数えられるものとして、アーネスト・ゲルナーによるものがある。ゲルナーは、資本主義の発達よりも産業社会の成立に近代性のメルクマールを見ているがゆえに、われわれの議論の文脈とは一見嚙み合わないようにも見えるが、権力の逆説性という観点から見た場合、彼の議論は示唆的である。ゲルナーは、前産業社会における国家と産業社会化以後の国家との差異、つまり、われわれの図式で言えば、前資本主義的社会における国家と資本主義社会における国家との差異を、次のように述べている。

前産業社会では、官僚的機能を最もよく果たしうるのは、宦官、僧侶、奴隷、そして外国人である。自由人として自国に生まれた人間をそのような主要な立場につけるのは、あまりに危険である。彼らは、従来持っている地域や親族のつながりからの圧力や誘惑を容易に受けて彼らの親族や依頼者の利益になるように自分の立場を利用し、また逆に、彼らの親族や依頼者を使って自分の立場をさらに強めるといったことをしがちである。誰であれ、物理的あるいは社会的に去勢されなくとも、官僚としてそれなりにやってゆくことができるようになったのは、われわれの近代社会が出現し、すべての人が奴隷であり、かつ書記でもあるようになってからのことである。（中略）いまや、われわれのすべてが、去勢され、哀れなほど信用できるようになった。国家は、概してわれわれが義務を果たすことを信頼することができるのであって、われわれを最初に宦官、僧侶、奴隷、あるいは奴隷兵に変えてしまう必要はない。(13)

無論、恩顧主義等によって、こういった「信用」が裏切られることは、現実には間々ある。しかし、近代的ネーション・ステートの官僚機構を担うに価すると目されているのは、原則的には当該国の一般国民である。そして、ゲルナーが強調しているのは、このような原則が登場したのは産業社会化した近代になってからのことであり、農耕社会である前近代においてはマージナルな人々が官僚機構を担うことの方がむしろ原則的であった、という論拠だ。新しい原則の現実化を可能にしたものは、ゲルナーによれば、主として識字率の向上による共同体の均質化であり、それがもたらす（可能性としての）社会の流動性と人々の平等性である。このような社会においては、特権性を主張することは、万人にとって普遍的に断念（＝去勢）されている。(14)

だが、われわれの議論に照らせば、かかる行論において見過ごされているように思われるのは、前近代的国家と近代国家との種差的な差異である。官僚においてすら特権が廃止され、誰もが信頼に値する存在となっているためには、万人に適用される普遍的な法がすでに存在していなければならない。言い換えれば、その国家は法治国家（＝去勢された国家）であらねばならない。つまり、万人が権利（право/Recht）を主張することができるとしても、特権は主張し得ず、万人が同一の法（право/Recht）に服することが要求される国家においてはじめて、国家そのものを運営する官僚もまた、去勢された存在としてあることができるはずだ。要するに、官僚を含めた万人が去勢されているためには、その人々を包摂する国家そのものが去勢されている必要があった。したがって、ゲルナーの言う国民の均質化による普遍的去勢は、産業社会に特有な諸現象――すなわち、分業による人々の相互依存性および流動性、そして普遍的教育の実施――によって支えられつつ、近代国家権力の逆説性、その去勢された在り方による構造的な効果として可能になったものである、と言えよう。

このような近代的国家権力に基づく法的関係は、先に引いたマルクスの言葉を借りれば、「経済的関係そのものによって与えられている」。それでは、この「経済的関係」とはいかなるものなのか。それは、互酬や贈与といった経済学的な意味で「不純な」要素を含まない、「等価な」交換（＝商品の交換）を基礎とする関係にほかならない。かかる関係が生ずるのは、再びマルクスの有名な言葉を引けば、「共同体の果てるところで、共同体が他の共同体またはその成員と接触する点[15]」においてであり、さらにこうして元来は共同体の外部で自然発生的に成立した関係が翻って共同体内部に侵入する。すなわち、「物がひと度共同体の外で商品になれば、それは直ちに反作用的に共同体内部でも商品になる」(16)。

初期自由主義国家(=夜警国家)の成立において典型的に見て取られるような、抽象的な商品交換規則の人格化としての近代国家の成立は、このような共同体内部への間共同体的原理の侵入の本格的な開始を告げるものであろう。したがって、概念的に考えるならば、等価交換の原理を法によって保障することを第一義的な存在理由とする近代国家は、前近代的共同体が発展することによって成立してきたものでは決してない(17)。それは、前近代的共同体の原理を放棄して、共同体間でのみ成り立つ原理を己の原理として成立した、言うなれば擬似共同体である。つまり、近代国家もまた、「共同体の果てるところで」発生している。それが司るものは、究極的には、共同体の掟ではなく、「共同体の果てるところで」生ずる掟である。しかしながら、国家が自己維持を図るためには、共同体の原理を完全に捨て去るわけにはいかない。それゆえに、近代国家は「合法性と正当性」(カール・シュミット)との分裂に宿命的にとり憑かれることとなる。

Ⅲ　レーニンにおける等価関係の廃絶の構想

a——等価交換の廃絶

以上を踏まえたうえで、われわれの議論のそもそもの出発点に立ち戻ろう。それは、国家の死滅の可能性を見極めるために国家の起源を特定する、ということであった。少なくとも近代国家についてそれが問題となる限り、論理的水準ではわれわれは一応の回答を得たことになる。すなわち、等価交換の全面化が近代国家の存立根拠を背後から支えている以上、「法、それとともに国家の死滅は、（中略）レーニンの言うように、《シャイロック流に、他人よりも、わずか三〇分でも余計に働くまいと、算盤をはじいたりなどしなくなる》ときに、要するに等価関係の形態が完全に取り除かれたときに、実現する」[18]［強調原文］、と言うことができる。

右に得られた公式は、言うまでもなく、抽象的なものにすぎない。「等価関係の形態が完全に取り除かれ」ることに最も接近した人間、レーニンにおいて見出されるべきは、この抽象的な目標への道筋がいかにして具体的に構想されていたのか、ということであろう。「たしかに革命という観念はそれ自体両義的である。国家の変形に関するかぎりそれは西洋的観念であるが、国家の破壊、廃絶に関するかぎりそれは東洋的観念であるからである」[19]、とドゥルーズ＝ガタリは言っている。『国家と革命』のレーニンが渇望したのは、国家の破壊・廃絶であった。つまり、この「東洋的観念」がいかなるものなのかを知ることが問題なのだ。

『国家と革命』においてレーニンは、国家権力を「特殊な力」としばしば呼んでいる。この「特殊な力」はわれわれが「逆説的な権力」と呼ぶものと同じものである。そして、これを「普遍的な力」へと質的に変化させることによってプロレタリア独裁が実現される、というのが彼の描く革命の道筋である。この「特殊な力」とは端的に国家の暴力装置を背景とする権力のことであり、プロレタリア階級をはじめとする被抑圧者階級を抑圧するための〈力〉を指す。われわれの行なった議論が確認したところによれば、資本制社会に基づく国家は共同体としての内在的原理を欠いており、その中心に空無を抱えている。してみれば、レーニンの言う「特殊な力」はこの空無のなかに住まって、それを補塡するものにほかならない。この〈力〉は、共同体——近代国家をあえて共同体と呼ぶのであれば——に内在してはいないという意味で根無しであるがゆえに、「特殊な」存在なのである。そして、この「特殊な力」の起源は、レーニンの図式においては、階級対立によって生じる摩擦の〈力〉であり、したがってより正確に名指すとするならば、それは、労働力商品と賃金との等価交換において対峙し、剰余価値を搾取する者とされる者との間に生ずる対立から発生する〈力〉である。

経済過程から強制の契機が形式的に追放されて以来、あらゆる強制は不要であるかのような幻想が定期的に生み出されることになったのは、先に述べたとおり（強制の廃棄を国家それ自体にまで及ぼせば、アナルコ・キャピタリズムの主張が出てくる）である。だが、こうして一見追放されたかに思われる強制は、「特殊な力」として回帰してくることになる。なぜなら、搾取は強制を欠いているにもかかわらず、労働力商品の等価交換において剰余価値によって非等性が生ずる以上、そして究極的には、あの「単純な価値形態」において「相対的価値形態」にある商品と「等価形態」にある商品との立場の非対称性が存在する以上、何らかの形でそれが解決・解消されることが望まれるのであり、そうであるがゆえに、この非対称性が解決・解消されることがまさに阻害されなければならないからである。この阻害を実行するのが、契約関係を法的に媒介し、それに従わない者には実力によって罰を与える「特殊な力」（＝国家）にほかならない。

レーニンの図式においては、この「特殊な力」がプロレタリア階級によって簒奪されることによって、「普遍的な力」（＝プロレタリア独裁）へと質的変容を遂げる、すなわち「去勢された力」が再び十全なものとなるわけだが、これはブルジョワ階級の抵抗を打ち砕くものである。そして、そうすることによって資本主義が廃止され、階級対立も終息する。こうして、階級対立に源を発し、被抑圧者階級を抑圧するために存在してきた「特殊な力」もまた消滅する、とされる。(20)

以上の議論の筋道が具体的に意味することが、もっぱら人格的範疇の次元にとどまるならば、つまり個々の資本家から資本を奪ったり彼らを処罰・処刑したりすることにとどまるならば、そこにさしたる革命的な意味はない。マルクスの表現を借りれば、「人々の経済的扮装はただ経済的諸関係の人格化でしかないのであり、人々はこの経済的諸関係の担い手として互いに相対している」[21]にすぎない。要するに、資本家が存在しているのは資本主義的な経済的諸関係が存在していることの構造的効果であるにすぎない以上、この諸関係そのものを廃棄しない限り、資本家は何らかの形で残存し続けざるを得ない。現にソヴィエト連邦で起こったことは、資本を合理的に配置するという資本家の社会的機能を国家機関に移すことでしかなかった、とも言いうる。したがって、商品の等価交換を原則とする経済的諸関係の基礎が変わらない限り、階級も、階級対立も残存し、そして「特殊な力」もまた、残らざるを得ない。

ゆえに、問題はよりラディカルに提起されねばならない。国家が消滅するのはあれこれの資本家が抹殺されたときではなく、資本主義的な経済的諸関係が完全に追放されたときである。究極的には、先にパシュカーニスの言葉を引いてわれわれが獲得したテーゼを反復すれば、「等価関係の形態が完全に取り除かれた」ときに、国家は消滅する。したがって、端的に排撃されるべきは、商品の等価交換一般である。してみれば、ここであえて人格的範疇によって推論を進めるならば、結論は次のようにならざるを得ない。すなわち、プロレタリア独裁によって抑圧されるべきは、等価関係に基づいて商品交換を行なう者たち一般である。つまり、プロレタリア独裁によって抑圧されるのは、あれこれの資本家たちだけではない。労働力商品を「シャイロック流に」等価交換する労働者もまた抑圧されねばならない。こうしてわれわれはひとつの逆説に、すなわち、プロレタリア独裁はプロレタリアートをも抑圧するという逆説に、逢着することになる。

だが、強調しておかなければならないが、この逆説が示すのは、レーニンのコミュニズムの構想に関する議論がナンセンスである、ということではない。というのは、等価交換に代わる別の尺度が導入されねばならないことを、レーニンは確かに主張していたのであり、その尺度は何であるかをはっきりと書いているからだ。

b――レーニンにおける「習慣」

その他なる尺度とはいかなるものなのか。換言すれば、資本主義が廃止され国家も死滅したいわゆる共産主義社会においては、普遍的な等価交換の原理に代わって、人々はいかなる原理に従うことになるのか。この問題について、レーニンは次のように書いている。

「国家は死滅する」という表現は、非常に上手く選び出されたものである。なぜなら、この表現は、過程の漸次性をも、またその自然成長性をも示しているからである。**習慣**

だけが、このような作用を及ぼすことができるし、また疑いもなく及ぼすであろう。なぜなら、われわれが自分の周囲で何百万回も目撃しているように、もし搾取がなく、また人間を憤慨させ、抗議や反乱を呼び起こし、抑圧の必要性を生み出すものが何もなければ、人間は、自分たちに必要な共同生活の規則を守る習慣を容易に身に付けるからである。[22]［傍点強調原文、太字強調引用者］

ここで言われていることは、ひとことで言えば、人は共産主義社会において、たかだか近代以降に全面化したにすぎない等価交換の原理ではなく、太古から綿々と存在する「習慣」に従うようになる、ということだ。ここでレーニンが強調する「習慣」とは、「何世紀もの間よく知られ、何千年というものあらゆる格言のなかで繰り返されてきた、共同生活の基礎的な規則を守る習慣」[23]［強調原文］である。一見したところ、それは、国家なるものを出現させることになる以前から共同生活を送る人間の根底に存在する人間的自然そのものとして、措定されているかのように思われる。そうであるがゆえに、「暴力がなくても、強制がなくても、隷属関係がなくても、国家と呼ばれる特殊な強制機関がなくても」[24]［強調原文］身に付けられるものである、とされているように見える。

レーニンの論理構成の中核がかくのごときものであるとすれば、そこにルソー主義的なものを見出すことは容易である。欲得ずくの資本主義、階級対立、そして国家——これらすべての悪しきものが取り除かれた後には、善良なる「高貴な野蛮人」が再び登場する。フランス革命にルソーの思想が力を与えたのと同じように、このような一種の復古的イデオロギーがロシア革命においても重要な役割を果たしたのではないかと推測しても、おそらくそれほど見当違いなことではないのかもしれない。

しかし、復古主義はつねに、不可能なものを目指す運動でしかあり得ない。またそれは、マルクス主義の史的唯物論とも相容れるものではない。そしてこの場合、首尾一貫した復古主義は単に閉鎖されたアウタルキー（自給自足）的共同体を目指すものにしかなり得ないだろう。なぜなら、廃絶されるべき等価交換の原理が共同体と共同体の間の原理である以上、それを単純に否定することは共同体内部の原理の復興を意味せざるを得ず、それを実現・維持するためには他の共同体との交通を閉ざすことが必要になるであろうからだ。言うまでもなく、このような方向性は、産業社会の本質に馴染まないだけでなく、レーニンの目指した世界革命の理想とも背馳する。そして何よりも、レーニンが邪悪なる「特殊な力」に打ち克つものとして、それとは別の善良なる「人間的自然の力」のようなものをここで措定していたと考えるならば、われわれがかつて斥けた(25)『国家と革命』の読み方、すなわち二元論を呼び込むことになるだろう。

ゆえに、レーニンが「習慣」について語るとき、それはきわめて注意深く読まれねばならない。「習慣」は、「人間的自然」とは概念的にあくまで異なる。そして、二元論的解釈は避けられなければならない。してみれば、レーニンの言う「習慣」は、「特殊な力」が変異した「普遍的な力」の化体したものとしてとらえられねばならないであろう。われわれが注意深く見極めなければならないのは、レーニンがこの概念によって何を名指そうとしていたのか、それによって名指されるあくまで現実的なものとしての革命の原理は何であるのか、という事柄である。

Ⅳ 〈もの〉の〈力〉

a――バタイユのブルジョワ・イデオロギー批判

われわれは近代的国家権力の逆説的な在り方、その去勢された、空無を抱えた構造について考察してきた。この逆説性について、国家の次元よりも人間主体の次元に重点を置いて考察を加えたのが、ジョルジュ・バタイユであった。『呪われた部分』や『至高性』において展開された彼の考えによれば、産業資本主義経済体制の成立、その全面化、ブルジョワジーの歴史の舞台の前面への台頭によって、人間の「至高性」は決定的に喪われた。例えば、次のような一節がある。

まず「利益を追求する人間」の社会は、栄誉ある行動に対立するものだった。ブルジョワジーは、有用性に基づいて判断するために、栄誉を滑稽なものと考えた。ときには栄誉ある行動のうちには、物質的な利益に貢献するものもある。ブルジョワジーはこれらを寛恕し、褒めたてるが、同時に軽蔑するのである。われらの盲目のブルジョワジーが、心のうちでひそかに目指しているのは、わたしたちを動物のようにすることに他ならない。(26)［強調原文］

バタイユの論理構成は次のようなものだ。すなわち、「利益を追求する」こととは、将来への顧慮のために現在において享受すること（＝至高性）を断念することにほかならないが、資本主義の精神である蓄積は、かような断念がなければ実現し得ない。こうして人間は、蓄積のために、有用性以外のあらゆるものを断念するという原則を受け容れることとなる。ブルジョワジーにとっては、物象の有用性のみが蓄積に資するものである以上、物象の「もの＝事物」的側面のみが価値を持つと見なされるに至る。要するに、近代のブルジョワ的人間・文明は「有用性」を第一位の座に置くことによって、人間を「もの＝事物」に従属させることになった。

おそらくはアレクサンドル・コジェーヴ(27)によるヘーゲル『精神現象学』の読解から深甚な影響を受けているバタイユにとっては、前近代とは「主と奴の弁証法」において「主」たることを断念した「奴」のみが「もの」に従属し、「主」は至高性を体現することのできた時代であったが、それに対し近代とは「もの」に従属する「奴」の在り方が万人に普遍化された時代として定義される。ゆえに、「資本主義とはある意味でものへの無制限な、ただし結果を顧慮せず、また遠くをまったく見越さない、一種の盲従であるといえるだろう(28)」［強調原文］。つまり、近代世界においては、国家と同じように、ブルジョワジーは実質的な支配階級であるにもかかわらず、従属した＝去勢された存在でしかない。

かかる人間の「至高性」の喪失、普遍的去勢に対してバタイユが深く苛立っているのは明らかである。だが、「ものの支配はけっして完全ではなく、深い意味では一種の芝居にすぎない。それは常に半ばしかごまかせず、いっぽう格好な暗がりの中では、新たな真理が嵐を準備しつつあるのだ(29)」［強調原文］、とバタイユはマルクス主義に言及しつつ述べている。つまり、至高性の回復の可能性を、彼はマルクス主義に見出そうとしている。とはいえ、バタイユのヴィジョンからすれば、マルクス主義の思想・革命運動は両義的なものたらざるを得ない。なぜなら、マルクス主義はブルジョワ文明に対する強力な糾弾である一方で、それと同時に、唯物論を、すなわち物質的なものの第一義性を奉じるものでもあるからだ。ゆえに、マルクス主義の解放性は、バタイユによって次のように規定される。

マルクス主義の根本命題は、ものの（経済の）外にある一切の要素から、ものの（経済の）世界を全的に解放することである。もののうちに含まれる可能性の極みまで行きつくことによって（それらの要求に無制限に従うことによって、個々人の利害の支配に代えるに、「ものの支配」を以てすることによって、人間をものに還元する運動をその最終的帰結に至らせることによって）、マルクスはものをきっぱり人間に、人間を自由な自己処置に戻したいと望んだのである。(30)〔強調原文〕

バタイユの見るところ、マルクス思想にラディカリズムが認められるのは、それがブルジョワ・イデオロギーと全く別の事柄を主張したことにおいてなどでは決してなく、その論理的帰結を容赦なく推し進めた点においてである。すなわち、ブルジョワ的世界は、有用性・物質的利益を事実上唯一の価値尺度として採用しているにもかかわらず、「もの」そのものの利害を玉座に据えることができず、「個々人の利害」という人間的な尺度を捨象することをしなかった。あまつさえそれは、倫理・道徳等についてのお喋りを止めることすらもできず、実際は消滅した「至高性」の領域を「精神性」と呼び換えてうわべだけで残そうとした。マルクスによって決然と投げ捨てられなければならなかったのは、こうした不徹底と自己欺瞞であった。マルクス思想にあっては、ただひたすら「もの」だけが、それ自身として問題となる。「マルクスの独創性は、もっぱら消極的に、物質的障害の除去を通じて倫理的成果に到達しようとするその意図に宿っている」(31)。

上述のようなバタイユの議論を敷衍して考えるならば、マルクス主義の企図する、「もの」への従属から脱する「人間の自己復帰[32]」は逆説的な構造を持っている、と言える。それは、資本主義のもたらす「ものの支配」に対して「人間の支配」を対置するのではない。それは逆に、「ものの支配」が貫徹されることを要求する。いまや、「もの」の有用性が個々の人間の利害によって判断されるのではない。「もの」はそれ自体で、それ自体のために顧慮される。それでは、このとき人間はどうなるのか？　その「自己復帰」は、どのような回路によって果たされるのか？　無論その回路は、抽象的な人間の尊厳の回復などではなく、人間の「もの」への還元の果てに見出されなければなるまい。

b――「もの」としての人間によるコミュニズム

すでに見たように、レーニンは共産主義社会における原理として「習慣」を重視していた。われわれが注意すべきは、唯物論者レーニンは倫理やモラルに関する概念をこのときほとんど持ち出していない、ということだ。解決方法は、ひたすら物質的なもののなかにおいて見出されなければならないのである。具体的な問題、すなわち、国家権力なしに、「特殊な力」なしに統治することがいかにして可能であるか、言い換えれば、レーニンの想定する「習慣」なるものがいかにして機能するのかということを、レーニンは次のように叙述している。

われわれはユートピア主義者ではないから、個々の人間が悪行を犯す可能性と不可避性とを少しも否定しないし、また、これらの悪行を抑圧する必要をも否定しない。しかし、（中略）そのためには、抑圧のための特殊な機構、特殊な機関は必要ではない。武装した人民自身が、簡単に、容易に――ちょうど今日の社会においてすら、文明人の集まりでさえあれば、簡単に、容易に喧嘩している人々を引き分け、婦女子への暴行を許さないように――これを遂行するであろう。(33)［強調原文］

先にパシュカーニスが引用していた一節（「シャイロック流に、他人よりも、わずか三〇分でも余計に働くまいと、算盤をはじいたりなどしなくなる」(34)）がいささか説教めいたものを感じさせるのに対して、この一節は見事に唯物論的である。なぜなら、ここで援用されている例は、人間の深遠な根源的道徳性――このような概念がすでにひとつのイデオロギーである――を物語るものではなく、「文明人」のありきたりな「習慣」を記述しているにすぎないからだ。そして、われわれが習慣に従って行動するとき、すなわち深い考えもなく条件反射的に行動するとき、われわれは実際に一個の「もの」になっている。というのは、「習慣」的に「思わず」行動するときには、われわれは自分の自由意志に従って行動するのではなく、一種の慣性の法則のようなものに従っているからであり、この法則こそが「習慣」と呼ばれるものにほかならないからである。ゆえに、レーニンが共産主義社会における原理として一見表層的なものに見える「習慣」を特権的な概念として重要視したことは、看過されるべきでない。「習慣」の原理を語ることによって唯物論が貫かれ、ロマン主義は排される。なぜなら、「人間の自己復帰」の可能性は、ここにおいて、人間の「もの」への還元を極限まで遂行することによって見出されているからだ。

さらにわれわれがここで気づくのは、「習慣」が全面化する際に、それを媒介するのが「武装した人民」であるとされていることだ。この引用箇所に限らず『国家と革命』には「武装した労働者・人民」という表現が数限りなく現れるが、この形象に特権的な意味が賦与されていることは、一見して明らかである。そして、それが選び取られた背景には、戦争と革命によって当時のロシアの労働者・人民が実際に武装していたという事実があることは、言うまでもない。しかしそれ以上に、「武装した労働者」の概念自体が、近代国家の原理からすれば異常なものであり、もっと言えば矛盾した概念ですらあることにも、注意が払われるべきである。原理的に言って、近代国家は己の許に暴力を独占するものである以上、誰であれ自ら武装することなど本来あり得ない。

つまりレーニンは、「武装した労働者・人民」という表現を挑発的に連発することによって、あり得ないことを生じさせようと企てている。『未完のレーニン』でも論じたように、「武装した労働者・人民」とは元来は国家の許に兵士として徴募され「特殊な力」として編成された存在にほかならないが、それは革命によってプロレタリア独裁を担う「普遍的な力」へと転換される。そして、この転換は同時に、「特殊な力」が「もの」へと還元されることと同義である。もともとは「特殊な力」であったはずの兵士が「もの」に還元されることによってはじめて、あらゆる観念（わけても国家のイデオロギー）への従属を棄て去り、「習慣」に従って行動することが可能になる。つまり、「武装した労働者・人民」という本来あり得ない形象は、「もの」に還元し尽くされた新しい人間の姿にほかならない。

バタイユ的なヴィジョンに従って言えば、ブルジョワ文明は万物を物質的尺度に還元して「もの」を解放したにもかかわらず、それはあくまで躊躇いがちに行なわれたにすぎなかった。だからこそ、ブルジョワの国家は去勢されたもの（＝「特殊な力」）にしかなり得ず、またその市民たちも同様に去勢されたものとなった。マルクス思想の歴史的意義は、かくのごとき中途半端な解放に「否」を突きつけたことにある。そして、レーニンによって、万物の「もの」への徹底的な還元は完遂された。「特殊な力」は、「普遍的な力」へと転化することによって、「もの」のなかにあまねくゆき渡る。「もの」は「普遍的な力」に貫かれて、自らの在り様を享受する。それは何ものにも従属せず、自己の運動にのみ従うのである。

c——「もの」の原理へ向かって

われわれの考察したところによれば、資本主義社会を前提とするブルジョワ国家を死滅に導くための決定的な条件は、等価交換を廃すること、少なくともそれを社会の基盤に置くことを止めることであった。無論、現時点でわれわれは、等価交換に代わりうる社会的原理をそれほど明瞭な形ではいまだ見出してはいない。

しかし、レーニンが実践し、バタイユが思索した事柄は、われわれに勇気を与えるものである。「もの」の有用性を超えた彼方に、「もの」それ自身の運動法則が存在する。「もの」の蓄積を人類が開始するときに「資本主義の精神」（マックス・ウェーバー）が必要とされたことが証明するように、等価交換を社会の基軸に据えるという行為はすでに十分精神的なものである。だから、「もの」それ自身はあくまで別の原理を持っている可能性があるし、われわれが検討したように、事実としてその可能性はすでに歴史上探求された。

レーニンいわく、その原理は、革命そのものにおいて生み出され発展する。十月革命後、労働規律が崩壊し、恣意的な欠勤や職場からの物品の持ち去りが横行していたときに、この問題についてレーニンが語ったことを、レーニンの妻、ナジェージダ・クループスカヤは、次のように証言している。

何時だったたか、所持品検査に憤激していながら、同時に商品や工具をちょろまかして持ってゆく労働者のことで、イリッチと話し合ったときのことを覚えている。彼は、ここでは古い強制的な地主的＝資本主義的規律に反対する闘争が行なわれていると語り、この闘争は必然的である、新しい社会主義的規律はまだ存在しない、どこからも現れようがなかったからだ、それは今後の革命の過程で成長し、形成されるだろう、と語った。(35)［強調引用者］

レーニンの思想は見事な一貫性を示している。新しい社会原理＝規律は、本来的な人間性なるものからやって来るのではない。それは「どこからも現れようがない」。すなわち、それは無から生成してくるほかない。ゆえに、革命によって人間が「もの」へと還元し尽くされたとき――人間性が無へと達したとき――に、それは姿を現しうる。しかしながら、すでに見たように、革命においてのみ、人間が「もの」へと還元されるという出来事が起こるのではなく、もっとありふれた日常の瞬間においても、同じ出来事は露呈していることを、レーニンは語っていた。その意味で、革命はそこかしこに現れ出ている。われわれが今日必要としているのは、その瞬間を熟視して、そこから新しい原理を構築することである。

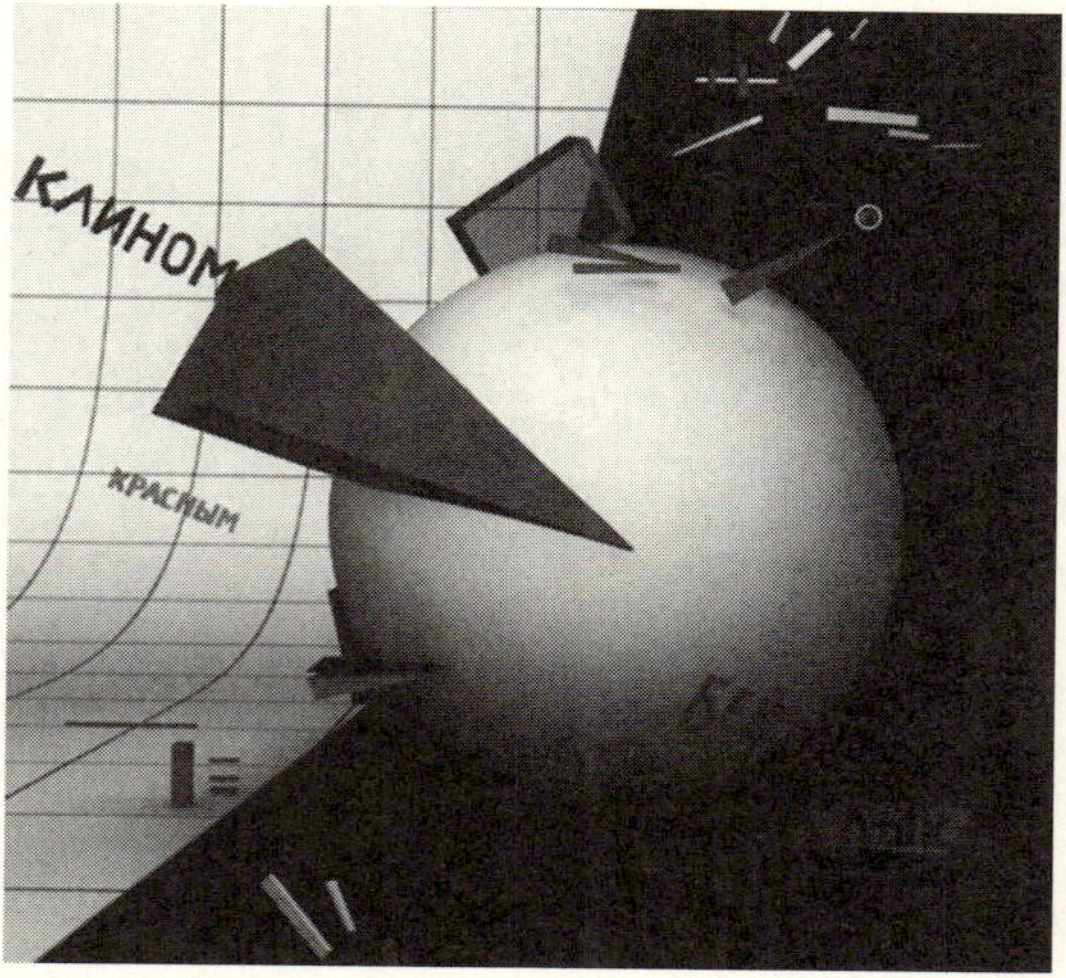

第二部

現代思想としてのレーニン

制作者未詳、エリ・リシツキーによる《赤い楔で白を撃て》（1919年）の立体的翻案

はじめに

第二部では、レーニンと同時代の思想家たちとの対比よりも、レーニンの思想の現代的意義の検討により重点を置いた考察を展開する。さて、近年欧米の言論界で〈レーニンの復権〉を牽引してきたスラヴォイ・ジジェクは、彼の編集したレーニン・アンソロジーに寄せた後記において、次のように述べている。

> レーニンを繰り返すとは、レーニンに戻ることではない。それは、「レーニンは死んだ」ということ、彼固有の解決策は失敗したのであり、それは壊滅的なまでの失敗であったことを受け容れることである。しかしまたそれは、そこには救済するに値するユートピアの火花が存在したことを、受け容れることでもある。レーニンを繰り返すこととは、レーニンが実際に行なったことと、彼の拓いた可能性の領野とを区別しなければならず、レーニンが実際に行なったこととその別の次元との間のレーニンにおける緊張関係を認識すること、つまり、「レーニンにおいてレーニンを超えるもの」が何であるかを認識しなければならない、ということだ。レーニンを反復するとは、レーニンのなし

たことではなく、彼がしそこなったこと、彼が逸した好機を反復することである。今日、レーニンは、別の時間帯に属する人物であるかのように見える。それは、中央集権化された党云々といった彼の考えが「全体主義の脅威」をもたらすように思われるということではなく、むしろ彼の考えがわれわれにはもはや本質的には関係のない別の時代に属しているように思われる、ということだ。

だが、この事実をレーニンが時代遅れであることの証拠として読むのではなく、われわれは正反対の推測に賭けてみるべきである。すなわち、レーニンがこのように不可解であるのは、われわれの時代が異常であることの徴であるとしたら、どうなのか？　われわれがレーニンを不適切で、われわれのポストモダンの時代には「ズレて」いるものとして経験するという事実が、われわれの時代そのものが「ズレて」おり、ある歴史的な次元がそこから消え去りつつあるのだという、もっとずっと不安を掻き立てるメッセージを告げているのだとすれば、どうなのか？[1]［強調原文］

ジジェクが提示しているレーニンの読み直しのための立場設定は、筆者には適切なものであると感じられる。ソ連崩壊以降、「マルクス主義は終わった」という見解は常識となった。ソ連邦によってマルクス主義が代表されているという事態が終わったことは、それ自体決して悪いことではなかった。しかし、その後に出現した事態は、ジジェクが警鐘を鳴らしているように、深刻なものである。ひとことで言えば、そこで生じてきたのは、政治的想像力のおそるべき貧困化である。すなわち、もはや広義の自由民主主義以外に正統性を主張することのできるイデオロギーは存在しないし、存在し得ない、ということが共通の了解となることによって、理論的なもの一般が信頼を失うに至ったのである。今日、人が政治的立場を選択する際には、自由民主主義の枠内において、新自由主義、リベラリズム、民主主義のいずれに相対的な重心を設定するかという選択肢があるにすぎない。それは、言うまでもなく、選択肢の根本的な不在を表している。既存のすべての選択肢を拒否し、それらの〈外〉にあるものを探究することは、理論の本質的な役割である。ソ連の崩壊以来、急速に忘れ去られるようになったのは、このことであった。

こうしていまや、ソ連崩壊の真の歴史的意義というものが明らかになってきたのではないだろうか。それは、自由と民主主義の決定的な勝利を意味する（俗物の見解）ものではなかったし、社会主義における単なる一分派の破滅を意味する（古典的マルクス主義者の見解）ものでもなかった。それは「外部の死」であり、もっと正確に言えば、外部への突破の可能性の証となる痕跡が消えたことである。ともあれ、あの面積の観点からすれば広大無辺なものに対して、何とささやかな定義を与えなければならないことだろう。それは確かに、その実情を考えれば、「可能性の証の痕跡」にすぎなかった。しかし、それにもかかわらず、何と多くのものがこのささやかなものに支えられていたことだろう。これは今日われわれが気づかされずにはいられない事実である。したがって、今日レーニンの名を再び肯定的な意味で取り上げ直し、そこに「救済するに値するユートピアの火花」を見出そうとすることは、理論的想像力を復権させるためのひとつの試みにほかならない。

こうした視座に基づき、筆者はレーニンの思想が現代の政治的イデオロギーの世界に対して持つ意味を探究する。最初の二章、すなわち第五・六章では、近代が幕を開けて以来の政治思想の最大のテーマであり、いまもそうであり続けている、デモクラシー＝民主主義の問題を取り上げる。

ソ連を含めた旧東側の国家体制における政治権力・秩序の実情を鑑みれば、マルクス＝レーニン主義の「民主集中制」は腐敗したブルジョワ民主主義の欺瞞と限界を突破した真の民主主義である、などという御題目は寝言の類にすぎなかったと言わざるを得ない。そして、不幸なことに、レーニンの語ったことは、こうした寝言をはびこらせる温床になった、としばしば考えられてきた。しかし、さりとて、自由民主主義（リベラル・デモクラシー）が無問題であるはずもない。第五章で見るように、それは必然的に諸国民にとってますます不満の種と化しつつある。ただし、こうした不満は何も目新しいものではない。ロシア革命は、そしてまた対抗革命たるファシズムは、こうした不満の昂進のなかから生まれ出てきたものにほかならない。つまり、自由民主主義には限界があるし、その限界は歴史上幾度も踏み越えられてきた――その結果が好ましいものであるか否かにかかわらず

——ということは、何人も否定できない単純な事実である。してみれば、レーニンに単なる「民主主義の敵」というレッテルを貼ることによってデモクラシー＝民主主義を擁護したつもりになるような態度は、度し難い知的怠慢を表している、と言うほかない。ゆえに、第五・六章では、デモクラシー＝民主主義の本質に関わる考察を行なうことを通して、このテーマに関してレーニンの思想がいかなる意義を持つのかを、正面から検討することを試みる。

さて、第五章では、主に、レーニンとほぼ同時代を生きたジークムント・フロイト（一八五六〜一九三九）、カール・シュミット（一八八八〜一九八五）、そして現代のシャンタル・ムフ（一九四三〜）に対する考察を補助線として、レーニンの思想の特徴に迫る。こうした考察の主題は、「政治的なものの概念」が、レーニンの思想的営為においていかなるものとして現れたかということである、とも言える。

「政治的なものの概念」とは、レーニンが没して後に、シュミットがその高名な論考の主題とした概念であることは、周知のごとくである。ただし、強調しておかなければならないが、シュミットに由来する「政治的なものの概念」をレーニンの議論へと単に適用することが本章の狙いとするところではない。シュミットにおける「政治的なものの概念」、すなわち「友 - 敵」概念が、階級闘争によって真二つに分裂した社会というマルクス主義（とりわけレーニン）のヴィジョンから相当の影響を受けている——かかる社会においては、その分裂の極限において法規範は無効化され、「例外状態」が出現する──ように思われるだけに、彼の概念をレーニンの議論へと適用することは、いささか倒錯的ですらあるだろう。

政治学とは、とどのつまり、「ポリス(政体)の学」であるとすれば、革命的マルクス主義思想の政治学的含意は、ポリスの存立可能性を否定することにほかならない。したがって、シュミットによる「友-敵」概念の発明(=「政治的なものの概念」の再定義)は、マルクス主義的な思考(=政治の可能性の否定)を既存の政治思想の枠内に回収するための所作であった、とも言える。しかし、言うまでもなく、裂開はすでに覆い難く、シュミット的な「政治的なものの概念」は、プロレタリア革命とは異なる形での政治の破壊、すなわちナチズムへとつながってゆくことになる。

ロシア革命の時代が全ヨーロッパ規模での社会的および思想的な転換期であったことはすでに論じてきたが、この転換が政治をより直接に扱う思考においていかなる形を取って現象したのか、言い換えれば、「政治的なもの」がいかなる変容を遂げたのかを考察することが本章の課題である。ここでは「政治的なものの概念」をシュミットの言うそれよりも、より広い意味で用いることになる。すなわち、この概念が意味するのは、「友-敵」関係の決定的峻別よりも、むしろ政治的な秩序の根本的基礎、つまり支配する者と支配される者との関係一般である。

あらためて言えば、こうした問題は民主主義と革命という主題にもっぱら関わっている。すなわち、一九世紀末から二〇世紀に至る時期にあっては、民主主義（デモクラシー、原義に忠実に言えば「民衆の支配」）という原則がもはや無視し得ない政治原理であることは、選挙権が漸次拡大してきた西欧世界はもちろんのこと、封建主義から脱却できない帝政ロシアの指導者層にとってさえも了解されざるを得なくなりつつあった。ロシアにおける一九〇五年の革命を契機とする一連の政治改革はこの厭々ながらの了解の現れである。つまり、資本主義の発展しつつある諸国において、労働力商品の所有者として均質化された大衆ないし民衆が政治的主体であること、少なくとも彼らの政治への参加を部分的にでも認めなければならないことを、何人も承認せざるを得なくするような社会状況が出現してきた。かかる状況において、支配する者と支配される者との関係があらためて問い直されるべき課題として現れ、第四章でも見たように、近代的支配の一般的性質に対する批判が湧き上がってくる。

かくして、ロシアを含めた諸国では、端的な「民衆の支配」を目指す革命派の立場に、それをさまざまな手管によって防遏《ぼうあつ》せんとする立場が対立するという一般的構図が成立する。この構図において、レーニンの思想的営為は、この端的な「民衆の支配」を唯物論的に基礎づけることへと差し向けられたものである。

だが、「民衆の支配」とは、端的にいかなる事態であるのか――この問いにはいまだに答えが与えられていない。近代において政治思想に関わった思想家たちは、ほとんど全員がこの問いを問い続けてきたし、問い続けていると言ってもよいだろう。こうして、問い掛けと思索が際限なく続くなかで、擬制としてのデモクラシー＝民主主義の世界をわれわれは現実に生きている。その背景をなす状況とは、いかなるものであるのか。そして、再び強調しておくならば、レーニンの時代は全ヨーロッパ的に革命の緊張が高まることにより、この問い掛けが著しく切迫した意味を持った時代であった。本書で取り上げられている諸思想家の言説は、かかる時代状況において紡ぎ出されたものである。

こうした事柄を念頭に置きつつ、第五章では、現代的デモクラシーの成立条件を近代国家における暴力との関連という観点から考察したうえで、今日の代表的なデモクラシー論、およびそれに対するシュミットの影響を検討することによって、その最も批判的な潮流においても「自由で平等な政治的主体による対話＝コミュニケーション」から「真理」が生み出されるという観念が、自由民主主義のイデオローグのあいだで無批判的に通用していることを明らかにする。次いで、フロイトの思想と実践を、こうしたいささか平板な「コミュニケーションと真理」のパラダイムと対決するものとしてとらえ、精神分析の方法によって示唆された、独特の「真理の生産と脱構築」の方法論を考察する。そのうえで、フロイトと並行的関係にある思想家としてのレーニンにおいて特徴的なコミュニケーションの在り方と政治的主体の概念を、デモクラシー＝民主主義の原理との関係において考察する。

続く第六章では、アントニオ・ネグリの「構成的権力」論＝デモクラシー論を批判的に検討する。ネグリの著書『構成的権力』は、後に世界的に有名になった「帝国」論や「マルチチュード」論における彼の権力へのヴィジョンの原型を示した著作である、と見なしうる。それは、「人民の支配」とはいかなるものかについてのネグリの見解を端的に提示し、現代の擬制としての民主主義に批判を加えようとするものであるのだが、筆者の見るところでは、にもかかわらず彼の立論は、多くの民主主義＝デモクラシー論が陥っている陥穽を免れていない。本章では、この陥穽の所在を明らかにしつつ、レーニンの理論図式、理論の運動が、それをいかにして乗り越えるものであったのか、を明らかにする。

第七章で取り上げるのは、日本において独自のマルクス経済学体系を構築した宇野弘蔵（一八九七～一九七七）であるが、そこで焦点を当てられるのは、宇野の理論構築の根源において作用しているレーニンの影響である。周知のように、宇野は「科学とイデオロギーの峻別」を飽くことなく説き、マルクス経済学を現実に対して実践的に応用することの不可能性を繰り返し指摘した。要するに、宇野にとって、マルクス経済学と革命とのあいだには何の関係もないのである。このような宇野の主張は、政治的には静寂主義であるとして批判を受ける一方で、主に一九六〇年代の日本において、宇野の理論が、創始者の意図を超えて、前衛主義的な政治運動の基本方針に多大の影響を与える、という事態を生じさせた。この経緯が示すのは、一方で極端な静寂主義、他方で極端な主意主義に帰結しかねない論理構造を宇野の議論は含んでいた、ということである。

しかし、宇野をめぐるいずれの政治的解釈が正しいのかを論じることがここでの課題ではない。本章でなされるのは、宇野理論の起源に遡行することである。そもそも、（マルクス経済学という）「科学」の非政治性を強く唱える人物がレーニンから深甚な影響を受けているという事実は、あまりにも逆説的である。しかし事実を動かすことはできない。本論で見るように、宇野の理論構築におけるレーニンの影響は、「深甚な」という言葉では言い表せないほど本質的なものだ。果たして、かかる事態はいかにして可能になったのか。この逆説を正面からとらえることが目指される。そして、それによって明らかになる、宇野に理論構築の端緒を与えたレーニン『帝国主義』における歴史を「形式」化する特異な視座を分析する。こうした考察を経ることにより、宇野理論の政治的含意は、静寂主義でもなく主意主義でもないことが明確化される。

第五章　民主主義とその不満——レーニン、フロイト、ラディカル・デモクラシー

I　デモクラシーの危機？

a——デモクラシー＝民主主義の現状における逆説

デモクラシー＝民主主義という概念ほど、今日の政治をめぐって思考する際に、自明であるものはない。それは、近現代の政治空間において、時には批難を受けつつも、支配的な価値であり続けてきており、またその支配力はますます強まっている。つまり、われわれは自分たちの置かれている政治的環境が基本的には民主主義的＝デモクラティックであるということを了解しており、またそうでなければならない、と事実上考えている。言い換えれば、もはやデモクラシーの正統性について語る（弁証する）必要は存在しないのであり、その意味において自明な概念である。

しかしながら、他方で、デモクラシー＝民主主義について語ることほど難儀なことは存

在しないのではないかと思われるほど、それは厄介なテーマでもある。その核心に端的に触れるような問い、すなわち民主主義の本質とは何か、民主主義的な価値とは何か、民主主義的な行為とは何か、民主主義的に生きることとはいかに生きることか、と問われて即座に回答することのできる者が果たしているだろうか。少なくとも筆者にとって、こうした問いに答えることは容易ではない。

「デモクラシーとは何か」という問いは、思想史的な考察においては回答困難なものではない。《デモクラシー》とは、古代ギリシャにおけるその原初的意味において、《demos/デモス》(民衆)の《kratia/クラティア》(支配)を意味していたのであり、それはそもそも当時のエリート層によって衆愚制と同義の侮蔑的意味合いを込めて使われた言葉であった。それが、近代が進行するに従って肯定的価値を帯びるようになり、現代の最も支配的な政治的イデオロギーとなるに至った云々、という標準的な解説はすでに常識化していると思われる。(1) つまり、デモクラシーは思想史的には、大体において解明済みとされている。

問題となるのは、こうした「デモクラシーの来歴」を了解したとしても、依然としてわれわれに残る「居心地の悪さ」である。デモクラシーの概念に込められた意味内容、その歴史を詳細に知ることが、われわれの置かれている逆説的な状況を必ずしも解消するわけではない。デモクラシーの概念を歴史的に解明してみたところで、今日のいかなる主張や行為がデモクラシーに端的に適合するものとして開示されるのか——この問いへの答えは不明なままにとどまっている。

われわれの置かれている逆説的状況とは、すなわち、デモクラシー＝民主主義の価値はわれわれにとって自明の常識であるにもかかわらず、この常識の本質的内容についてわれわれは直観的に確信するところがきわめて少ない、あるいはほとんどない、というものである。つまり、デモクラシー＝民主主義の倫理的優越性は一見自明に思われながらも、実際のところわれわれは名状し難いイデオロギー的な不安定状態に置かれている。それを最も雄弁に表しているのは、「デモクラシー＝民主主義」を主題とした新著が世界中で絶え間なく刊行されているという事実であろう。われわれは、デモクラシーとは自明の原則であるという意識と、われわれはその内容を知らないという意識との間で、引き裂かれている。ゆえに、デモクラシーの時代におけるその空洞化が、盛んに叫ばれることにもなる。

b——恒常的危機としてのデモクラシー

デモクラシーの時代におけるその空洞化という現実は、今日突如出現したものではなく、長い間伏在してきたものであるに違いない。だが、それを誰の目にも明らかな形で顕在化させたのは二つの事件——すなわち、二〇〇一年の九・一一同時多発テロを中心とする一連のテロ攻撃事件と、それに対するアメリカ合衆国の反応として引き起こされた、対イラク戦争においてその頂点に達する「テロとの戦争」であった。

前者において、テロ攻撃の実行犯・その主体は「イスラム原理主義」の信奉者であると言われているが、彼らは自らの価値観が近代西洋的価値観と見なされるものといかなる共有物をも持たないということを宣言してみせた、と言えるだろう。(2)彼らが否定した西洋的価値観のなかのひとつとして、当然、デモクラシー＝民主主義、殊に資本主義と結合したデモクラシー、すなわち自由民主主義＝リベラル・デモクラシーが含まれる。「イスラム原理主義者」の政治的理想がイスラム法の厳格な適用を実現する神権政治であるならば、(3)そこにおいて西洋的デモクラシーは端的に唾棄すべき存在である。デモクラシーという価値観が世界の全領域を覆い尽くしたかに見えたとき、それへの否が壮絶な形をとって突きつけられた。われわれがあの事件から受けた衝撃はこのことに起因するのであろう。

この事態に対する当事者アメリカの反応（＝テロとの戦争）もまた、デモクラシーの空洞化を印象づけて余りあるものであった。結果として、自由と民主主義の実現に名を借りた帝国主義的戦争を開始する口実に九・一一事件が利用されたことは、今日明らかである。確かに、戦争の開始と同時に世界中で反戦運動が民衆の参加によって大規模に生じたことも、もう一方での事実ではある。しかしながら、現実にイラク侵攻は阻止されず実行され、その前から始まったアフガニスタンでの軍事行動はさらに長く続いた。かの地にデモクラシー＝民主主義を植えつけるという目的――それは惨憺たる失敗に終わった――が、かかる活動の継続の大義名分（のひとつ）として機能したという事実は、厳然として存在している。戦争の方便（にすぎないもの）としてのデモクラシーという状況は、否定し難く存在しているのである。

一方では、苛烈な方法によるデモクラシー理念の否定。他方では、デモクラシー理念の道徳-政治的悪用。二一世紀の幕開けとともに露呈したデモクラシーをめぐる状況は、かかる代物であった。「結局のところデモクラシーとは何なのか」という問いは、専ら政治思想研究者が問うておればよいものではもはやあり得なくなった。すでに長い間伏在してきた〈デモクラシーの危機〉が、誰の目にも明らかな形で、また待ったなしの切迫性を帯びて顕在化したとは、この意味においてである。

言うまでもなく、〈デモクラシーの危機〉という標語は、日本においてもそれ以外の国々においても、以前からしきりに語られてきた。それは、一方では、デモクラシーの空洞化を憂う言葉として、リベラル／左派によって多用されてきた。すなわち、議会制民主主義を基軸的制度とする現代国家において、権力は一部大企業や政治家、特権的官僚、大手メディアによって実質的に独占されており、したがってデモクラシーは実質的には全く実現されていない、多くの国の憲法で謳われている国民主権は空文にすぎない、という批判である。

他方で、右派ないし新保守主義者もデモクラシーを逆方向から盛んに問題視してきた。彼らの視点は、〈デモクラシーによる危機〉とも呼ぶべきものであるが、彼らによれば、デモクラシーの価値観を盾にした少数者・社会的弱者の権利主張が平等化の行き過ぎを生み、その結果社会的公正・自由が毀損され、社会の活力が奪われているという。さらには、彼らは、デモクラシーはわれわれの社会の秩序を壊乱し危機に陥れる危険な思想・実践である、とも主張する。(4) 彼らにとって、デモクラシーは道徳的アノミーの源泉ですらある。かくして、デモクラシー＝民主主義は、そのイデオロギーを問わずほとんどすべての政治的主体にとって、不満の対象となっている。こうした左右両方向からの〈デモクラシーの危機論〉、あるいは〈民主主義とその不満〉は、現実的な政治勢力を構成しているという意味で、きわめて重要である。だが、これらの主張を腑分けし、いずれかの陣営に軍配を挙げることがここでの課題ではない。われわれは、こうした〈危機説〉が恒常的に生み出されることを必然化する構造そのものを考察してみるべきである。

歴史を振り返るならば、デモクラシー＝民主主義はそもそも危機と切り離し得ないものであり続けてきた。その起源における蔑称としての《デモクラシー》は、そのまま統治の危機を意味していたであろうし、近代初期においても、デモクラシーの優位を基礎づけた古典的な理論的テクストは、多くの場合、現実の危機への対応として書かれ、またそれゆえ、テクストのなかに危機を含み込んでいた。例えば、ホッブズの『リヴァイアサン』は過酷な宗教戦争＝内戦から生まれてきたテクストであったし、ルソーの『社会契約論』は「一般意志」と「特殊意志」との鋭い緊張関係に貫かれている。そして、二〇世紀の状況は危機にさらなる深度を加えることになる。有権者——すなわち国家主権を構成する者——層の拡大は、いわゆる大衆デモクラシーの状況を現出させ、「大衆」（マス）の出現が、続いて「暴徒」（モッブ）の出現が、危機の源泉として名指されることになる。(5) さらには、二〇世紀後半においては、民主主義の促進の担い手と従来目されてきた既存の左派勢力への失望から、社会的異議申し立ての大規模な大衆運動が世界各地で展開される（一九六八年）。そして、その後の時代には、ポピュリズム現象が出現し、それはデモクラシーの歪曲として、すなわち危機として、概念化される。

このように、デモクラシーの歴史をたどることは、そのままデモクラシーの危機の歴史を物語ることと同義になる。してみれば、〈デモクラシーの危機論〉は、万年危機論と呼ばれるべきものにほかならない。それは、政治について思考することを人類が始めて以来、飽くことなく繰り返して語られてきた、その意味では手垢に塗れた主題である。

本章の論述もまた、デモクラシー論のひとつであるという意味では、こうした繰り返しの歴史から自由ではない。ただし、先にも言及したように、本章の考察は〈デモクラシーの危機論〉が反復されることを必然化する構造的要因を主題とする。つまり、デモクラシー＝民主主義とは、危機に陥っているのが常態であるような統治の様式であることが、明らかにされなければならない。〈デモクラシーの危機論〉は、二〇世紀に入って以降、急速に増大したわけだが、このことは、言うまでもなく、諸国における議会制民主主義の実現と発展および選挙権の拡大と正比例の関係にある。

C——本章の構成

本章では、まず手始めに現代デモクラシー＝民主主義の成立の条件について概括したうえで、ジークムント・フロイトの『トーテムとタブー』を分析する。このテクストは、宗教論・人類学の言説としては奇妙なものであるかもしれないが、現代のデモクラシーの起源とそれがはらむ根源的な不安定性を分析したテクストとして読まれうる。現代デモクラシー＝民主主義は、デモクラシーを実現させた暴力が封じ込められ、闘争の現場が言論へと移し替えられることによって成立するのであるが、フロイトのテクストは、封じ込められ抑圧された暴力が回帰する必然性と危険性、すなわちデモクラシーに内在的にはらまれた危機のモメントを鋭くとらえている。

次に問題になるのは、実力による闘争が言論によるそれに移し替えられる先の場所としての民主主義的コミュニケーションの場である。この場の固有の構造に迫るために、まずはじめにカール・シュミットによるリベラル・デモクラシー批判を取り上げ、次いでそれを現代の文脈でとらえ直しているシャンタル・ムフの「ラディカル・デモクラシー」の主張を批判的に考察する。ここから明らかになるのは、対等な主体間での自由な討議から「真理」が生まれるというリベラル・デモクラシーに特有の思想である。そして、これらの検討を経て、われわれは再度ここでフロイトの考察に立ち戻る。こうした「真理」観に対する批判者としてのフロイトを、われわれは見出すことになるだろう。最後に、われわれはレーニンを取り上げる。『未完のレーニン――〈力〉の思想を読む』第二部においてレーニンとフロイトとの対比を筆者は試みたが、これに引き続いて再び問われるべきは、彼らの言説の在り方の親近性である。フロイトの精神分析における独特のコミュニケーションの在り方とそれを通じた「真理」の生産と、レーニンにおける政治的コミュニケーションの在り方との関係性、そしてかかるコミュニケーションを通じた〈力〉の発生の論理を考察する。

レーニン、フロイト、シュミットといった二〇世紀前半の思想家たちが今日あらためて注目に値するのは、彼らがいわば現代デモクラシーの危機の起源の時代に位置しているからである。現代という〈デモクラシーの危機〉の時代の本格的な始まりにあって、これらの思想家たちがデモクラシー＝民主主義の本質をいかなるものとしてとらえたのかを考察し、その構造を透視することが目標となる。

Ⅱ　暴力の封じ込めとその回帰

a――現代デモクラシーの成立条件

定説によれば、デモクラシー＝民主主義が政治の指導的原理として立ち現れるに至ったのは、アメリカ独立（一七七六年）とフランス大革命（一七八九年）を重大な契機とする。そして、今日に至るまでの歴史的時間のなかで、それは、ほとんど唯一の、正統性を独占する政治原理へと成長してゆくこととなる。その過程は、各国の歴史を顧みるならば、当然それぞれに起伏に富んだものであると言える。しかしながら、国民国家という統治単位の確立、そしてその枠内での議会制の確立が典型的な現代民主主義的体制の指標であるとするならば、諸国におけるデモクラシーの伸張の過程に関し、いずれの国家においても決定的な機能を果たしてきた要素を、われわれは明確に名指しうる。それは、暴力の国家への集中であり、逆に言えば、国家権力以外の実力集団の武装解除・非正統化、民衆からの暴力の取り除きである。(6)福田歓一は、パリ・コミューン（一八七一年）の壊滅について次のように述べている。

この時期は世界史の上で非常に大きな画期をなしていたということができます。ひとつには、近代民主主義を作り出した人民武装、民兵制の限界という問題があります。(中略)パリ・コンミューンがつぶされたというのは、それまで民主主義と不可分であり、人民の権力の最後の保障であった人民武装・国民総武装というものが無意味となったという実例を残したわけであります。それと言うのも、権力の側のもっている軍事力が民衆の持っている武装に対して圧倒的に優勢になる。武器が進歩いたしまして、ちょうど中世の騎士の槍一筋が絶対王政の鉄砲に対して無力になったように人民の武装も正規軍の兵器の前に無力となってきたことを示したのでありまして、民主主義を人民武装が保障するという伝統がすっかり色あせてしまった。そこで権力の濫用に対して武装して立ち上がるということのかわりに、それはあきらめて、既成の機構のなかで民衆の声を大きくしていくということが始まりました(7)。

ここで簡潔に語られているのは、いわば現代デモクラシー=民主主義が成立する歴史的起源である。最後の「権力の濫用に対して武装して立ち上がるということのかわりに、それはあきらめて、既成の機構のなかで民衆の声を大きくしていく」という一節が議会制民主主義の確立を示唆することは、明らかであろう。民衆の力の発現する場が「武装」から「声」へと移動するというプロセスを経ることによって、フランスのデモクラシー=民主主義は、現代的形態のそれへと転化していった。つまり、デモクラシー=民主主義が今日われわれが知るような制度として確立されるためには、一般国民の武装が無効化され解除されることが決定的である。

福田はフランスの大革命以降の王政復古（および疑似王政としての帝政）と革命が繰り返された歴史を典型的なものとして挙げているが、同じことは明治時代初期の日本史に当てはめても語り得たであろう。すなわち、日本の場合、武力による新政府への反抗は西南戦争（一八七七年）においてその頂点を迎える。その後、反政府運動は言論闘争を主軸とする自由民権運動へと流れ込んでゆくが、それは、その初期においては武力による抵抗という士族反乱から引き継いだ要素を色濃く残していた（＝自由党激化事件）。そして、こうした武装闘争が敗北を余儀なくされ沈静化した後に、帝国議会が始まることになる。[8]このようなプロセスが一般的であることの確証は、現代世界においても見出される。例えば、今日のアフガニスタンで世界の主要国が望むような「民主主義的」国家体制が確立されない原因のひとつは、まさに暴力・武力の社会への拡散に求められる。

だから、現代デモクラシーの中核を成す国家的制度としてのデモクラシー＝民主主義が成り立ちうるために第一義的に必要不可欠なものは、民主主義への情熱や熱意といったものではない。決定的なのは、より物質的な条件である。つまり、人々のデモクラティックな精神以前に必要なのは、一種の封じ込めの戦略であり、社会に分散している暴力・武力を封じ込める戦略が奏功するか否か——このことが国家的制度としてのデモクラシーの成立条件となる。人民の武装が放棄され、言論に闘争の場面が移されることにより、デモクラシーは現代のわれわれが常識的にイメージする形態のものへと転化することになる。言うまでもなく、言論による闘争の場の中核をなすものが議会であり、したがって議会は、実力による本来的な闘争との対比において疑似的な言葉による闘争が繰り広げられる場所となる。そして、それに対応して、権力者を選択する選挙は、暴力に依らない疑似革命として表象されることとなる。つまり、国家権力の転覆可能性を持つものとしての暴力は議会へと封じ込められ、無効化される。

b——暴力の抑圧

さて、われわれがここで問うてみるべきは、この暴力の封じ込め戦略がいかなる状況をもたらすのかという問題である、と思われる。マックス・ウェーバー（一八六四～一九二〇）が『職業としての政治』で言ったように、近代の主権国家とは、ある一定の領域内での正統的暴力の独占体である。それは、国家以外の主体の行使する暴力を脱正統化し、必要なときには実力によってそれを無効化する。言い換えれば、それは自己以外の暴力の徹底的な封じ込めを行なう。かくして、「正常な」状態においては、政治的闘争は建前上、非暴力的手段によってのみ遂行される社会が、登場することになる。近代デモクラシーの歴史的起源とそこにおいてどのように暴力が現象したかという視点から見るならば、この転換は、きわめて重大かつ逆説的なものだ。近代デモクラシーの起源においては、人民の武装こそがデモクラシーを打ち立て、それを維持するための要であったにもかかわらず、デモクラシーの現代的位相においては、その排除こそが逆に要となるのである。

だがしかし、これによって暴力そのものが蒸発してしまうわけではない。それは、あくまで封じ込められているにすぎない。言い換えれば、それは精神分析が言うところの「抑圧された」状態にあるのであり、潜勢態として存在し続ける。ゆえに、暴力の封じ込めが相当程度に首尾よく実現されている政治体制下にあっても、政治的なものとしての暴力はいわば「夢見られ」続ける。夢は夢にすぎないのであろうか。だが、フロイトが示唆したのは、夢によって垣間見られる事柄の方が意識されるいわゆる「現実」よりもより本質的である、ということだった。安定したデモクラシー＝民主主義の確立された社会において、転覆の力としての暴力は夢にすぎないのか、それともそれは「現実」以上に現実的な何かであり、したがって「現実」の方こそ実ははかない夢のごときものにすぎないのではないか――このことは、左翼陣営のあいだで（時に右翼陣営のあいだでも）繰り返し論争され、度重なる失敗を伴いつつ実践されてきた。

マルクス主義陣営のあいだでのこうした論争の重要な一契機となったのは、二〇世紀初頭のドイツ社会民主党内で巻き起こった修正主義論争であると言えよう。修正主義論争の口火を切ったのは、一八九九年に刊行されたエドゥアルド・ベルンシュタイン（一八五〇

～一九三二）の『社会主義の諸前提と社会民主主義の任務』であった。同書はさまざまな問題提起を含んでいたが、本論考の主題との関わりにおける重要な主張は、暴力革命の否定＝議会主義の唱導という点に尽きる。ベルンシュタインは、ドイツのような先進的近代国家においては、人民の直接武装によるフランス革命型の革命はもはや不可能であり、したがってかようなものを目指す蜂起は愚行にすぎない、と主張した(9)。かかる主張は、言うまでもなく、マルクス主義の従来の正統的路線に真っ向から対立するものであった。

当時修正主義論争の決着はつけられなかった。だが、先進国における左翼の今日に至る歴史という観点からすれば、ベルンシュタインの主張は圧倒的勝利を収めたかに見える。二〇世紀の全般を通して、当初暴力革命を志向していた左翼は、例外的存在・党派を除けば、議会主義の政治にことごとく回収されてゆくことになった。だが、これから見るように、このことは暴力の蒸発・無化を決して意味していない。

C――総力戦・国民国家・デモクラシー

上述のように、国民国家内での暴力が無効化されてゆく強力な傾向は、確かに存在する。二〇世紀初頭にあってすらベルンシュタインは暴力革命は不可能と観じたわけであるが、今日政情の安定している諸国については言うまでもない。

しかしながら、「国民国家内の暴力」が飼い馴らされ、封じ込めが進行したにもかかわらず、二〇世紀こそは、人類史に特筆されるべき大戦争・大量殺戮の時代、最も暴力的な時代であった。特にその前半において猛威を揮うことになったのは、「国民国家内の暴力」に代わる「国民国家間の暴力」であった。それはもちろん、職業的軍人を主体とする戦争の時代が完全に過去のものとなり、すべての住民、そのすべての所有物が資源として直接的に動員され、前線と銃後の区別が消失‐焼失する総力戦が闘われたことを指している。暴力の回収、その封じ込めが成功した世界における暴力の猖獗《しょうけつ》という逆説的事態を、人類は経験することになった。総力戦というその規模において人類史上最大の暴力現象は、内乱の暴力の脅威が大幅に減殺されたときにこそ、発生した。

なぜかかる事態が出来したのかについては、さまざまな説明がありうる。最も有力な説明は、その原因を自由主義的資本主義の帝国主義への発展に求めるものであろう。すなわち、総力戦は主として帝国主義諸国間で闘われた戦争であった。帝国主義政策とは、自国の資本の発展する余地を資本が投下される空間の拡大に求める政策であり、そこから生ずる帝国主義諸国の無限の領土拡張の要求がその衝突を不可避なものとした、という説明である。そして、その際に参戦国のすべての住民が戦争へと動員された理由としては、戦争に投入されるテクノロジーの飛躍的発展が挙げられる。航空機の戦争への使用が可能になってはじめて、無差別爆撃は実行可能になる。また、テクノロジーの高度化はその結晶物たる兵器・物資等の生産への住民の大規模な動員を必要とするから、生産拠点への非戦闘員の集合とその破壊が必然化される。かくて、全社会が戦争に動員されているのであれば、敵国のすべての人間を殺戮行為の目標とし、その領内に存在するあらゆるものを無差別に破壊の対象とすることは、戦術的に許されざることではなくなる。

ただし、こうした技術的要因のみを総力戦を出現させた要因として取り出すならば、それは技術決定論の誤りを犯すことになるだろう。新たな戦争技術は住民の動員を要求する。その際に、この要求がかなえられるためには、そもそもかかる動員を掛けることが可能な対象としての住民が存在していなければならない。そのような存在の役割を果たすのが、均質化された住民としての国民国家の「国民」である。上野成利は次のように述べている。

19世紀の西欧で確立し20世紀には世界中に拡大することになった国民国家とは、一言でいえば、一定の領域内のすべての住民を「国民」として均質化し動員することをめざすシステムのことである。つまり国民国家とは諸個人の生の均質化を中心的な原理としているのであって、そのかぎりにおいて「強制的均質化」(Gleichschaltung)と「動員」(mobilization)という全体主義的な契機は、じつのところそもそも近代国民国家に組み込まれていたともいえよう。(10)

しばしば言われるように、国民国家とは、住民の多様な階級、階層、アイデンティティがあたかもひとつの国家において統合され、全住民が均質な存在(=国民)として共同体を構成しているかのように感じさせる「想像の共同体」である。均質な国民であればこそ、全住民は戦争に際して無条件の運命共同体を成すものとして現れることとなる。かかる状態を可能にする「想像」がいかにしてつくり上げられてきたのかについては、「国民国家論」が主に文化的表象の分析を通じて盛んに解明を試みてきた。だが、われわれのここでの主たる関心の対象は、暴力という現象であり、総力戦の形を取って現れた暴力と現代デモクラシー=民主主義の普及との関係である。

表象の操作による住民の均質化がそもそも可能となるには、均質化の対極としての分裂、すなわち分裂の極限的形態としての内乱の可能性が除かれていなければならない。つまり、国家への暴力の独占が果たされなければならない。多くの場合、均質化と暴力の独占のプロセスは同時進行する、と思われる。一方では、国家による暴力の独占が強固化され、他方では、住民の均質化が、表象の操作および公教育に代表される国民的主体をつくり出す諸装置を介して、想像的かつ技術的に図られる。近代国家が革命的マルクス主義の思想・運動を忌み嫌い、それを抑圧したのは当然のことであった。なぜならそれは、暴力の独占に対しては暴力革命の可能性を追求し、均質化の戦略に対しては階級闘争の教義によって、均質化が想像上のものにすぎないことを訴え続けるからである。

しかしながら、先に述べたように、マルクス主義のこの戦略は、二〇世紀初頭の先進資本主義諸国においては、すでに多大の困難を抱えていた。その後ますます、国家による暴力の封じ込めの戦略は洗練を増してゆくことになる。選挙権の拡大、そして総力戦体制下で構想される福祉国家。これらの諸制度は、国民の均質化を想像上のものから実際のものへと接近させることにより、暴力革命からその動機を奪うことを志向していた。とはいえ、福祉国家の本格的形成は二度の大戦の後のことであり、ここでの議論の対象ではない。

われわれが論じているのは、世界大戦によって赤裸々に露呈した、近代国家を基軸とする暴力現象の逆説である。すなわち、現代デモクラシー＝民主主義の存立条件となる暴力の封じ込めが、諸国家間での暴力の爆発（あるいはナチス・ドイツにおいては特定の住民を標的とする暴力の激発）に帰結したこと、かかる暴力の回帰がここで吟味されるべき問題である。

Ⅲ　フロイト『トーテムとタブー』

a――原父殺しと倫理の発生

以上のような観点から見てみたとき、ジークムント・フロイトが一九一二～一九一三年に、つまり欧州大戦勃発の前夜に執筆した『トーテムとタブー――未開人の心の生活と神経症患者の心の生活における若干の一致点』は、デモクラティックな社会の成立と切迫しつつあったそこへの暴力の回帰という問題を鋭く示唆したテクストとして読まれうる。同書においてフロイトは、トーテミズムと近親相姦の禁止＝タブーとの相関関係、その起源を精神分析の観点から解明しようとした。そして、フロイトの考えでは、トーテミズムは、宗教の最も原初的な形態であり、あらゆる宗教と倫理の始まり、言い換えれば、人間の人間性の起源である。彼の展開する推論が、今日の人類学の知見からして、妥当性に富んだものであるかと言えば、それは大いに疑わしい。このテクストは、裏づけられているとは到底言えない憶測を含んでいるようにも思われる。しかし、それだけになおさら、フロイトの思弁を活気づけたであろう暴力をめぐる時代状況こそが、このテクストから読み取られるべきものとして、浮かび上がってくるのである。

さて、フロイトのトーテミズム理解は、ひとことで言えば、トーテミズムのエディプス化であった。すなわち、フロイトは、一部の神経症患者において現れる動物恐怖症と未開人におけるトーテム動物への崇拝との類似性を主張する。フロイトの考えでは、神経症患者の動物恐怖症において恐怖される動物は、父の代替物である。したがって、神経症とトーテミズムとのアナロジーを働かせるなら、トーテム動物とは、これもまた「父なるもの」が姿を変えて現れたものである、と解釈される。

では、その「父なるもの」とは何なのか。それはどこからやって来るのか。ここでフロイトは、原始人の集団生活についてのダーウィンの仮説を援用する。すなわち、高等猿類と本質的に変わりがなかった時代の人間の群れにおいては、最も強力なひとりの男が他の男たちを殺害ないし追放して、その集団のすべての女を性的に独占していたのではないか、とする仮説である。フロイトの推論が高度に思弁的な様相を呈するのは、この仮説を導入した地点からである。すなわち、フロイトは、トーテミズムにおいて実践される〈トーテム饗宴〉――普段は危害を与えることを厳しく禁じられているトーテム動物を殺害し喰らい尽くす祝祭的儀式――の存在を重視し、これをすべての女を独占していた恐ろしい父（＝原父）の殺害という出来事の儀礼による反復と見る。追放された息子たちから恐れられ、嫉妬を一身に受けていた原父は、共謀した自分の息子たちによって殺された。だからトーテム饗宴はこの暴力的事件を追憶するための儀式である。

ある日のこと、追放されていた兄弟たちが一緒になって、父を殴り殺して喰らい尽くし、そうしてこの父の集団に終焉をもたらした。彼らは一致団結して、個々人には不可能であったことを成し遂げたのである（おそらくは、新しい武器の使用といった文化の発展が、彼らに優越感を与えていたのであろう）。殺された者を喰らい尽くすことは、食人的未開人には自明である。暴力的な原父は、兄弟のそれぞれにとって羨望されるとともに畏怖されるある種の模範像であった。そこで彼らは喰らい尽くすという行動によって父との同一化を成し遂げ、それぞれが父の強さの一部を自分のものにしたのであった。おそらく人類最初の祝祭であるトーテム饗宴は、この記念すべき犯罪的行為の反復であり、追悼式なのであろうし、それとともに、社会の組織化、道徳的な諸制限そして宗教などのあらゆるものが始まったのであろう。[11]［強調引用者］

果たして「原父殺し」という出来事が現実にあったのか。この推論の妥当性はここでは問題ではない。重要なのは、フロイトがこの出来事に倫理の発生を見出していることだ。すなわち、共謀した息子たちによって原父が殺害されるだけでは、その出来事に何ら意味はない。殺害の後に息子たちが、今度はお互い同士で殺し合いを始め、勝ち残った唯一の者が新しい原父になるとすれば、そこに新しいものは何もない。それは単に群れのボスの交替が起こったことを意味するにすぎない。そしてこのようなボスの交替は際限なく繰り返されるであろう。ゆえに、倫理の発生、人間的社会の発生にとって決定的なのは、次のような出来事が起きることである。

息子たちは、父の代替物であるトーテムの殺害を不法なものと宣言することにより、自分らの行為を撤回し、自由に手を出せるようになった女を諦めることにより、その行為の果実を断念した。こうして彼らは、息子の罪責意識からトーテミズムの二つの基本的タブーをつくり出した。この二つのタブーは、まさにそれゆえに、エディプス・コンプ

レクスの二つの抑圧された欲望に一致せざるを得なかった。(12)〔強調原文〕

言うまでもなく、「二つのタブー」とは、近親相姦とトーテム動物の殺害を指す。原父の殺害は、まさに彼の所有していた女たち（＝息子たちの母たち）を自らのものとするために行なわれたにもかかわらず、殺害の後に行為のそもそもの目的が断念されるということ、このことが決定的である。かくして殺害の目的は事後的に入れ替わる。原父の殺害は、もはや誰もその地位を占めることができなくするために、犯されたということになる。息子たちは、他の兄弟から抜きん出ることを断念し、その意味で「均質化」してゆく。そしてこの断念から、規範、人間の倫理、また宗教が発生する。いわば、この事件を通して、人間は人間になるのである。兄弟たちはいまや原父を殺したことを後悔し、原父への憎悪は哀惜・思慕へと取って代わられる。そして、彼らは、この罪責意識から、原父の代替物としてのトーテム動物を殺害することを禁止し、それを敬う。フロイトの考えでは、このようなトーテム崇拝は、人間の最も原始的な神観念である。

b——現代デモクラシーの神話としての『トーテムとタブー』

かかる論理が、現代デモクラシー＝民主主義の成立の構造のメタファーとして理解しうることは、もはや明らかであろう。フランス大革命において最も象徴的に示されたように、近代的デモクラシーの発端は王殺しにある。社会・国家を上から超越的に統治する主体を消し去ることによって、近代的政治空間は開かれた。それは、政治における原父の殺害であった。だが、すでに述べたように、王殺しを実現した人民は、かつての王の位置を実力によって占めることを断念させられる。それは、福田歓一が提示していたような軍事技術の高度化という技術的要因にのみ帰せられる事柄ではない。近代的デモクラシーの原則が「人民による人民の支配」であるとすれば、人民の権力からの退去は必然的である。なぜなら、人民のある一部分がかつての王の立場を実質的に占めるとすれば、それは寡頭制でありデモクラシーとは言えない。したがって、「人民による人民の支配」が成立しうるとすれば、論理的には「人民の全体」が自己自身を支配するという状態を想定するほかない。しかし、「人民の全体」とは、ルソーの「一般意志」がそうであるように、結局のところ、抽象概念であらざるを得ない。誰も、またいかなる集団も、この純粋な抽象を体現することとは、原理的にはできない。

その結果、デモクラシー＝民主主義は、いかなる統治形態へと必然的に向かうことになるであろうか。それは、『トーテムとタブー』の論理に従うならば、万人が支配者たることを断念することに向かわざるを得ない。誰も正当な支配者たることができないのであれば、支配者たることそのものが断念されねばならない。かくして、「人民による支配の実現」としてのデモクラシーは、その反対物、すなわち「人民による支配の断念」へと転化する。とはいえ、デモクラシー＝民主主義の宇宙において、人民以外に支配者はあってはならない。ゆえに、この「支配の断念」は、あたかも具体的な支配者が存在しないかのような外観を必要とする。国民国家は、こうした外観を演出する装置でもある。国民が国民自身を支配するという自律《オートノミー》により、具体的支配者は概念的に消去される。それゆえ、第四章でも言及したように、近代的国家権力は、匿名的・抽象的権力として現象し、その典型的イデオロギーは「法の支配」（＝法治主義）という観念形態をとることとなる。法治主義においては、制度上の最高権力者も法に従うという外見をとるのであり、具体的人格が支配するような事態は原理的に排除される。

現代デモクラシー＝民主主義がつくり出す状況は逆説的なものだ。現代が民主主義の時代であるならば、支配者は民衆でなければならない。しかしその一方で、「民衆の支配」は不可能であることが意識されている。ゆえに、「民衆の支配」は、日々喧伝されると同時に不断に否定されなければならない。そこから生ずるのは、支配者たることの万人に対する禁止である。具体的な存在者が支配者であることを称すること、自己の権力の根拠を自己自身に置くことは、ア・プリオリに禁じられ、権力の根拠を他者に置くこと、すなわち媒介されたものであることが義務づけられる。民主主義の逆説はまさにここにあると言えるだろう。それは、原義的には直接的な「民衆の支配」であるにもかかわらず、媒介されることを運命づけられたものとなる。それと同時に、「誰もが支配する」ことが「誰も生ずることにもなる。

「誰も支配しない」ことが、「誰もが支配する」ことと同一視されるという倒錯した事態が

支配しない」ことという反対物へと転化される。そして、この転化が完遂されたとき、

C――暴力の回帰の予感

右に見たように、フロイトの『トーテムとタブー』が神話的テクストであるとすれば、それは、現代デモクラシー＝民主主義の成立における暴力の封じ込め（＝人民が端的な支配者たることの断念）の過程を物語った「現代の神話」として読むことができる。共謀して原父を殺害した兄弟たちのそもそもの目的――原父が支配していた女たちを自らの支配下に置くこと――が兄弟全員によって断念されるのと同じように、王の殺害によって奪取されたはずの支配者の地位は、国民全員によって断念される。このようにして成り立つ兄弟たちのあいだでの関係の均質化を、フロイトは「民主主義的平等化[13]」と呼ぶのである。

しかし、すでに述べたように、暴力の封じ込めは、暴力の蒸発・無化を意味するわけではない。フロイトの考えでは、右に見た原父の殺害という暴力的な事件は、意識の上では忘れ去られ、無意識の領域に沈澱する記憶となる。そして、周知のように、無意識的なものの力は、意識的なもののそれよりもはるかに強力なものとして措定されている。ゆえに、エディプス・コンプレックスを淵源として神経症の症状が現れるのと同じように、トーテ

ミズムと近親相姦の禁止という規範が「抑圧されたものの回帰」として、兄弟たちの末裔を拘束し続けるのである。しかし、「抑圧されたもの」が規範として回帰している限りでは、それは社会的に病理的な現象であるとは見なされない。そこにおいて、原初の出来事の暴力性は、封じ込められている。

だが、フロイトがトーテミズムにおけるトーテム饗宴の存在、すなわち規範の一時的停止（＝祝祭による暴力的事件の反復）を重要視したことは、かかる封じ込めが万全ではないと彼が考えていたことを示唆するであろう。そして、封じ込めは万全なものではあり得ないがゆえに、「抑圧されたものの回帰」は、それが表現される回路を求めて、トーテミズムとは異なった形態をとることにもなる。ゆえに、フロイトは、トーテミズムがより複雑な神観念へと発展する過程を、次のごときものとして推論する。

> 父を排斥することで成立した状況内のある契機が、時の経過とともに、父への憧憬を並外れて激化させたに違いない。父の殺害を一緒に実行した兄弟たちは、それぞれが、父と等しくなりたいという欲望によって心を奮い立たされていた。（中略）父の完璧な権力を誰もが求めていたのだが、誰ひとりとしてそれを獲得することはできなかったし、許されもしなかった。このようにして、久しく時代が経過するうちに、彼らを凶行へと駆り立てた父への憤怒はおさまり、父への憧れが増大するようになった。そして、ひと

つの理想が成立することとなったのである。この理想は、彼らがかつて戦った原父の充溢する無制約な力と、その父に進んで服従する覚悟とをその内容としていた。個々の部族同胞全員の元来の民主主義的平等化は、決定的な文化の変動によってもはや維持し得なくなった。そのため、他人から抜きん出た一人物の崇拝に依拠することによって、古代の父理想を神々の創造という形で蘇らせようとする気持ちが生じたのである。(14)［強調引用者］

こうして最も原初的な父性神の観念が出現する、とされる。だが、フロイトがここで述べている神観念の発展史は、宗教思想研究の言説として見た場合、あまり説得力があるものとは筆者には思われない。というのも、この仮説が、父性神と母性神、一神教と多神教の起源と両者の関係といった複雑な問題群を整合的に解明しうるとは思えないからである。つまり、それは奇妙な仮説なのだ。

だが、そうであるがゆえに、際立っているのは、息子たちのそもそもの欲望に対するフロイトの強調である。この抑圧されるが決して無化されず、抑圧を撥ね返して現れてくる欲望を、宗教的観念が発達する原動力と見なしているところに、フロイトの立論の顕著な特徴がある。息子たちはいかんともし難く、当初の欲望を忘却することができない。ゆえに、かつての羨望の対象としての父が形を変えて回復されざるを得ない。かくて、トーテム動物の変形したものである最も原始的な父性神、はじまりの神は、殺害された原父の回帰としてとらえられる。

フロイトの精神分析的宗教史論・人類学は、時代に対する診断としては、きわめて鋭利なものであった。右の引用はそのまま、帝国主義戦争下における未曾有の国家崇拝の出現を隠喩的に語ったものとして読むことができるからだ。当時、「古代の父理想」は、〈リヴァイアサン〉として回帰しつつあった。このことを『トーテムとタブー』は見事に言い当てている。人民武装のパラダイムが過去のものとなる一方、国家と資本主義の発展との結合が強固なものとなって階級分裂が否定し難いものとなるとき、「元来の民主主義的平等化」は「もはや維持し得なく」なるだろう。抑圧された欲望は、国家崇拝を介して外への暴力として解放されなければならなかった。

フロイトは後年の『文化への不満』（一九三〇年）において、「文化」（Kultur）が栄えれば栄えるほど無意識的欲望への抑圧は強化され、したがって「不満」が昂進する、と論じた。フロイトのデモクラシー論には、それと全く同じ論理を見出すことができる。デモクラシーが実現されればされるほど、当初の欲望の断念は強化されるのであり、抑圧されたものは必然的にデモクラシーへの不満として現れ、そのはけ口を求めることとなる。その意味で、今日左派からも右派からも、デモクラシー＝民主主義が不満の種となっていることは、驚くべきことではない。民主主義とはすなわち欲動断念であるとすれば、それが不満を喚起するのは必然である。

d――暴力の回帰を思考した思想家たち

以上に見てきたように、フロイトの『トーテムとタブー』には、ひと度封じられた暴力の強烈な形での回帰の予感という時代の刻印がはっきりと押されている。そして第一次大戦後には、カール・シュミットが、言論の機関、表象‐代表の機関への暴力の封じ込めという現代デモクラシー＝民主主義の戦略の破綻を端的に主題化することになる。シュミットによるこの主題化の内容については次節に譲るが、シュミットに先立つ形で、またシュミットとは逆の方向から、暴力を封じ込めて表象‐代表の次元にとどまろうとする政治への攻撃を強烈に進めていたのが、レーニンであった。(15) ひとことで言えば、レーニンのなしたこととは、修正主義的傾向（＝暴力の封じ込めの肯定）を猛烈に批判しつつ、階級闘争と革命を前面に押し出すことによって、デモクラシーを可能にした原初の欲望を回帰させようとすることであった。

その戦略についての分析は次節以降の課題であるが、ここではひとまず次のことを確認しておきたい。(16) フロイトが見抜いていたように、現代デモクラシーの成立の条件となった暴力の封じ込めの戦略は、危ういものであった。それは暴力に立脚して成立しながらも、その暴力が再行使されることを禁止する。レーニンやシュミットはこの逆説を暴き立て、デモクラシー＝民主主義を成立せしめたもののために再び場を設けることを試みるだろう。シュミットとレーニンの理論的親近性について論じているエッカート・ボルシンガーは、暴力についてのレーニンのヴィジョンを解説して、次のように言っている。

構造的変化が起こるときには暴力がつねに必要であり続けてきたが、現存秩序を擁護するためであれ、新しい秩序を創出するためであれ、こうした際の政治的暴力を拒否することにおいて、ブルジョワジーは歴史的に没落する階級となるであろう。(17)

レーニンにとって、ブルジョワ階級が没落を運命づけられているのは、それが原初の欲望を否認しているからにほかならない。だが、すでに述べたように、抑圧されたものは、自らの経路をつくり出し、必ず回帰する。したがって、レーニンにとっての課題は、その発現のための新しい途を発見することであった。

Ⅳ　カール・シュミットの自由民主主義批判

a ―― デモクラシー＝民主主義におけるコミュニケーションという問題

以上われわれは、現代デモクラシー＝民主主義の成立における暴力の封じ込めと抑圧、そしてそれが第一次大戦において爆発するに至る過程を検討してきた。この過程において、デモクラティックな秩序によって封じ込められたはずの暴力が、決して無化されてはいないことが、誰の目にも明らかになってゆく。西ヨーロッパでは、左派であれ右派であれ、現状のラディカルな変更を求める者にとって、暴力を封じ込めたはずの議会は不満と嘲笑の的と化すようになる。第一次大戦が終結し、他方では、初の社会主義国家、ソヴィエト連邦が成立するというヨーロッパの状況下で、この問題に正面から取り組んだ思想家のひとりが、カール・シュミットであった。

シュミットの政治学にはさまざまな側面があるが、われわれの考察にとって重要なのは、「現代デモクラシー＝暴力の封じ込め＝議会主義」という図式にはらまれている危うさを彼が理論的に衝いたことにある。周知のように、彼の思想はワイマール・ドイツにおける議会制民主主義の危機の時代に形成された。シュミットが洞察したのは、暴力の封じ込めを実現し、闘争の受け皿となる場としての言論の場所、すなわち議会が、この機能を十分に果たし得ない、という事実であった。ゆえに彼は、デモクラシー＝民主主義の原理と議会主義における討論の原理が、そもそも根本的に齟齬をはらんでいることを指摘せざるを得なかった。

この問題提起は、後に見るように、デモクラシー＝民主主義におけるコミュニケーションとはいかなるものか、という問題にわれわれを突き当たらせることになる。民主主義的コミュニケーションなる観念を思い浮かべるとき、われわれはしばしば無条件的に、それは単に対等な主体による自由な討論を意味する、と考える傾向がある。しかし、これから見るように、実際には事態はそれほど単純なものではない。フロイトの『トーテムとタブー』において平等となった兄弟たちが、原父殺しの記憶につねに憑きまとわれており、ゆえに水平な関係を破壊する垂直な観念（＝父性神）を招き寄せる可能性から自由でなかったのと同じく、平等な主体に開かれた自由な討論の場（＝理想化された議会）は、それが煎じ詰めれば暴力によって実現されたものであり、暴力による闘争を代理するものである以上、根源的な不安定性をはらんでいる。したがってわれわれが問い直さなければならないのは、デモクラシーにおけるコミュニケーションの構造であり、その構造のなかにコミュニケーションのあり方を決定づけるいかなる力の磁場が存在するのか、ということである。

b——デモクラシー＝民主主義と議会主義

さて、シュミットの見るところでは、議会主義の思想原理はデモクラシー＝民主主義ではなく、むしろデモクラシー＝民主主義とは本来出自を異にする思想原理であるという。彼はまず民主主義を次のように定義している。

民主主義は、軍国主義的でも平和主義的でもありうるし、絶対主義的でも自由主義的でも、集権的でも分権的でも、進歩的でも反動的でもありうる。そしてさらに、すべては時期ごとにさまざまであり、だからといって民主主義であることをやめるわけではない。(中略)それならば、民主主義について何が残るのか。民主主義の定義にとって同一性ということが残る。下された決定は決定する者自身にとってのみ妥当する、ということが民主主義の本質に属する。(18)

シュミットにとって、デモクラシー=民主主義とは何を措いてもまず「同一性」の原理にほかならない。それは、多種多様でありうる個々の人間をひとつの集団としてまとめ上げ、差異を抹消された同一なるものとする原理なのであって、人民がまとめ上げられた結果として成立する政体がどのようなものであろうと、あるいは集団の奉ずるイデオロギーとして何が選ばれようとも、それは副次的な事柄にすぎない。ゆえにデモクラシー=民主主義は、軍国主義的民主主義でも平和主義的民主主義でもありうるし、さらには参加型民主主義でもありうる一方でカエサル主義的民主主義でもありうる。つまり、平和主義や人民の政治参加といった原理は、民主主義の内在論理と基本的に無関係である。シュミットの見るところ、デモクラシー=民主主義はそれ自身の内容を持った政治思想や政治原理なのではなく、「組織形態」(19)にほかならない。ゆえに、それはあらゆるイデオロギーや政治制度と融通無碍に結びつく可能性を持つ。だからこそ、諸々の〇〇的民主主義なるものが現れるのであり、それらはしばしばキマイラ的なもののようにもわれわれの眼には映る。否むしろ、それがほとんどいつでもキマイラ的なものとして現れるのは当然なのである。

シュミットの見取り図をさらに検討しよう。このようにデモクラシー＝民主主義の根本原理が「同一性」にあるのだとすれば、実のところ議会主義の根本原理はその対極にあるという。議会主義はデモクラシー＝民主主義から生じてきたものではない。近代人が直接民主制を技術的理由・実際的理由（集合することの困難・議事進行の困難）から諦め、代表制民主主義、すなわち議会主義を受け容れるに至った、というしばしば語られる説明を、シュミットは頑として斥ける。いわく、「実際的技術的な理由から国民に代わって信任を得た人々が決定をするのならば、その国民の名において唯一人の信任を得た人が決定することもできる。この論拠は、民主主義的であることをやめることなしに、反議会的カエサル主義を正当化することになろう」[20]。

C——最もキマイラ的な結合としての自由民主主義

ならば、議会主義の思想的原理はどこに見出されるのだろうか。シュミットはそれをデモクラシー＝民主主義の原理（＝同一性の形成）の反対物において見出す。

議会の存在理由は、（中略）正しい国家意思を結果として生み出すような対立と意見の討論過程のなかにある。議会にとって本質的なものは、それゆえ、論拠と反論との公開の折衝、公開の討議、公開の討論、交渉であり、その際には、差し当たって民主主義が想起されることを必要としない。[21]

徹底的な合理主義の立場からすれば、公開された討論が「正しい国家意思」を生み出す保証などどこにもない。なぜなら、それは時々の討論によって偶然に生じてきたものにすぎず、演繹された真理ではないのであるから。それにもかかわらず、議会において「正しい国家意思」が産出されることについてそれなりの信頼感を得ることが可能である背景に、シュミットは「自由競争と予定調和[22]」という自由主義的確信の存在を見て取る。すなわち、討論からの真理の産出という観念の背景には、「意見の自由な闘争から真理が、競争から自ずと現れる調和として生ずる[23]」と想定する自由主義的思想がある。われわれが先に論じた現代デモクラシー＝民主主義の成立過程という観点からすれば、かかる自由主義的発想は、暴力の封じ込めを補完するものである。街頭から議会のなかへと権力の正統性の根拠地が移動するこの過程において、暴力から正統な権力が生ずるというパラダイムに、意見の闘争から真理が生まれるとする前提が取って代わらなければならない。それが成し遂げられてはじめて、暴力の封じ込めは成功する。

そして、シュミットの見るところ、この自由主義的な思想原理はデモクラシー＝民主主義とは異質であるばかりか、ほとんどその反対物ですらある。なぜなら、討議・討論が生じるのは「同一性」を欠いた場所以外ではあり得ないからだ。そこには意見・信条あるいは利害の対立的な多様性、すなわち「党派が複数であることが必要」[24]であり、このことは必然的に「同一性」を掘り崩す。

すでに述べたように、デモクラシー＝民主主義の原理は、他のさまざまなイデオロギー的原理や通常民主主義と相容れないものと見なされている政治形態と十分結合しうる。それはキマイラ的な結合を果たしてしまうのである。そして、結合の奇妙さは、自由民主主義（リベラル・デモクラシー）において絶頂に達すると見なすことができるのかもしれない。それは反対物の、水と油の結合なのであるから。自由民主主義とは、経済的には市場経済を支持し、政治的には議会主義をその中核に置く制度的実践を通常意味するものとして、定義できるであろう。一般に、この二本の柱によって安定した近代的社会システムが構築・維持可能であると考えられている。しかし、シュミットが指摘したように、自由主義とデモクラシー＝民主主義との間には、内在的な亀裂がはらまれている。ゆえにこそ、統一的なイデオロギーとしての自由民主主義は、まさにキマイラであり、それが何を意味するのか、われわれは結局のところつかむことができない。

先に述べたように今日、ほとんどの政治的主体にとって、デモクラシー＝民主主義がい

かんとも し難い不満の種と化していることも、ここから理解できよう。民主主義は、最もヘゲモニックな政治的イデオロギーであるにもかかわらず積極的には支持されない、つまり、地球上の人間のほとんどが、それ以上にマシなものはなさそうだというきわめて消極的な理由にのみ基づいて服従しているにすぎない政治原理となってしまった。日本で長期政権を誇ってきた政党の名称と内実がそれを雄弁に物語っているように、自由民主主義という概念は、厳密なイデオロギーとしては全き無意味にすぎない。一時期盛んに喋々された「イデオロギーの終焉」という俗物的スローガンはある意味で正しかった。現在、最も支配的なイデオロギーは意味のゼロ度へと達しているのであるから。

V　コミュニケーションと真理（一、ラディカル・デモクラシーの場合）

a――コミュニケーションへの信

デモクラシー＝民主主義の根幹を成すものと通常見なされている議会制度が実際はデモクラシー＝民主主義とは異質の原理によって存立しているというシュミットの洞察は、相当に鋭いものであるように思われる。彼の洞察の要点は、デモクラシー＝民主主義に特有な原理が同一化した諸個人からなる集団による決定、あるいはかかる決定による集団の形成という決断主義的なものであるのに対し、議会主義は異質な諸個人・諸集団のあいだでの「コミュニケーション」への独特な信によって基礎的な原理を与えられている、ということである。

かくして、自由民主主義は二つの相反する原理の調停の上に成り立つ。民主主義＝同一性、議会主義＝多様性であるにもかかわらず両者が分解しないのは、多様性と利害が衝突する後者にあっても、自由な「コミュニケーション」を介して真理を発見できるということが前提されている、つまり「コミュニケーションへの信」とも言うべき観念が共有されている――その意味において、ここにも同一性が存在する――からである。「コミュニケーションへの信」という定式を用いるならば、今日の思想家としては誰しもユルゲン・ハーバーマス（一九二九～）を思い浮かべるであろうが、シュミットの議論が与えるパースペクティヴからすれば、彼が自由民主主義を奉ずる時代において最有力の思想家であることには何の不思議もなかろう。彼の理論によって導き出されるのは、十全なコミュニケーション的理性を持つ者たちによる人間集団である。言い換えれば、彼は、自由主義的信条を持つ者たちによって構成される同一的な、したがって民主主義的な共同体を主張している。

b――ムフのシュミット評価

近年、「ラディカル・デモクラシー」の代表的論者と目される政治理論家、シャンタル・ムフは自由民主主義の政治哲学的な根拠づけを試みているが、その行論中、先に見たシュミットの理論にも積極的に言及しつつ、ハーバーマスやジョン・ロールズ（一九二一〜二〇〇二）といった現代の自由民主主義の代表的理論家に対する批判的検討を展開している。

彼女のハーバーマスやロールズへの批判の要点は、次の主張にある。すなわち、彼らの理論の普遍主義的な構えは、社会にとって包摂不可能な「構成的外部」となる他者を必然的に生み出すにもかかわらず、彼ら自身はそのことに無自覚であり、ゆえに彼らの理論は各人の異質性を擁護し保障する多元主義を実現できない。このような論理による批判は、ハーバーマスやロールズにしばしば投げ掛けられてきた「西洋中心主義」という批判とも共鳴するものであろう。

この一方で、ムフはシュミットの理論の一定の部分を非常に高く評価している。評価のポイントは、ひとつは、われわれもすでに見たように、シュミットが自由民主主義というものは本来的にはお互いに相容れないものの結合によって成り立っていることを洞察したことにある。もうひとつの評価のポイントは、シュミットの提起したかの有名な「政治的なものの概念」、いわゆる「友‐敵」概念である。ムフの考えでは、シュミットの偉大は、人間が背負う必然的な宿命、すなわち人間の共同体内であるいは諸共同体間において紛争・敵対関係・権力関係が消え去ることはないということを思い知らせた点にあり、このことこそ、政治の固有な次元を認知することのない、競争と予定調和の思想＝自由主義が把握できない事柄である。そして、まさにこの観点から、理性的な「合意」の次元を強調するハーバーマスや、市民のあいだで「正義の問題に対する合理的な解決を見出すことができると信じる」ロールズの思想は、政治の次元を欠落させた理論として批判の対象となる。敵対性を捨象し公的領域における理性的な合意のみを目指す理論は、政治の理論ではない、と。(25)

しかし、ムフが評価するのは、シュミットの理論のあくまで一部分のみである。つまり、彼女は上述の面を高く評価するのと同時に、シュミットにおいて強固に打ち出されている「同一性」の理論を斥け、また自由民主主義はその精神的基盤を取り返しのつかない仕方で喪失したと断ずるシュミットの見立てを斥けている。シュミットは、民主主義の核心にある「同一性」を次のように説明していた。

選挙権がより多数の人間に次第に広く流布して与えられるとき、それは、国家と国民の同一性を実現する努力のひとつの徴候である。その基礎には、同一性を現実のものとして承認するための前提についての、一定の考え方がある。そのことはまた、論理的にはすべての民主主義の論拠が一連の同一性の上に基づいているという根本思想を、少しも変えるものではない。この一連の同一性には、治者と被治者との、支配者と被支配者との同一性、国家の権威の主体と客体との同一性、国民と議会における国民代表との同一性、国家とその時々に投票する国民との同一性、国家と法律との同一性、最後に、量的なるもの（数量的な多数、または全員一致）と質的なるもの（法律の正しさ）との同一性、である。(26)

かかる「同一性」の追求の先に待っていたものが過激な均質化としてのナチズムであったことは、いまとなっては明らかなことだ。そして、ナチズムが台頭する際に、シュミットの理論と振る舞いとがそこに何らかの貢献をしたことも。(27) シュミットが、自由民主主義を分析する際に、両原理の齟齬を冷静に取り出したのではなく、自由主義を貶め民主主義に情熱的に肩入れしていたことは、否定しようのない事実である。シュミットにとって、彼の考えるデモクラシー＝民主主義によって立ち上がる「同一性」こそが、ブルジョワ文明の個人主義という精神的砂漠から人々を救い出し、彼らを政治的な存在（すなわち、「友」と「敵」を持つ存在）へと生成させ、実存的に真正な存在たらしめるものであった。

これに対してムフは、シュミットにおける「同一性」の追求による民主主義の顕揚という意図を、一種のアナクロニズムとして否定的に評価する。いわく、「近代の条件のもとでは、実質的な共通善が消滅し、単一の集合的意志など不可能であり、そこではデモクラシーは、統治者と被治者との同一性という古代のモデルをもとにしては理解できない。にもかかわらず、彼はそのことを認めたくないのである」[28]。

シュミットの思考のなかに抜き難く浸透している「同一性」への志向性を、ムフは徹底的に斥けようとする。それによって擁護されるのは、言うまでもなく、多元主義の原理である。それでは、なぜ多元主義が擁護されなければならないのか。ムフにとって、多元主義はまず第一に、われわれ近代人が受け容れるほかない事実である。彼女は次のように言っている。

> 古代のデモクラシーと近代のデモクラシーとの差異は、その規模ではなく、その本性のうちにある。決定的な差異は、近代の自由民主主義を構成する多元主義の受容のうちにある。「多元主義」によって私が意図しているのは、善き生という実体的な理念の終焉、すなわちクロード・ルフォールが「確実性の標識の解体」と呼ぶものである。そうした多元主義の認識は、社会関係の象徴的な秩序化における根源的な変容を示唆する[29]。［強調原文］

要するに、ムフは、「善き生」の具体的構想は個人に委ねられるべきであるとする古典的自由主義の原理を肯定している、と見ることができる。今日、確かにこの原理に対する正反対の立場を採って「善き生」の具体的構想を他者に強要することが実りある行為であると考えることは、到底できない。例えば、イスラム原理主義の奉じる価値観（厳格な禁欲主義や公的空間からの女性の徹底した排除を含む）が世界的に支持を得ることになるだろうとは考えにくいし、あるいは先進自由主義諸国において反動派が復古主義の喧伝を強化したとしても、それが全面的な支持を獲得することはありそうにない。ゆえに、「善き生」の具体的かつ包括的なヴィジョンは、全体主義と通底するがゆえに危険であるのみならず、「確実性の標識の解体」を経た現代においては端的に不可能なものであるとされている。

だが、こうした見方は、疑問の余地のないものであるようには思われない。「善き生」のヴィジョンが各人に委ねられ、各人が自己の構想と責任のもとに己の生を充実したものとしてそれぞれ実現する機会を平等に持つことのできる多様な社会という自由民主主義のユートピアは、文字通りのユートピア（どこにも存在しない場所）にすぎないのではないか、という疑念はますます高まりつつあるように思われる。

われわれは、日々、「諸君が「善き生」をどのように構想・実現するかは諸君自身のまったき自由に委ねられている」と聞かされ、したがって翻って言えば、「善き生」の具体的構想を声高に唱えて他者に強要することを禁じられている一方で、「善き生」が通常どのようなものであるのかを消費社会のスペクタクルのなかでさんざん見せつけられている。つまり、無限の選択肢があると聞かされている一方で、本質的な選択など本当はないことを誰もが薄々は知っている。今日、グローバリゼーションの進行とともに世界中の「先進」諸地域で生活様式の恐るべき画一化が進行し、それと同時に、漠然たるしかしこれまた画一化された「不安」の感情が至るところで生産されているという事実が示しているのは、多元主義という最も「政治的に正しい」原理が消費社会のスペクタクルによって骨抜きにされていること、そして多元主義は商品の多様性によってかろうじて見掛け上支えられているにすぎないことであり、またこれらのことをわれわれが密かに知っている、ということでもある。

c——ムフにおける多元主義の賞揚

しかし、このことはとりあえず措いておこう。ムフは、多元主義を否み難い事実として受け容れるだけでなく、それに積極的な価値を与える。

反本質主義の理論的視座から見るならば、多元主義は単なる事実、不承不承我慢しなければならないもの、あるいは縮減しようとする何物かではなく、価値論的な原則である。多元主義は、近代のデモクラシーのまさにその本性の概念的な水準において構成的であり、賞揚すべき、増大させるべきものとして理解される。だからこそ、私が擁護する種類の多元主義は、差異に積極的な地位を与え、全員一致や均質性——それはつねに擬制的であることが暴露されるものであり、排除の諸行為に基づくものである——という目

標を疑問視するのである。(30)［強調原文］

何物をも排除することのない徹底的な多元主義が一切の「同一性」(identity)を斥けるとするならば、社会はあらゆる共通の基盤を失い、そこにおいて合意を形成することは完全に不可能になるという批判が投げ掛けられることが、当然予想される。そこでムフは、次のように議論を補足している。

しかしながら、このような見解は絶対的多元主義を許容するわけではない。重要なのは、広汎な範囲の従属関係への異議申し立てを目指すデモクラシーの政治にとって必要な、多元主義の限界を認識することである。私がここで擁護している立場を、異他性と非共約性を強調する極端な多元主義からは区別しておかねばならない。(31)

これは、要するに、ムフの唱導する「ラディカル・デモクラシー」もまた、ハーバーマスやロールズ等における合理主義やシュミットにおけるナショナリズムとは違った形ではあれ、何らかの「同一性」の契機を含まざるを得ない、ということを示唆している。彼女は次のように言っている。

われわれが直面している問題は、シュミットが「同質性」(homogeneity)として言及したものを、いかにして異なる仕方で想像するのかということになる。だが、シュミットの概念構成との差異を強調するために、私は「共通性」(commonality)という語を提案したい。「デモス」を打ち建てるに足る強力な形態の共通性を、だがそれにもかかわらず、ある形態での多元主義——政党の多元主義はもとより、宗教的、道徳的、文化的多元主義——と両立可能な共通性というものをいかにして構想するべきだろうか。これこそが、シュミットの批判に取り組むことによってわれわれが直面を強いられる挑戦なのだ(32)。

「同質性」ならざる「同質性」の構築、これがムフの差し出している理論的な賭け金である。ムフの見るところ、シュミットの誤りは「同一性・同質性」を前‐政治的な実質(=民族)に求めたところにある。翻って、ムフの理論においては、「同一性」は徹頭徹尾政治的に形成されるものでなければならないとされる。いわく、「ひとたび人民の同一性——正確には、そのありうべき複数的同一性の可能性——が政治的節合という様態において構想されるならば、そしてそれが単なる経験的差異の承認ではなく、真の政治的節合となるべきであるとすれば、人民のそうした同一性を政治的なヘゲモニーの節合の過程の結果として理解しなければならないことを、強調しておきたい(33)」[強調原文]。

ここでのムフの理路はそれほど理解しやすいものとは思えないが、煎じ詰めれば、次のように整理できるであろう。すなわち、「同一性」は、神話的起源によって措定された民族共同体のように政治的構成以前に存在する（あるいは政治以前の本質という意匠をまとって構築される）のではなく、政治的プロセス、言い換えれば「友‐敵」関係を軸とする「闘争」――ムフにおいてこれは「闘技」（agony）と呼び換えられるのであるが――を通じて事後的に発見されるものである、ということであろう。もっと具体的に言えば、各人は何らかの集合的アイデンティティを有し、それが他のある者たちのそれと相容れないものであるがゆえに、そこに敵対関係が生じると考えるのではなく、闘争関係が生じた後、事後的に人は「友」なる者との「同一性」を感じ取り、「敵」なる者との異質性を把握する、ということになるだろう。つまり、ここでムフが試みているのは、原因と結果の交替である。すなわち、「われわれの同質性と彼らとの異質性」（原因）から「闘争」（結果）が生じるのではなく、「闘争」（原因）から「われわれの同質性と彼らの異質性」（結果）が生じると見ることによって、原因‐結果の関係を反転させている。

このような反転の有する利点は、敵対性は前‐政治的領域によって運命づけられているのではなく、特定の社会政治的構築物であることを認めうるようになるところにある。かかる認識によって、敵対性の発生は、運命によってもたらされた和解不可能なものとしてではなく、特定の偶発的な社会的配置によってもたらされたものとして、反省的に、したがって相対的に抑制可能なものとして、把握される可能性が生ずるわけである。

とはいえ、ムフの理論において、敵対性は反省的に把握されると同時に、消去不可能なものとしてもとらえられている。彼女が、シュミットを高く評価しハーバーマスとロールズに対して批判的であることはすでに述べたが、その理由は、後二者の理論が合理主義に基づく合意によって敵対性を解消しようと試みるものであるのに対し、シュミットのそれは敵対性の解消不可能性を見据えたものである、というところにある。ムフの多元主義においては、異質なものは抗争的関係に置かれ続けなければならない。言い換えれば、抗争的関係は維持されなければならない。なぜなら、敵対性を消去しようとする試みは、それが強権的な場合、ファシズム的なものへと傾斜し、あるいは強権を発動しない場合は、合理性（それは、無色透明な普遍主義を装っているとしても、つねに特定の文化・伝統に根ざしたものであらざるを得ない）に対する他者を前にして途方に暮れるほかないからである。

こうして見ると、「ラディカル・デモクラシー」を基礎づけるためにムフが進もうとする途は、相当に際どいものだ。「われわれ」と「奴ら」という「友‐敵」関係は是が非でも保持されなければならない。そうすることによってのみ多元主義は維持される。しかし、言うまでもなく、それは「われわれ」と「奴ら」の間で物理的な闘争を起こしてもよいということを意味するわけではない。つまり、「奴ら」を滅ぼそうとするあらゆる試み（敵対者を物理的および非物理的手段による攻撃によって滅ぼすこと、あるいは説得による合意を取りつけることによって「奴ら」をもはや敵対者ではなくすこと）が峻拒される一方で、敵対性そのものは維持されなければならない。

d――「民主主義の倫理」あるいは「コミュニケーションへの信への信」

とすれば、このように定義される闘いにおいて、一種の「モラル」と形容すべきものが要請されるのは論理的に当然のことであり、それを裏づけるかのごとくに、ムフの著書『民主主義の逆説』の最終章は「民主主義の倫理」と題されている。ムフが次のように述べるとき、この「モラル」の内容が何であるかということが示唆されている。

「闘技的多元主義」の視座から見ると、デモクラシーの政治の目標は、「彼ら」を滅ぼさされるべきひとつの敵としてではもはやなく、ひとつの「対抗者」として知覚されるような仕方で構築することにある。対抗者に対して、われわれは彼らの理念と闘うけれども、彼らが自らの理念を擁護する権利については疑問に付すことはない、そういった存在である。(34)

「敵」を滅ぼすことが目標となる「闘争」が「闘技」へと変換されることによって、「敵」（enemy）は「対抗者」（adversary）へとそのステータスを変える。つまり、「彼ら」を滅ぼすような仕方で闘ってはならないのである。このような「モラル」は、抗争する当事者間において共有されなければ、当然無意味である。したがって、ムフはここにおいて一種のア・プリオリな共同性を導入せざるを得なくなる。いわく、「対抗者は敵ではあるが、正統性を持った敵であり、自由民主主義の諸原則――すなわち、自由と平等――への倫理‐政治的な支持を共有する点において、彼らとわれわれとは何らかの共通の基盤を持っているのである(35)」〔強調引用者〕、と。

問題は、このような前提の想定は、ムフが他の部分で展開している議論の組み立てとは相容れないものであるように見えることだ。先に見たように、ムフは「同一性」の形成について、本質主義を徹底的に回避する用心深い論理構成を展開していた。それは、「同一性」を前‐政治的領野においてア・プリオリに措定する二つのやり方（シュミット的方法とハーバーマス＝ロールズ的方法）を批判するためであった。しかし、ここにおいて、「同一性」の論理はそれとは違うやり方で提示されている。「何らかの共通の基盤」は、偶発性をはらんだ闘争の出来の「結果」として見出されるものではなく、むしろ闘争＝闘技のアリーナの成立をあらかじめ条件づける「原因」として、ア・プリオリに措定されざるを得ないものである。

しかも、ムフの挙げる共有されるものの内容は、具体的には「自由と平等」という自由民主主義の原則への支持である。これまでも頻繁に語られてきたように、市場経済を基盤とする社会において「自由と平等」は鋭い緊張関係にある。つまり、ムフが、共有されるべきものとして措定しているものとは、あの正体不明なキマイラ的結合物への支持である、ということにほかならない。

すでに見たように、自由民主主義のイデオロギーは一種の「コミュニケーションへの信」によって特徴づけられる。また、ムフがハーバーマスおよびロールズを、合理的主体間のコミュニケーションによる合意という論点から批判していることも、すでに見た通りである。この批判は、意見の自由競争と予定調和によって最善の意思が合理的に導き出されるに違いないとの確信、言い換えれば、「コミュニケーションへの信」へと向けられたものであった。しかし、われわれがここに見出すのは、ミニマルな形にまで還元されたものであるとはいえ、依然として残っている論理的に同型の「信」である。「対抗者」を滅ぼすべき敵と見なすことなくそれと闘う、と言われる場合に想定される闘いとは、例えば純粋な言論によるそれ（もっとも、言論という手段によって敵手を社会的に抹殺することなどありふれたことであるが）、しかも相手の立場を十分に認めながら交わされる討論といったものや、あるいは労働争議の場面に置き換えてみれば、資本と労働の双方がお互いの立場を十分に理解し合ったうえで条件を交渉するというような（これは、やや古い言葉で言えば「労資協調」の、もっと最近の言葉で言えば「コーポレート・ガバナンス」の理想型にほかならない）、総じてきわめて微温的なもの以外には想像できまい。こうした結論は、ポスト・マルキストでもあるムフ自身の意図するところではおそらくないだろう。しかし、実際問題として、「政治的なもの」はここにおいて完全に解消されている。

自由で平等な立場からなされる対話によって「真理」が発見ないし生産されるという考え方そのものは、西洋思想においてはソクラテス、プラトン以来の長い伝統を持つものだと考えられる。カール・シュミットは、ドイツ・ロマン派の「永遠の対話」の観念に言及しながら、西洋思想に流れる伝統的思考が自由主義の「コミュニケーションへの信」と微妙に結び合っていることを示唆しているが、(36) こうしたパースペクティヴからすれば、「理想的発話状況」を提唱するハーバーマスの思考はこの伝統の突端にあるものと言えるのかもしれない。そして、ハーバーマスを批判するムフもまた、「自由民主主義への倫理‐政治的な支持を共有する」ことによってのみ成立する「闘技」のアリーナを構想するとき、この伝統・確信から自由ではない。

ムフにあっては、「信」はむしろ純化されていると見ることもできよう。なぜなら、ハーバーマスにとって、コミュニケーションが「信」ずるに値するとされる根拠がその合理性(最も合理的な結論を出しうるということ)に置かれているのに対し、ムフにおいては、「信」の対象たる教義の内容が自由民主主義の教義であるとすれば、それはキマイラであり、ほとんど無に等しいからである。ならば、そのときに「信」の対象として残るのは、純粋な、無内容な(＝実質的内容を充塡することを禁じられた)共通性を基盤として成立するコミュニケーションの場それ自体のみであろう。つまりここにおいて、コミュニケーションの有用性・合理性への「信」は、コミュニケーションの場への「信」へと転化している。とにもかくにもわれわれはコミュニケーションを始めそれを続けることができると信ずることができること、このことが決定的な事柄となる。ゆえに、ここに純化された形で残るのは、いわば「コミュニケーションへの信への信」なのである。

VI コミュニケーションと真理 (二、フロイトの場合)

a――精神分析の起源としての催眠術

自由な主体による水平的なコミュニケーションから真理が発見・生産されると想定するひとつの有力な思考モデルに対して異議申し立てを行なった人物を、思想史のなかに発見することができるだろうか。このように考えてみるとき、われわれは再びフロイトに出会うのであり、彼において強烈な批判者を見出すことになる。もちろん、フロイトは、このような「コミュニケーション‐真理」のモデルに対して、哲学的ないし政治思想的言説によって批判を加えたわけではない。またフロイトは、通常主にデカルト主義的な伝統への批判者であると考えられている。しかし、これから見るように、彼の思想の革新性を論ずるのならば、問題はそれのみにとどまらない。彼の採った画期的な方法において、「コミユニケーション－真理」のモデルにおける明らかなパラダイム・チェンジを看取することができるのである。

素朴な問いを立てるところから始めてみよう。フロイトの言う「無意識」とは、つまるところ何なのであろうか。『未完のレーニン』でも論じたように、無意識とは人間の意識には上りにくい知られざる心的エネルギーのようなものであると定義するだけでは、フロイトの革新性は覆われたままだ。そのようなものならば、古くから少なからぬ詩人や哲学者が言い当て、彼らの詩作－思索に活用されてきたのであるから。このような定義にとどまったならば、フロイトの新しさは、すでに言い古された事柄に自然科学の意匠をまとわせたところにあるにすぎなくなってしまう。つまり、無意識の存在を主張することそれ自体に本質的な新しさは存在しない。

筆者の考えでは、フロイトにおける無意識の革新性は、彼がそれを引き出す方法において見出されるものである。それは、彼の創始した治療の方法が画期的なものであったということにとどまらない。その方法の革新性は、無意識という概念の新しさと分かち難く結びついている。フロイトにおいて、無意識はまず直接的に接近することができないものとして措定されている。ゆえにそれは、夢や症状において垣間見られることしかない。だが、周知のように、フロイトは無意識に接近する方法を独自に編み出してゆくことになる。「精神分析」という言葉は、まさにその方法を指している。

ここで注目すべきは、よく知られているように、フロイトの初期の方法が、ジャン＝マルタン・シャルコーから大きな影響を受けた、催眠術の形をとっていたことだ。さらには、無意識の存在を確信するに至る際に、イポリット・ベルネームのもとで催眠術の実験を見学したことが重要な契機であったことをフロイト自身が証言しており(37)、催眠術から導き出された仮説（すなわち、無意識の存在）が精神分析の形成において基礎となったとまで述べている(38)。つまり、フロイトが独自のやり方で無意識を発見しそれを引き出す方法を編み出してゆく（この二つの事柄は密接につながっているが）過程において、催眠術との出会いは決定的なものであった。

b――催眠術・精神分析という／におけるコミュニケーション

われわれの議論の過程においてフロイトと催眠術との出会いを重要視する必要があるのは、次のような理由に基づく。すなわち、無意識という隠された「心の真理」とも呼ぶべきものが接近可能になるのは、精神分析家と患者との間で交わされるコミュニケーションを通じてのことである。つまり、ここにおいても、「コミュニケーションを通じた真理の発見・生産」というわれわれの確認した強力な思考のモデルを見出すことができる。

しかし、精神分析におけるこのモデルは、自由民主主義のイデオロギーが想定する自由と平等を基礎とするものとは大いに異なったものである。なぜなら、分析家と患者との間での対話は、水平的なものではないことは言うまでもなく、また自由な主体が取り交わすものでもない――それは、患者を治癒する義務を背負わされた分析家と、神経症にとらわれた患者との間で交わされる――ことは明らかであるからだ。そして、このことは、上述した精神分析的対話の出自を顧みるならば、より一層強く確信されるであろう。催眠術もまた広義のコミュニケーションの一種であると言えようが、そこに参与する主体は、一方が他方を意のままに操るという、水平ならざるむしろ完全に垂直な関係を形成する。つまり、フロイトは、その独創的な理論と実践の形成の初発において、不等な垂直的関係をとり結ぶコミュニケーションから出発しているのである。

とはいえ、こうした議論には、次のような反論もありうるであろう。すなわち、フロイトが催眠術から出発したことは確かではあるが、後になって彼はこの方法を放棄し、患者が気ままに思い浮かべたことをすべて話す「自由連想法」というより自由なコミュニケーションの形態へと移行していったではないか、と。だが、フロイト自身がこう言っている。「よく考えてみれば、自由連想は本当のところは自由ではないのである[39]」、と。それはなぜか。フロイトは次のように続けている。「患者は、その思考活動をある特定のテーマに向けていなくとも、精神分析という状況の影響下にあることには変りはない。患者にはこの状況に関連するもの以外は思い浮かばない、と推測して差し支えない[40]」。つまり、自由連想法の「自由」は見せ掛けのものにすぎない。というよりも、もっと言えば、この「自由」は強制されたものである。というのは、患者が「自由に」思い浮かんだことを余すところなく口に出さない限り、そこにおいて「抑圧されたもの」、無意識を、分析家が解読することはできないからだ。フロイトが次のように述べるとき、患者は「自由に」語ることを強制されていることが、はっきりと見て取ることができるだろう。

当初は、患者に迫っては確認をしてゆく作業を通じて、抵抗を克服しようとしたものだ。こうした抵抗の克服は、期するところのある医師にとっては、最初の方向づけを確立するうえで不可欠だった。だがそれは時とともに、患者と医師の双方にとってあまりに負担の大きなものになり、またよく考えるといささか怪しいところもなくはないように思われた。そこでこのやり方は、ある意味でそれとは全く対極にある、別の方法と交代することになったのである。ある特定のテーマについて話すよう患者に強いる代わりに、いまや自由な「連想」に身を任せる、つまり、意識的な目的表象からすべて離れたときに脳裏に浮かんだことを話すように求めたのだった。患者の義務とされたのはただ、その自己知覚に生じるものを、本当に余さず伝えることと、批判的な異議申し立てに譲ってしまわないことだけである。異議申し立てとは、脳裏に浮かぶことどもを、これはさして重要ではないとか、無関係であるとか、そもそも全く意味がないといった理由づけをして、排除しようとすることをいう。(41)

かくして、無意識という「心の真理」は、強制された「自由」な言葉——とはいえ、その言葉はいまだ抵抗によって歪曲されており、それを超えて無意識の真実が読み取られなければならないのだが——のうちに発見される。自由連想法は、「患者に迫っては確認をしてゆく」ようなやり方、つまり分析家が患者に向かって「お前の無意識の欲望はかくかくしかじかのものだ、それを認めろ」と命ずるようなやり方と比較して、表面的には非権威主義的なもののように見える。しかし、それは全く見掛けの上でのことにすぎず、自由連想法においてはコミュニケーションの垂直性はより巧妙な仕方で配置されている。フロイトが催眠術を放棄しながらも唯一残しておいた催眠術の方法、すなわち、患者を寝椅子に横たわらせ、分析家は寝椅子の向こう側に座るという診療室内の位置取りの工夫は、些細な事柄ではない。フロイトいわく、「そうすれば、私は患者を見ること」ができるのに対し、患者からは「私の姿が見えない」[42]のである。

このようにして、患者は寝椅子の上で何事も包み隠さず語る義務を背負う一方で、分析家は「解釈術」[43]を駆使して発話に現れる無意識の痕跡をつかみ出してゆく。両者の視線の非対称性は、両者の関係のメタファーでもあるだろう。そして、二つの主体がこのような関係に置かれることによってはじめて、「心の真理」[44]は接近可能な対象となる。つまり、ミシェル・フーコーが「真理の産出」と呼んだように、フロイトにおいて「真理」は垂直的なコミュニケーションの場において、生産・発見されるものにほかならない。

C――催眠術と精神分析の差異

このように論じることによって指摘したいのは、「科学を装ったフロイトの権威主義」などという問題ではない。カール・ポパーは「反証可能性」を持ち出して精神分析は独断的真理観を持った疑似科学であると断じたが、こうした批判は本質的なものとは言えない。なぜなら、フロイトの理論は、人間主体の特定の配置において「真理」が生産されるということを、そもそもの前提としているからである。

とはいえ、フロイトの方法が催眠術から出発し、垂直的なコミュニケーションというきわめて重要な要素をそこから受け継いでいるとしても、だからと言って、精神分析と催眠術は本質的に同じものであるとわれわれが結論すべきであるわけではない。これから見てみるように、フロイトは両者の違いについて度々発言している。一九二一年に書かれた『集団心理学と自我分析』は一種の大衆社会論であると同時に、催眠術を放棄した後のフロイトが、催眠術について比較的まとまった言及を行なっているテクストのひとつである。集団心理において重要な契機となる催眠的な暗示について論じている箇所で、フロイトは次のように書いている。

こうしてわれわれは、暗示（より正確には、暗示されやすさ）こそ、人間の心の生活の、それ以上何物にも還元不可能な根源現象、基本事実である、と発言する用意が整ったことになる。ベルネームも同様に考えていたのであり、一八八九年、私自身が彼の驚嘆すべき技能の証人となった。しかし私は思い出すことができるのだが、暗示のこの圧制に対しては、当時も漠然とした反発を抱いていた。言いなりになろうとしないひとりの病人が「あなたは一体何をしているのですか？　あなたは暗示に抵抗しているのですよ！」と大声で叱りつけられたとき、私は、これは明らかに不当な行為であり暴行だ、と独りごちたものだ。もし、暗示によってその男を屈服させようと試みられているのなら、その男は、暗示に反抗する権利を確かに持っているのだ、と。[45]［強調原文］

この一節は、催眠術と精神分析の根本的な違いをおそらくは示唆するものである。フロイトの考えでは、「暗示に反抗する権利」を人は持っている。なぜなら、無意識に向き合うことに人が「抵抗する」のは当然であることを、フロイトはいまや知っているからである。それにもかかわらず、無意識に向き合うことをただひたすら命ずるのは「圧制」にほかならない。フロイトが催眠術を療法に用いることを放棄した最大の理由のひとつは、催眠が機能しうるか否かが「患者の医師に対する関係に全面的に依存している」[46]ということにあった。すべての患者に催眠療法が奏効するわけではなく、成功率が低すぎたのである。

フロイトにおいて、「催眠的関係とは、性的充足を排除したうえで恋着し無制限に献身すること」[47]であると定義される。つまり、患者と医師との間にこのような特別な関係があってはじめて、「圧制」が耐えられるものとなる、ということだ。

フロイトが催眠術を放棄しようと決心したきっかけにおいて、患者と特別な関係を取り結ぶ能力が彼には不足しており、したがって開業医として生計を立ててゆくにはこの方法は不適当であったという、きわめて実際的な側面が無視し得ないほど大きかったのかもしれない。だが、そうであるならば、フロイトは催眠術を放棄することによって、本人が半ば意図することなく、コミュニケーションによる真理の生産・発見の新しい形を発明してしまったのである。フロイトが次のように言うとき、催眠術と精神分析との違いが――すなわち、コミュニケーションに参与する主体と「心の真理」との関わりをめぐって、両者がどのように異なるのかということが――、提示されている。

催眠は何か直接的に不気味なものという性格を帯びている、ということを思い起こそう。ところが、不気味なものというこの性格は、抑圧の手に落ちた何か古いもの、馴染みのものを指し示しているのだ。催眠が、どのように着手されるかを考えてみよう。催眠術師は、秘密の力を具えていると主張し、その力が主体から自身の意志を奪ってしまう。あるいは同じことだが、主体は催眠術師がその力を具えていると信じてしまう。[48]

催眠術が何か異様な感じを催させるのは、フロイトの見るところでは、それが「不気味なもの」と関わっているからだ。「不気味なもの」とは、論考『不気味なもの』(一九一九年)において分析されたように、「そもそも内密にして慣れ親しまれたもの、抑圧を経験し、そしてそこから回帰したもの」であり、要するに、回帰してくる抑圧されたものを指す。催眠術について述べた先の引用箇所付近で、フロイトは『トーテムとタブー』における議論を反映させた主張を展開しているが、その言わんとするところは、すなわち、催眠術によって人間が文化・規範を生み出す以前の太古の記憶が喚起される、ということだ。人類が記憶の彼方に沈澱させた無意識的なものが甦り蠢動し始めるために、それは「不気味」なのである。問題は、このような「不気味なもの」の力が、催眠術においては催眠術師に帰属するかのように、一切は進展することだ。しかし、精神分析の知見によれば、抑圧された「不気味なもの」は、当然各人の無意識に沈澱しているものにほかならない。言い換えれば、「不気味なもの」は主体にとって内的である。ところが、催眠術はこの内的なものを、暗示によって外的なものにすり替えてしまう。

フロイトが催眠術を技術的理由からではなく思想的な意味で決定的に斥けるのは、おそらくこの点においてである。催眠術を掛けられる人間の側から見てみよう。催眠術が成功するとき、その人は、催眠術師の暗示に従って動いているにもかかわらず、その行為が自分の意図に基づくものであると誤解している。つまり、垂直的なコミュニケーションにおいて下位の位置を占める主体にあっては、外的なものが内的なものと錯覚されるということである。だから、「言いなりになろうとしない」病人が抵抗しているのは、この錯覚に対してなのだ。そして、現象的には、催眠術師が他者の意図を操ったこととなるがゆえに、実際には内的なものが外的なものの力として現れることとなる。つまり、いま一度整理して言えば、外的なもの（暗示）を内的なもの（主体の意図）として現象させることによって、内的なもの（無意識）が外的なもの（暗示）にすり替えられてしまう。あるいは、逆に言えば、本当は内的なもの（無意識）を外的なもの（暗示）にすり替えたがために、外的なもの（暗示）が内的なもの（主体の意図）として現象してしまう。こうなってしまうと、主体において実のところは内的であるものを外部の主体が操るために、「不気味なもの」＝「心の真理」の力は、垂直的コミュニケーションにおいて上位を占める主体に独占的に帰属することになる。

してみれば、フロイトの開発したコミュニケーションの革新性は、コミュニケーションの垂直的構造を維持したまま、「真理」をその構造において上位を占める者に独占させることのない方法をつくり出したという点にある、と言えるだろう。精神分析の対話においては、患者は内的なもの（無意識）を示唆する事柄を余すところなく話すよう求められる。それを素にして分析家は「抑圧されたもの」を探り当てる。言うまでもなく、患者にとって「抑圧されたもの」とはそれに直面するのがつらいものであり、ゆえにそれを探り当てられまいと患者は抵抗する。してみれば、抵抗とは、内的なものを内的なものとして認めることができず、それを分析家による暗示にすぎない、つまり外的なものだ、と言いつのることにほかならないであろう。重要なのは、当然のことではあるが、こうした抵抗を乗り越えなければならないのは、患者自身であるということだ。そして、「抵抗を乗り越える」とは、言い換えれば、主体が内的なものを内的なものとして認めるようになることを意味することになろう。

では、それはいかにしてなされるのであろうか。フロイトは次のように言っている。

> 精神分析もまた、その仕事を進めるにあたって、他の精神療法と同じく暗示という手段を用いているのは全くその通りだ。だが精神分析にあっては暗示や転移は、治療が奏効するか否かの決め手にならないという点が、違いなのである。精神分析はむしろ、患者を心的作業へと向かわせる――つまり転移の形を取った抵抗の克服へと向かわせる――ために活用される。そうした作業の意味するところは、患者の心の経済の持続的変化である。精神分析家は、患者に転移を意識させる。患者は、自分が取っている転移の態度は、最初期に起こった、つまり抑圧を受けた幼年期以来の対象備給に起因する感情関係を再体験しているのだと了解する。こうした了解に達すると転移は解消される。このよ

うな方向転換があれば、転移は抵抗の最強の武器から精神分析の治療のための最良の道具になるのだ。(50)［強調原文］

「転移」とは、簡潔に言えば、患者が分析家に対して抱く陽性のあるいは陰性の、いずれにしても強力な感情の関係であり、それは精神分析療法において不可避のものである。それは、催眠療法における暗示を受け継ぐものであり、したがって、垂直的な構造を持つコミュニケーションの場となるものだ。陽性の転移の場合、患者は分析家に対して官能的な恋着を抱いたり、あるいは情愛に満ちた態度を取ったりするが、陰性の転移の場合、患者は反抗・憤慨・憎悪といった露骨な抵抗の態度を示す。

われわれが注目すべきは、陽性でも陰性でもない、いわば中性の転移は存在しないということ、そして必然的に陽性か陰性かのいずれかであらざるを得ない転移は、「真理」ないしその反対物の「非真理」をめぐって分類される、ということだ。すなわち、『精神分析入門』においてフロイトが語っているように、陽性の転移の場合、分析家の語ることは、患者の分析家への信頼ゆえに「真理」として現れる。「患者の感情転移は、それが陽性の徴候を持つものである限りは、医師に権威の衣を着せ、医師の報告や見解に対する信頼に変化(51)」する。陰性の転移の場合、抵抗はしばしば「知的な抵抗となって現れ(52)」、精神分析の学説をことごとく論破せんとする行為となって現れてくるか、あるいは「患者は医師や彼の示す説明に耳を貸すことさえしない[53]」ということが起こる。つまり、分析家の言うことはどれもこれも間違ったもの（＝非真理）であると端から決めつけられる。以上のように、分析家の言うことは、患者にとって「真理」かあるいは「非真理」かのいずれでしかあり得ない。それは、熱烈に支持されるか、それともこれまた激しく撥ねつけられるかの二つにひとつの対応を受けるほかない言葉である。このことが意味するのは、すなわち、患者は、コミュニケーションの構造そのものによって、分析家の言葉が「真理」であるか「非真理」であるかということに興味を持ち、それを積極的に判断せずにはいられないように仕向けられている、ということだ。この構造こそが転移なのである。

そして、すでに見たように、分析家の言うことが「真理」となるか「非真理」となるかは、ひとえに転移の質に懸かっている。言い換えれば、「真理」あるいは「非真理」が生産されるのは、転移の関係というひとつの場においてである。そして、フロイトが特異な介入を行なうのは、実にこの点においてである。すなわち、患者に対して分析家の言葉が「真理」ないし「非真理」として現れているのは、患者が分析家との関係において「抑圧を受けた幼年期以来の対象備給に起因する感情関係を再体験している」ためであることを分析家は患者に了解させる。つまり、患者が了解しなければならないのは主体間の「関係」である。

重要なのは、患者に了解させられる本質的な事柄は、分析家の言説の内容の真理性ではないということだ。ここで了解されるものとは、言説の内容ではなく、それが置かれる形式、すなわちコミュニケーションの構造そのものにほかならない。仮にフロイトの介入が「分析家の言説が真理であることを了解せよ」との命令であるのならば、それは催眠術師の暗示と本質的に違いがない。分析家の言説の真理性ではなく「真理」が生産・発見される主体間の関係・構造を了解するという行為が、「患者が転移を意識する」ことの謂いなのである。してみれば、このコミュニケーションにおいては、「真理」ないし「非真理」が垂直的なコミュニケーションの関係において生産されていることを、コミュニケーションの構造において下位にある者が学び取るのであり、このことが、催眠術と精神分析におけるコミュニケーションの決定的な差異を成しているのである。

しかも、フロイトによれば、「転移を意識する」ことの効果はこれだけにとどまらない。「こうした了解に達すると転移は解消される」のである。言い換えれば、「真理」ないし「非真理」の生産が止むということである。それは、言うなれば、ある特定の関係・構造において「真理」が発生していることを見抜くことによって、「真理」を発生させた構造そのものが解体されることを意味する。

d――フロイト的コミュニケーションの政治的含意

以上に見てきたように、フロイトにおける「コミュニケーション―真理」の構造は、近代西洋の主流を成す思考のモデル（自由な主体による水平的なコミュニケーション）と著しい対照を成している。フロイトが発明した精神分析に特有のコミュニケーションは、単に有効な治療法を見つけることのみを目指してつくり出されたものではなかった。このことは、『トーテムとタブー』における人間的社会・倫理の発生という議論と、催眠術から精神分析へというフロイトの歩みが意味するものとの並行性を考えるならば、明らかである。『トーテムとタブー』にあっては、人間が人間となるのは、欲動を断念し、それを無意識の領域へと押しやることによってであった。これに対し、催眠術と精神分析の差異は、後者にあっては被分析者が自己の欲望の本質を明瞭に把握しうるという点にある。催眠術を掛けられた主体は訳のわからぬままに単に暗示に従って行為する（ように見える）者であるのに対し、精神分析が成功するときには、被分析者は自己の欲望の内容、「心の真理」を理解することになる。そしてこうした明瞭な理解があってはじめて、自己の欲望と折り合いをつけることが可能になる、言い換えれば、欲望を断念することが可能となり、神経症が治癒する可能性が現れる。いずれの場合にも、欲動あるいは欲望の断念が人間を人間たらしめる。フロイトにとって、神経症の治療はあくまで彼の考える人間の条件に従ってなされなければならないものであった。

さて、以上のような思想の持ち主としてのフロイトにとって、デモクラシー＝民主主義とは何であっただろうか。フロイトは、政治的イデオロギーについての自らの意見を雄弁に述べ立てることはなかった。しかしながら、われわれの検討したテクストは、デモクラシー＝民主主義に関する常識的な観念（水平的対話に基づく合意に即した真理の生産）に対する確固たる批判たり得ている。とはいえそれでも、『未完のレーニン』において『トーテムとタブー』と『幻想の未来』から『文化への不満』と『モーセと一神教』に至るフロイトの宗教に対する見解を検討することによって考察したように、欲動を断念し、それを昇華することは、フロイトにとって、人間性の進歩と同義であった。その意味で、支配者たることの普遍的断念を強いるデモクラシー＝民主主義は、人類史における精神性の進歩の表徴となる政治体制であると見なされることになろう。

だが、『トーテムとタブー』に即して見たように、現代デモクラシー＝民主主義の基底となる欲動断念には危うさがはらまれている。そしてまた、明らかになったのは、真理を生産しうるコミュニケーションの構造が持つ垂直性である。自由民主主義のイデオロギーが想定するような水平的で自由なコミュニケーションの在り方が可能になるのは、「自由競争と予定調和」によって真理が生産されるという観念が、人々の均質化によって前提されているような場所においてのみであることをシュミットは示唆していたわけだが、フロイトはさらにその先にまで進んでいる。すなわち、コミュニケーションによる真理の生産にとって、より本質的なものはこの垂直性の軸であり、またそしてさらに重要なことには、この垂直性の軸は解体されうるということを、フロイトの洞察は示したのである。

垂直性を前提にしたコミュニケーションの形態とその解体という運動を、政治的コミュニケーションの領域において実現することが可能であるのか、そしてそのとき、本章の問題提起で触れた暴力の問題は、いかなる展開を示すことになるのか。これらの問題が、レーニンの言説を通じて次に解明されるべき事柄である。

Ⅶ　コミュニケーションと真理（三、レーニンの場合）

a――民主主義とその不満

さて、本章において、われわれは自由民主主義を支える「コミュニケーションへの信」を考察してきた。それは、自由な主体による水平的なコミュニケーションが最も正しい意思を生じさせるという確信である。しかし、「民主主義の危機」が意識されるときには、この確信こそが、人々の不満の種となる。そして、われわれはフロイトの言説を分析することによって、「真理」が発見・生産されるのは垂直的な構造をなすコミュニケーションにおいてのみであることを見た。してみれば、水平的なコミュニケーションなるものは擬制にすぎず、それは実際は垂直的構造を隠し持っているか、さもなければそれは「真理」を一切生産することのないものであるか、のいずれかであるほかない。われわれの時代の不満は、支配的イデオロギーにおけるこのような虚偽あるいは無力に対して向けられているのである。

そしてこうした不満の背後には、あの息子たちの欲動断念が横たわっている。デモクラシー＝民主主義の正統性が高まれば高まるほど、言い換えれば、民衆こそが唯一の支配者であるという確信が高まれば高まるほど、民衆の支配への欲求はますます厳しく断念させられなければならない。かかる倒錯した事態は、民衆が不在であるときには必然的なものである。民衆が存在せず、したがって「民衆の支配」が不可能であるならば、誰も統治してはならない。かくして、自由民主主義のイデオローグたちにおいては、不在の民衆に代わって、誰も我有化できないものとしての「コミュニケーション」が特権的な支配者の位置を占めるに至る。しかし他方で、こうした理論家たちの営為とは裏腹に、万人への禁止は、自由民主主義的なもの全般への不満の感情を醸成する。多くの場合、こうした不満が想像的に解消される機会を見出すのがポピュリストの形象においてであることは、言うまでもあるまい。誰も支配者たり得ないことが前提となっている水平的コミュニケーションへの不満は、ポピュリストの組織する垂直的コミュニケーションへの参与によって、束の間のカタルシスを得る。こうした事態は、「民衆の不在」に淵源する倒錯から生じている。

以上から明らかであるのは、「民主主義の危機」に対する本質的考察を加えるためには、水平的な「コミュニケーションへの信」、それによる「真理の生産」という考えに対して疑いを差し挟まねばならない、ということである。そしてまた、「真理」は一定の構造を持つこと、より正確に言えば、主体が配置される垂直的な関係において「真理」が生産・発見されることを洞察し、その構造を探究しなければならない。これらの事柄を理論的に洞察した政治理論家は、数が多いとは言えない。レーニンはその数少ないうちのひとりであった。われわれはあらためてレーニンとフロイトの思想的並行関係を考察することになるが、この二人の思想家の共通点は、大衆社会におけるデモクラシー、そこにおけるコミュニケーションに内在する問題に取り組んでいたという事実に見出されるであろう。

b──レーニンにおけるコミュニケーションの構造

さて、通常、レーニンはマルクスによって開示された超越的真理に心酔し、それを強引なやり方で他者に押しつけた人物である、と考えられている。こうしたとらえ方によれば、レーニンはプラトン(54)に端を発する「哲人王」の観念にとり憑かれた人物群の系譜に位置づけられることになる。しかし、こうした整理は短絡的であると言わざるを得ない。レーニンの政治は「真理」の押しつけに基づくものであったと往々にして自明のごとくに言われるが、ではその「真理の政治」における「真理」がいかなるものであったのか。それは自明な事柄ではない。なぜなら、われわれが問題にしているのは、単なる「真理」という漠然とした観念ではなく、それが生産される構造・主体の配置にほかならない。ここでは『何をなすべきか？』を取り上げ、レーニンの言説においてコミュニケーションの構造、

「真理の生産」がいかなる形を取っているかを検討する。

レーニンが『何をなすべきか?』というテクストに託した課題は、ごく手短に言えば、労働者階級の窮乏化法則やプロレタリアートの独裁といったマルクス主義の古典的主要命題を放棄することを提唱する修正主義（当時のロシアにおいてはこの流れは、社会主義者は労働者階級の置かれている経済的条件を改善することに専心すべきとする「経済主義」として現れた）と訣別し、経済闘争を超えた革命運動を実現するための、職業革命家を中心にした新しいタイプの党組織を提唱することであった。この主張は賛否両方の大きな反応を呼び、ロシア社会民主労働党が分裂（ボリシェヴィキとメンシェヴィキ）するきっかけともなった。

要するに、レーニンはこのテクストにおいて、社会主義政党とは単に大衆的な労働者政党であるという観念に対して断固として立ち向かったのであった。こうした『何をなすべきか?』における主題設定は、労働者大衆の政治的能力への不信を前提としており、それはまさにソヴィエト・コミュニズムの反民主主義的傾向の先駆的な現れである、と見なされがちである。(55) しかし、これまで論じてきたことから明らかであるが、レーニンにおける「デモクラティックな感覚の欠如」なるものを安易に指摘して事が済むほど、事態は単純なものではない。むしろ、レーニンは、フロイトがつくり出したものにも似た新たなるコミュニケーションの形態を創発することによって、自由民主主義を超えうる「政治的なもの」を生み出そうとしていた、と考えることができる。

周知のように、『何をなすべきか？』に頻繁に現れるのは、運動の「自然発生性」と「意識性」という対比である。前者は、労働者が自らの置かれている劣悪な経済条件や労働条件に対してごく自然に不平・不満を持ち、ストライキやサボタージュといった行動に出ることを指す。後者は、労働者がこうした自然発生的な運動によって解決できるのは賃上げ等のあくまで相対的な次元の問題にすぎず、問題は本質的には解決されないことを意識すること、つまり、労働者階級の利害は資本主義の政治経済制度と和解不可能な形で対立しており、したがってこれを革命によって破壊する必要があることを認識するに至る、ということである。

レーニンいわく、労働者階級が自然に後者の認識にたどり着くことはない。労働者が労働者である限り、労働者としての彼らにとっての幸福とは、労働力の販売の条件がより有利なものとなることのみであるからだ。そのために必要なのは経済闘争だけである。この闘争は、「無産者が金持ちに身売りしなければならないような社会制度をなくすための」[56]闘争とは原理的に別物である。それゆえレーニンは、社会主義者は労働者の自主的な経済闘争に助力することにとどまるべきだと主張する「経済主義者」に反対して、労働者階級にその「外部」から「意識性」を持ち込むこと（＝指導）が必要であると訴え、それを実行することが「社会民主主義者」（＝革命家）の役割にほかならないとする。

問題は、欲望に関わっている。レーニンが行なおうとしているのは、労働者としての労働者が欲するものを超えて、彼らが自らの真の欲望に出会うことを可能にすることである。だから、レーニンの考えるその名に値する真の「社会民主主義者」とは、いわば、大衆の欲望の在り方を変更する者なのだ。そのプロセスは、これから吟味するように、何らかのコミュニケーションによって遂行されるほかない。

『未完のレーニン』で論じたように、レーニンにおける「革命家－労働者」の関係は、フロイトにおける「精神分析家－神経症患者」の関係に類似している。なぜなら、レーニンが論敵の言葉を論評して次のように書くとき、「自然発生性」とはフロイト的な意味での「症候」としてとらえることができるからだ。

この檄の筆者たちは、「労働者のロシアはいまやっと目を覚ましかけ、やっとあたりを見廻しているところで、本能的に手当たり次第の闘争手段をつかんでいる」、とまことに正しく述べている。しかし、本能的なこととはまさに無意識的なこと（自然発生性）であり、社会主義者はそれを助けにゆく必要があるものであること、「手当たり次第の」闘争手段とは、今日の社会では何時でも組合主義的な闘争手段であろうし、また「手当たり次第の」イデオロギーとはブルジョワ的（組合主義的）イデオロギーであろう、ということを彼らは忘れて、『ラボーチャヤ・ムィスリ』と同じく間違った結論を引き出している。(57)〔強調原文〕

自然発生的に現れる「手当たり次第の」闘争とは、無意識の現れである「症候」にほかならない。それは、「労働力の商品化」という労働者階級そのものを生み出したトラウマ的な出来事（帝政ロシアの人民にとって不幸の種はそれだけではなかったが）に対する反応として生じている。だが、症候はあくまで症候でしかない。フロイトいわく、神経症の症候は患者の抑圧された性的願望の一種の代替的な充足であり、そうであるがゆえに患者は症候に固着する。ゆえに、症候の根源に遡行しない限り、症候そのものを取り除くことはできない。同じように、「手当たり次第の」闘争は「手当たり次第の」イデオロギーに包囲され、それと結びつき、闘争を余儀なくさせた社会的矛盾の根源へと遡ることはできず、それゆえついに資本主義の「外部」へと思いをめぐらせることができない。してみれば、政治の次元における闘争の放棄を勧告する「経済主義者」とは、レーニンからすれば、患者と一緒に神経症になってしまった医者のようなものである。

それでは、いかにして「外部」への志向は労働者階級において形成されるのであろうか。レーニンが差し当たり焦眉の課題として強調しているのは、まさに、コミュニケーションを組織することである。それはすなわち、全面的な「暴露」、すなわち工場内の惨状や労働者の無権利状態といった経済的なものから、専制政府の非道や警察の圧制といった政治的なものまでをも含む、つまりは社会の下層に置かれた人々に正当な憤激を呼び起こすであろう一切の事柄を「暴露」することである。この「暴露」が、現状の世界において支配者と被支配者が和解不可能な形で対立しているということ、したがって現状とは根本的に異なる世界が必要であることを、人々に思い知らせる。先頭に立ってその任に当たらなければならないのが「社会民主主義者」にほかならないが、重大なポイントは、これを実行することが同時に主体の立ち位置を配置する一種の構造——コミュニケーションの構造であると同時に階級的な構造——をつくり上げる、ということをレーニンが述べているところにある。

> もしわれわれが真に全人民的な政府の暴露を組織することを引き受けなければならないのならば、そのとき、われわれの運動の階級的性格はどこに現れるのか？（中略）その階級的性格は、こうした全人民的な暴露を組織するのがわれわれ社会民主主義者であることにおいて——煽動によって提起されたすべての問題を解明することが、マルクス主義への意図的なあるいは非意図的なあらゆる歪曲を見過ごさない確固たる社会民主主義的な精神に立って、行なわれるということにおいて——全人民の名のもとでの政府への強襲をも、プロレタリアートの政治的自主性を守るのと同時に行なわれる彼らの革命的教育をも、労働者階級の経済闘争の指揮、すなわち、プロレタリアートの新しい層を次々に立ち上がらせわれわれの陣営に引き入れる自然発生的な衝突を利用することをも、

これらすべてをひとつの不可分な全体へと結合する党が、この全方向的な政治的煽動を行なう、ということにおいて、現れるのである！(58)［強調引用者］

この一節は、そこにおいて主体・階級が形成され、配置される構造を構成する複雑な運動を表現している。レーニンの言う「暴露」は、単に人民の不満の種をほじくり返すことだけを意味してはいない。「暴露」は、語の中立的な意味においては、隠されていたことを明るみに出すことである。それはあくまで、情報の伝達の一形態にすぎない。だが、レーニンのこの言説において、この「暴露」によるコミュニケーションは、政治的主体の配置を構造化する特別な役割を負わされている。言い換えれば、それは、単なる情報の流布とは異質な、すなわち、主体の配置を新たに定め、「真理」を垂直的な関係において生産する構造を打ち建てる行為である。

そのことを示唆しているのが、「われわれの運動の階級的性格」という用語に対する特異な意味づけである。それは、端的には「全人民的な暴露を組織する」ことにおいて現れる、とレーニンは言う。つまり、社会民主主義の運動の階級的性格は、その担い手の所属階級がいかなる階級であるのかといったことや、それが現状においていかなる階級の生活向上に寄与するものであるのか、といったこととは何の関係も持たない。言い換えれば、それは、何らの実体的なものに還元できるものではない。「暴露」というコミュニケーション的行為が、ただひたすらそれのみが、「階級的性格」を決定するのであり、そのうえで、かかるコミュニケーション的行為が「政府への強襲」、「革命的教育」、「経済闘争の指揮」等の具体的な実践へと結びつけられ、「不可分な全体」を形成する。他方で、「階級的性格」という概念は、「われわれの運動」を社会構造・階級構造における特定の位置（すなわち、社会主義革命の担い手としてのプロレタリア階級という位置）へと繋縛することを意味するであろう。つまり、社会民主主義の運動は、純粋にコミュニケーション的な行為によって、プロレタリア階級の運動となる、ということをレーニンは述べている。

このことは一体何を意味するのか。「全人民的な暴露」「煽動」は、もちろんアド・ホックなものではない。すなわち、「すべての問題」をマルクス主義に立脚した一貫したパースペクティヴから「解明すること」――これも一種のコミュニケーションにほかならない――によって、それは実行されるという。「解明すること」とは、フロイト的に言えば、症候の意味を明らかにすること、無意識を解明することの謂いである。これに成功する限りにおいて、「われわれの運動の階級的性格」は現れる。つまり、社会民主主義者という政治的主体が社会的構造のなかに位置を与えられる。そして、フロイトとの対比に関連させて言えば、この主体の位置は、分析者、すなわち無意識の解読者のそれにほかならない。

ここで生じているのは二重の動きである。すなわち、一方では、社会民主主義者の主体がプロレタリア階級（正確には、その「前衛」）として階級構造のなかに位置づけられるということ、そして他方では、その主体の行為として一貫したパースペクティヴから「すべての問題の解明」がなされるということ、言い換えれば、社会現象の本質についての「真理」が生産されること——この二つの動作が同時に行なわれる。それは、言うなれば、ひとつの統一的な世界解釈のフレームを提示するというコミュニケーション的行為によって、社会民主主義者は「前衛」ないし指導的な位置へと押し上げられる（すなわち、垂直的コミュニケーションの構造において上位の項を占める）と同時に、「真理」を生産するということである。

レーニン以前のロシアのラディカリストたちの前衛性が主にテロリズムにあったことを考慮するならば、ここでひとつの大きな断絶が設けられていることを理解できるであろう。いまや運動のラディカルさを担保するのは、革命家の行動の過激さではなく、「真理の産出」をなしうるコミュニケーションの構造の構築にほかならない、とレーニンは論じているからである。

そして次に見るように、この構造は閉じられたものではない。マルクス主義の立場からの社会現象の解明という知的営為こそが、主体を垂直的コミュニケーションの上位の項に送り込み、ひいては構造の開放性をも確保することになるのである。

以上の議論を要約するならば、「暴露」が「解明」へと転化することに伴って、垂直的なコミュニケーションの構造が生起し、「真理」の生産される場が出現する。ここでは、そのなかで主体が特定の位置を占めることとが、すべて同時に行なわれているのである。「真理」を生産することと、「真理」を生産するコミュニケーションの構造をつくり出し、

C――構造の解消

しかし――と、今日の自由民主主義者たちは言うであろう――こうした一種の極度に主知主義的な姿勢こそが後のロシア・マルクス主義の理性万能主義、ひいては教条主義・硬直性を生み出す温床となったではないか、という疑念が差し挟まれるかもしれない。すなわち、レーニンは、結局のところ、マルクス主義に立脚した一貫したパースペクティヴなるものによって、大衆を催眠術に掛けたにすぎなかったのだ、と。確かに、例えばかつて吉本隆明が「前衛的コミュニケーション」と呼んで嘲笑したような、(59) ひとつの強固なフレームによって、つまりそれ以外のパースペクティヴを許さないフレームによって世界を把握していると自称する言説は、ソヴィエト連邦のみならず世界の多くの場所で多大の害悪をもたらした。しかし、テクストの文言にはらまれている複雑な運動を微細に観察してみるならば、批判者たちの言うこととは反対に、レーニンの措定するフレームが閉鎖的であるとは必ずしも言えない。なぜなら、以下の言葉からわかるように、「真理」を体現する言葉を発することのできる位置は、原理的には万人に開かれているからである。言い換えれば、フレームを提示することは誰にでも可能である。

もし労働者が、専横と抑圧、圧制と濫用行為のありとあらゆる事例――この事例がどの階級に属するものであれ――に反応する習慣を、しかも、他のどの見地からでもなくまさに社会民主主義的な見地から反応する習慣を得ていないなら、労働者階級の意識は真に政治的なものではあり得ない。もし労働者が、具体的な、しかも絶対焦眉の（切実な）政治的事実や事件に基づいて、他のそれぞれの社会階級をその知的・精神的・政治的生活の一切の現れにおいて観察することを学ばないなら、――また、住民のすべての階級、層、集団の活動と生活のすべての側面に対して唯物論的分析と唯物論的評価を、実地に適用することを学ばないならば、労働者大衆の意識は真に政治的ではあり得ない。**労働者階級の注意や観察力や意識を**もっぱら、でないまでも主として、**この階級自身に向けさせるような人は、社会民主主義者ではない。なぜなら、労働者階級の自己認識は、現代社会のすべての階級の相互関係についての完全に明瞭な理解**（中略）**と、不可分に結びついているからである。**(60)［傍点強調原文、太字強調引用者］

社会民主主義者の「階級的性格」の複雑な生成と同様の運動が、労働者階級の階級性の生成に場面を移して、ここでは記述されている。社会民主主義者のコミュニケーション的行為による介入が、労働者階級をいかなる存在にするのか（しなければならないのか）。それはひとことで言えば、労働者大衆の意識を「真に政治的なもの」とすることである。そして、労働者階級の意識が「真に政治的」であるための条件は、具体的には、労働者階級が自ら以外の「社会階級をその知的・精神的・政治的生活の一切の現れにおいて」マルクス主義的パースペクティヴから理解することに懸かっている。

ここからわかるのは、ひとつには、レーニンが社会民主主義者に要求していたことと、労働者大衆に要求していたこととの間には、本質的には違いが存在しないということである。両者ともに、全包括的なパースペクティヴによって世界を「不可分な全体」として把握し解明することが要求されている。労働者階級を全知的立場へと導こうとしない者は、「社会民主主義者ではない」。つまり、労働者大衆は垂直的コミュニケーションの構造における下位の位置に恒常的に置かれ続けるものではないし、まさにそうなってはならないということが主張されている。

そしてもうひとつ読み取られるべきは、「労働者階級の自己認識」は、まさに自己の無意識を読み取ることによって可能になる、とされていることだ。決定的な箇所をいま一度引用しよう。「労働者階級の注意や観察力や意識をもっぱら、でないまでも主として、この階級自身に向けさせるような人は、社会民主主義者ではない」。つまり、労働者階級は、自己内省によって自身が何者であるかを把握することはできない、とレーニンは言っている。「労働者階級の自己認識」は「自己」を直接の「認識」対象とし得ない。それは、労働者階級が知的に未熟で政治的に不活発であるからではない。そうではなく、労働者階級が認識しなければならない自己とは、即自的な自己ではなく、脱自態としての自己、すなわちプロレタリア革命と社会主義を実現する歴運を背負い、この歴運を成就させる欲望を持った存在としての自己にほかならないからである。したがってそれは、現にある労働者としての自己を内省することによって把握されるものではない。

翻って、労働者階級の自己認識は、他なるものの把握によってはじめて可能となるものとして、措定されている。「労働者階級の自己認識は、現代社会のすべての階級の相互関係についての、完全に明瞭な理解（中略）と、不可分に結びついている」。すなわち、この議論において、「自己認識」は自己ならざる対象の認識（＝「現代社会のすべての階級の相互関係についての、完全に明瞭な理解」）によってのみ可能となるものである。つまり、労働者階級にとって、自己自身における「真理」は、直接に接近しうるものではなく、認識の客体たる社会構造全体、他者との相互関係においてのみ発見されるものとして、存在する。

かかる「真理」の位相は、フロイトが措定した無意識（＝「心の真理」）と軌を一にしている。フロイトにおいて、神経症の患者が自己の「心の真理」に出会うのは、他者と自己との関係、多くの場合、幼少時の親との人間関係を想起することによってであった。分析家に対する感情転移が必要であるのは、同じ人間関係を実践的に反復することによって想起を可能にするためである。こうしたプロセスにおいて重要なのは、ある人の「心の真理」は自己完結しないということ、自己完結し得ないことが認識されるということだ。無意識における欲望、すなわち自己の内面的真実は、他者との関係において発生しているということ、このことを分析家は転移を通して教えるのである。それは、労働者階級の自己把握が内省によってではなく、自己と他者との階級的関係の把握によって可能になるものとして措定されているのと、同様である。

以上の考察から明らかになったのは、レーニンにおける政治的コミュニケーションの構造、そこにおける「真理の生産」と主体の生成のプロセスである。精神分析におけるそれと同じく、真理は、革命家と労働者という垂直的なコミュニケーションにおいて生産される。ただし、この構造には、それが解体される契機が内在的に埋め込まれている。すなわち、レーニンにあっては、垂直的なコミュニケーションにおいて上位を占める位置に万人が立つことが求められている。このことが実現されたときには、「指導者‐大衆」という垂直的な構造そのものが消え去り、そして労働者階級の階級意識が生成され自己が発見されるのである。

Ⅷ　街頭と議会の狭間としてのソヴィエト

レーニンにおける階級生成の理論は、二つの革命（一九〇五年の革命と一九一七年の革命）において多大な役割を果たしたソヴィエト（評議会）運動において、革命を可能なものとする現実的な基盤を獲得したと言える。「すべての権力をソヴィエトへ」というスローガンに代表されるように、一九一七年のレーニンにとって、ソヴィエトは政府に取って代わるべき新しい権力の機関として把握される。それは、労働者および農民階級の力が結集し表現される機関であり、端的なデモクラシー、すなわち「民衆の支配」を実現する機関である。ゆえに、レーニンにとって革命時のソヴィエト制度は、議論のための機関ではなく、武装した人民による「実行する機関」[61]として概念化される。つまりそれは、平時においては国家の許に独占されている暴力を自らの許へと引き寄せるものである。

その意味で、ソヴィエト運動は、フロイトが語った原父殺しを反復する志向性を持っている。しかしそれは、同時にあくまで評議の機関であった。その意味で、ソヴィエトは絶妙な位置にあったと言えるだろう。現代デモクラシー＝民主主義の構造は、構造の超越論的起源（構成的権力の生成場面）としての原初的暴力に基づけられる一方で、その暴力をそこに封じ込め無力化する言論機関が、その構造の頂点に存在する。空間的に言い換えれば、権力の起源としての「街頭」と「議会」という二項によって、それは構造化されている。しかるにソヴィエトは、この二項の中間に位置する。それは、武装した人民によって構成されていることによって街頭と直結している一方で、評議の機関であることによって言論の機関でもある。人々は、この場所に結集することによって、デモクラシーを生み出した原初の欲望に目覚めつつ、他者との議論によって自己認識を獲得する。すなわち「階級」へと生成するのである。

すでに述べたように、現代デモクラシーは、それ自体ひとつの巨大な倒錯である。なぜなら、それは「民衆の支配」であると同時に、その絶えざる否定、支配の禁止にほかならないからである。してみれば、レーニンの企てた闘いとは、こうした倒錯に対する闘いにほかならなかった。それは、民衆をつくり出すという営為を必然的に含む。民衆が存在しない限り、「民衆の支配」はあり得ない。レーニンの言う「暴露」「煽動」は、すでに見たように、ひとつの人間集団を形成するものであり、来るべき民衆をこの世界に出現させることへと差し向けられたものであった。それは、労働者階級の「心の真理」を言い当てる。レーニンにとって、「社会民主主義者」とは、大衆に自らの真の欲望に向き合わせ、それによって「欲望する民衆」をつくり出し、それが成った瞬間に消え去ってゆく媒介者にほかならなかった。

参政権の獲得等を通じた労働者階級の権力の伸長（＝民主主義の実現）とともにすぐに修正主義が現れたように、「民衆の支配」はその不可能性を催眠的に説く主張と危険なまでに隣り合っている。しかし、人々が催眠から解放され、端的な「民衆の支配」が――たとえ永続的なものではなかったとしても――実現してしまう瞬間は事実として存在する。

レーニンが『国家と革命』によって描き出したのは、そのような奇跡の瞬間にほかならなかった。そこでは、「物質」と化した民衆が〈普遍的な力〉として造形され、テクストの上に舞い降りることとなる。今日、〈民主主義とその不満〉が再び渦を巻く時代が求めているのは、かかる奇跡の瞬間である。

第六章　実在論の政治学――レーニンとネグリ

I　形式の交替劇としての哲学・政治学史

ルイ・アルチュセールは『レーニンと哲学』において、哲学の歴史は観念論と唯物論という二つの傾向の闘争であるという『唯物論と経験批判論』におけるレーニンのテーゼを紹介した後で、その歴史とは結局のところ「無意味な遊び」であると言っている。

じじつこのテーゼは、本質的なものとして、哲学は実際には歴史をもたないということの確認に立ち戻ってきます。二つの傾向の衝突のくりかえしにすぎない歴史とはいったい何か。戦いの形式や議論の内容が変化することは可能です。しかし哲学の歴史全体がこれら諸形式の歴史にすぎないのであれば、これら諸形式が反映している不変の傾向に諸形式を還元することによって、諸形式の変形は一種の無意味な遊びと化してしまいます。究極のところ、哲学には歴史がない。哲学は、そこではあの無意味なもののくりかえし以外には全く何も起こらない、奇妙な、理論の場であります(1)。［強調原文］

ここで哲学とは何かを厳密に定義することなど望むべくもないが、仮にそれを知の在り方に関する探求であるとするならば、知に先立って外在的対象＝物質から始めるならば唯物論が成り立ち、外在的対象に先立って知＝精神から始めるならば観念論が成立する、ととりあえず言いうる。これが二つの傾向、あるいは立場である。この二つの立場がいつ果てるともなく交替を繰り返すのが哲学史と呼ばれるものであるのならば、そこには内在的な意味＝内容など存在しない。二つの傾向＝形式の交替があるだけだ。このような意味の不在をアルチュセールは「歴史がない」と表現するのだ。

ほとんど同じことが、政治思想史にも、わけても「民主主義」的であることを自認するさまざまな政治思想が織り成す歴史にも当てはまる。今日、専制や絶対主義に高い価値を本気で与えようとする者はほとんどいるまい。してみれば、権力の基盤は、いわば「下から」支えられたものでなければならない。「下から」来る権力は自由をもたらす肯定すべきものであり、「上から」押しつけられる権力は自由を抑圧する否定すべきものである。巷間流布しているデモクラシー＝民主主義のイデオロギーを最大公約数的に定義するならば、言い換えれば、民主主義的価値観の常識を煎じ詰めれば、以上の言葉になるだろう。

こうした常識的な観点から見るならば、われわれは例の交替劇を必ずと言っていいほど目撃することになる。例えば、ハンナ・アレントの『革命について』におけるロシア革命評価を検討してみればそれは明らかだ。彼女において、評議会制＝ソヴィエト制度は、「全く新しい統治の形態、革命そのものの過程で構成され組織された、自由のための新しい公的空間」(2)である。だから、労働者評議会としてのソヴィエト制度は権力を「下から」生成させるものであり高く評価される。しかし、評議会から権力が奪われ権力が党に集中されると、エリートによる人民の管理が追求され「上から」の権力と化してしまうので、それは批難されるべきものとなる。あるいは、レーニンとローザ・ルクセンブルク（一八七一～一九一九）とどちらを高く評価すべきかをめぐって闘われてきた論戦を考えてもよい。「意識性」を重んじた前者は権威主義的であり上からの抑圧的権力をつくり上げたとされ、「自然発生性」を重要視した後者は下からの権力という価値を徹底的に擁護した、ということがしばしば語られてきた。

要するに、二つの統治形態が延々と争っている。デモクラシー＝民主主義をニーチェ流にとらえるならば、それは強者の自己肯定が禁じられている世界である以上、統治者が自らの権力の正統性（＝根拠）を自分自身に求めることが禁じられ、デモスの支持に求めることが要請される統治形態である。つまり、権力の根拠は統治者自身の外側にある。したがって、このパラダイムにあっては、哲学からの隠喩を用いるなら、権力に先立つ民衆の力から始める「下から」の政治は唯物論的であり、他方、権力が先に立ってそれが民衆へと向かうことになる「上から」の政治は観念論的である、ということになるだろう。政治の歴史はこのような二つのタイプの権力の交替として描き出される。そして、唯物論から始まったはずのボリシェヴィズムはいつの間にか観念論の極限に達し（この過程は当然、究極の民主主義を追求する運動であったはずのマルクス主義が独裁へと至るプロセスに重ねられる）、上からの観念を無理やりに押しつけたためにボリシェヴィズムはついに滅びるに至った……というタイプの言説はもはやクリシェの域に達している。

Ⅱ　アントニオ・ネグリ『構成的権力』の問題提起

だが、本章の目的は、このような政治哲学の無内容ぶりを嘆くことではない。むしろ、このような終わりなき交替劇こそが、近代政治学の、もっと言えば近代における政治的なものの課題とそのアポリアとを明確に照らし出していると考えるべきなのだ。例えば、アントニオ・ネグリが『構成的権力』で取り組んでいるのもまさにこの問題である。すなわち、民衆の力の発現として湧き上がってくる動態的な「構成する権力」は、それが支配的なものとなるや否やすぐに「構成された権力」に転化し、国家の諸機構のなかへ絡め取られ、静的なものへと固定化されてしまう。このメカニズムを明らかにし、そこからいかにして逃れうるのかということが、マキャヴェリやハリントンからアメリカ革命、フランス革命、マルクス＝レーニン、そして現代に至るまでの大量の素材を通して考察されている。ネグリの言う「構成的権力」(pouvoir constituant) には簡潔にして十分な定義が与えられていない。そのこと自体が「構成的権力」の定義上ふさわしいことなのだが、あえて引用すれば次のように定義されていると言える。「構成的権力は、単に、全能的で拡張的な源泉――そこからいっさいの法的秩序にかかわる憲法的規範が発生する――と見なされるばかりではなく、そのような生産の主体そのもの、それ自体が全能的で拡張的な活動と見なされてもきたのである」[3]。『構成的権力』の随所で語られることによれば、それが民主主義的権力の最も本来的・究極的な内実であるとされていることは疑いを容れない。

以上のような立場から、ネグリはデモクラシー＝民主主義を、すなわち唯物論の立場からの政治思想を構想する。この立場を民主主義的なものととりあえず呼びうるのは、それが憲法や国家的諸制度といった形で制度化される以前の、つまり超越的なものとなって君臨するものとなる以前の内在的な力に権力の実体を見ているからである。

しかし、このような根本的な流動状態(＝全能的で拡張的)に置かれた力が、その動態性を保ち続けるのは困難であるとされる。つまり、この力を抑えつけ固定化しようとする反動が現れる。言い換えれば、内在から超越に向かう、唯物論から観念論に向かう反動が生じる。ネグリにおいて「構成する権力」が「構成された権力」へと転化される重要な契機として取り上げられるのが「代表制」（狭義の議会制だけでなく、行政機構および司法制度をも含めた政治制度全体としての）であり、すなわち権力の表象化である。ネグリは次のように言っている。

そこでは、構成された権力が、「表象化」の過程に全面的に取り込まれるために「政治化」したある空間を起点として、中央集権化された媒介物として現出する。かくして、構成的権力は表象のメカニズムのなかで弱められ、もはや「政治的空間」のなかにしか姿を現わすことができない。そして、それは、最高法廷の活動、あるいはその他の国家諸機関に与えられた主導的権力のなかにおいて、仮面をかぶった――しかしつねに無力化された――様相でわれわれのもとに戻ってくる。国家機関の分割と相互コントロール、行政的過程の全般化と形式化といったものが、このような構成的権力の無力化のシステムを強化し固定化する。(4)

端的に言えば、社会的状況から内在的に生成してくる「構成する権力」を社会に対して超越的なものとなる「構成された権力」へと絡め取ってしまうのは、表象のシステムである。ネグリやアレントが描き出すように、社会的大変動の瞬間に「構成する権力」は社会的編成を大規模に変革するが、すぐにこの流動性に対する反動が始まり、権力は固定化されることになる。いわば、下から内在的に出現したはずの権力が、超越的なものとなって自身の起源の力を抑えつけることとなる。哲学的に言えば、これは唯物論に対する観念論の反動である。この反動が強力なのは、それがひとつの強力なシステムを、すなわち表象・代表（representation）のシステムを用いるからであり、何らかの打ち立てられた制度や立法（それは必然的に、どれほど精妙に形づくられたとしても、少なくとも相対的には静態的なものとならざるを得ない、なぜなら「構成する権力」は絶対的な流動性そのものなのだから）のうちに「構成的権力」が「表象」されているという論理が動員されるためである。このようにして打ち立てられた「構成された権力」を批判することは論理的に容易でない。なぜなら、それは自らの基盤があくまで「構成的権力」にあることを自称するからだ。そしてひと度「構成された権力」が表象として固定化されると、今度は逆にその表象の方が「構成的権力」を維持しているのだという倒錯した見方が現れることになる。ネグリはアメリカ革命に即して次のように言っている。

構成的権力は憲法によって定義されるばかりでなく、政府の公式の一要素になりはてる。もともとの構成的事実は『独立宣言』と隣り合った歴史的遺産の一部となる。その力は政府の権力としてしか表現されえない。したがって、憲法なしでは、憲法の庇護なしでは、立憲機構と統治有機体なしでは、構成的権力は存在しない。(5)

つまり、そもそも憲法を成り立たしめたのは「構成的権力」であったにもかかわらず、ひと度憲法が成立しそれが「構成的権力」を「憲法制定権力」として定義するや否や、「構成的権力」はそれが打ち立てたものによって保障されるということになる。原因と結果の転倒。ここにおいて唯物論に対する観念論の勝利は完成することになる。かくして、「構成的権力」の「表象化」は、その無力化、「人民による支配」の喪失と同義である。

ネグリにとって、本来的な「構成的権力」、すなわち「構成する権力」はあらゆる限界を超えてゆく「全能的で拡張的」なものである以上、原理的に言って表象不可能なものだ。こうしてネグリの政治学は一種の形而上学と化さざるを得ない。なぜならそれは、諸々の政治システム内における妥当な権力の分配という問題を「構成された権力」の問題であるとして一切斥け、あらゆる「構成された権力」に先立つものの考察へ問題を特化することになるからであり、そこにおいて「構成的権力」は諸表象に権利上先立ち、それに回収されない一種の形而上学的実体として概念化されるほかないからだ。それゆえに、ネグリは「構成的権力」を一種の存在論的カテゴリーとして措定するのである。

Ⅲ　形式か自由か？

だが、われわれが先に設定した問題は、唯物論と観念論の果てしのない交替劇という悪循環に関するものであった。果たして、ネグリが唯物論的なものとして提示している「構成的権力」の概念は、交替劇の歴史にひとつのエピソードをつけ加えているにすぎないのであろうか。

ジョルジョ・アガンベン（一九四二～）は、ネグリの「構成的権力」とは、結局のところネグリが批判してやまない主権権力と本質的に差異のないものであると見なしている。いわく、「ネグリも、構成する権力の歴史的現象学に関して豊かな分析をおこなってはいるものの、そこでは、構成する権力を主権権力から分離することを可能にするいかなる判断基準を、どこに見いだすこともできていない」(6)。アガンベンの議論を敷衍すれば、要するに、既存の権力体制が崩壊するとき（＝権力の真空、「例外状態」の発生）新たな権力が新しい社会的布置を「構成する」が、この「構成する権力」は出来上がった権力関係を固定化するよう即座に作用する（＝主権権力の成立）であろう、ということだ。

このアガンベンのコメントは相当に適切なものと言わざるを得ない(7)。なぜなら、見てきたように、ネグリの措定する「構成的権力」はつねにその固定化に脅かされており、また固定化の傾向に現に敗北し続けてきたことは、『構成的権力』という大部の書物の重量によって証明されているからだ。それは、主権権力のなかに氷漬けにされることをつねにすでに運命づけられているかのごとくである。「構成する権力の歴史的現象学」とは、まさにその敗北の歴史の現象学にほかならない。

こうして、ネグリの体系もある意味では、諸々の民主主義的政治理論が織り成す歴史のエピソードのひとつに分類されうると言えるのかもしれない。もしそうであるのなら、すでに確認したように、それは「上から」か「下から」かという問題をめぐる終わりのない議論に一枚のページをつけ加えることになるだろう。その意味では、「帝国」と「マルチチュード」という概念もまた、前者を国家権力に代わる新しい主権的権力と規定し、後者を「構成的権力」と規定して、この同じ構図を現代のグローバルな政治的構造と主体の領野に移し替えたものであるとも言える。

この果てしのなさを、われわれはどのように取り扱うことができるのだろうか。建築家の隈研吾は次のように言っている。

形式対自由。二〇世紀後半の建築界をこの二項対立が支配した。いまだに建築雑誌に掲載されるほとんどの論文は、この二項対立を前提として、その超克をめざせという形で、論を組み立てる。実際には建築のみならず他の領域、たとえば政治においても経済においてもこの二項対立は二〇世紀後半における議論の中心にあった。たとえば経済における政治の介入と自由放任という二項対立。科学における線形と非線形。注意すべきは、この二項対立自体は少しも新しくはないという点。(8)

われわれが論じてきた「上から」の権力（観念論）、「下から」の権力（唯物論）の相克とは、言い換えれば、「形式」と「自由」との相克であると言ってもよい。無限に「自由」であることを求める「構成的権力」と、それを制度という「形式」へと閉じ込める「構成された権力」。問題は、この相克が出口なしの悪循環にほかならず、どれほど「自由」を顕揚してみたところで、必ず「形式」による固定化に敗北せざるを得ないように仕組まれているということだ。そして、やがて「形式」による固定化は閉塞感を醸成し、今度は「自由」が顕揚されるであろう。しかし、その次にはこの「自由」は……。

あるいは、哲学的文脈に即して言えば、活き活きとした〈モノ〉に対してどれほどザッハリヒに立ち向かおうとしたところで、そこから体系を紡ぎ出すならば、それは立派な観念論哲学の体系にもなりうるということである。つまり、「自由」から始めて不可避的に「形式」に至ってしまう。このことは、例えば現象学運動が「（ザッハリヒな）認識そのものが超越をはらむ」（フッサール）という逆説的なテーゼから始まり、それをいまだに乗り越えていない、乗り越えられない、すなわち、現象学的還元を行なう主体（＝唯物論的主体）が超越的観念論をその始発点において必然的に含み持つという逆説を解きほぐすことができない、という事実によって証明されている。

しかし、この二項対立は、その不毛さにもかかわらず強力である。それがいつつくり出されたのかということは判断し難いが、最近生まれたものではないことは確かであり、おそらく近代性そのものと同じくらい長い歴史を持っている。してみれば、当然われわれが志向しなければならないのは、この二項対立のなかで堂々めぐりを続けることではなくて、それを超え出る途を探ることであるはずだ。だが、二項の両者を綜合するという発想もすでに相当陳腐化している。隈はさらに、「形式と自由の動的な循環運動」という論理がポスト構造主義の御得意の議論であり、この論理によって大量の著作や論文が惰性的に生産された（特にアメリカのアカデミズムにおいて）という事態を批判的に指摘している。

形式をもってしては永遠に捉えることのできない自由で流動的なものを、形式は絶えず汲み取り続けなければならない。それによって形式はそれ自身で更新し続ける流動的なものたり得るというのが、ポスト構造主義全体を貫く論理構造だったのである。(9)

こうした顚末の挙句勝利したのは、果たして「形式」であったのか、「自由」であったのか、と問うことは無意味である。なぜなら、「形式」が勝利した後には「自由」が回帰し、「自由」が勝利した後には「形式」が回帰するという循環構造が確固たるものとして形成されているからだ。それは、アルチュセールの言う「無意味な遊び」である以上、どちらも勝ちきることはない。最終的に勝利するのは、「形式」でも「自由」でもない。実際は、〈形式／自由〉、〈観念論／唯物論〉、〈構成された権力／構成する権力〉という二項対立のカップリングそのものがつねに勝利し続けているのだ。だが、それは一体何に対しての勝利であるのか？

Ⅳ　形式と自由、レーニン的解決

a――ネグリのレーニン読解

先述したように、ネグリの著作『構成的権力』の内容は、実質的に言って「構成する権力の敗北の歴史」であるとも言える。ゆえに、そこで「構成的権力」の一歴史的実例として記述されるレーニンのロシア革命における権力に関する記述もまた、一度は本来的な意味での「構成する権力」へと生成したものの結局のところ「破滅への道を走る」(10)（＝スターリン主義の出現）ものとなったとしてそれを規定する。そして、その原因の分析においては、ロシアにおける市民社会の未熟というマックス・ウェーバーの有名な診断を相当程度に受け容れている。レーニンの偉大を認めたうえで、一九一七年のロシアという歴史的所与の限界を指摘し、それに伴ってレーニンのプロジェクトの限界を認めるということの身振りは、かなり月並みなものであるようにも思われる。しかし、次に見るように、ネグリはレーニンを解釈する際に独特の鋭さを見せてもいる。

一九〇五年の第一次ロシア革命前後に、レーニンはソヴィエト制度（＝自然発生的な労働者評議会）の評価をめぐってトロツキー（一八七九〜一九四〇）やローザ・ルクセンブルクと理論的に衝突した。簡単に言えば、レーニンは中央集権型の前衛党のイニシアティヴによって革命のための組織としてソヴィエトが確立される必要性を主張したのに対して、トロツキーはソヴィエト制度そのものに革命的諸機能が集中されるべきとし、またローザ・ルクセンブルクはソヴィエト運動が多方面へ、また各地へ拡散されるべきと主張した。つまり、レーニンは革命の主体としてはソヴィエト制度だけでは十分ではないという幾分懐疑的な態度をとったのに対し、後二者はソヴィエト制度を通して現れた運動の自然発生性の高揚を重要視したのである。この論戦におけるレーニンによるトロツキー＝ローザ批判の要点をネグリは次のように示している。

レーニンによると、理論の過大評価は、自然発生性なるものにそれが遂行することのできない諸機能を託すという点に存在する。自然発生性が卓越した役割を演じるということはたしかにありえる（このことは、「ロマン主義者」、「アナーキスト」としてのレーニンが一度ならず認め、称揚したところでもある）が、しかしそれはいつでも自動的にそうであるというわけではない。(11)［強調引用者］

〈形式／自由〉という二項対立は、この文脈においては、〈中央集権化／自然発生性〉、あるいは『何をなすべきか？』で提示された概念で言えば、〈意識性／自然発生性〉という二項対立であると言ってよい。通常、これは〈理論的なもの／自然なもの〉の対立であると解される。しかし、ネグリがここで言っているのは全く別のことだ。端的に言えば、トロツキーやローザが運動の発展の原動力と未来を担うものとして期待する「自然発生性」とは、すでに十分に「理論」なのである。より厳密に言えば、「自然発生性」そのものは事実であっても、それへの期待はあくまで理論的なものだ。ゆえに、それをつねに革命の実行可能性に対して充分なものと見なすことは、「理論の過大評価」である。運動の「自然発生性」が、あくまで資本制社会の内部での、したがってその内部にとどまらざるを得ず、社会主義革命には決して到達しない「自然発生性」であることを確信していたレーニンにとっては、「自然発生性」をそれだけで十全なものと考えるということは、途轍もない誤りであった。

してみれば、ここで実際に対立しているのは「理論的なもの」と「自然なもの」なのではない。あるいは、「形式」と「自由」なのではない。「理論的なもの」同士が対立しているというのが、ネグリの見方なのである。ただし、これから述べるように、同じ性質の二つの「理論的なもの」が単に等価的に対立しているのではなく、問題はそれにとどまらない。言い換えれば、単に「良い理論」と「悪い理論」が対立しているのではない。

b――構図の破壊

「レーニンは自然発生性に対して意識性の優位を説いた」、とつねに言われてきた。しかも、しばしばそれがレーニン主義の最悪の部分を生み出したものであるかのように。だが、彼が主張していたのは、「大衆運動に対する党の指導性の優位」などという単純で粗雑な御題目に回収されるような簡単なことではない。問題はそれ以上の事柄なのだ。なぜなら、「自然発生性」に対して「意識性」を対置することは、それだけではさして意味のあることではないからだ。それは見てきたように、「自由」に対して「形式」を対置してそれを優越させることと同義であり、それは必ず「自由」からの反撃をいずれ受けることになる。そしてその後には、「形式」を重視せよという反動が、これまた不可避的にやってくる。つまりは、あの悪循環が招きよせられる。

だからレーニンは、二項対立の一方に加担したのではなく、その構図が再生産される構造それ自体の破壊を目指すこととなる。それは、トロツキーやローザの想い描く「自然発生性」、すなわち彼らにあっては革命のための「無媒介の所与」としてとらえられたものが、「無媒介の所与の表象」にすぎないと指摘することによってである。してみれば、「自然なもの」が実際は「理論的なもの」だと指摘することは、一種の表象批判であると言ってよい。

そして、真に偶像破壊的態度とはこのような態度である。例えば、かつて知識人たちが「大衆」についてしばしばどう語ってきたかを想い起こせばよい。ある人々は「大衆への信頼・期待」を語り、またある人々は「大衆への不信・幻滅」を盛んに語ってきた。どちらの「大衆」像がリアルであるのかと考えるのは間違っている。「誠実で進歩への意欲を持った大衆」なるものが知識人の頭脳の産物であるのと同じように、「狡猾で保守的な大衆」なるものもまたこしらえ物である。前者は偶像崇拝的で後者は偶像破壊的に見えるが、それは見掛けにすぎない。どちらも「本当の大衆」などではなく、知識人の観念のなかの住人であったことがいかに多かったことだろうか。偶像破壊をしているつもりの本人は、反対に偶像によってネガティヴかつ強力にとらえられているにすぎない。こうして、「本当の大衆」なるものを一般的観念として措定した瞬間に、それに対する不当な期待や不信感が生ずるのである。

レーニンは、「自然発生性」という偶像に「意識性」という偶像を以て置き換えたのではない。「《自然発生的要素》とは本質上、意識性の萌芽形態にほかならない[(12)]」と語るレーニンは、「自然発生性」をそれ自体として、それ自体としてだけ認めようとする。言い換えれば、それを理論家の幻想を投射するスクリーンにしないようにする。ゆえにこそ、「自由」に対して「形式」を対置したのではなく、「自由」もまた一種の「形式」——理論家の脳味噌のなかで固定化されたもの——にほかならないということを彼は指摘したのだ。これが、『何をなすべきか？』をはじめさまざまなテクストで執拗に語られた「自然発生性への拝跪」への批判の意味するところである。

それでは、このようなレーニンの立場は、あの二項対立の構図に対していかなる立場を採り、それを破壊することになるのだろうか。レーニンの「自然発生性」批判——より正確には「自然発生性への拝跪」に対する批判——の構図からすれば、〈意識性／自然発生性〉の二項対立とはどちらも観念上の対立である。してみれば、後に簡単に触れるが、レーニンが唯物論を観念論に対置したとすれば、〈意識性／自然発生性〉というそれ自体観念論的な構図に向けて、それは行なわれたはずである。それは、図式的に示せば〈〈意識性／自然発生性〉＝観念論／唯物論〉ということになる。[13] あるいは、哲学用語に変奏するならば、〈〈観念論／唯物論〉＝観念論／唯物論〉である。[14]「観念論」に対する対立項としての「唯物論」を対置するのではなく、唯物論としての唯物論の提示、これがレーニンにおける思想の核心として読み込まれなければならないものにほかならない。このレーニン的見地からすれば、「意識性」に対して提示される「自由」なものとしての「自然発生性」はいまだ観念論であり、十分に自由ではないために斥けられなければならなかったのである。後で見るように、この棄却は逆説的かつ過激な転倒・逆転の方法でなされるだろう。そしてこのような立場を、ネグリも言うように[15]「前衛」と呼ぶべきなのであろう。

こうしたレーニンの唯物論を担保しているものは、何なのだろうか？　そしてまた、それがわれわれの論じてきた悪循環を逃れうる可能性を持つものだとするならば、その特質はどこに見出されるべきなのか？

とはいえ、われわれはレーニンによる「解決」を安易に取り出そうとすべきではない。「民主主義」の前提を引き受ける限り（レーニン自身も例外ではない）、例の循環という構図から容易に抜け出せるはずもないのだから。実際レーニンも、彼が〈意識性／自然発生性〉という対概念を用いるとき、〈形式／自由〉という構図をひとまず受け容れているのである。もとよりそれらをひとまとめに否定するのは不可能なのだ。革新的思想が生み出されるとき、往々にしてそれは既存の言葉の持つ意味がズラされることによって、それはなされる。むしろわれわれは、この図式を受け容れつつも、レーニンがいかなる戦略を以てそこから脱出することを試みたのかを知ろうとすべきである。

C――〈形式＝自由／自由＝形式〉

レーニンが称揚する「意識性」は、とりあえずは見掛け上、「自由」な「自然発生性」

に対する「形式」の位置を占めていたことを想い起こそう。偽の「自由」たる「自然発生性」を撃つためには、よしやレーニンもまた「自由」を求める者であったとしても、「敵の敵は味方」であり、「形式」に訴えるほかなかった。あるいはこう言ってもよい。レーニンは「形式」に依拠することによって、即自的な「自由」をギリギリまで追いつめるのであると。そして、それによって「自然発生性」のなかに「萌芽形態」として現れた「自由」に煉獄をくぐらせ、それを別物へと生成させるのである、と。

こういった手続きは、先に批判的に言及された「形式と自由の動的な循環運動」とは異なるものだ。なぜならば、レーニンが持ち込む「形式」は、「形式」と「自由」の調和を目指すものではないからだ。レーニンは「形式」と「自由」をいかなる意味でも混合させようとはしない。こういった調停的思考こそレーニンが最も激しく批判したものだ。唯物論と観念論の調停、それは『唯物論と経験批判論』の言葉を借りれば、「いやしむべき中間派」「あわれむべき粥」(16)（経験批判論の立場を指す）のようなものであった。

それよりも、彼は「革命」という位相からこの二つの概念の地位をラディカルに逆転させてしまうのである。『何をなすべきか？』は「自然発生性」批判で名高いテクストであるが、その批判の論理において、このラディカルな逆転が貫徹されている。例えば、「自然科学がどれほど進歩しても、人間は祖先以来の方法で繁殖してゆくであろうのと同様に、社会科学がどれほど進歩し、また意識的な闘士がどれほど増えても、新しい社会秩序の誕生は、今後も主として自然発生的爆発の結果であるだろう」と主張する論敵に対して、レーニンは機知に溢れた筆致で次のように書く。

祖先以来の英知が、「子供をつくるのに知恵の不足する人間がいたろうか？」と言っているのと同様に、「最新の社会主義者たち」の（ナルツィス・トゥポルィロフ流の）英知は、「新しい社会秩序の自然発生的誕生に参加するのに知恵の不足する人間はいない」と言うのである。われわれもまた、そうするのに知恵の不足する人間はいないと思う。それに参加するためには、——経済主義［政治的革命よりも労働者の実質的な利益を求めて雇主・政府と交渉・闘争することを優先すべきとする立場］が横行しているときには経済主義に、テロリズムが起こってくればテロリズムに、屈服するだけで十分なのだ。(17)［強調原文］

ここで明瞭に語られているのは、「自由」のシンボルである「自然発生性」を称揚することは、いささかなりとも「自由」ではないということ、実際には正反対であって、それは現に在るものへの屈服にほかならない、ということだ。この論点については、『未完のレーニン』第二章でやや詳しく論じたのでここでは詳述しないが、そのポイントは、レーニンがそのなかを生きている「革命の現実性」の位相から見た場合、「自然発生性」はいまだ必然性のカテゴリーに属しており、そこから出来してくるものを「変更する」という所作においてこそ、レーニン的思考の特異性が目撃されるのだ、ということである。してみれば、逆に「自由」は「形式」のうちにおいてこそ見出されなければならない。レーニンが革命前も革命後も自他に対して「鉄の規律」(=行動の形式)を要求したことは、この視点から理解される。革命運動あるいは「プロレタリア独裁」は、一種の「専制」[18]であらねばならないのである。かくして〈形式/自由〉の二項はそれぞれ転倒された結果、逆転せられ、〈形式=自由/自由=形式〉という構図が出現する。

果たしてこの逆転によって何がなされたのか? 繰り返すが、レーニンは「形式」と「自由」の調和を夢見たのではない。なぜなら、重要なのは「形式」かそれとも「自由」か、「意識性」かそれとも「自然発生性」かという二者択一式の問題設定――このように問いが立てられたときには、「どちらも大切だ」という凡庸かつ折衷的な回答しか出てきようがない――そのものが、「観念論」か「唯物論」かという問題設定が観念論的な枠組みを脱していないのと同様に、誤ったものだからである。してみれば、この問いへの偶像破壊的な回答は次のようなものになるだろう。すなわち、「どちらも同じだ」と。〈形式=自由/自由=形式〉というトートロジカルな構図を引き出すことによって、そもそもの二項対立が無意味なものであることをレーニンは暴露する。先に述べたように、レーニンが企図したのは、〈観念論/唯物論〉=観念論/唯物論〉という構図によって、観念論に全面的に対立することであった。そのアナロジーから言えば、レーニンが「形式」と「自由」の相克において持ち込むことになるのは、〈形式／自由〉＝形式／自由〉という図式だということになる。そして、この図式は、〈形式／自由〉における両項が逆転されて〈形式＝自由／自由＝形式〉の図式が成立したことによって得られるものだ。というのは、即自的な「自由」を「形式」にすぎないと見、また「形式」において「自由」を透視することができる視点は革命の位相という視点であり、そこから得られた「自由」の観点からのみ、〈形式／自由〉の二項対立を総体として「形式」にすぎないものとして規定できるからである。したがって、〈形式／自由〉＝形式／自由〉における最下項の「自由」とは、疎外された次元を全面的に覆すものとしての革命の位相から定義づけられる「自由」である。

V　実在へ

逆説的なのは、このようにして自由としての自由を取り出そうとする際には、必然的に「形式」を主張しなければならなかったということだ。それは、唯物論としての唯物論を主張する際に、〈観念論／唯物論〉に対して「物質」概念を断固として主張せねばならなかったのと同じ事情である。レーニンの唯物論の基底をなすこの「物質」は極度に実在的な概念であるが、その限りにおいて実際は「観念論」的な概念でもあるのだ。というのは、マッハ主義者たちが「自らの感覚において現れるもののみを思惟の対象にする」と言うのに反対してレーニンが「物質」の存在論的優越を唱えるとき、それは一面で超越的観念として現れているからである。

本書第一部第二章ですでに見たように、レーニンが『唯物論と経験批判論』でこき下ろしたマッハ思想は、「現象主義」とも呼ばれ、今日では現象学の先駆けであったと言われることもあるが、その理由はマッハが超越的な実体的概念（物質・精神）を斥けることを主張し、感官の知覚に現れるものだけに認識の対象を制限しようとしたことにある。

しかも、彼は「物自体」も認めなかった。マッハの考えでは、世界は認識に先立って絶対的に存在する実体でもなければ、認識の内部において汲み尽くされるべきものでもなかった。それは感性によってとらえられる諸要素の関数的連関として把握されるべきものであった。単純化すれば、認識が成り立つためには世界がなければならず、世界が現れ出るためには認識が必要である以上、世界と認識の連関する仕方を検討すべきだというのが、その主張の要点であった。してみれば、マッハ主義はある意味では、外的対象から体系を開始しようとする、すなわち「唯物論」的な発想を持っているとも言いうる。しかし、それは外的対象の究極的根拠（＝レーニンの「物質」、あるいはカントの「物自体」）を認めない。そのようなものは知覚し得ないがゆえに認識に対して超越的だからである。とはいえ、精神のうちにとらえられるものだけを実在的な世界だとする見解（＝「観念論」）もマッハは採らない。なぜなら、精神・自我もまた外的世界との連関によって成立しているからである。こうして、それは〈観念論／唯物論〉という二項対立を止揚すると主張する。レーニンが介入するのはこの点においてである。哲学は「観念論」と「唯物論」のいずれかであるほかない、第三の立場などあり得ない、と。この所作は一見したところ、あの「無意味な遊び」を再開させてしまう不毛な振る舞いであるようにも思われる。しかし、〈形式／自由〉をめぐって見てきたように、両者の調停という発想こそが間違っているのだ。そして、それは二項対立を生き延びさせる。してみれば、二項対立は、第三項を立てる——この場合「経験批判論」という立場——ことによってではなく、言わば、内側から破壊されねばならない。両者を折衷するというのは、いまだに哲学である。ゆえに、「現象主義」によってマルクス主義を再構築しようとするボグダーノフの立場は、偽装した観念論的「唯物論」にすぎない。このような「唯物論」に対してレーニンは「物質」概念を以て対決するわけだが、それは哲学総体に対立する唯物論であると同時に、ボグダーノフのマッハ主義が唯物論を僭称する「唯物論」である以上、「物質」概念はあえて「観念論」的に措定されざるを得ないのである。レーニンの偉大——それは彼が「観念論」を恐れなかったところにある。

「形式」が「自由」へ、「自由」が「形式」へと転倒されたのと同じように、「観念論」は

「唯物論」へと転倒され、「唯物論」は「観念論」へと転倒される。つまり、〈観念論＝唯物論／唯物論＝観念論〉という図式が現れる。この転倒が可能になるのは、〈　〉内部の項をすべて観念論として総括する立場、すなわち〈観念論／唯物論〉＝観念論／唯物論〉という図式を成立させ、最下項の唯物論の立場を採ることによってである。レーニンの「物質」概念が極度の形而上学的性質を持っていること、そして後に彼がヘーゲルの「客観的観念論」に出会ったときの歓喜と熱狂（『哲学ノート』）の理由はここにある。レーニンは上項を総括する観念論、すなわち観念論としての観念論をヘーゲルのうちに見出したのだから、まさに自らの最高の好敵手にめぐり会ったのだった。

レーニンの言う「物質」、それは何を措いてもまず第一に実在である。そして窮極的には、おそらくその一点によってのみ、「物質」の思想は単なる「観念論」であることを免れている。だから、いまやレーニンによる哲学批判の図式は次のように書き換えることができよう。〈世界や精神に対するさまざまな見解＝哲学／物質の実在〉と。してみれば、哲学とは、あの「無意味な遊び」とは、「世界や精神に対するさまざまな見解」によって「実在」を消去するという立場である。ならば同時に、〈意識性／自然発生性〉という問題設定のなかにとどまることとは、革命を消去する立場を採ることにほかなるまい。レーニンにとって、革命とは究極の実在であるからだ。

以上、レーニンによる哲学・政治学の廃棄の論理をわれわれは追ってきた。偽の「自由」、偽の「唯物論」を退治しつつ、真正のそれを措定するために、レーニンは二重の戦略を採らざるを得なかったとも言える。すなわち、ひと度「自由」や「唯物論」の反対項に加担しつつ、成立した両項を全体として廃棄するという戦略である。このような知的姿勢を藤田省三は、ヘーゲルからマルクスが、そしてマルクスからレーニンが受け継いだものとして、次のような言葉で描き出している。すなわち、それは、「「現存するもの」を単に「在るべきもの」と「在るもの」とに分ける啓蒙の立場を越えて「在らざるをえざるもの」[19](つまり「必然性」範疇)として「和らげられた忍耐」を以て「批判」するという方法」[強調原文]である、と。「自由」から、「自然発生性」から、「唯物論」から、革命を引き出すためには、「在らざるをえざるもの」としての「形式」、「意識性」、「観念論」を、レーニンは「和らげられた忍耐」――とはいえ、レーニンにおいては怒号と哄笑が忍耐にはるかに優越しているように感じられるが――によって主張せねばならなかった。そして、このような態度は弁証法的思考において最も本質的なものである。

Ⅵ　レーニンとネグリの差異

最後に、レーニンとネグリの比較、彼らの共通性と差異に関して若干書いておきたいと思う。レーニンにおける絶対の実在としての「物質」は、ネグリの概念構成のなかでは

「構成的権力」「マルチチュード」に相当するであろう。それらは形而上学的実体として、万物の生成の尽きせぬ源泉として措定されている。ここまでは同じだ。

だが、この先にレーニンとネグリを隔てる確かな違いが存在すると筆者は考える。弁証法を徹底的に斥ける態度を取るネグリは、「構成的権力」に形式を媒介させるという思考――すなわちレーニンにおいては「自然発生性」に「意識性」を、「唯物論」に「観念論」を媒介させるという方法が採られたわけだが――、このような思考方法を斥ける。だが、見てきたように、あの「無意味な遊び」を抜け出し、二項対立的な構造を調停するのではなく破壊するためには、ひと度「形式」に加担しなければならない。ネグリが踏み出していないのは、この一歩である。形而上学的実体そのものとその表象との切断が不断になされない限り、前者は後者へと頽落してしまうほかない。それはネグリ自身が証明した事柄である。われわれの見てきたレーニンの方法は、表象へと絶えず頽落しようとする実体をただ単に賞揚することによって支えようとする無駄な試みではなく、むしろ頽落する速度を加速させることによって表象を破壊し、唯物論的実体を新たにつくり出そうとするものであった。してみれば、レーニンの「自然発生性」批判の意味を正しく取り出すとき、なぜネグリは「構成的権力」「マルチチュード」もまた表象＝偶像にすぎないのではないかと、疑ってみはしないのだろうか[20]？　それをするときにはじめて、われわれは未知《かくめいてきな》の「自由」について思考することを始められるに違いない。

第七章　経済学と革命——宇野弘蔵におけるレーニン

Ⅰ　宇野弘蔵におけるレーニン

a——宇野の忘却

宇野弘蔵は読まれていない。正確に言えば、読まれなくなった。宇野経済学が戦後日本の社会科学の一大中心をかつて成していたことを思いみるならば、この状況変化の落差には甚だしいものがある。宇野のマルクス読解は精緻であり、執拗なものだ。そして、その独自の図式（三段階論）は、稀有な体系性を有している。「経済学の鬼」によって打ち建てられたこの理論的建築物は、長い年月にわたり、日本の知識人層の相当の部分にとって、基礎知識の位置を占めていたように思われる。つまり、宇野理論は、それを受け容れるにせよ、拒むにせよ、一応の理解を持っていなければならない基礎教養であった。

もちろん宇野理論の後継者たちは宇野学説を批判的に発展させるさまざまな試みを実行

してきたが、ある世代を境にして、宇野理論はかつてのような社会的位置を占めることはなくなった。いささかセンセーショナルな言葉遣いをするならば、宇野理論は「没落した」ということになるのだが、この「没落」は次のような二つの側面から見て際立っているだけに、今日の事態はいささか奇妙なものであるように筆者の眼には映る。

側面のひとつは、言うまでもなく、マルクス経済学の全般的な影響力低下という事情である。しかしながら、ソ連邦崩壊以後のマルクス経済学の知的プレゼンスが決定的に低下した期間にあっても、思想家としてのマルクスが完全にお払い箱にされたことはなかった。マルクス主義の終焉が喧伝される一方で、近代批判者としてのマルクスや、現代思想の源流としてのマルクス――すなわち、不平等の告発者、社会主義の探求者としてのマルクスではなく、知の巨人としてのマルクス――が繰り返し見出され、語られてきた。そして、近年の世界的な政治経済の状況変化、すなわち先進諸国では解決済みの問題であったはずの貧困問題の再燃は、不平等の永遠の告発者としてのマルクス――いわば古典的なマルクス像――を人々に思い起こさせるには格好のものであった。日本を例にとっても、新自由主義の本格展開を背景に、いわゆる「格差社会」論が興隆するなかで、資本主義に対するラディカルな批判者としてのマルクスの名が再び取り沙汰されている。

だが、こうした趨勢にもかかわらず、宇野理論が脚光を浴びているとは言えない。つまり、古典的マルクスの復活とは対照的な状況が、そこにはある。(1) こうした現状を生じさせた理由は、後に論じるように、宇野の理論・発言の内容にある意味では由来する。

宇野理論の没落を際立たせるもうひとつの側面は、例えば丸山眞男との対比において浮き彫りになる、と言える。それはすなわち、「戦後思想」としての宇野理論の地位喪失という事態である。アンドリュー・E・バーシェイは、その著作『近代日本の社会科学』の副題を「マルクス的および近代主義的伝統」とし、とりわけ宇野弘蔵と丸山眞男に焦点を合わせている。つまり、バーシェイの整理では、宇野が「マルクス的伝統」を、丸山が「近代主義的伝統」を代表する存在であり、この二つの知的伝統が戦後日本の社会科学の柱となってきた、とされている。こうした見方に従うならば、戦後の社会科学の世界において、宇野の経済学体系が有した知的権威は、丸山の政治学体系のそれに匹敵しうるものであった、と見積もられることになる。周知のように、丸山は学園紛争時代には「ブルジョワ民主主義者」として指弾され、ポストモダン・ブームの最中にあっては時代遅れの「近代主義者」にすぎないと論難された。それにもかかわらず、丸山眞男を主題とする新刊書は、今日でも毎月のように出版されている。あるいは、他の戦後日本の思想空間の代表的存在を想起してみてもよい。鶴見俊輔のプラグマティズムは今日再び評価を受けており、あるいは竹内好のアジア主義はポスト・コロニアル思想の先駆けとしてあらためて注目を浴びている。つまり、「近代主義的伝統」は、今日でもおおむね有力な思想として機能していると判定できる。

ただひたすらマルクスの経済学を対象としているという点において、宇野の理論的営為は、戦後民主主義者たちのそれとは性質を異にする。また、宇野の理論体系の最も核心的な部分である原理論と段階論という発想の原型は、戦前にほぼ確立されていた。しかし、こうした事情は、宇野理論を「戦後思想」として位置づけることの妥当性を否定するものではない。宇野は、第二次大戦時に人民戦線事件に連座したとして検挙・起訴された当時を回顧して、「こんな国で学問を、少なくとも経済学をやることはできない[4]」と考えたことを語っているが、この発言は、戦後の宇野が自らの理論体系を全面展開し、堂々と発表出来たことそれ自体が戦後民主主義の空間に依っていることを示している。

あるいは、宇野がしばしば口にした「実践家に対するコンプレックス」について、次のような発言が存在することも、注目に値する。

昭和初年の共産党の運動が盛んなころはそういう実践家にコンプレックスを持っていたようだ。何か研究室で『資本論』を読んでいるということにひけ目を感じていた。戦後はそのコンプレックスから解放されちゃった。(笑)(中略)コンプレックスがなくなってきたのは、年とったせいもあるけど、戦後運動に対する圧迫がなくなったということが第一だね。(中略)そういうコンプレックスがなくなってはじめて理論と実践の関係がほんとうに考えられるようになったと思う。実践の問題なんかやっぱりコンプレックスをもって考えていたのではほんとでない(5)。

この発言は、『資本論』の「経済原論への純化」や「科学とイデオロギーの峻別」といった戦後全面展開される宇野の仕事の核心部分に、時代状況が関係していることを示すものであろう。『資本論』の「純化」とは、ある意味で『資本論』を自己流に書き換え、修正することを意味し、書き換えられた『資本論』を「科学」の根拠として自らの名において確立することである。宇野の言う「コンプレックス」は、『資本論』のなかの議論の諸点に、あるいは史的唯物論と『資本論』との間に理論的不整合を感じ取りながらも、これを行なうことを内面から妨げるものであった。すなわち、『資本論』に理解し難い点があると思われるのは、その理論的難点・不整合のためではなく、実践運動をしない自分のせいではないか、と。この場合の「実践運動」とは、無論、治安維持法の下での革命運動を指す。

戦後における思想・言論の自由の一応の確立は、宇野をこの逡巡から解き放つものであった。その意味で、宇野理論の独創性は戦後民主主義の産物であり、戦後精神の一翼を担ってきたものであると言える。すでに言ったように、戦後日本における「近代主義的伝統」を体現する思想に対する吟味、再審、評価はいまもなお続いている。それは、言い換えれば、彼らのテクストが、時に批判の対象としてではあっても、「現役」であることを意味している。してみれば、宇野理論は戦後民主主義思想の継承・批判・再検討という文脈においても、奇妙なまでの無関心にさらされているように思われる。

宇野弘蔵のテクストは晦渋であり、宇野学派と呼ばれる専門家たちによる解釈論議は、部外者の目から見ると、しばしば秘教的《エソテーリッシュ》なものとも感じられる。だがおそらくは、このような「取っ付き難さ」にのみ、宇野理論の影響力低下の理由を帰してしまうのは適切ではないであろう。これから見るように、宇野の理論において問題となるのは、字面の難解さ以上に、そこに貫かれている特異な歴史意識とそれがもたらすテクストの不透明性である、と筆者は考える。

本章の議論の目標は、右に述べてきた現象の原因そのものを究明することではない。筆者が試みるのは、宇野の理論体系の成立根拠に遡って、体系の起源を考察することであり、その際に参照される具体的な対象はレーニンである。レーニンもまた、戦後日本の知的空間において、ある時期に圧倒的な権威として扱われ、そしてその後、非難、次いで無視にさらされるようになった対象である。

だが、こうした宇野＝レーニンの並行関係以上に重要なのは、宇野自身が幾度も語ったように、彼の理論体系の起源にレーニンのテクストの影響が存在するという事実である。レーニンの『帝国主義』は、単なる参考文献以上の存在として、宇野の理論の骨格そのものに関わっている。構築された思想体系とその構築者の根本思想の在り方とを切り離すことはできない。つまり、レーニンの方法論は、思想家としての宇野弘蔵の起源に位置している。

このことは、宇野自身によってしばしばはっきりと語られているだけに、自明な事柄である。しかし、その一方でそれはあまりに意外な事柄でもある。革命家と経済学者というそもそもの自己規定の在り方が大きく異なるにせよ、革命のためにマルクス理論を身に付け、ついには両者を一致させた人物から、科学とイデオロギーの峻別を飽くことなく唱え続けた人物がかくも深甚な影響を受けたのは、果たして何ゆえのことであったのだろうか。この二者において、内面的なつながりなどそもそも存在しうるものなのか。宇野弘蔵におけるレーニン――ここには一見明らかでありながら不透明な関係性が存在する。それを考察することが本章の課題であるが、これを果たすことは宇野の忘却という今日の事態の由来に、何らかの示唆を与えるであろう。

b――三段階論の起源

宇野弘蔵のレーニンに対する評価、実践家としてのみならずマルクス経済学の理論家としてのレーニンに対する評価は、概して非常に高いものであった。確かに、宇野の主著のひとつである『経済政策論』における帝国主義段階論は、ある意味ではレーニン『帝国主義』の批判的再構成であるとも言えようが、それでもなお、レーニンの展開した議論に対して、宇野は強いシンパシーを表明している。

レーニンは『資本論』に対する理解力が非常に深く、原論一つ書いたわけではないが、あらゆる場合に非常に的確な理解をもって、的確な引用をして、的確に応用している。その点は私も非常に偉い人だと思う。(6)

ここでの宇野の発言は、レーニンは当代きっての最上の『資本論』の読み手であった、と言っているに等しい。こうした賞賛の言表は、今日宇野理論の意義を積極的に再評価しようと試みる者の多くをいささか当惑させるもののようにも見える。というのも、ソヴィエト連邦の崩壊の後、否、崩壊する以前から、レーニンのマルクス理解は、社会主義＝国有化と考える点に致命的な難点がある、ということがしばしば語られてきた。確かに、ここでの宇野は、社会主義社会においてありうべき社会の組織形態や国家形態は如何といった議論や史的唯物論の解釈といった問題には一切踏み込まずに、レーニンの『資本論』理解のみを問題としている。とはいえ、レーニンの生きた当時、『資本論』研究の密度が現代のそれと比較すれば粗いものであったという世界共通の事情を差し引いたとしても、宇野の評価は度を越したもののようにも見える。宇野がレーニンの名が持った政治的権威に屈したのではないかという仮説は、言うまでもなく、成り立たない。マルクスの『資本論』を「書き換える」ことを躊躇せず、それによって轟々たる非難を浴び続け、スターリン批判以前にスターリンの経済学理解に疑問を投げ掛けた[7]この人物を、権威主義者と見なすことは不可能である。してみれば、われわれは思想家としての宇野とレーニンとの間に、何らかの内面的なつながりを想定してみるほかはない。このことは、われわれに三段階論の起源を吟味することを強いる。

さて、宇野理論の独自性は、いわゆる三段階論、すなわち原理論・段階論・現状分析という独特の体系的な構えに基づくと言われる。この論理構造はおおむね次のごときものとして理解されている。すなわち、原理論とは、純粋な資本主義社会において働く価値法則、人口法則等の基本的な構造の探求を意味し、段階論とは、歴史の特定の時代において資本主義がとる中心的な形態——具体的には、重商主義段階・自由主義段階・帝国主義段階——の研究を意味する。かくして、資本主義の分析は、ひと度マルクスの言う下向法的な手順によって概念的に抽象化され（原理論）、しかる後に、この抽象化されたものが具体的な歴史的現実においていかなる形で現象するのかを上向法的に論じる（段階論）という段取りを経ることになる。そして、経済学の最終目標とされる現状分析とは、原理論と段階論によって抽象を経た後に具体化された資本主義分析のツールによって目の前にある資本主義経済の現実を分析することを意味する。

このように原理論・段階論・現状分析という三つの段階を順に経ることによって、生きた現実そのものを概念的に把握することが、宇野理論の目指すところであるとされる。しかしながら、宇野がこうした図式をいかにして創造したのかという事情から考察してみるならば、この三つの枠組みは原理論から段階論を経て現状分析へという単線的な連環を形づくるものでは決してないことが、即座に理解される。宇野が自己の方法論について最も体系的に語った著作である『経済学方法論』の第二章第一節が「原理論の体系的純化と段階論の必然性」と題されているのは、このことを端的に物語っている。原理論が体系的に純化されることと段階論が要請されることは二つの事柄でなく、同時発生的なひとつ事にほかならない。その理路を確認しておこう。

原理論の成立がいかなる歴史的事情に基づくのかということについて、宇野は次のように言っている。

マルクスにとっては、資本主義は発達すればするほど、理論的に想定せられる純粋の資本主義社会に近似するものとして、その経済学の原理論に客観的根拠を与えることになったのであるが、しかしこの資本主義の傾向が、十九世紀末には種々なる事情によって、必ずしもそういうように一面的には展開されなくなるということが明らかになってこないと、経済学の原理論の体系的純化は決して完成しえないのであった。そしてまた十九世紀末以来の金融資本の時代が解明されないと、資本主義の発生期・発展期も、その発

展段階として明確に規定されえないのであった。(8)

つまり、マルクスが観察し『資本論』によって記述した資本主義――すなわち、一八～一九世紀の産業資本主義――は、その発展に従って、「純粋の資本主義社会」の完成に近づいてゆく傾向を持つものであった。「純粋の資本主義社会」とは、簡単に言えば、「労働力が商品化されて、生産自身が資本によって行われ、商品が商品によって生産されるという、自立的な商品経済」(9)によって機能する社会を指し、そこにおいて商品経済は、経済外的な強制(典型的には国家)なしに、作用するとされる。産業資本主義を基盤とする経済発展はこのような社会を完成させるかに見えた。したがって、この社会を科学的に記述すれば、資本主義社会において貫徹する経済法則を詳らかにする経済原論が確立可能である、と観念された。

しかし、この傾向は一九世紀末には、変質し始める。すなわち、金融資本主義の時代が到来し、原理論において記述された価値法則・人口法則等が貫徹しないという現象が現れ、さらには帝国主義という経済と政治が渾然一体化した現象が現れる。つまり、金融資本主義の時代の到来は、「原理論を可能ならしめた資本主義自身の純化の傾向をある意味で逆転する」(10)のである。留意すべきは、このような純粋化傾向の不純化・歪曲がなければ、「経済学の原理論の体系的純化は決して完成しえない」とされている点である。つまり、原理論における純粋資本主義の「純粋」性は、それ自体によって明らかにされるのではなく、むしろそれの不純化によって可能になるものである。長原豊はこの点に注意を促して、次のように言う。「宇野の経済学体系にあっては、歴史的変容としての帝国主義が端緒《げんり》を与える外部だったことが強調される。この外部（の排除）がなければ、主語‐主体としての商品‐資本による自己賓述の内閉的な展開である原理論は体系的な完結‐自立性への道を歩み始めない」(11)。不純なものとは、端的に言えば、論理に対する歴史である。

不純なものこそが純粋なものを可能にするというある種の逆説的な論理構造がはらむ問題については、後に立ち戻ることにしたい。一九世紀末における歴史的現実が、原理論の想定する純粋資本主義社会への接近傾向を実際に否定した。ここから、必ずしも純粋資本主義社会への接近傾向が貫徹するわけではない現実の資本主義の歴史的発展段階を区分する段階論という理論図式が出てくることになり、かつ原理論が原理論として独自の理論的位相を獲得する。

確認しておきたいのは、この着想を得る際に宇野は『帝国主義』におけるレーニンの発想から著しい影響を受けていることだ。すなわち、金融資本主義＝帝国主義においては、資本主義の基礎的法則が「競争から独占へ」といった形で本質的な変化を蒙る――資本主義が不純化する――という発想である。

かくして、宇野の三段階論という根本的理論構造において、レーニンの議論が与えたインパクトは、きわめて重大なものである。それは三段階論の起源そのものである、と言っても過言ではない。『帝国主義』は、宇野の見るところでは、不完全なものではあっても段階論の嚆矢と見なされるべきものであった。したがって、最初に問われるべきは、『帝国主義』はいかなる意味で段階論であるのか、そして、『帝国主義』に段階論を見出すことにおいて、宇野とレーニンとの間にいかなる思想家としての共鳴が存在するのか、という事柄である。

c――段階論としての『帝国主義』

レーニンの『帝国主義』がマルクス経済学のテクストとしていかなる位置を占めるのか、という問題については、さまざまな議論がなされてきた。レーニンはマルクス学説の最も正統な後継者であるとするかつての常識的な前提からすれば、位置づけの仕方の方向性は、必然的に、大まかに言って、次の二通りの如きものとなるであろう。

ひとつは、『帝国主義』を原理論としての『資本論』の直接的な続編と見なす解釈である。この解釈によれば、『帝国主義』は、マルクスが見届けることのできなかった資本主義の新展開をマルクス的な方法によって分析したものであり、『資本論』の延長線上で資本主義の原理的な把握をあらためて行なったテクストであるとされる。もうひとつの解釈は、『帝国主義』を歴史の新局面に対応した原理論とは見ずに、一種の応用作と見るものである。これによれば、『帝国主義』は、マルクスの資本主義分析のカテゴリーを新しい時代状況に対して直接的に適用したものであるということになる。

だが、いずれの解釈もそれぞれに難点をはらんでいる。前者の見方を取るには、『帝国主義』はあまりにもパンフレット的であり、『資本論』に匹敵する新たな経済原論と見なすには無理があった。けだし帝国主義という概念は、資本主義とは異なり、第一義的には国家の政策を指す政治経済的カテゴリーである以上、『帝国主義』のテクストが原理論たりうるためには、政治原論を含まなければならなかったはずである。むしろ、こうした『資本論』の理論的続編としての新しい経済原論たることを目指したのは、ルドルフ・ヒルファディング（一八七七～一九四一）の『金融資本論』（一九一〇年）であった。レーニンの『帝国主義』は、『金融資本論』に多くを負いつつ、資本の新しい形態の原理的規定という点においては、中途半端なものにとどまっていると言わざるを得ない。

こうして前者の解釈は斥けられるが、他方で、後者の解釈もまた難点を含んでいる。仮にマルクスのカテゴリーが何らの齟齬もなく帝国主義の状況に対して適用可能であるとすれば、「資本主義の最高の段階としての帝国主義」というレーニンの掲げた表題は、究極的には意味をなさなくなる。なぜなら、かかる適用可能性は資本主義の根本様態がマルクスの生きた時代と基本的に変わることなく継続していることを意味するであろうから、そうであるならば、「帝国主義」という「最高の段階」を殊更に区分し（すなわち、従前の資本主義から切り離し）、範疇化することは不可能であるからだ。

宇野弘蔵の『帝国主義』解釈が画期的である所以は、右の二通りの解釈のいずれをも採らなかったところにある。宇野は帝国主義をめぐるカウツキー、ローザ・ルクセンブルク、ヒルファディング、そしてレーニンらの論争の淵源を修正主義論争に見る。

ベルンシュタインは十九世紀末の資本主義の様相の変化を問題にしながら、『資本論』のような経済学の原理がかかる現象の解明といかに関連するかを明らかにしえないで、問題の諸現象を直ちに解明しない『資本論』の理論自身を、さらに進んではマルクス主義自身をも修正することを主張したのであった。しかしカウツキーのこれに対する反駁もまた問題を真に解決する方向をとるとはいえなかった。『資本論』の所説を、資本主義発展の新しい様相に対しても、何とかして擁護しようとすることに終始したのである。しかし実際はそれで問題が片付くわけではなかった。すなわち、この修正主義論争の後マルクス主義は、この新しい資本主義の発展を帝国主義として規定するとともに、経済学的には帝国主義論を展開することになった。そしてそれはまた経済学の方法に原理論に対する段階論を明確にし、原理論自身をも純化する基礎を与えることになるのである。(12)

宇野の見るところ、ドイツ語圏を中心にして起こった修正主義論争は、日本資本主義論争と類似していた。つまり、いずれも問題は、『資本論』をイギリスにおける産業革命以降の資本主義の発展以外の状況（＝非典型的な資本主義の発展）に対してどのように適用するのか、ということに関わっていた。とはいえ、修正主義論争と日本資本主義論争は、その時期を若干異にしているし、争われた問題・タームも相当に異なる。宇野の驚嘆すべき創意は、本来文脈の全く異なる論争を、『資本論』の適用という一点においてアナロジーを働かせて同列にとらえた点に見出されよう。すなわち、日本資本主義論争においては、後発近代国家という非典型国において、『資本論』に描かれた論理、基礎的法則性はいかにして作用するのかが問題であった。これに対し、修正主義論争においては、資本主義の全般的な発展の仕方そのものがかつてマルクスの描いた典型的なそれとは異なってきたという状況下で、いかにして『資本論』が現実の解明に寄与しうるのか、ということが論争において争われ（るべきであっ）た真の課題であった、と見なすのである。言うまでもなく、いずれの論争の当事者たちも自らの理論闘争の課題をそのようなものとは見なさなかった。宇野の解釈は、論争において実際は語られていたが、それにもかかわらず語られなかったものに対する徴候的読解にほかならない。

かくして帝国主義をめぐる論争は、修正主義論争の繰り延べられた実質的解決として、宇野によってとらえられる。そして、この点において、画期的なテクストがヒルファディング『金融資本論』およびレーニン『帝国主義』であるとされる。前者は、支配的資本形態としての金融資本の概念を提出し、それによって「十九世紀末以来の資本主義の新たなる発展段階に対する解明がいかにして行われなければならないか」を問題化したことにおいて「全く劃期的」[13]なものである、と宇野は評価する。

それでは、レーニン『帝国主義』はいかなる意味で画期的であるとされるのか。実際この点は必ずしも明快ではない。宇野はドイツ留学時代に『資本論』と並行して『帝国主義』を読み、そのことが後の段階論と原理論の区別という発想につながっていったことを幾度も証言している。直截に言えば、「『帝国主義』は段階論のテクストである」という発見が、後の理論体系の構築にとってきわめて重大なものであった。

しかしながら、次のような発言のうちで、宇野は、『帝国主義』の画期性を必ずしも論理的に明瞭な形で指摘してはいない。いわく、「ヒルファディングの『金融資本論』は、レーニンによって『帝国主義論』として整理され（後略）[14]」、あるいは「レーニンは、ヒルファディングと違って『資本論』の理論をそのまままとるということはしないで、ただ『資本論』で蓄積に伴う集積の増大とともに説かれている集中論から大企業の出現を説き、それが株式会社形式を通して特殊の産業に、特に重工業に巨大な独占的組織を形成することを明らかにし、その際に銀行が新しい役割を与えられ、結局はいわゆる金融資本の確立によって、金融寡頭支配の実現をみることを説き、資本の輸出によって帝国主義時代の展開を規定するのです[15]」。そして、ヒルファディングにおけるのと同じく、レーニンにおいても段階論（『帝国主義』）の原理論（マルクス『資本論』）に対する関係が不明確であるという批判が、しばしば述べられる。

だが、結局のところ、理論家としてのレーニンへの宇野の評価は、ヒルファディングに対するそれよりも決定的に高いものであった。それは何に基づいてのことであったのか。宇野は次のように言う。

レニンの功績は、ヒルファディングがその帝国主義論を『資本論』の原理論的規定の延長として、原理論の体系に「あみ入れよう」とした企てを、実際上は止揚して、帝国主義論を段階論として規定した点にある。いいかえればヒルファディングの場合、原理的規定と具体的な、帝国主義時代特有の諸現象の分析的規定とが並列的に展開されているのを整理して、後者を原理論から解除したことにある。(16)

つまり、宇野の考えでは、ヒルファディングの『金融資本論』の止揚されるべき欠点は、それが『資本論』の続編として書かれていること、言い換えれば、『資本論』との直接的連続性を確保しようとしながら書かれているところにある。他方、『帝国主義』については、この引用部に先立って、それが『金融資本論』に内容的に多くを負っていることが指摘されている。だから、宇野の見るところ、『帝国主義』の意義はひとえに、「帝国主義論を段階論として規定した点」、あるいはそれを言い換えて、具体的現象の分析を「原理論から解除した」点にある。つまり、『帝国主義』はその理論的内容よりも、原理論との分離という形式の点から評価されている。このことの意味は、後に本格的に検討する。こうした宇野のレーニンに対する専ら論述の形式面に焦点を当てた評価は、『帝国主義』の理論的貧困性のゆえにそれを高く評価するという逆説的な議論を形成することにもなる。『金融資本論』の画期性を説明し、かつそれが実質的には段階論であることをヒルファディングが意識していないために難解なテクストとなっていることを指摘した後、宇野は次のように言っている。

> レーニンの『帝国主義論』というのは、そういうヒルファディングの難解な点をみな捨ててあるんです。みな事実に拠ったものなんです。しかしレーニンも『資本論』との関連ということになると明確でない。（後略）
>
> これはレーニンの場合はちょっとおもしろい状況だと思うんです。（中略）レーニンは遅れた資本主義の国を背負って実際運動をやった。カウツキーの『農業問題』が出たときは、これに非常に感心しているが、だんだんと実際運動をやるうちにカウツキーから離れてきて、最後にはカウツキーを背教者といってやっつける。（中略）レーニンには現実が始終あったのですね。『資本論』から、カウツキーから学んだものを守ってや

ってくると、体験的にうまくいかないということで次第に変わってくる。彼自身本当に意識しているとはいえないかもしれないが、何かそこに体得したメトーディッシュなものがあるのですね。あの人は言葉ではっきりいわないけれども……。言葉でいうときには妙なことになるんですね。弁証法に関して言葉でいうときには、レーニンの場合でもちょっとおかしいと思うようなことがある。(中略)しかし体得しているんですね。
　それはどういう関係かというと、後進国の資本主義化をバックにおきながら、『資本論』の原理のエッセンスをとって運動していくというと、そこになにかカウツキー、ヒルファディング[17]とちがったものが出てくるという問題があるんじゃないかと思うのですね。[強調引用者]

さらに、直後には次のように言う。

はっきりしないまま事実のほうから押されている――といってはレーニンにわるいかもしれないけれども、しかし内部にはメトーディッシュなものをもっていて、現実に対応できるんですね。段階論、現状分析、あるいは原理を区別することをしないでおいても、おのずから区別しないではいられないような、退却したり進んだりするような問題が出るんじゃないでしょうかね。つまり公式主義に陥らないような点が出てくるんじゃない

かと思うんです。(18)［強調引用者］

長くなったが、右に引用した発言は、不透明であると同時に、決定的なものである、と筆者は考える。第一に注目すべきは、宇野のレーニンに対する評価の高さの根拠は、実に逆説的なものであるということだ。『帝国主義』が『金融資本論』よりも帝国主義論として優れたテクストであるとされるのは、前者が後者よりも理論的に精緻であるからではなく、正反対にヒルファディングが理論的精緻化を図ろうとした点を「みな捨ててある」からにほかならない。「はっきりしないまま事実のほうから押されている」、つまり『帝国主義』は理論的であることをある程度放棄しており、理論的には貧困であるがゆえに、それは画期的なテクストたり得ている、と宇野は言っている。かくして、宇野が理論家としてのレーニンを高く評価し、自らの理論的図式の原点をもそこから汲み取るのは、レーニンが理論を捨て去る地点においてのことにほかならない。

だが同時に、レーニンがある意味でプラグマティストであったという点に、宇野は共鳴しているのではもちろんない。レーニンの偉大がその理論の放棄にあることが言われたうえで、それでもなお宇野の共鳴はあくまでどこまでも理論的なものだ。強調されるのは、レーニンが「事実に押され」ながらも保持し続ける「メトーディッシュなもの」である。それは、レーニンが「言葉ではっきりいわな」かった、「言葉でいうときには妙なことになる」、そのような何かである。この「メトーディッシュなもの」と宇野が呼ぶものこそが、「宇野弘蔵におけるレーニン」の中核に位置するものにほかなるまい。それが何であるのか、宇野は明瞭には語らなかった。それは、「言葉でいうときには妙なことになる」ものである以上、当然のことでもあった。だがしかし、逆に言えば、宇野の理論的営為のすべては、この「言葉でいうときには妙なことになる」「メトーディッシュなもの」の解明へと、差し向けられたものでもあるだろう。理論家、すなわち実践を拒否した者として、宇野は、理論を放棄する瞬間において「メトーディッシュなもの」を提示するという身振りに甘んじることはできない。してみれば、構築された理論の全体像において、「宇野弘蔵におけるレーニン」は読み取られなければならないであろう。

II　宇野理論の構造

a——悪循環としての原理論

よく知られているように、宇野理論は一九六〇年代の急進的政治運動を担った新左翼諸党派の多くにおいて、彼らの世界認識の枠組みに前提を与える理論となった。そして時には、主意主義的な行動方針を「理論的に」裏づける根拠として、宇野理論の与えた視角が供されるという事態も生じた。こうした過程において宇野理論が「正しく」理解・応用されていたか否か、ということは本書の考察の課題ではない。確認すべきは、科学としての『資本論』と社会主義イデオロギーとの峻別に心血を注いだ宇野の理論が、主意主義的行動主義を生む遠因となったという逆説である。一九六〇年に東大の新入生としてブント(=共産主義者同盟)に加わり、安保闘争に参加した柄谷行人は、当時を振り返って次のように言っている。

私はブントの破壊性、過激な行動性が気に入ったのであって、理論的なおしゃべりなどはどうでもよかった。ただブントの〝理論〟があるとすれば、それは宇野弘蔵の考えから彼自身の意図に反する結論を導き出したところにあると思う。つまり、史的唯物論はイデオロギーであるが『資本論』は科学であること、したがっていかなる実践的方針も目的も『資本論』から出てこないにもかかわらず、その論理はわれわれの恣意性をこえてつらぬかれていること……こうした宇野の考えから実践におけるいかなる主観主義も〝肯定〟されることになる。少くとも私はそのようにブントにおける宇野理論の意味をみていた。実際に青木昌彦のでっちあげたまにあわせの国家独占資本主義論をはじめ、いつも事柄が経済学的に語られていたにもかかわらず、宇野理論の役割は、皮肉にも、政治運動を経済学から、あるいは〝理論的根拠づけ〟そのものから解放したところにあった、と私は思っている。(19)

この証言は、宇野理論がその構築者の企図とはほぼ無関係に発揮することになった政治的機能を、雄弁に物語るものであろう。宇野の言う科学としての経済学は、イデオロギー的立場にかかわらず何人たりともそれを否定できぬもの、すなわち必然なるものとして、構想された。こうした極度に客観主義的に理解された理論が逆に主意主義的な現象の生みの親となるという事態は、日本の学生運動に限られたものではない。例えば、かつてロシアでは、一九世紀から二〇世紀にかけての時期に、従来社会批判の主流を占めてきたナロードニキ主義者たちは、マルクス主義の思想を「歴史の必然性」の名の下に個人の主体性を否定するものだとして非難する議論を展開した。しかしながらその後、主体性を否定されたはずのかの国のマルクス主義者たちは、マルクス思想を革命の原理として「主体的に」現実に適用した。いわば元来存立不可能なはずの「主体論的マルクス主義」は、実現されたのである。

宇野理論をめぐって戦後日本の急進主義者たちのあいだで生じた事態は、幾分これに類似している。ロシアの理論家・実践家たちもマルクス思想を必然性を説く学説として受け取ったが、同様に宇野理論は、とりわけ原理論によって、「その論理はわれわれの恣意性をこえてつらぬかれていること」を主張するものであり、その意味ではマルクス思想における必然性の観念をある部分ではマルクス本人の議論よりも一層強烈に主張するものであった。そしてその主張は、「実践におけるいかなる主観主義も〝肯定〟される」という結論を逆説的に導き出し、「破壊性、過激な行動性」を誘発することにもなった。必然性によって無化された主体、意味なきものとされた主体が、逆に何事をも為しうる主体として措定される。

ただし、宇野において、必然性のカテゴリーは、史的唯物論におけるいわゆる「歴史の必然性」が非科学的なイデオロギーとして捨て去られたところに見出されるものであり、具体的には原理論の体系それ自体のうちに確立されるものであった。その理路を簡単に確認しておこう。

原理論＝純粋資本主義論は、ある意味でフィクションである。「理論的に想定される純粋の資本主義社会は、スミス、リカルドにあっては勿論のこと、マルクスの時代にも決して現実にあったわけではない(20)」。しかし、それは恣意的に「想定される」ものではない。「マルクスにとっては資本主義の発展が、現実的にも、スミス、リカルドの時代よりも、この理論的に想定せられなければならない純粋の資本主義社会に一層近づいてきており、さらにまたますます近づいてゆくものとして、かかる想定が許されたのであった(21)」。一六世紀から産業革命を経て一九世紀のある時期に至るまでの期間においては、資本主義の発展は、旧社会の遺物・遺制を取り除きつつ純粋資本主義社会へと現実に接近するものと見なすことができたのである、と宇野は論ずる。

マルクスもいうように「……経済的諸形態の分析には、顕微鏡も化学的試薬も用いるわけにはゆかない。抽象力が両者に代らなければならない」（『資本論』）のであるが、この「抽象力」は、少くとも資本主義社会に存続する旧社会の「残滓」に関する限りでは、資本主義社会自身がもっているのである。科学的研究は、この資本主義社会の客観的傾向に即して、自然科学における実験装置によってえられるような純粋の状態を想定することができる。(22)

あらゆる学知と同じく、経済学の学知もまた現実を「抽象」することによって成り立つわけだが、マルクスによる抽象が恣意的なものではないとされる根拠は、単に資本主義の分析者が抽象するのではなく、分析の対象である資本主義そのものが「抽象力」を持っているからにほかならない。ゆえに、原理論は資本主義的な経済現象という対象を単に模写するのではなく、対象それ自身が有している方法（＝抽象化）をも模写するものである、とされる。かくして抽象化された資本主義の社会が、純粋資本主義社会として記述される原理論の対象となる。それは、商品に始まり諸階級に終わるひとつの完結した世界である。そしてそこでは、価値法則、人口法則、利潤率均等化の法則という三大経済法則が貫徹される、と宇野は言う。

さて、このようなものとして措定された純粋資本主義の世界に、その外部は存在しない。宇野は、『資本論』において資本主義社会の外部として語られた部分、すなわち第一巻・第二四章・第七節における黙示録的な資本主義崩壊論、「収奪者が収奪される」瞬間についての語りを、史的唯物論＝社会主義イデオロギーの科学への混入として、原理論の体系から排除する。つまり、『資本論』から内在的に資本主義の崩壊を説くことはできない、と論ずる。したがって、桜井毅によれば、純粋資本主義論は、「マルクスのものと違って、それ自体として崩壊を導くような内的法則によって展開するものではない。（中略）それは存在の前提自身をみずからの中に形成しうる完結性を有するものであり、循環的にくり返す法則の解明が目的となる」[23]ものとして確立される。かくて宇野自身もまた、次のように言っている。「［資本主義社会は］他の社会から発展したものとしてではなく、さらにまた他の社会に転化するものとしてでもなく、むしろ永久的に同じ運動を繰り返しつつ発展するものであるかの如くにして、その運動法則を明らかにするのである」[24]。ゆえに、「経済学にしても、原理となれば、それは永久に繰り返すかの如くにして説くよりほかに方法はない。この原理を否定する新しい原理をもその原理そのものから展開するわけにはゆかない」[25]。

してみれば、原理論の世界はいわば宿命的な悪循環の世界であり、そこに出口は存在しない。そこでは、三大法則に基づいて、商品の流通・生産・分配が「永久に繰り返し」、したがって搾取・階級関係の再生産もまた永久に繰り返される。もちろん、この世界はあくまで「想定された」ものであり、理論的構成物である以上、この純粋資本主義社会の像を以て、宇野理論を絶対的な必然性を語る宿命論的学説と見なす直接の根拠とすることは見当違いである。先にも述べたように、現実の世界は、ある時代＝自由主義段階においては純粋資本主義社会に近づきながらも、一九世紀末には、経済法則が重大な歪曲を蒙る新段階＝帝国主義段階へと移行した、とされる。だが、資本主義の発展が新段階に達したからといって、必要物の大部分の生産と分配が商品経済によって行なわれている以上、原理論に語られる法則が一切機能しなくなるわけではない。そもそも、原理論がいかなる意味でも当てはまらないような資本主義の段階が存在するのだとすれば、原理論は「原理」の名に値しないであろう。したがって、原理論は、いかなる段階においても、経済的現象を解明する「基準」として措定されることになる。

それでは、原理論は帝国主義段階においてどの程度貫徹するものと考えるべきなのか、さらには、原理論はあらゆる段階において経済的現象を解明する「基準」であるというときに、その「基準」とはどの程度に強い意味で「基準」であるのか。言葉を換えれば、宇野理論において、純粋資本主義とはフィクションでありながらも現実にどれほど浸透する概念として取り扱うべきであるのか。また、「永久に繰り返されるかの如くにして」というときの「如く」は、果たしてどの程度現実と同一視されうるのであろうか。宇野の三段階論の骨子を理解した者は、こうした問いを発さざるを得ない。しかし、端的に言って、こうした問いは、それを問う者を徒《いたずら》に疲弊させるものだ。なぜなら、そこには最終的な答えなどありようもなく、次に見るように、「決して完結することのない現状分析」のみがその答えを与えるものとして、また同時に回答の不在として、あらかじめ措定されているからである。

すでに見たように、宇野は純粋資本主義論の正当性を資本主義の発展そのものの持つ「抽象力」に求めた。われわれは、この「抽象力」をマルクスの生きた時代にだけ限定することはできないだろう。「商品による商品の生産」が純粋資本主義社会の最も重要なメルクマールであるとすれば、今日のわれわれは、言うまでもなく、マルクスの時代、さらには宇野の時代よりもはるかに「純粋」な資本主義社会に生きている。結局のところ、純粋資本主義という想定された理論モデルと現実との線引きの問題は、明快な答えを与えられることがないまま、開かれた状態にあり続けざるを得ない。してみれば、悪循環としての原理論は「われわれの恣意性をこえてつらぬかれている」、つまりその法則性は絶対的な必然性を持って現実を直接に規定していると見なす者たちが出てきたとしても、それは不可思議なことではない。

b——際限なき現状分析

先に引用した柄谷行人と同じときに学生運動に加わっていた西部邁は、運動から去った後で宇野理論を学んだ当時に抱いた不満の思いを述懐して、次のように言っている。

私が変だなと思ったのは、宇野経済学というのは〝原理論〟〝段階論〟〝現状分析〟という三段階論になっているけれども、原理論に権力の問題も価値の問題も何もないにもかかわらず、現状分析になったら、普通の人間として生きていれば実に当たり前の、権力だのイデオロギーだの時々のファッションだの、科学とは縁もゆかりもないものが入ってきて、その場しのぎの叙述が続く。「お前たち、一体何の資格があって、そういう原理論に含まれていない概念が使えるんだ」と。こういうものは断じて原理論とはいわない、と。原理論というのは、何が起ころうとも、ありとあらゆる現象に対する原理的な解釈についてある一つの方向を与えるものを言うんだ、と思ったわけだ。(26)

もちろん宇野自身がアド・ホックな「現状分析」に手を染めたわけではないし、ここで西部が批判している「その場しのぎの叙述」がいかなるものを指すのか、この文面から正確には判然としない。だが、重要なのは、「現状分析」と称する「その場しのぎの叙述」は亜流の軽率な仕業にすぎず、それは宇野弘蔵の科学的精神とは無縁の代物だ、と指摘してみたところで――その指摘自体は正当なものであろうにもかかわらず――、何ら意味はないように思われることだ。むしろ宇野の三段階論の構えそのものが、こうした「その場しのぎ」の誘因にほかならなかったようにさえ思われる。

宇野は現状分析こそが経済学の究極的目標であるとの見解をしばしば述べた。宇野が現状分析の業績をわずかしか残さなかったにもかかわらず、これは当然のことでもある。現状分析がありのままの現実を正確にとらえるという最高度の知的営為であるとすれば、原理論、段階論という理論装置の構築は、それを実現するための予備的な作業にすぎない。言うまでもなく、原理論から段階論へ、そして現状分析へと進むに従って、分析の具体性は高まるものとされている。具体性の上昇に従って、マルクス的経済学は、現実をますます概念的かつ綿密にとらえるものとなる。

しかしながら、宇野の理論において、こうした経済学の高度化・完成への接近は、経済現象を人為的・意識的に統制・支配する可能性に結びつくわけではない。つまり、現状分析は経済学における最高の知的営為ではあっても、それは適切な経済政策を指示するものではないし、況や社会主義の実現のための具体的方策や戦術を提供するものでもない。宇野は幾度も、経済学の技術的利用の不可能性を説いている。なぜなら、経済原理はいかなる資本主義の発展段階にあっても、つねに段階論や現状分析の「基準」として機能している、言い換えれば、完結した世界が「永久に繰り返す」運動は形を変えながらも続いているのであって、それを人為的に変更することはできないためである。

ゆえに、現状分析には終わりがない。原理論の描き出す世界が「永久に繰り返す」世界であるのに対し、現状分析は、現実の世界の原理からの距離を測りつつ、それ自身が「永久に繰り返され」なければならない。以上から、宇野は自らの三段階論の体系を次のように要約する。

> 一方に体系的に完結される原理論と、他方に無限に複雑なる具体的な過程を解明しようとする、したがってまた決して完結することのない現状分析と、この両者の間に入って原理を現状分析にその一般的基準として使用する場合の媒介をなすものとしての段階論の規定を要するのである。[27]〔強調引用者〕

ここでは、原理論の完結性と現状分析の完結不可能性とが、あたかも対照的であるかのように語られている。しかし、実際にはそれは同一物の二つの側面である。原理は「体系的に完結」しており、永遠であるがゆえに、それによって引き起こされる「具体的な過程」は「無限に複雑なる」ものとなり、したがってそれを追跡する作業は「決して完結することのない」ものとなる。

してみれば、現状分析とはある意味でシーシュポスの労働であり、それは、原理論が悪循環であることによって運命づけられたものにほかならない。宇野において、体系のすべての出発点となった『資本論』は社会主義を科学的に基礎づけるテクストであるとされていながらも、学の体系的構成が完成に近づき、経済学的分析がより具体的なものとなることそれ自体は、社会主義の成就とは何の関係もない。宇野は次のように言う。すなわち、マルクスの言った「第一の否定〔＝資本主義的私有の成立による封建制の否定〕と共に第二の否定〔＝社会主義の成立による資本主義的私有の否定〕も、社会的変革の過程として明らかにされなければならない。それは経済学の原理論によっても、また段階論的規定によっても、さらにまた現状分析自身によってもその必然性を与えられるものではない(28)」、と。宇野の考えでは、「社会的変革の過程」は経済学の把握できる対象の範囲を超えている。ゆえに、仮に経済学の体系が完成し、現状分析が尽くされたとしても、それは社会主義の必然性を論証するものでは、いささかもない。

だから、西部邁が苛立ちを覚えた「普通の人間として生きていれば実に当たり前の、権力だのイデオロギーだの時々のファッションだの、科学とは縁もゆかりもないもの」が、宇野の影響下から出現したことは、異とするに足りないのかもしれない。現状分析が「経済学の技術的利用」と化すことを禁じられ、社会主義の実現や革命の必然性の論証からも引き離されたとき、体系的には完成されたはずの学知にとって語りうることは何であっただろうか。それは、その体系的完成性によってすべてを語りうる全知的な立場にありながら、同時に、社会主義を論証すること――すなわち、マルクス的経済学の本来的目標――

へと踏み込むことを禁じられている。というのは、現状分析の対象たりうるものは、資本主義によって構成される世界の内部の事柄のみにそもそも限られているからである。宇野の言う「無限に複雑なる具体的な過程」とは、原理論を基準とする現状分析によって対象化されうる過程である以上、それはあくまで「永久に繰り返すかの如き」運動をなす資本主義社会の内部において「無限」であるにすぎないものとして措定されている。現状分析はすべてを語りうる権利を持つが、その場合の「すべて」とは、この内部の世界の事柄にほかならない。だがそれは、この世界の内部に限ればすべてを語りうる。そしてもちろん、ここで言う「すべてを語る」とは、あの永久の悪循環という前提を受け容れない者の立場から見れば、単なる恣意的な語り＝騙り、徒な饒舌でしかない。西部が「その場しのぎ」、すなわち恣意性として感じ取ったものの背景にあったのは、「すべてを語る」ことの、結局は原理論の完結性に由来するいかがわしさにほかならない。

かくして、宇野理論の基底には「永久に繰り返すかの如き」世界像を提示する悪循環としての原理論が配置され、その頂点には「決して完結することのない」――したがって、マルクス的経済学の究極の目的に踏み込むことのない――ものとしての現状分析が配置される。この体系に出口は存在しないわけだが、それは、宇野が『資本論』から革命の物語としての史的唯物論の影響を削ぎ落としたことの当然の帰結である。体系を閉じる、言い換えれば、学の対象を限定することによって、はじめて科学としての経済学は成立しうるというのが、宇野の断固たる主張であった。

だが、見てきたように、かかる宇野の根本姿勢は、行動と理論における主意主義・恣意を逆説的に生み出した。このことが直接の原因ではあるまいが、誰も彼もが宇野経済学のタームを用いて物事を論じ、行動の指針とするという状況が現出した後、宇野経済学の影響力は全盛期を過ぎ、知的関心の中心的対象としての地位を徐々に、しかし確実に、失ってゆくように思われる。

そして、このような事態がもたらされた原因は、すでに述べたように、マルクス思想の全般的な退潮に全面的に帰せられるべきではない。無論、日本における移り変わりやすい知的流行の推移などは、それ自体ほとんどどうでもよいものである。しかしながら、原理論と現状分析からのみ宇野体系をとらえるならば、それは完結した悪循環とそれをなぞるものとなるほかないものとして現れたということ、このことは宇野理論の影響力の劇的なまでの退潮をもたらした内在的要因のひとつに数えられうるのかもしれない。バーシェイは次のように言っている。

宇野体系は、「いまやすべては君に頼んだぞ」と言いながら社会主義者を行動の淵へと連れてゆくが、しかし、飛躍したところで成功するかどうかの保証は与えない。それは彼の責任なのか。否、彼は単に正直であっただけであり、必然的崩壊論といった嘘の約束を拒んだだけのことだ。だがマルクス主義は、道徳理論なしに、つまり個人の「希望の原理」なしに、存続するのだろうか。否、である。(29)

この一節は、それ自体ひとつのイデオロギーでもある宇野理論の抱えたアポリアを、簡潔明瞭に指摘するものである。バーシェイの見方に従うならば、宇野理論は「希望の原理」たることを拒んだがゆえに、悪循環をなす体系という形を取った。もっともそれは単に宇野の「正直」さゆえであるとは、筆者は考えない。宇野の理論構築の営為には、正直・廉直といった日常的な価値観とは異なる「科学的」たらんとする凄まじい意志が感じられるからである。とはいえ、いずれにせよ、高度成長・バブル経済・現存社会主義体制の崩壊といった過程を経て、「科学」が現実と合致しないように表面的には見えるようになったとき、そのような思想は、「主義《イデオロギー》」としては存続困難なものとなったのであった。

体系の完結性ゆえの閉塞——宇野弘蔵の理論体系の本質はこれに尽きるものであるのだろうか。しかしながら、われわれはまだ、宇野が語った「メトーディッシュなもの」そのものについては何も触れていない。先に見たように、それは「宇野弘蔵におけるレーニン」の中核に位置するものであり、当然ながら段階論に関わっている。われわれは原理論と現状分析の議論の構造とその帰結を簡単に考察してみたが、段階論はこの二者を媒介するものとして位置づけられている。宇野理論の全体像が単なる悪循環の体系ではないとするならば、二つの悪循環の間に挿み込まれたものとしての段階論の、宇野理論の内部における特異性を検出することが、われわれの課題であるはずだ。

Ⅲ　切断という方法

a――宇野の忠実

かくしてわれわれは、再び段階論の問題へと差し戻される。

さて、段階論については次のような事情を指摘しうる。すなわち、宇野理論は戦後にその全貌を現し始めたわけだが、それが世に出るのとほとんど同時に、段階論による現在の規定は現実感を失い始めていた。もちろんこれは、今日の後知恵含みの視点から見ればそう言えるというにすぎないが、看過することのできない事柄ではある。すなわち、ロシア革命が成り、社会主義政権が一応確立されたという事実を以て、宇野は彼にとっての現在を資本主義から社会主義への過渡期と見なした。ゆえに、現在の資本主義の段階は基本的に、レーニンの言葉で言えば、「過渡的な、あるいはより正確には、死に至りつつある資本主義(30)」としてとらえられる。

しかし、言うまでもなく、その後の資本主義諸国における資本主義は崩壊などせず、特に日本資本主義は未曾有の高度経済成長を経験することとなり、またレーニンの力説した帝国主義国家同士の全面戦争も第二次世界大戦後には起こらなかった。こうして、資本主義が「死に至りつつある」という認識が、少なくとも感覚的には、現実から甚だしく乖離したものと感じられる状況が現出した。それゆえ、すでに高度成長を十分に通過した一九七一年に刊行された『経済政策論』改訂版の補記に記された宇野の次のような言葉に接するとき、それを読む者は困惑を禁じ得ない。同補記は、「第一次世界大戦後の資本主義の発展について」という副題を付けられている。

旧版では「結語」の中の「段階論はしかし資本主義の発展そのものではない」という一句に次のような注をつけていた。すなわち、

「本書は見られる通りその対象の範囲を第一次大戦までの資本主義の発展段階に限定している。その後の資本主義の発展が段階的規定をなすのにいかなる程度にまで役立てられるかは極めて興味ある、重要な問題であるが、疑問として残しておきたい。一九一七年のロシア革命後の世界経済の研究は、資本主義の典型的発展段階の規定を与える段階論よりも、むしろ現状分析としての世界経済論の課題ではないかとも考えられるのである」と。

しかし、この改訂版ではこの注記を削除した。(中略)[第二次世界大戦]後の資本主義諸国の発展は顕著なるものを見せながら、それはこれらの社会主義諸国の建設を阻止しよう

るものではなかったようであり、しかもその発展に新たなる段階を画するものがあるとはいえないのである。結局、段階論としての政策論に新たなる展開を規定することはできないのであって、「その対象の範囲を……」の「限定」は不必要のことであった(31)。

要するに、一九七一年の宇野は、かつての自らの留保を取り払ったのである。右からわかるのは、一九五四年の『経済政策論』旧版の時点では、宇野にとって、第一次世界大戦後の状況が、資本主義の発展の新段階をなすものであるかどうか確信を与えないものであったのに対し、一九七一年には、それは新段階ではないとの判断が確固たるものとされているということだ(32)。現実の資本主義の様相が「死に至りつつある資本主義」とはかけ離れたものとなりつつあるなかで、それにもかかわらず、宇野は第一次世界大戦の時点から何ら新しい段階が出現してはいないとの判断をあえて下している。

このような宇野の判断は、レーニンの「資本主義の最高の段階としての帝国主義」という規定、資本主義の歴史においてそれ以上の段階は存在し得ないものとしての「帝国主義」という規定に、奇妙なまでに忠実であろうとしたことの帰結であったように思われる。それは、知的には妥協であったと言うべきであろうか。しかし、宇野弘蔵が知的に妥協するということは、端的に想像し難い。してみれば、仮にそれがかの「メトーディッシュなもの」に対する忠実であったとすれば、どうであろうか。

b――フォルマリズムの効用

すでに見たように、宇野がレーニンをきわめて高く評価した所以は、『帝国主義』における理論の内容よりも、ひとえにそれが段階論である、というテクストの形式上の性格にあった。『帝国主義』において展開された、資本主義の発展→独占資本の形成→金融資本主義化→資本輸出→植民地獲得競争→帝国主義戦争という議論の流れの妥当性に関しては、すでに多くの批判が提起されてきた。(33)『帝国主義』の議論における諸々の不整合や事実誤認、議論の根拠の薄弱性等々を詳細に指摘している限りにおいて、これらの批判は説得的なものではある。しかし、レーニンのテクストの内容の真理性を相対化するだけでは、宇野がなぜこのテクストを過剰(とわれわれには見える)なまでに特権的なものとして扱い、自らの理論体系の不動の土台にまでしたのかという問題に取り組む視角を、確立することはできない。繰り返して言えば、宇野の『帝国主義』の読み方はある種独特のものであり、その内容(内容の点で言えば、ヒルファディング『金融資本論』の方が『帝国主義』よりも豊かであろう)よりも形式が明らかに重要視されているのである。

ところで、宇野弘蔵のテクスト読解の特徴あるいは独創性は、まさに形式への視座にある。宇野は『資本論』を読解する際にも、希代の形式主義者(フォルマリスト)としての力量を遺憾なく発揮した。すなわち、資本主義社会においては、流通過程が生産過程を把握するのであり、したがって商品の労働価値（内容）に先立って価値の形態（フォルム）が存在し、この形態のなかで抽象的人間労働という価値の内容が形成されるとする読みである。この読解は、マルクスの議論における価値の実体説（労働価値説）と形態説（価値形態論）との混在を指摘し、そして後者を前者に優越するものとして整理し、これにより価値形態論の意義を首尾一貫した議論を以て明らかにするというきわめて重大な試みであった。宇野は右の論点について、次のようにまとめている。

一般に形態は実体あっての形態であって、先ず実体が明らかにされなければ、形態は展開されない——と考えられるのであるが、しかし商品論にあっては、したがってまた資本家的商品経済を支配する経済法則を明らかにする経済学の原理論にあっては、それはむしろいわゆる本末顚倒といってよい。商品経済がその商品価値の実体となすものは、単に商品経済にのみ特有なものに基くのではない。労働価値論によって価値の実体をなすものとして明らかにされる、商品の生産に社会的に必要とされる労働は、社会的に必要とされる生産物が商品形態を与えられないでも、社会的実体をなすものである。しかしまたかかる社会的実体は、それ自身として商品価値の実体をなすものとしてその形態を展開するわけではない。むしろ逆である。商品形態は、共同体と共同体との間に発生して、共同体の内部に滲透していって、それらの共同体を一社会に結合しつつ社会的実

体を把握することになるのであって、形態自身はいわば外から実体を包摂し、収容するのである。(34)

形態＝形式が、実体＝内容を「外から」把握・包摂し、そのうちへと収容する。さらに言うならば、商品の分析においては、実体＝内容なるものとは、ある特殊な形態＝形式によってはじめて可能になるもの、形態の効果にほかならない。ゆえに、価値形態こそが、資本主義社会の成立の鍵として考察されなければならない。さらに、マルクスに遡れば、価値形態の社会的実体に対する外部性という着想は、資本主義の「外」なる世界への示唆を与えるものでもあった。宇野も引いているマルクスの言葉はこの事情を次のように説明する。

古典派経済学の根本欠陥のひとつは、商品の分析、また特に商品価値の分析から、価値をまさに交換価値たらしめる価値の形態を見つけ出すことに全く成功しなかったということである。A・スミスやリカードのような、まさにその最良の代表者においてさえ、古典派経済学は、価値形態を、全くどうでもよいものとして、または商品そのものの性質には外的なものとして、取り扱っているのである。その原因は、彼らが価値量の分析に注意をすっかり奪われてしまったということだけではない。それは、もっと深いところにある。労働生産物の価値形態は、ブルジョワ的生産様式の最も抽象的な、しかしまた最も一般的でもある形態であり、これによってこの生産様式は、社会的生産の特殊な一種類として、したがってまた同時に歴史的に、特徴づけられているのである。それゆえ、この生産様式を社会的生産の永遠の自然形態であると見誤るならば、必然的にまた、価値形態の、したがって商品形態の、さらに発展しては貨幣形態や資本形態等々の独自性をも、看過することになるのである。(35)［強調引用者］

形式への視座は、端的に言えば、歴史意識と関わっている。商品の価値形態が生産過程を把握・包摂・吸収するという事態は、普遍的な超歴史的事象ではない。それは、「社会的生産の特殊な一種類」であり、歴史の産物である。そのことに気づかずに、商品の価値内容にのみ眼を奪われるのは、歴史の産物としての資本主義的生産様式を「社会的生産の永遠の自然形態である」と見誤ることを意味する。古典派経済学が価値形態論を主題化しなかった原因を、マルクスは彼らの単なる注意力不足よりも「もっと深いところにある」と言うが、その「深いところ」とは、彼らの歴史意識（あるいはその不在）にほかならない。マルクスの見るところ、古典派経済学者は「深いところ」で（彼らの無意識において）、資本制を「社会的生産の永遠の自然形態」と見なしているために、価値形態論を「全くどうでもよいものとして」しか取り扱わないのである。古典派経済学の論理レベルでの洗練は、彼らの歴史意識の不在によって購われている。

宇野のフォルマリスティックな『資本論』の読解は、マルクスの右のような議論を敷衍し、マルクスの価値実体説的な議論における投下労働価値説的に受け取られうる側面を切り落とすことによって展開されているわけだが、それがもたらすのは、『資本論』における価値論を首尾一貫させることだけではない。かかる読解は、近代資本主義の起源と本質の在り処を価値の実体形成の現場から価値形態による生産過程の把握・包摂・吸収の場面へと移転させることを意味するが、それは、形態が社会的実体(=労働、およびその担い手としての人間)を既存の社会から引き離す歴史具体的な瞬間を否応なく指示し、それを際立たせることになる。すなわち、ロビンソン・クルーソー的独立生産者がそれぞれの労働力の投下の対象物を持ち寄って交換するところから商品経済は始まったという資本主義経済の創世記がお伽話にすぎないことを暴露し、かかる神話の代わりに、人間が土地と生産手段から引きはがされ、労働力商品として価値形態のなかに叩き込まれる暴力に満ちた歴史的瞬間(=資本の本源的蓄積過程)を指し示す、ということである。

こうして価値法則の貫徹しうる世界が準備される。すでに見たように、この過程を通過した後の資本主義は、「永久に繰り返すかの如き」様相を呈する完結したものとして描かれうるものとなる。しかし、形態による実体の包摂の暴力性は、「労働力の商品化の無理」として、この循環運動にとり憑く。『経済原論』における『資本論』からの歴史叙述の捨象は、「資本の本源的蓄積」論の原論からの排除を直接的には意味しているが、それは、現実の歴史過程を原理論によっては説明不能なものとして排除しながらも、それによってかかる過程が完結した(はずの)論理にまとわりつくことに帰結する。つまり、宇野の『資本論』に対する形式主義的読解は、永久の循環運動を説きながらも、その循環運動そのものによっては解き得ない循環の起源たる形式の内容への浸透を強調し、したがって原理論の外部としての歴史的出来事を暗に措定している。そうであるがゆえに、宇野の強調した「労働力の商品化の無理」とは、この原理論の外部の出来事の消去され得ない残響として措定されるものである。「無理」とは循環の内部に滞留する外部の謂いにほかならない。

してみれば、宇野のフォルマリズムとは、論理的純化を果たすのと同時に、論理の外部を透視するものにほかならなかった。言い換えれば、それは、完結した論理の世界、悪循環の世界と、現実の歴史の過程とをラディカルに切断し、切断された歴史上の暴力のモメントが論理の内部において漂流し続けることを論証するものである。だから、宇野の資本主義論が「資本主義論」ではなく、「純粋資本主義論」でなければならなかったのは、単に論理的徹底性を言うためではなく(仮にそうであるならば「純粋」の二文字は不必要である)、この切断が強調されなければならなかったためである。そもそも原理論が成立する際にそれが段階論なるものと同時に生まれなければならなかったのは、端的に言えば、論理による歴史の解明の限界、ないしは歴史の論理内部への回収不可能性ゆえであるが、こうして原理論もまた、「永久に繰り返すかの如き」体系を示しながらも、論理に抗い続ける歴史というモメントの固有性を消極的な形で浮かび上がらせる。それは、歴史的なものと出会うための迂回された旅路にほかならない。

c――レーニンの「メトーディッシュなもの」

さて、ここで問われるべきは、かかる宇野のフォルマリズムがレーニンの方法論といかなる関係を持つのか、という問題である。言い換えれば、宇野の称賛するレーニンの「メトーディッシュなもの」が宇野の発想に何らかの契機を与えたとするならば、レーニンにおけるフォルマリズム的なものの契機はどこに見出されるべきかということが、問われなければならない。よく知られているように、レーニンは帝国主義の五つのメルクマールを挙げて、帝国主義を定義した。

(一) 生産と資本の集中。それが高い発展水準にまで達し、経済活動において決定的な役割を演じる独占が形成されていること。(二) 銀行資本と産業資本の融合。そしてこの「金融資本」を土台とする金融寡頭制の確立。(三) 商品輸出とは区別される資本の輸出がとりわけ重要な意義を帯びていること。(四) 資本家による国際的な独占同盟が

形成され、世界を分割していること。（五）資本主義列強諸国による地表の領土的分割の完了。(36)

先に述べたように、これらの定義が帝国主義の世界を真に規定し得ているかということの是非、また、これらの指標が満たされているならば、帝国主義諸国間の戦争が必至のものとなるというレーニンの議論の真理性をめぐっては、批判的な議論がすでに多数なされている。本章でこれらの議論の細目に立ち入ることはしない。ひとつだけ言えば、これらの指標のうちのいくつかは第二次世界大戦後一層高度なものとなったであろうが、それでも資本主義経済大国間での戦争は生じなかったという事実がある（ただし、このことは将来において、レーニンが規定するような戦争が決して生じ得ないことを意味するものではない）。したがって、レーニンの挙げた指標は、帝国主義諸国間の戦争の即座の必然性を証明し得たものとは、少なくとも言えない。つまり、レーニンの帝国主義の定義は内容的には、難点を含むものである。

だが、レーニンは先の引用部分に続いて、次のように言う。

帝国主義とは、独占と金融資本の支配が確立されて、資本輸出が顕著な重要性を獲得し、国際トラストによる世界の分割が始まり、最も有力な資本主義諸国家による地表のすべ

ての領土の分割が完了した、そのような発展段階の資本主義である。(37)

この一節において、宇野に決定的なインスピレーションを与えた「段階」の概念が端的に与えられている。留意すべきは、先の引用部とこの一節はひと続きに書かれたパートであり、どちらの記述も帝国主義を定義的に規定するものであるにもかかわらず、ここで行なわれているのは単なる言い換えなのではないということ、二つの記述は論理の次元を全く異にしている、ということだ。端的に言えば、前者の記述が帝国主義という現象を内容(実体)的に規定しているとすれば、それに対して後者は帝国主義を形式(形態)的に規定するものであると見なしうる。そして、『資本論』の読解における形式主義が資本主義の歴史性を露呈させることと関わっていたのと同じように、ここでも帝国主義の形態的規定は歴史的なるものと深く関わる。すなわち、前者は五つの指標を提示することにより、帝国主義という現象の具体的内容を規定しようとするものであるのに対し、後者の記述は、同じ現象を歴史的パースペクティヴのなかに置くものである。前者から後者への記述の移行によって、帝国主義の本質は、その内容的規定から歴史における段階へと移し替えられる。

若き日の宇野を震撼せしめたのは、この移行のはらむ知的緊張にほかならなかった。帝国主義の本質は、政治経済的現象のあれこれの内容にではなく、それがひとつの歴史的段階であることに存する——この一見慎ましい言い換えが宣しているのは、このことのみにすぎない。しかし、宇野にとってはこの規定の移行こそが決定的であった。それは単に、ある現象を異なった側面から規定してみるということではない。それ以上に、段階論的な規定という特別な規定は、歴史的現在を既往の時間の流れから切り離すものであり、ゆえに、ひとことで言えば、この規定の移行に体現されているのは、「切断という方法」である。すなわち、原理論的に記述されうる世界（永久に繰り返すかの如きものとしての世界）と新段階としての歴史的現在とを異なるものとして切り離すという知的操作こそ、レーニンが行なったものにほかならない。

そして、切断がひと度なされるならば、現象の内容は歴史的段階によって把握・包摂され、したがって具体的現象は、段階論的視座から意味づけられることになる。言い換えれば、生産の集中や銀行資本と産業資本の融合、世界の分割の完了といった諸々の現象は、歴史的段階の徴候として読み取られうるものとなる。つまり、ここにおいて、段階論的視座とは、諸々の現象に意味を与える鋳型、すなわち形式として機能しているのであり、したがって、「切断という方法」とは「内容に対する形式の優位」であると言ってもよい。そして、形式はそれが包摂する内容を新たな光の下で照らし出すことになる。

帝国主義を政治経済における諸々の新現象の漠然とした集合として見るのではなく、帝国主義をひとつの歴史的段階として見ることは、レーニン以降のマルクス主義にとって常識となった。そして常識となったがゆえに、それがいかなる知的操作であるのかということは問われずにきた。だが、この知的操作の本質からレーニンにおける「メトーディッシュなもの」は読み取られるべきであろう。

この観点から見てみると、『帝国主義』におけるレーニンのカウツキー批判は、マルクス主義陣営のなかでの論争であるだけに、レーニンの方法論を際立たせるものである。レーニンは、帝国主義は「金融資本の《好む》一定の政策である(38)」とするカウツキーの命題に対して執拗に攻撃を加え、「段階」としての帝国主義という自己の定義を対置する。ここでも問題になっているのは、帝国主義という現象における内実よりも、帝国主義を形式の観点からどうとらえるのかという事柄であり、またひいては、帝国主義という段階を原理論的な世界から切断しうるのか（しなければならない）という問題であった。

さらに、レーニンのカウツキー批判は、「超帝国主義」の主張に対する批判へと至り着くが、この理路のうちに形式から内容へと遡行する批判の方法を見て取ることができる。すなわち、カウツキーの言う超帝国主義とは、金融資本の優位による独占の形成という条件下で、必ずしも帝国主義諸国家間の戦争は起こらず、「各国の金融資本相互の闘争は、国際的に連合した金融資本による世界の共同の搾取へと置き換え(39)」られるという事態である。こうした事態はまるで考えられない、とレーニンは言っているのではない。現に第二次世界大戦後の歴史は、カウツキーの想定が可能であることを示したかに思われる。しかし、この事実はレーニンの立論を無効化するものでは必ずしもない。ここでも問題は、超帝国主義的現象という具体的内容をいかなる視座からとらえるか、言い換えれば、いかなる歴史的段階という形式から現象の内容を包摂するかに懸かっている。レーニンは、例えば列強によるアジア諸国の分割時に成り立った諸列強間での同盟的関係を「超帝国主義」的現象と見なす。だが、もちろんこうした同盟は一時的なものにすぎない。「資本主義の現実のなかにある《国際帝国主義的》同盟あるいは《超帝国主義的》同盟は、（中略）不可避的に戦争と戦争の間の《息つぎ》であるにすぎない。平和的な同盟は戦争を準備するが、それはまた戦争から生まれる。両者は、お互いがお互いの原因となりつつ、世界経済と世界政治の帝国主義的な関連性と相互関係という同一の基盤から、闘争の形態――平和的闘争と非平和的闘争――の交替を生み出す」[強調原文][40]。

帝国主義段階において、戦争と平和との間には、相対的な差異しか存在しない。帝国主義列強の平和的共存という状況も闘争の形態のひとつとして捉えられる。平和までもが闘争の一種であるとされる理由は、もちろん、この闘争の基底が資本主義社会において不可避である階級闘争に存することに求められる。つまり、帝国主義戦争とは、階級闘争の歪曲された現れにほかならない。レーニンは、こうしたヴィジョンを『国家と革命』において、階級対立から国家という〈特殊な力〉の析出[41]、そして〈特殊な力〉の間での闘争＝戦争という形で、じきに物語ることになるだろう。かくして、レーニンは次のように言う。

闘争の形態は、さまざまな相対的に部分的かつ一時的な理由によって絶えず変化しうるし、実際に変化している。しかし、闘争の本質、闘争の階級的内容は、階級が存在する限り、全く変化し得ない。(42)〔強調原文〕

ここにおいて、形態は内容をあらためて規定する。この引用部を文字通りに読むならば、闘争の内容は常住不変であり、それが取るさまざまな形態のみが表面的に変化しうる、ということを述べているかに見える。言い換えれば、闘争の形態に対する闘争の内容の質的優位性の主張であるかに見える。しかし、それならば、闘争の本質がつねに「階級的」であり不変であるとすれば、それの取る形態がなぜ多様なものとなりうるのか、言い換えれば、マルクスの『資本論』から直接導き出されるものと異なったものとなりうるのか、という問いが問われなければなるまい。つまり、ここでレーニンは、常住不変の内容によって形態が決定されるということを述べているのではなく、闘争の内容と形態は切り離されていることを、実質的には強調している。

テクスト執筆時点の現在において、闘争は帝国主義戦争（諸国民国家の労働者同士の殺し合い）という形態を疑いなくとっていた。この形態は、原理論的世界において想定される階級闘争とは明らかに異なったものであり、闘争の真の内容から切り離されている。そして、この形態はまた、内容から遊離すると同時に内容に優越する。ゆえに、帝国主義＝金融資本の時代における特徴的な現象の内容は、空間的フロンティアを世界中のどこにも見出すことが出来なくなった資本主義の段階という現在の観点から、あらためて階級闘争の歪曲された現れとして意味づけられなければならない。

闘争の形態が原理論的世界において想定されるものとは異なってきていること、このことはすでにひとつの徴候である。帝国主義戦争は、見掛け上階級闘争の形を取っておらず闘争の常住不変の本質を歪んだ形で表現してはいるものの、それ自体が歴史的現在において闘争の形態が変化しうることの証左でもある。したがって、レーニンにとっての課題は、帝国主義戦争よりもより高度な闘争の形式によって、闘争がその真の内容を体現するように、働き掛けることである。こうして、マルクスの描いた資本主義の宇宙――原理論的世界、悪循環の世界――から切断された歴史的現在に対する形式的規定が諸々の現象を概念的に包摂するのと同時に、闘争はその真の内容へと差し向けられる。「帝国主義戦争を内乱へ」というあのスローガンとは、闘争の形式を取り替えよという呼び掛けにほかならず、闘争の形態がその本来的内容と一致する点を指し示すものであった。

d――切断という方法

現象を内容的に規定することに先立って、その現象をある歴史的局面として切り取るという方法論、段階という形式の優位性、これこそがレーニンが宇野に与えた最も重大な方法論上の霊感ではなかっただろうか。宇野は次のように言っている。

レーニン自身はむしろヒルファディングのように『資本論』の理論的規定をそのまま帝国主義論の規定の中に混入してはいません。出発点としてとった理論的規定も具体的事実の解明に直接妨げをなしているとはいえないようです。そしてその点がレーニンの『帝国主義論』を非常に明快なるものにしている――と思うのです。(43)

宇野が『帝国主義』を評価する根拠は、またしても逆説的である。「出発点として取った理論的規定」が「具体的事実の解明」を妨げていないとは、換言すれば、『帝国主義』が理論的に首尾一貫していないということである。しかし、そうであるがゆえに、『帝国主義』は「明快」なのだ、と宇野は言う。なぜなら、原理論的法則が歪曲される帝国主義段階においては、現実そのものが首尾一貫しなくなるからである。そして、宇野の見るところ、『帝国主義』はこうして理論的一貫性がないうえに、「『資本論』の理論的規定を」持ち込んでいない。それはすなわち、『帝国主義』はある面で『資本論』と手を切っていることを意味する。だが、このことも宇野が『帝国主義』を評価する所以である。要するに、宇野が評価しているのは、ひとえに、レーニンの切断――原理論と歴史的段階としての現在との切断——という方法にほかならない。それは資本主義の世界の論理が綻びつつあることを告げ知らせるのである。

『資本論』の読解方法に関してすでに見たように、宇野において、形式の優位性は歴史への回路であった。商品の価値の本質を語る際にマルクスが持ち出した二つの説明（労働価値＝実体・内容説と、価値形態＝形式説）において、後者が前者を包摂するものとされ、形式の優位は悪循環の底を破るものとしての歴史的出来事を露呈させるものであったのと同じく、帝国主義の本質をめぐる二つの規定（五つの指標と、資本主義の発展段階）においてもまた、後者が前者を包摂し、それによって、帝国主義という現象は総体として原理論の世界から切断される。言い換えれば、現在が悪循環の体系から切り離され、未決の状態で浮遊させられるのである。

原理論における形式主義の導入は、『資本論』読解におけるいわゆる「流通滲透視角」をもたらし、それは悪循環の運動の破れ目をいわば過去志向的に発見させることを結果する。そして、その破れ目の論理的帰結を宇野は、「労働力の商品化」（そしてその「無理」）に見定め、それを『資本論』からつかみ出した自分にとっての「南無阿弥陀仏」だと述べたのであった。他方、段階論は、それ自身が具体的事象に意味を与える形式であると同時に、現在を未来志向的に原理論の世界から切断する方法にほかならなかった。かくのごとくに、宇野弘蔵の純粋資本主義論は、悪循環の運動の外部との連環によって成り立っている。

Ⅳ　科学とカイロス

先に見た、宇野の『経済政策論』改訂版における補記の記述から今日の読者が受ける当惑や、そこから生ずる、宇野の科学的精神が妥協したのではないかという疑惑は、もはや消え去ったはずである。かの記述は、「第一次世界大戦以後、天地の下に新しきことなし」と言っているに等しいものであった。多くの人は、この言明の妥当性を懐疑するに違いない。しかし、論じてきたように、宇野の理路からすれば、帝国主義段階の導入によって、現在はすでに原理論から、すなわち悪循環の運動から永久に切断されている。してみれば、もう一度現在を切断によってあらためて分離しなければならない理由など、どこにも見当たるはずがない。

三段階論の起源に即して見たように、そもそも悪循環としての原理論という理論的モデルも、段階論の発見によって措定可能となったものであった。つまり、宇野の理論体系はその基底（原理論）と頂点（現状分析）において悪循環をなしつつも、体系の中間に位置する歴史論としての段階論において、悪循環からの本質的な切断はつねにすでになされている。しかも、段階論は全体系の生みの親である以上、悪循環の外部としての歴史性は体系の構成において二つの悪循環に対して存在論的に優位に立つものにほかならない。確かに、原理論は「永久に繰り返される」世界を描き出し、現状分析は際限なきものとされる。しかしながら、「切断という方法」によって悪循環から根本的に切り離された現在は、繰り返しの運動のなかで「段階」が時熟することを待ちつつあるものとして、措定されている。

否、かかる時熟の論理は原理論そのものの方法論にも明確に織り込まれている。宇野は「純粋資本主義」の概念構成がマックス・ウェーバーの「理念型」と同一視されることに強く反発したが、それは、右に見てきた宇野三段階論に貫かれている特異な歴史意識に由来するものであったろう。原理論は、対象を模写するのみでなく、対象の方法をも模写する、つまりそれは、対象を抽象化するだけでなく、対象自身が現実に行なっている抽象を反復するものである、と宇野は規定した。宇野から見れば、ウェーバーの理念型という考え方は単なる抽象であるのに対し、自らの（そしてマルクスの）方法は、「抽象の抽象」なのである。それは、対象自身による抽象を重ね書きする。それが単なる抽象と異なるのは、歴史性を内在的に繰り込んでいる点にある。なぜなら、理念型の提出という抽象化が現実をいくつかのタイプに切り分け、それらを単に並置するにすぎないのに対して、「対象自身の方法（＝抽象）の模写（＝抽象）」は、対象による抽象を追跡し、それに重なり合おうとするからである。したがって、それは必然的に、「抽象の抽象」が現実の抽象に追い付く時点を、原理論の完成する瞬間を措定している。その瞬間とは、資本主義に対する認識が現実の資本主義に追い付き、それを追い越そうとする瞬間にほかならない。つまり、原理論＝純粋資本主義の想定とは、それ自体の悪循環によって現実の悪循環をなぞり、繰返される運動のなかで循環運動の最先端を追い越すこと、すなわち、認識のレベルで資本主義を乗り越えそれを歴史化するための知的技法であった。かかる方法が、段階論に端的に示された根本的切断がなければ、もとより不可能であったことは、言うまでもない。

とはいえ、さらなる切断は不要であるという宇野にとってみれば当然の理路が、高度経済成長と世界資本主義の相対的安定を背景に徐々に理解され得なくなってくるにつれて、宇野理論は読者大衆を失っていったようにも思われる。まずは革命の必然性が見失われ、次いで革命の必要性までもが見失われてゆく戦後の時空間において、いまある世界とは別の世界へとつねにすでに開かれたものとしての現在という宇野の歴史感覚は、次第に理解困難なものとなっていったのであった。

確かに、宇野の理論図式は、奇妙に屈折した福音主義とでも呼びうるものであった。それは、三層構造をなす体系の中間部分（段階論）において、現在という段階がすでに悪循環から切断されていることを説きつつ、中間部分を挿み込む体系の両極（原理論、現状分析）では、際限のない悪循環を説くものであった。つまり、あたかも救済の現実性は前提されると同時に、不断に否定されているかのようである。だが、宇野の「科学」の体系的構造におけるこの内的緊張関係が見失われるとき、「科学」に依拠する政治は、極端な静観主義、あるいはその裏返しとしての無根拠な主意主義への転落を余儀なくされるであろう。

先にも触れたように、新自由主義の本格化以降喋々されてきた「格差社会問題」、そして今日激化しつつある世界的経済危機は、マルクスの名を呼び戻しつつある。表層的には「マルクスの復権」とも呼びうる現象があり、それはマルクスを再び「希望の原理」を体現する者として呼び出しつつあるのかもしれないが、いわゆる学知の立場から見た場合、そこにさしたる意味はない。言うまでもなく、不況時には真理となり、好況時には誤謬となる「理論」など、学知とは無縁である。

とはいえそれは、常住不変の普遍的学知なるもののいかがわしさを明らかにしもする。高度経済成長のなかで依然として堅持された「死に至りつつある資本主義」という宇野の現状認識は、好況時に誤謬視されることをあえて引き受けた。しかし逆に言えば、メシアニズム的緊張をはらむものとしての宇野の理論は、それに相応しい秋《とき》を、すなわちカイロスを持つものでもある。それは宇野弘蔵の遺産に「希望の原理」を求めることが可能だということを必ずしも意味しはしないが、それでもなお、レーニンから引き継がれた「切断による科学」という方法論がわれわれを連れてゆく学知とその外部との境界という独特の知の場所は、引き受けられることを待っているように思われる。

補論　終末の認識論——レーニン〈再見〉に寄せて

I　レーニンにおける「テクストの快楽」

この度情況出版から刊行した『レーニン〈再見〉あるいは反時代的レーニン』[1]という本を、長原豊さんと一緒につくることができました。私自身レーニンを専門的なテーマとして研究するという立場にいますから、こういうものが出せたことはまず率直に喜ばしい。ですが、一方で不安もあります。レーニンに着目するというのは、現在かなり無茶な振舞いなんじゃないだろうか、相手にされるのだろうか、という気持ちです。けれども、長原さんが論集の冒頭にお書きになっているように、こういう論集が出せた背景にはヨーロッパを中心にレーニンへの関心が再び高まりつつあるという事情があります。この論集をお読みになればわかることですが、寄稿者たちの多くはきわめて熱心に、情熱的にレーニンを論じています。それに比べるとここ日本は立ち遅れているのではないかという感じがありますが、この論集によってそれなりにキャッチアップするきっかけがつかめたのではないかとも思います。まだ私たちの動きは小さなものであるけれども、粘り強くやっていれば必ず、レーニンの重要性、彼がいま再び顧みられるに値する人物であるということは、広く認識されうると思いますし、またそれによってレーニンに関する議論が再び起こること、それも建設的な形でそれが起こることが期待されると思います。

さて、どういう考えに基づいてこの本をつくったのかについて話さなければならないと思いますが、私たちはこの論集に「レーニン〈再見〉」というタイトルをつけました。どういう風にレーニンを読んでゆくのがこれからの時代において建設的なのかということを考えた場合に、このタイトルがふさわしいと考えたからです。現在レーニンについて否定的な見方を持っている人たち——日本の人口の大部分はそうなのでしょうが——のうちでレーニンに関するある程度の知識を持っている人たちは、彼の名を聞くと、「民主集中制」という実に非民主的な原理に基づいた秘密結社的な前衛党」とか、全く不十分にしか生産力を発展させることができないことが証明された「計画経済」といったものをすぐに思い浮かべるのだろうと思います。それは無理のないことでもあります。長い間、これらの概念がマルクス=レーニン主義の真髄であるという風に言われてきたわけですから。私自身もこういったイメージを持っていたこともあります。

しかしながら、彼の書いたものを虚心に読んでみると、こういった従来流通してきたイメージが実にどうでもいいものに思われてくるのですね。ちなみに、レーニンを虚心に読めということを教えてくれたのは、中沢新一さんの『はじまりのレーニン』でした。確かに、彼の書いたことや考えたこと行なったこととの一部からマルクス＝レーニン主義なるもの、すなわちスターリニズムが生まれてきたということは事実であるでしょう。だけれど、マルクス＝レーニン主義が全く退屈な代物であるのとは正反対に、彼のテクストは文句なしに面白いのです。そこでは文章が力強く躍動しています。それは思考が躍動している証拠です。嘘だと思う人には、『国家と革命』や『何をなすべきか？』を読んで御覧なさいとしか言いようがないのですが、とにかく、私自身がレーニンを読むことによって得たものは、いままでレーニンについて言われてきたこと、レーニンに関する常識というものは彼において最も重要なものを全然言い当てていないのだ、という感触でした。彼を批判するにしろ賞賛するにしろ、この最も重要なものを言い当てて、それを評価するのでなくては、全く意味がありません。

例えば、『何をなすべきか？』は陰謀主義を主張したものだと言われています。これは間違いです。レーニンがここで批判しているものは、修正主義的な経済主義と同時にテロリズム、すなわち陰謀主義です。そして、この著作に見出される実に興味深く深遠な発想である、革命思想の現存世界に対する絶対的な外部性という思想は、単なるエリート主義と混同されて、ほとんど指摘されてきませんでした。あるいは、『国家と革命』は全く空想的なことを述べたテクストだと言われます。これも浅薄な読みです。この書物がいつ書かれたのかという基本的なデータを考えてみるべきです。それは、一九一七年の夏、すなわち十月革命のまさに前夜であります。冷徹な政治家でもあった人間が空想にふけるには、これ以上そぐわない時期はまずないでしょう。こういうときにあのような半ばは理論的であり、かつユートピア的でもあるような書物が書かれてしまったという事実に、まずは驚くべきではないでしょうか。この事実の不可思議さに正面から向き合っているような『国家と革命』論というものは、読んだことがありません。[2] あの粗暴きわまる『唯物論と経験批判論』ですら、単なる教条主義や政治主義の書物では絶対にありません。

つまり、ここで強調したいのは、悲しいことにいままでレーニンがどれほどいい加減な仕方で読まれてきたのか、ということです。だから、レーニンに再び見《まみ》えるということは、いままでの手垢にまみれた読み方、実につまらないものにしか帰結しなかった読み方から離れて、彼に向き合うということにほかなりません。

こういったわけで、私自身がレーニンを読む際に心掛けているのは、いままでの先入見、彼に対して与えられてきた概念を取っ払って読むということです。あるいは「前衛党」とか「階級意識の外部注入」とか、今日ではすこぶる評判の悪い概念を再検討してみることです。それは、これらの概念をこれまでと同じように解釈したうえで弁護するということとは全く違うことです。目指しているのは、これらの概念から、これまで気づかれてこなかったレーニンの真に独創的な思考を引き出してやる、ということです。

では、具体的にどのような方向性を持って現在レーニンを読むべきなのでしょうか。その際に「レーニンの現代的意義」だとか「現代の政治的・イデオロギー的状況に対して抵抗してゆくためにレーニンの思想をもう一度振り返らなければならない」というような、大上段に構えた話をするのはとりあえずは控えておこうと思います。こういったちょっと大げさな意義というものは、もちろん大事なものではあるけれど、いわば後付け的に見出されるものだと思うんです。レーニンが依然として大事な存在であるならば、こういった意義というものは自ずと見出されるはずだと思います。

それよりも、レーニンの言ったこと、やろうとしたことは、面白いじゃないか、という先ほど述べたような素朴だけれども絶対捨てることができない確信がまず存在することの方が先決ではないかと思うのです。とにかく本能的に面白いと感じられるからそれが客観的に意義を持つのだ、と考える方が物事の道理として正しいと思うわけです。そもそもレーニンの言説が何らかの意味で面白かったからこそ、世界中で読まれてきたわけです。それがいま一般に読まれないようになっているとすれば、レーニンの面白さが感じられにくい世の中になっているということなのでしょう。現在レーニンの思想も事業もそのすべてが否定され、貶められているわけですが、にもかかわらず遺された彼のテクストには面白さがあり、それを読むことは「テクストの快楽」を与えてくれる。このことは否定できません。この厳然たる事実を否定することによって成り立っているようなイデオロギーというものは、どこか不健全なものではないでしょうか？　素直にレーニンは面白いということを言えないのだとしたら、このとき私たちは何に邪魔をされているのか、そういうことについて考えてみたいと思います。

Ⅱ　レーニンにとってのマルクス主義

レーニンの面白さ、魅力はどこにあるのだろうということをあらためて考えてみると、やはり大前提として「彼はことをなした人物である」という圧倒的な事実があると思います。レーニンのテクストを貫いている力強さを感じるとき（そしてまた、この力強さは破壊的なものでもあるということを後でお話しすることになりますが）、やはりあれだけのことをなすためには、これだけの強さが必要であったのだろうな、ということを感じさせられます。だから、レーニンの最も重要な部分に触れるということは、彼の裡で脈動していることの〈力〉に触れることなのだと思います。この〈力〉があの革命を、ある意味でつくり出したからです。もちろん彼の実行した革命が完璧なものであったなどと考える必要はないし、そんなことを言うつもりはありません。

それはともかく、革命について語った人々はたくさんいますが、それをなした人は僅かであって、レーニンはそのうちのひとりです。特にマルクス主義に基づく革命というものを最初にやった人は、彼です。マルクス主義思想は、近代において最も包括的な革命思想であると私は思いますが、同時にマルクス思想と革命というものの関係は非常に厄介なものを含んでいる、と思います。それはどういうことかと言うと、人がマルクスの言ったことの主要な部分を文字通りに受け止める限りでは、革命に打って出ることができないような理論構造になっているのではないか、ということです。

マルクスは、個人の主観的な意志とは無関係に資本制社会を貫いて働く客観的・必然的な法則を明らかにしたと言います。そして、この法則の延長線上にしか社会主義革命や共産主義の到来はあり得ないし、かつこれらが到来することは必然的だと言います。だから、個人的テロリズムやクーデター的な方法で革命を目指すような方針は、美しい自己犠牲や勇敢な行為なのではなく、客観的な法則に対して空しくドン・キホーテ的に戦う主意主義だということになり、むしろ非難されるべきものとなります。しかし、一方でマルクスは暴力革命の信奉者でもあったわけですから、どこかでブルジョワジーの秩序を転覆するための決定的な行動に打って出なければならないはずです。要するに、ここには矛盾があるわけであって、マルクス主義の中心命題のなかには、決断を説きながらも、いわゆる日和見主義を正当化しかねないものが存在したということです。また、下部構造が上部構造を必然的に決定するというテーゼを人間主体に当て嵌めると、存在が意識を決定するということになりますが、これは道徳や善意の否定であるという非難を受けてきました。

こういった問題についてレーニンはどのように考えていたのでしょうか？　よく知られているように、レーニンの兄、アレクサンドル・ウリヤーノフは皇帝暗殺未遂事件に連座して刑死しており（一八八七年）、この事件が若きウラジーミル・ウリヤーノフ（＝レーニン）を革命家の道へと差し向けたと言われています。そこで興味深いのは、レーニンが兄の死から何を学んだのかということです。兄は、〈人民の意志〉派というナロードニキ主義の急進的グループに属して、その命をロシア人民の救済の事業に捧げました。ここでのナロードニキ主義というものは、ロシアの土着的な社会主義思想、農村社会主義的な思想である、ととりあえず考えてください。彼らは資本主義がロシアに浸透してくることに対して反対し、まだ全面的には解体されていない農村共同体的なものをベースに平等な社会をつくろうと欲したわけです。この流れのなかから、ツァーリを殺して革命を起こし、理想を実現しようとする人たちが出てきたのです。

そして、レーニンは一八九〇年代半ばにマルクス主義者として頭角を現してくるわけですが、そのときの彼の主な仕事は、ナロードニキ思想を攻撃することにほぼ全面的に捧げられているのです。ナロードニキ主義はつまるところプチ・ブルジョワジーのイデオロギーにすぎないから革命は起こせないどころか実は反動的なのだ、マルクス主義こそが本当の革命に至る唯一の道なのだ、ということをしつこいくらいに繰り返し主張しています。

つまり、レーニンは兄の死によって革命家になったのですが、それと同時に兄の奉じたものを否定することによってそうなっているのです。

ここで考えたいのは、レーニンがマルクス主義者になる際に一体どれほど大きな心理的抵抗を潜り抜けなければならなかったはずであるか、ということです。ひとつには、いま述べたように、敬愛していた兄がナロードニキの活動家として処刑されたという個人的かつきわめて切実な事情があります。そして、もうひとつは社会的思想的な一般的状況です。ドストエフスキーやチェーホフの作品を読めば当時の雰囲気の一端がつかめるのではないかと思いますが、ロシアの暗い現実、圧制と貧困という現実の下で、ロシアの心ある知識人にとっては、自らの命をも顧みずに苦悩する人民に奉仕するというナロードニキ主義の倫理的理想は、サルトル風に言えば、「乗り越え不可能な哲学」であったのではないかと推察されます。だから、当時の変革を志す若者にとっては、ナロードニキ主義者になるということは、ほとんど空気を吸うのと同じくらい自然なことであったはずです。

これらの事情にもかかわらず、レーニンはナロードニキ主義を否定します。より正確に言えば、ナロードニキ主義が果たした歴史的役割を評価しつつも、もはやその歴史哲学(資本主義を飛び越して社会主義へ至るという歴史哲学)は現実性を失っており、したがってその役割はもう終わったのだ、という主張をしたわけです。マルクス主義者たちのこのような主張に対しては、ナロードニキ勢力から当然激しい反発が起こりました。つまり、倫理的に間違ったことを主張する輩であるという批判です。ちなみに、ナロードニキ主義者たちもマルクスから学んでいました。しかし、彼らはマルクスの資本制分析には敬意を払いましたが、革命の必然性の根拠としての史的唯物論の方は斥けました。というのも、史的唯物論を認めるならば、ロシアにおいて資本主義が大いに発達することを認めねばならなかったからです。資本主義が発達すれば、人民大衆は西欧ですでにそうであったように無慈悲に搾取されることになります。だから、史的唯物論の歴史哲学と彼らの倫理的立場は相容れないものであったのです。言い換えれば、彼らは変革を目指すという主体性を確保するためには史的唯物論は捨てなければならない、という判断を下したわけです。つけ加えておくと、マルクスに対するこのような態度はロシアに限られたものではありませんし、どういう態度を取るべきなのかという問題はもはや用済みになった事柄でもありません。例えば、宇野弘蔵は「『資本論』は恐慌の必然性を明らかにするけれども、革命の必然性は明らかにしない」という意味のことを語りましたが、ここで問題になっていることも本質的には同じことです。マルクスの資本に関する学説は資本の法則を客観的に記述するものであって、その発展は「自然史的過程」として記述されます。いわば、そこに革命を行なう人間のための居場所はないのです。

Ⅲ　終末の認識論

そうなると問題なのは、マルクス主義思想というものは果たしていかなる意味で革命思想なのか、ということではないでしょうか。確かにカール・マルクスその人は自ら革命家として活動することによって、この分裂の問題を自分の体で以て解決しました。しかし、それ以後の人々はどうなるのか。マルクス思想を奉じつつ革命家であるということに本当に根拠はあるのか、という問題が出てきます。

この問題は、マルクス主義における必然性と自由の相克ということに古典的なテーマでもあるのですが、従来この問題に対してはっきりとした回答が与えられたことはない、と私は思います。「自由とは必然の洞察である」というような、よくわかるようなわからないような曖昧なことが語られて決着済みとされるか、あるいは「決定が下される次元は非常に複雑なものなのだから、自由な行為の余地というものがあるのだ」（しかし、このような見解は単に無知を自由と取り違えているにすぎないのではないでしょうか）というような折衷的なことが主張されることが多いように思います。

この問題に対して重要なヒントを与えてくれるのが、藤田省三の『現代史断章』(3)という本に収録されているレーニン論です。そこで藤田がヘーゲルからマルクスが何を受け継いだのかについて書いているところが、とても印象的です。ヘーゲルは、「ミネルヴァの梟は夕暮れ時に飛び立つ」と言って、事物はその最終形態にあるとき、終わりつつあるときに正確に認識・把握されるのだ、という意味のことを述べました。マルクスがやったことはこのテーゼをいわばひっくり返しつつ継承することだった、と藤田は言うのです。すなわち、事物の内的根拠が正確に認識・把握されれば、その事物・対象に終末が訪れることになる。「ミネルヴァの梟が飛び立てば夕暮れ時が訪れる」というわけです。つまり、資本制という事物の内的根拠を徹底的に理解し尽くしたなら、ミネルヴァの梟が飛び立ったことになる。したがって、そのときにはすでに資本制は終わりに差しかかっているということになります。こうして、資本制社会の内在的な認識によって、それに終末を宣告し、それによって終末を訪れさせるというのがマルクスの戦略だったというわけです。

マルクスによるヘーゲルの唯物論的転倒というものをこのように理解することによって、藤田はマルクス主義における主体性の問題に対して重要な示唆を与えている、と思われます。少し詳しく述べてみましょう。ヘーゲルのテーゼにおいては、認識主体が負っている機能は、スタティックというか受動的なものです。なぜなら、事物が終末を迎え、そうなると主体は事物を認識することができるというわけで、そこで第一義的に運動しているのは事物の側だけです。事物が主体とは関係のないところで独りでに運動し、しかる後に主体はそれを認識するという構造になっているからです。この構造を転倒させ動態化させたのがマルクスです。マルクスにおいては、事物は認識されることによって終末へと向かうということになっています。つまり、事物は主体の側の与り知らないところで勝手に変容し、終末に向かうのではなく、事物が終末へと向かう運動にその契機を与えているのが認識の作用である、ということになっています。

これらのことをマルクスが著作においてはっきりと表明しているわけではは、もちろんありません。ここでは藤田の読みに従って敷衍して考えているわけですが、私は彼の読みは相当に鋭いものであると感じます。このような発想がなければ、マルクスは資本の発生と生成、そしてその消滅を記述しようとするプロジェクトに「経済学批判」という副題をつけ得なかったはずです。すなわち、資本主義的生産様式に基づく社会構造を永久不滅のものと無意識に想定したうえで形成された古典派経済学の諸概念を相対化する批判、つまり経済学批判がなされるためには、学の対象である資本制そのものが歴史的産物であることが意識されていること、したがってそれが歴史のなかで終末を迎える日が来ることが意識されていなければならない、ということです。つまりマルクスの資本制分析は、その本質的発想の部分において、終末へのヴィジョンを含んでいるということであります。

要するに、マルクスにあっては主体が事物を底の底まで「観る」ということ――藤田省三はこれを「対象を蛻《もぬけ》の殻にしてしまう」ことと言っていますが――、このことがすでに主体による変革の契機を含んでいるわけです。レーニンがナロードニキ主義批判においてマルクスを援用するときに度々述べたことは、事実と願望を混同するな、ということでした。つまり、事物・対象を虚心に認識せねばならず、そこに願望――たとえそれが高い道徳性に裏打ちされたものであっても――を持ち込んではならぬということです。願望は個人の主観的意志を表しているだけであって、それは資本の運動法則とは何の関係もない。したがって、それは少しも革命的ではない。底の底まで事物を観ることによってこそ、事物の根底にある運動が見出され、事物が自らの内在的な論理に従って発生・成長・衰退・消滅してゆくことが理解されるのだ、というわけです。

以上のように説明することのできる認識論的態度は、認識の対象・客体に没入することを要求するという意味で、「客観主義」と呼んでもよいと思います。かつこの客観主義には認識による事物の変革の契機が含まれているという意味で、主体性なき機械的な客観主義ではありません。そして、この態度はマルクス主義的な思考方法にとって不可欠な、基礎的なものであると言えるでしょう。

しかし、ここにおいて先ほどお話ししたマルクス主義の内在的なアポリアという問題があらためて問われなければならなくなります。というのは、事物をその終末の位相から徹底的に認識し、それが現に終末に向かっていることまでもが認識されたとします。しかし、それがいつ実際に終わった状態になるのかをいかにして客観的に判断することができるのか、という問題が残り続けるということです。

もっと具体的に言いましょう。マルクスは、共産主義の実現のためには、前提条件として、工業化され非常に高度な生産力を持つ状態に社会が到達していなければならない、と考えました。そして、その際に生産力を高めるものは資本主義です。だから、資本主義を打倒するための革命を行ないうる機が熟すためには、資本主義が十分に、もうこれ以上発達し得ないというところまで発展していなければならない、資本主義が自らの成長の限界にぶち当たって終末を迎えるときにはじめて革命に打って出て社会主義へ移行することが可能になる、ということになります。

この瞬間がいつ到来するのか、そしてそれが現実に到来したとして、それが到来していることをどうやって客観的に認識することができるのか？　マルクスは恐慌が資本主義の終末の徴候を示すものであると長い間考えていましたが、しかし現実には、それはむしろ資本主義の新たな発展段階を準備するものとして機能してきました。してみれば、これらの問題について、マルクスは具体的な解決を何も与えなかったと言わざるを得ないでしょう。このような問題について、具体的かつ普遍的な解決案を出すことなど土台無理であろうとは思いますが。ともあれ、実際に歴史のなかでこの問題はますます深刻なものとなってまいります。そしてレーニンは、マルクス主義に基づく革命と名乗るものを本当にやってしまって、この問題に対する答えを出してしまったわけです。

そこでロシア革命、ボリシェヴィキ革命の性格を見てみますと、例えばアントニオ・グラムシの「資本論に反する革命」という言葉によって表されるように、この革命は資本主義が完全に成熟した社会における革命には到底見えません。実際、一九一七年のロシアという、つい最近まで絶対主義的ですらあり、また現に圧倒的に農業国であった場所でマルクス主義に基づく社会主義革命を実行可能であるなどと考えていた人は、レーニンの他にほとんどいませんでしたし、正統派マルクス主義の見解からすれば、それが当然です。だから現に彼は、いわゆる「四月テーゼ」で社会主義革命への移行を主張した際には、他のボリシェヴィキの同志たちからさえもほとんど狂人扱いされますし、十月革命の前夜に至ったときですら彼の蜂起の呼び掛けは身内からの強力な反対に遭います。十月革命の蜂起は、レーニンが反対派をどうにかこうにか押し切った末に、決行されたわけです。これらのエピソードは、当時のマルクス主義者たちのあいだで正統派的な歴史観がどれほど強力なものであったかを物語るものでしょう。

先に述べたように、レーニンは革命家になる際に、あえてマルクス主義者になりました。あるいは、兄の報われない死によってナロードニキ主義の戦略の限界というものを切実に考えざるを得なかったものとも見えます。さらに、レーニンの修正主義への怒り、自らのマルクス主義の正統派たらんとする欲求というものは、ほとんど異常なものすら感じさせます。しかし、にもかかわらず、彼はそれまでの正統派的な教義と完全に手を切ります。このレーニンの一種の脱皮を促したものは、第一次世界大戦に際しての第二インターナシヨナルの崩壊やスイスでのいわゆるヘーゲル読書であったということがよく言われますが、このことは今日は措いておきます。

とにもかくにも、私にとって限りなく興味深いのは、この「決断できたレーニン」なのです。なぜ、彼はやれたのか、そしてもちろん彼は一人で空文句を叫んでいたのではなく、他の人々をも決定的な形で巻き込むことに成功しました。資本主義を打倒する革命のための機は現に熟したのだ、という彼の認識・確信のユニークさは実に不思議なものなのです。

周知のように、十月革命を実行したときのレーニンには、ロシアの社会主義革命は世界規模での革命のあくまで端緒であって、より先進的な地域で革命が起きない限りロシアの革命も救われないであろう、という考えがありました。そういう意味では、最も進んだ国でこそ社会主義革命が起こるという正統派的な見解と依然としてつながりを持っていた、と言えるかもしれません。しかし、そうだとしても、世界規模での社会主義革命を始めるための最初の一撃を与えることのマルクス主義的な正当性、客観的な正当性をどのように証明できるというのでしょうか。レーニンは、この一撃を自分たちが下さなければならないと強く確信していました。だから、すでに機は熟した、世界は社会主義へといまや進んでゆくことができるのだ、というレーニンの確信の特異性は疑問の余地のないものです。

Ⅳ　マルクス主義の超克

さて、先ほどから論じているマルクス主義の逆説的アポリアとは、革命の到来が客観的に証明されているという世界観をマルクス主義がもたらしているがゆえに、却って逆に、革命を実行することができないというものでした。レーニンこそが世界ではじめてこのアポリアを突破します。つまり、マルクス主義が客観的なものの単なる認識にとどまっていたのだとすれば、レーニンはマルクス主義を内在的に超克したのです。考えてみたいのは、なぜ彼はそれをなし得たのかということであり、それは彼の魅力がどこにあるのかについて考えることと同じであるように思います。

先ほど言及した藤田省三のレーニン論には、事物の認識がその事物に終末をもたらすというマルクスの方法論をレーニンは受け継いだのだ、ということが書かれています。だけれども、私が思うには、レーニンは単にマルクスを受け継いだのではありません。単に受け継いだのであるとすれば、彼はマルクスの公式を繰り返すことにとどまったでしょう。言い換えれば、第二インターナショナルの正統派マルクス主義、すなわち日和見主義から脱出することなどできなかったでしょう。だから、私はこう考えてみたいのです。マルクスがヘーゲルを継承したように、レーニンはマルクスを継承したのではないか、と。つまり、転倒による継承です。

マルクスは「ミネルヴァの梟が飛び立てば夕暮れ時が訪れる」という定式を打ち立てました。この定式をレーニンは発展させます。マルクスによって対象の内的認識の根本がすでに確立されている以上、梟を飛び立たせること、認識を鍛え上げることは、あくまで二次的な課題となります。つまりレーニンは、「マルクスによってすでに梟は飛び立った、したがって夕暮れ時はすでに訪れている」という前提に立って、教義と実践を組み立ててゆくのです。普通のマルクス主義者にとっては、資本主義の終末がいつ訪れるのかということを客観的に確定することが、述べてきたように、常に大問題でありました。レーニンにとっては、これは問題ではないのです。なぜなら、マルクス以後の時間を生きている彼にとっては、ミネルヴァの梟はすでに飛んでいる、あるいは少なくとも飛ぶための準備はすっかりできている、もう終末は訪れているのです。一九一七年という絶好の機会を逃してはならないというレーニンの信念は、このような認識に基づいています。

レーニンによるマルクスの継承というものが、他の同時代のマルクス主義者、カウツキーやプレハーノフといった人々と全く違った性質のものであることが、これでおわかりになったと思います。いわゆる第二インターのイデオローグたちは、ミネルヴァの梟が飛び立つのを今か今かと待っていた。正確に言えば、待っていただけだった、わけです。そして彼らは、レーニンに対して「まだ梟は飛んでいない、夕暮れ時はやってきていない、君は早とちりをしているのだ」という非難を浴びせた。こういう批判に対してレーニンは激怒して色々な反論の文章を書いていますが、ここで戦われた論戦はそもそも嚙み合わないものだったのではないかと思います。というのも、梟はこれから飛び立つと考えている人と、マルクス以来それはすでに飛んでいると考えている人とでは、議論の前提あるいは世界観が共有されていないからであります。

私がレーニンはマルクスを転倒させて受け継いだと言うのは、いま述べたような意味においてです。マルクスは事物の認識から事物の終末を導き出そうとしたのに対して、レーニンは事物の終末の認識を前提としています。ですから、彼にとってなすべきことは、この認識を現実と一致させること、つまり事物を実際に終わらせることです。具体的に言えば、それは事物を破壊することです。こうして彼は、ブルジョワ国家を実際に破壊しました。マルクスの思考は事物からその終末へと至るという道筋をたどって運動するのに対して、レーニンの思考は終末から事物へと至るのです。

この定式は形式的には、ヘーゲルへの回帰です。しかし、事物への到達がヘーゲルにあっては認識の作用であるのに対し、マルクスを踏まえたレーニンにおいては、それは事物への直接的・実践的な働き掛け、すなわち事物の破壊として現れるのです。それはなぜでしょうか。レーニンにとって、マルクスの予言によって事物は底の底まですでに透視され、藤田の言葉を借りれば、「蛻の殻」になっています。認識においてそれは終わっている。

だが一方で、現実にはどうなっているのか？　例えば、『国家と革命』を書いているときのレーニンの眼前には、臨時政府という名のブルジョワ国家が存在しました。しかし、それはレーニンの把握においては終わっている。帝国主義戦争下において、ブルジョワ国家はもうこれ以上存続し得ないもの、すなわち「蛻の殻」にすぎないものとして把握されています。この認識を確認するために、ブルジョワ国家を破壊するための叛乱が企てられるのです。

レーニンの言説の特異な破壊力はここに見出されます。彼にあっては、革命をやる、旧秩序を破壊するということは、現に確固として存在するものを懸命に壊すということではないのです。旧秩序はその終末から透視されています。だから、それは存在するように見えながら、その実もはや存在の根を失っているもの、ヘーゲル的に言えば「現実的なもの」ではないもの、として認識されています。したがって、それを破壊することは、破壊でありつつもはや破壊ではない。それがどれほどの抵抗に出会うとしても、単にそれは事物の殻を圧《お》し潰すことにすぎないのです。そして、このとき事物は殻であるにすぎないのですから、それは粉々にされることになるでしょう。

かつて私は、『国家と革命』について論じたことがありますが、そこで私が述べた重要な論点のひとつは、このテクストには一種の時間論が含まれている、ということでした。簡単に言うと、「プロレタリア独裁」という〈力〉の場が成立するためには、未来が現在に侵入して来なければならない、これが不可欠な条件である、ということです。このことと今日お話ししてきた終末の認識とを合わせてみると、どういうことになるでしょうか。レーニンの言説は、未来を現在化すること、あるいは同じことですが、現在を未来化することを要求します。言い換えれば、現在存在するものがその未来の形態を取って存在することを要求します。つまり、革命においては、いま現にあるものが現に存在するにもかかわらず、それがすでに終わっているかのように行為せよ、とレーニンは要求しているのです。そして、そのような行為は、現に存在するものを容赦なく破壊することになります。このとき破壊とは、行為が依拠する「かのように」ある世界と、実際の世界とのギャップを埋め、二つを一致させることのできる唯一の行為であるからであります。

何やら少々ややこしい話をしてしまいました。しかし、マルクスを理解することによって、否、マルクスを理解したにもかかわらず、革命に実際に打って出ることのできる革命家たるためには、以上のような世界了解というものが、必要不可欠であったのではないでしょうか。

もう少しできる限り具体的に説明してみたいと思います。共産主義は一体いつ実現可能になるのだろうか、という問いを私たちはしばしば立ててしまいます。レーニンの教えのひとつは、この問いが間違った問いである、ということではないでしょうか。こういう問いを立てている限り、共産主義など絶対に不可能である、ということです。それはなぜか。

先にも言ったように、共産主義に移行するために必要な生産力の水準がいかほどのものであるのか、それを確定する客観的な基準など存在しません。では、何をなすべきなのか？レーニンが出した答えは、「好機をつかんだならば、実際に共産主義がすでに成立しているかのように振る舞え、それが革命というものだ」、ということであると思います。すでに資本主義は終わっているかのように振る舞うことによって、実際にそれは現実的にも破壊される。「終末の認識論」とでも呼ぶべきものは、ヘーゲルからマルクスを経てレーニンに伝播され、このような実践的帰結を生んだということになります。

V　レーニン的情熱との〈再見〉

マックス・ウェーバーをはじめとして多くの人たちが下したロシア革命の評価として、「ロシアでは市民社会が未熟であるので、社会主義革命は成功しない（あるいは、しなかった）」というものがあります。現在でも有力なこの評価は、実際のところ第二インターのイデオローグたちのそれと大差はないものだと思いますが、どういうわけか左派の人々のあいだですらかなり広く受け容れられているようです。例えばアントニオ・ネグリですらそうです。私はこのような見解を表明することに反対です。客観的にはこのテーゼに文句のつけようはない。その通りだと言うほかない。しかし、これを言うことに何の意味があるのでしょう？　このテーゼを奉ずる人は、一体いつになったら、市民社会は共産主義を導入できるほど十分に成熟すると言いたいのでしょうか？　これも答えの出しようがない問いです。

この論集にアラン・バディウの論考が載っていますが、そこで彼は二〇世紀を「現実的なことへの情念、いまここですぐさま実行できることへの情熱」の世紀であると規定しています。だからこそ、二〇世紀はすぐれて「レーニンの世紀」であったのです。レーニンは社会主義革命を「いまここですぐさま実行」してみせたのでした。

レーニンの魅力について今日はお話ししてきたつもりですが、この「現実的なことへの情念」というものは、おそらく彼の魅力のうちの重要な部分を構成しているものであろう、と考えられます。この情念は、彼のテクストに特異な〈力〉を与え、それを脈動させているわけです。そこで今日、レーニンが支配的なイデオロギーにとって受け容れ難い人物録のなかにしかと登録されているのはなぜでしょうか？　もうおわかりかと思いますが、今日の世界はこの情熱を拒否しているということであります。また現在、世界的に、ある種の知識人たちが血道を上げて拒否しているものこそ、このような「レーニン的な情熱」であります。例えば、このような拒否の最もおぞましい現れとして、ポリティカル・コレクトネスという概念があります。これこそは、口先だけでは正しそうなことを言うことによって、何も実行しないことを正当化するためだけに考え出された概念にほかならないでしょう。要するに、こういった考え方は、「いまここですぐさま実行」できることは何もないということを必死に証明しようとしているように思われます。だから、こうしたイデオロギーにとって、あの情熱を成就させたレーニンほど度し難い者はそうそういないでしょう。

さて、こうしたことを踏まえたうえで、レーニン〈再見〉とは何を意味することになるでしょうか？　本論文集に収録された原稿の多くが発表されたエッセンにおけるコンファレンス[4]は〈レーニンを奪還する〉という副題がつけられていたと聞いておりますが、その際に奪還されるべきものとはこの情熱なのでしょうか？　私は単純にイエスと言うことはできないと直感的に思います。というのもこの情熱は、バディウが言うように、二〇世紀に固有のものであるように感じられるからです。全く同じものが再び甦るということはあり得ないように思います。この論集を見た人はすぐに気づいたことと思われますが、〈再見〉という言葉は中国語では別れの言葉です。もちろんそれを意識して私たちはこのタイトルをつけたわけですが、そこで言いたいことは、簡単に言ってしまえば、再び見《まみ》えるということは同時にその相手と何らかの意味で別れることなのだ、ということです。私たちはあの情熱に再び出会いつつ、また別れを告げます。

おそらくそれは、フロイトが発明したような、夢を分析する作業に少し似ているのではないでしょうか。あの情熱によって人類が見た惑星規模での夢、それは一方では甘い夢であり、また一方では悪夢でもあったでしょう。それをトータルにとらえて、その夢の根底で蠢いている欲望に向き合うこと、これがレーニン〈再見〉ということの意味であると私は思います。

（二〇〇五年九月二三日、於、三省堂書店神保町本店、『レーニン〈再見〉あるいは反時代的レーニン』刊行記念シンポジウムにおける講演）

結論　「モノ」のざわめきから新たなるコミュニズムへ

I　無意識と革命

レーニンの〈力〉の思想をめぐる探索はひとまず終わった。最初にも述べたように、彼の紡ぎ出したテクストは、すべて率直かつ明快この上ない語り口で書かれており、一見したところ、難解なところはほとんど何もない。しかし、見てきたように、その語り口の背景となる彼固有の思考は、一筋縄ではいかない強度を有している。レーニンの思考は、いわば神秘的な明快さを含んでいるのである。本書は、さまざまな思想家との対比を通じて、その強度と特異性に迫る試みであった。

本書でレーニンと対比される対象となった思想家は多数に上り、それにしたがって核となる論点も多岐にわたった。多くの論点を貫く統一的なテーマをあえて一言で挙げるとするならば、それは「無意識と革命」である、と言えるかもしれない。

かつてロシア文化史家のミハイル・エプシテインは、ソヴィエト連邦において形成された世界観・文化は歴史を超越したものであり、ゆえにそれはポストモダニズム文化の特徴を先取りしたものであった、と論じて話題を呼んだ。その著書『未来の後に』は、次のような印象深いエピソードを紹介している。

いわく、一九一七年と一九一九年というほぼ同じ時期に、ニューヨークとサンクトペテルブルクにおいて、二つの対称的な出来事が起こった。すなわち、一方では、一九一七年にマルセル・デュシャン（一八八七〜一九六八）が「泉」を制作し、便器を美術品に仕立てた。他方、一九一九年にサンクトペテルブルクで行なわれた貧農の会議においては、かつてツァーリの住んだ冬宮に宿泊した農民たちが、冬宮内の高価な花瓶・壺などの美術品で用を足し、それらを便器として使った。つまり、このとき便器が美術品となり、美術品が便器となったのであった。(1)

デュシャンの「泉」が暴き出したのは、「美しさ」には何らの天上的価値ももはや含まれていないという事態であった。「美しいもの」が「美しい」のは、それが美のイデアを体現していたり、イデアに近い存在であるからではなく、単に世の常識として「美しい」ものが置かれていると判断されるべき場所にそれが置かれているからにすぎない——デュシャンが示したのはこのことだった。憤慨した「上品な人々」は「美への冒瀆」を口々に叫んだが、事柄のよりスキャンダラスな側面は別のところにある。すなわち、便器を美術品に仕立て上げたところで、それはせいぜい「美術館への冒瀆」たりうるにすぎず、「美そのものへの冒瀆」にはなり得ない、ということが暴き出された事態の深刻な本質にほかならない。なぜなら、人間中心主義の考え方を徹底するならば、何が美しいのかを決める決定権は、人間の主観性に完全に帰属する。ゆえに、人間がこしらえ上げた制度としての美術館、その定義からしてそこにあるものは「美しい」とされる美術館の展示品は、それが何であれ「美しい」のである。だから、デュシャンは、「美とは何か」ということよりも、「美術館とは何か」ということを示してみせたのだ、と言えるだろう。またそれは、われわれは「美術館とは何か」を示すことができるだけで、「美とは何か」を示すことはできない、ということでもある。かくして、「美への冒瀆」は「美術館への冒瀆」と同義になってしまう。何が美しいものであるのかすべて人間が決めることができるようになったときに、何が美しいのかを人間は全く知ることができなくなった。宇宙の中心に人間を据えたことの逆説的な帰結を、デュシャンはこのように示してみせた。

翻って、ペテルブルクで起きたことは、何を物語っているのであろうか。それは、天上的な価値と結びついている（と称する）ものをラディカルにこの地上へと引き降ろす行為であった。デュシャンの実践は、あからさまに「地上に属するもの」を「天上的なもの」の集積所に置くことによって、「天上的なもの」とは人間たちがそう決めたものにすぎないものであることを暗示した。しかしそれは、天上性そのものに対しては、一種の判断停止をしているのであり、批判を加えているわけではない。人間が手前勝手に決めている「天上的なもの」とは異なった形で「真に天上的なもの」があるのか否かについては、それは沈黙を守っているからである。だからこそ、デュシャンの振る舞いは、新しい美術家の範例となり、数知れぬ模倣者を生むこととなった。すなわち、「天上的なもの」の不可能性を暗示してみせる身振り、言い換えれば「天上的なもの」と全く否定的な形で関係してみせるという身振りが、新しい芸術家の典型的身振りとなり、一般化されたのである。だからそれは、奇妙な形で人間中心主義を生き延びさせることになった。デュシャンの初発の試みは、明らかに人間主観の中心性に対する根本的な疑義を表していたにもかかわらず、それは、「天上的なもの」と否定的な形で関係することのできる特権的な個人（＝芸術家）の形象を、そしてしたがってブルジョワ・イデオロギーを再生産してしまう。このことは、デュシャンが天上性そのものに対して取った曖昧な態度の帰結である。

これに対し、革命によって現出した事態は、「天上的なもの」の端的な地上化である。「天上的なもの」は存在しないことを、革命という明瞭な切断によって、それは示す。もうすでに長い昔から偽の天上にあったものは、それ本来の場所に降ろされ、この地上において新たに人間との関係を取り結び直すことが要求されるのである。かかる価値転倒を実現させたのは、地上よりももっと下の世界への遡行にほかならなかった。そして明らかに、本書で言及してきた「レーニンとフロイト」というテーマは、かかる転倒に関わっている。

フロイトが精神の奥底を探究してそこに潜む強烈な力を発見したのと同じように、レーニンもまた社会の奥底の力を見出した。そして、かかる探究とそれがこの世界を転倒させることを、世界そのものが欲望していたのであった。

フロイトによる「無意識の発見」とレーニンによる「新しいタイプの党」の発案(『何をなすべきか?』)は、ほとんど同時になされた。このことは何を意味するのであろうか。精神分析とボリシェヴィズムは、その創始者同士がそれぞれ他方に対して懐疑的であったにもかかわらず、異様なほど似ている。両者ともその第一義的な拠点が「抑圧されたもの」に置かれていたこと、「分析家 - 患者」の関係と「党(指導者) - 労働者大衆」の関係、そして、分析家間 - 党内での絶えざる論争、分派の形成といった組織の在り方までが類似している。

レーニンの政治とは、まさにフロイトが「無意識」と呼んだものに働き掛けるものであった。この「無意識」とは、マルクス主義の文脈においては「階級意識」にほかならないゆえに、ロシア革命から程なくして、ジェルジ・ルカーチ(一八八五〜一九七一)が革命の経験の哲学的総括として『歴史と階級意識』を執筆し、労働者階級の「階級意識」の弁証法的発展を論じることにもなる。だが、レーニンにおける「無意識」は、後の理論家たちによって定式化されたものよりも、より荒々しい生の形で提示されており、そうであるがゆえに、さまざまな同時代の思潮と共振する可能性を有していたように思われる。

では、本書の考察によって浮かび上がった「無意識に働き掛ける政治」とはいかなるものなのか。レーニンが自らの言説を差し向けた対象（読み手）は、社会の上層ではない。だが、当時の労働者がレーニンのテクストに実際アクセスしていたのか、アクセスすることはそもそも可能であったのか、ということは問題にならない。第五章で見たように、レーニンの言説はその読み手の知的水準といった問題を一向に意に介さず、ひたすら革命する階級へ向けて紡ぎ出されていた。もちろん、革命的蜂起を促す言説はレーニンの専売特許ではない。マルクス＝エンゲルスや彼らより以前または同時代の社会主義者たちもまた、こうした言説を大量に生産した。それらの言説とレーニンとの差異、言い換えればレーニンの新しさ、その二〇世紀性は、どこに見出されるべきであろうか。

レーニンの言説がフロイト的無意識と何かを本質的に共有しているとすれば、それは理性による啓蒙というパラダイムからの超出を含んでいるはずである。だがそれは、単なる反合理主義への傾斜、あるいはロマン主義——それは啓蒙主義の陰画である——的なもののマルクス主義への導入ではなかった。フロイトと同じように、レーニンの思想的営為は、理性の範囲外の領域へと確かに向かっている。したがってそれは、ある意味では、「無意識」を引き出し、その潜勢力を爆発させることへと向かっている。(2) しかしそれは、理性の外部を称賛し、そこに理性のみによってはとらえ切れない人間の内面的豊饒性を見出して、それを言祝ぐためではなかった。むしろ、レーニンとフロイトに共通するのは、「無意識」

的なものに対するロマン主義的解釈とは対照的な姿勢である。だから、レーニンの言説を字面の上で追う限りでは、それは理性至上主義的なものと感じられるのであり、それゆえボリシェヴィズムの本質（そして、その致命的欠陥）は理性万能主義にあるのだという歴史解釈が、支配的なものとなったのであった。

しかし、それでもなお、本論で見たように、レーニンの言説の顕著な特徴は、理性による対象の表象という近代哲学的な構図に対する激しい反発にある。その意味で、レーニンとフロイトにおいて顕著なのは、理性による表象の秩序に収まり切らないものへの情熱である。しかし、繰り返して言えば、彼らにおいて求められたのはロマン主義的な対象ではない。むしろそれは、豊かなイメージによって表象されることを頑なに拒むものだ。ゆえに、この情熱は否定神学的なものであったと言ってもよい。そしてそれは、レーニン、フロイトをひとつの中心点として時代精神にまで高まってゆく。したがって、彼らは、反理性主義者でもなければ、理性主義者でもない。レーニンという実践家、フロイトという思想家が出現したことが優れて二〇世紀的な事件であったのだとするならば、その二〇世紀性とは理性と反理性という二項対立がもはや存立し得なくなったことへの彼らの自覚にあった、と考えるべきである。

さて、レーニンの思想は、この世界の〈外部〉を切り拓く〈力〉を導くものであるという見方は、筆者にとって根本的なものだ。ただし、レーニンの洞察において重要なのは、この〈外部〉は、この世界の外側にあるものではない、ということだ。本論で見たように、実践家が、理論家が（そしてまた党が）、自らをこの世界の〈外部〉に超出した者と自任することに対して、レーニンは繰り返し激しい批難を加えた。〈外部〉を実体化し、その化身として振る舞うことは、僭称者の振る舞いにすぎず、また地上から離れているという意味で、それは観念論的である。彼らが体現していると思い込む〈外部〉は、〈外部の表象〉にすぎないのである。

それでは、〈外部〉はどこにあるのか。それは、フロイトにおける「無意識」の記憶と同じように、この世界のなかに襞のように折り込まれている。それは〈内部〉に折り込まれた〈外部〉である。ゆえにこの〈内部〉と〈外部〉は二項対立的に措定されうるものではない。〈外部〉は、〈内部〉へと沈潜することによってつかみ出されなければならないが、その手段は、〈内部〉の世界、この世界における物と物、人と人、物と人との配置が変更されることによって見出される。

してみれば、〈外部〉とは、「革命的プロレタリアート」であり、「無意識」であると言ってもよいが、われわれは次のような仮説を提示しうる。すなわち、レーニンとフロイトに共通するのは、独特の方法によって「無意識」的なものを取り出し、それに一定の形を与えるという思想的構えである、と。フロイトにおける転移を介した神経症の治療、そしてレーニンの「新しいタイプの党」は、いずれもコミュニケーションによって「無意識」

に遡行したうえで、それが持つ内奥の爆発力を一定の方向へと導くものとして構想されていた。「無意識」的なものは、〈外部〉の単なるアモルフなエネルギーなのではなく、主体間の特定の関係性、主体の配置においてはじめて存在し言い当てられるものとして措定されている。そこにおいて、単純に、理性が反理性を統御するのではないし、反理性が理性を凌駕するのでもない。理性を上回るものの力は、その力を失わぬままに、しかし理性に対する単なる二項対立の反対項としてではなく、展開される。主体の配置は、そのための起爆装置の役割を担うのである。言うまでもなく、かかる爆発力に点火がなされ、潜勢力としてあった〈外部〉が充溢する瞬間が、レーニンにとってのプロレタリア革命である。

こうした主体の配置は、フロイトにおいては分析家と神経症患者、そしてレーニンにおいては指導者あるいは党と大衆という形を取った。それは折しも、ル・ボンらの分析が明らかにしているように、大衆ないし群衆が危険かつ有力な、無視し得ない政治的要素として浮かび上がってくる時代においてのことであった。レーニン以後、大衆の「無意識」の力を催眠術的方法によって喚起し、そこに政治権力の正統性の根拠を置くという政治手法は常套化し、ファシズムの悪夢が生み出されることにもなる。

だが、重要なのは、似たようなものに見えるものの間での決定的な差異である。ヴァルター・ベンヤミンは革命的プロレタリアートと小市民大衆の違いについて、次のように述べていた。

階級意識を持つプロレタリアートが一枚岩と見えるのは、外側からにすぎない。つまり、抑圧者たちの想像のなかでのことにすぎない。プロレタリアートが解放闘争に踏み出す瞬間には、外見的に一枚岩と見える大衆は、真実にはすでに、ほぐれている。行動へ移行する大衆は、単なる反作用の支配下には、もういない。ほぐれたプロレタリア大衆こそが、連帯する。プロレタリア階級闘争の発揮する連帯においては、個人と大衆との間の死んだ対立、非弁証法的な対立は、廃棄されているのだ。同志たちにとって、そのような対立はない。したがって、革命の指導者にとって大衆が決定的なものだとしても、革命の指導者の最大の業績は、大衆を自分の方へ引き寄せることではなくて、自分の方が繰り返し大衆の一員になること、繰り返し大衆のために、数十万のうちの一人となることである。(3)

ベンヤミンによれば、ファシズムの基盤たる小市民大衆が一枚岩であるのとは対照的に、革命的プロレタリアートは「ほぐれて」いる。この「ほぐれ」は、レーニンが実現しようとした大衆の欲望の覚醒によってもたらされる。受動的な人間集団(大衆)の構成員が自己の本来の欲望に出会ったとき、その人は既存の人間集団から脱落せざるを得ない。だが、そのような人だけが革命の民衆へと生成しうる。だから、ファシズムの罪とは、それが大衆煽動に努めたことにあるのではなくて、それが大衆を自己分割させようとはせずに、彼らをして彼らのありのままの欲望に身を委ねさせたところにある。これとは対照的に、〈外部〉を指し示す指導者とは、分離の実践を繰り返し率先して行なう者にほかならない。

さらにベンヤミンは、もともとは小市民大衆のパニック的な行動であったものが、何かの拍子で階級の革命的行為になってしまうことがある、とも言う。そのような瞬間においては、「一枚岩だった大衆の反作用がそれ自身のなかに動揺を引き起こし、この動揺が大衆をほぐれさせて、彼ら自身が階級意識を持った幹部の集合であることを気づかせる」(4)。大衆は、物質的な反作用＝揺らぎのなかで階級へと生成する。だから、われわれが見たように、この「ほぐれ」はまた、人間の「モノ」への生成、人間が「モノ」へと「ほぐれる」ことであると言ってもよい。「モノ」への欲望ではなく、「モノ」になること、「モノ」として欲望し、蜂起すること。レーニンの企てた闘争の意味は、ここから汲み取られなければならない。

II　エピローグ

レーニンが企図した「無意識」的なもの、あるいは「表象し得ないもの」一般のこの世界の内奥からの導出は、ボリシェヴィキ革命の成就という形で劇的な成功を収め、世界を揺るがした。だがこのプロジェクトは、周知のように、早々と変質し、そして二一世紀を迎えることなくバラバラに崩れた。

結局のところ、ソ連の社会主義、レーニンの切り拓いた世界は、何を生み出したのであろうか。生産という次元で見た場合、序論でも触れたように、民生品の生産は言うに及ばず、宇宙開発・軍需品の生産においても、ソ連邦は不倶戴天の敵たる米国を打ち負かすことができなかった。つまり、生産におけるあらゆる分野において、ソ連の社会主義は、それが乗り越えたはずの資本主義・自由主義に敗北した。

しかし、米原万里による次のような印象深い、また素晴らしくもある記述に出会うとき、ソヴィエト・コミュニズムは、他の資本主義文明が決して生産することのなかったものを確かに生産していたことを、われわれは知ることができる。長くなるが引用する。

その夜は、ロシアに何らかの形でかかわってきた人たちが、二〇人ほども集まって、杯を交わしていた。場所は、ロシア文学者の亀山郁夫さんの東京外国語大学内にある研究室。さすがウォトカは二ダースあまり口を開けていない瓶が備えてあって、心強いことこの上ない。宴たけなわというところで、さらに五〜六人の新入りが加わり、グラスが足りなくなった。

「そうだ、いいものがある」

部屋の主は、キラリと怪しく瞳を輝かせて立ち上がった。そして、傍目にはゴミの山とも書類の山とも判別しがたい固まりをしばらくガサゴソまさぐっていたかと思うと、目当てのものをようやく探り当てたようだ。あたかも世界に二つとない大切な宝物を見せるかのように誇らしげにそれを机の上に置いた。

「ああ」

机を囲む一同は異口同音の溜息をもらして、一瞬押し黙ってしまった。続けて、次々に礼賛の声が発せられた。

「おお、コレコレ、これこそまぎれもないソビエトだ！」

「懐かしいなあ、いいなあ」

「これは、貴重品だ。大事に保管しとかなきゃいけませんね」

「わたし欲しい！　盗んじゃおうかな」

「そのうち、博物館入りですね」

「壊れる前に写真撮っといたほうがいいすよ」

感嘆の対象となったのは、見事な銀細工の杯ではない。それが半ダース納まったボール紙製の箱の方であった。何度古紙を再生したらこんな色になるのだろうか、少なくとも漂白剤は一切使用しなかったことを物語る色の、ちょうど猫がフンをしまくった砂場のようなまだら模様のザラザラのボール紙。箱のつなぎ目のアチコチに、ヨードチンキ色をした糊がはみ出てひからびていた。四隅は、こんな小さな箱にはゴツすぎるほど太くてでかい、しかも錆びついたホチキスの針でテンデンバラバラに留められている。どぎつい紫色のはんこがぞんざいに押しつけられたあとがあり、「検査済み」というぶっきらぼうな文句が判読できた。

「今のモスクワでは、どんなに探し回ったって、これほどみすぼらしい箱は見あたりませんよ。実にこぎれいでしゃれたもんです」

赴任先のモスクワから帰国したばかりのDさんが、なぜか立ち上がって得々と報告する。それを聞きながら、身体の芯のあたりが小刻みに震えた。知識の上ではいやというほど確認しているはずの、一つの体制が、いや一つの偉大な実験がたしかに終わったのだという事実を、心と身体全体に響くような重みで、はじめて受けとめた気がした。わたしや、その時その場にいた人々が、不細工な箱に感動を禁じ得なかったのは、決して優越感をくすぐられたせいなどではない。銀細工の器を、そのような箱に入れて売るのをごく当たり前とする社会が存在しえたことに、はてしなく心打たれたのである。

あらゆるものがカネに換算されて評価され、商品としての価値を高めるために万人が血道を上げる社会。モノを売るためにあらん限りの知恵と情熱を捧げることが当然視され、それが今や押しとどめようもない自動運動モードに突入したような感がある。要するに爛熟した資本主義の生み出す消費文明に疲れはじめたわれわれにとって、その無愛

想な箱は新鮮で快かった。何もかもが、

「買って、買って」

とわめき、ささやき、こびへつらい、まとわりつくのにうんざりしている目からすると、

「買ってくれなくとも一向にかまわないわ」

という感じの箱のたたずまいは、何だかとても潔くて清々しかった。おのれに包まれるものが商品となることを拒むような、毅然とした迫力があった。


ヒトにも、モノにも、売れるか売れないかなんかに関係なく、それそのものの価値がある。いや、価値なぞ無関係に、それぞれ勝手に存在する。そんな当たり前の事実に、虚を突かれたように気付かされたのだ。[5]

この汚らしいボール紙の箱こそ、ソ連の社会主義が生産することのできた最も重要で貴重なものであったのかもしれない。まずはじめにただのモノが存在し、それがたまたま商品となることがあるという当然の道理を見えなくさせ、商品としてでなければ、人であれモノであれ、存在しないも同然であるか、存在する分だけ一層厄介な代物となるのが、資本制の社会である。マルクスからレーニンに至る唯物論の系譜において敢行されたのは、このような倒錯に対する闘いであり、この闘いを通して「それぞれ勝手に存在する」ただ

のモノ（あの「物質」）を露呈させることにほかならなかったはずだ。そしてその闘いは、部分的にではあれ、成功したのである。「銀細工の器を、そのような箱に入れて売るのをごく当たり前とする社会が存在しえたこと」が、その証左である。箱のみすぼらしさが米原を打ちのめしたのではない。この箱において「モノ」そのものが露呈していること、このことがそれを観た者を打ちのめしたのである。

しかしながら、「みすぼらしい箱」をかつて誰も評価することはなかった。こうした現象は、西側からは往々にして社会主義圏における一種の「文化の低さ」として受け止められてきたし、東側にとっても誇るべきものであったわけではあるまい。仮にレーニンが生きているとしたら、社会主義革命が「みすぼらしい箱」を生産するために行なわれたなどという意見を聞いたならば、間違いなく激怒するであろう。しかしそうであるとしたら、彼は自らの起こした事業の偉大さの本質的根拠を自ら見誤っているのだ。レーニンのなしたことの偉業たる所以は、彼自身がおそらく自覚していたであろう事柄とは別のところにある。

ゆえにこそ、筆者は本研究において、レーニンの思想の社会科学的価値の検討という視点を放棄した。仮に〈社会主義の実験〉の実行者としてレーニンが偉大であったのだとしたら、彼は社会科学の巨匠でなければならなかったはずである。しかし現実には、周知のように、この〈実験〉は、怨嗟と幻滅のなかで幕を閉じた。したがって、レーニンの言説は社会科学の巨匠のそれではなかったことはすでに証明済みであると考えて差し支えないし、翻って、彼の言説の社会科学的価値を反証する試みもまた自明の事柄を確認しているにすぎない。だからこそ、彼の思想と実践の意義が何であったかを見極めるためには、探究は別様の視角からなされなければならなかった。別様の視角とは、ひとことで言えば、世界を現状のものとは異なった〈力〉によって組織しようとする唯物論、言い換えれば、〈外部〉としての「物質」を露呈させようとする唯物論の思想に焦点を当てることであり、それこそが、さまざまな思想家との対比によって筆者が描写しようと試みたものにほかならない。レーニンのこの思想が、現実に、資本主義を完全にではないまでも確かに破壊し、モノの存在様態を変革したのである。

資本主義社会において、ただのモノは存在しない。そこでは、われわれに触れるあらゆるモノが、ざわめいている。あらゆるモノ（さらには人までも）が、「「買って、買って」とわめき、ささやき、こびへつらい、まとわりつく」。これに対して、レーニンの切り拓いた世界においては、モノは、ひたすら「ぶっきらぼう」であり、「潔く」「清々しい」ものであり得た。モノは、商品の宇宙という世界の底を突き破って、それ自体の存在に達する可能性を持っていた。このような世界を創始したという点において、レーニンの偉業はどれほど高く評価しても評価しきれるものではない。

しかしながら同時に、「みすぼらしい箱」は「みすぼらしい箱」でしかない。ソヴィエトのコミュニズムによって唯物論が成就し、本来的なモノが現れ出ることができたのが、かかる箱においてでしかなかったことは否定しようのない事実であり、それはそのまま現存社会主義の限界を表していた。

だが、かかる貧相なモノにおいてだけでなく、あらゆるモノにおいて、その固有の輝きが実現されることは、果たして不可能であろうか。レーニンのテクストが力強く断言しているのは、それは決して不可能ではない、ということである。われわれが、「買って、買って」というこの地上を覆い尽くしている商品のざわめきを離れて、モノそのもののざわめきをはっきりと聞き取る用意を整えることができるならば、そのときにはきっと、モノと人との同盟としてのコミュニズムはあらためて産声を上げるだろう。

付録一　われわれにとっての『国家と革命』

I　驚くべき書物

レーニンについての基本的知識をあらかじめ仕入れた人にとって、『国家と革命』は、実に不可解な書物として現れてくることを運命づけられている。武装した労働者に支えられた評議会（ソヴィエト）の力能が本書において称賛されるとき、権力を独占する党と巨大な官僚制に帰結する国家の創始者としてのレーニンは、一体どこに行ってしまったのか？　いや、そもそもレーニンの最大の政治的才覚は一体どこにあったというのだろうか？　この書物においては、まさにその才覚がすっかり欠落しているのではないのか？つまり、革命の敵に打ち勝つためにはどれほど苛酷な命令を出すことも辞さなかった究極の政治的「リアリスト」たるレーニンが、共産主義社会においては人々が強制がなくとも基本的な社会的ルールを守るよう習慣づけられる、などという何やら牧歌的な夢想に耽っているとは、一体どういうことなのか？　こうした疑問が読者をとらえるかもしれない。字面からして極度に難解であるわけでないにもかかわらず、読めば読むほど不可解になる書物、それが本書『国家と革命』の厄介な性格である。

たしかに、本書のレーニンは、ユートピアの思想家であるように見える。そうであるとすれば、後にスターリンによって完成されるソ連邦の国家体制の在り方に鑑みて、『国家と革命』とはレーニンが果たすことのできなかった約束であるということになる。それとも、レーニンはここでもやはり政治を打っているのかもしれない。つまり、本書におけるレーニンのユートピア主義もまた彼一流のマキャヴェリズムの産物であるのかもしれない。そうであるとすれば、本書はレーニンがそもそも果たす気のなかった約束を表している、ということになる。

しかしながら、いずれの解釈も全く説得力のない代物である。一九一七年の夏、すなわち十月革命の前夜にレーニンが純然たる夢想に身を任せていたと考えるのだとすれば、そのとき夢想家であるのは、レーニンではなく解釈者の方だ。この時期が、優れて実行家であった革命家にとって理想社会についての空想を逞しくするのに最も時宜を得ないものであることは、論を俟たない。

それでは、『国家と革命』は、大衆を味方につけるためのプロパガンダであったのかといえば、それもやはり説得的ではない。本書は、政治的打算の道具として機能するには、あまりに迂遠である。いままさに革命が一進一退の攻防を繰り広げながら進行しているなかで、マルクス＝エンゲルス（そしてカウツキー）についての文献学に果たしてどれほどの実効性があるというのか。さらに言えば、本書の執筆は十月革命以前だが、刊行は一九一八年に入ってからのことであり、本書はボリシェヴィキ党の決起に対して、直接的には役立っていないのである。

だから、一度こうした解釈の前提を捨ててみよう。筆者の考えでは、われわれが最初からレーニンへの先入観、ないし特定のレーニン像（この「像」は文字通りに物質化されて東側国家のあらゆる街角に立って人々を睥睨していた）を持っているがゆえに、この書物は不可解なのである。彼は、「クレムリンの夢想家」であったのか、それとも「あまりに実際的で冷酷な政治家」であったのか、どちらの命題を採るべきかをめぐって世界中の人々がくどくどしい論争を繰り広げてきた。それならば、正解はその両方なのか？　否である。そもそも誤った立てられ方をした問いに対する二つの答えを折衷してみたところで、真正の答えなど見つかりはしない。

『国家と革命』の異常な個性は、レーニンの根本的な政治的スタンスについて読み手が憶測をめぐらせる以前に、その基本的なデータによってすでに明瞭に物語られている。すでに述べたように、それは革命の進行と同時並行で書かれた。ゆえに、本書は漠然としたユートピアの約束でもなければ、政治的な手練手管の一環でもあり得ない。ロシア革命の運命にとって決定的な月日に（そしてまた、第一次世界大戦も進行していた当時に）、このような理論的かつユートピア的な書物が革命の首謀者のペンによって書かれた、という事実の異様さを驚きを以って受け止めるところから始めなければ、この書物は永遠に不可解なものにとどまるほかないであろう。そして、まず正当に驚くことが、人々が自分たちの都合に従ってそれぞれに建ててきた想像的および物質的なレーニン像からレーニンを解放し、またわれわれ自身が建てた像の視線からわれわれ自身を解放するための第一歩を踏み出すことを、可能にするはずだ。

『国家と革命』は、革命と同時進行的に書かれただけではない。それは、最終的に革命と物理的に一体化する。革命を描写した、それも生き生きと描写した書物は、世界には多数存在する。しかしながら、革命と物理的に一体化し、革命そのものがテクストのなかに侵入してきた書物などというものは、筆者の知る限り、本書のほかに類例を見ない。そのことが、本書の圧倒的な特異性であり、本書に異常な強度を与えている。

それでは、具体的にどのような意味で、本書は革命と一体化していると言えるのであろうか。筆者はこれまで、『国家と革命』は、一元論的に措定された〈力〉の展開される舞台として読まれうる、ということを提唱してきた。この場合の〈力〉とは、端的に言って革命を担う〈力〉であり、同時に「プロレタリアートの独裁」、そして共産主義社会をつくり出す〈力〉でもある。『国家と革命』において、この〈力〉は、驚くべき一貫性を以って展開される。革命の理論家は、多くの場合、「革命の力」と「反革命の力」、あるいは「プロレタリアートの力」と「ブルジョワジーの力」といったかたちで二つの〈力〉の存在を想定してしまう。ところが、本書におけるレーニンは、ただ一つの〈力〉のみを想定している。それが、筆者が「一元論」と呼ぶ所以である。そしてこのことが、本書に異常なまでのリアリティを与えているのである。その理路は以下のごときものである。

テクストにおいて、〈力〉とは、差し当たり、レーニンの言う「特殊な力」＝国家権力である。富める者を支え貧しき者を抑圧するこの悪しき〈力〉は、資本主義社会における階級対立・闘争から必然的に生じてくる。しかし、この〈力〉は、ブルジョワ国家を破壊する革命によって質的に変化する。すなわち、貧しき者が富める者を抑圧し滅ぼす〈力〉へと転換される。この転換は、言い換えれば、「特殊な力」の「普遍的な力」への質的転換である。このような革命を介して戴冠した〈力〉の存在様態が、「プロレタリアートの独裁」と呼ばれるものにほかならない。そしてレーニンにとって、〈力〉の生成変化は当然ここで終息すべきものではない。プロレタリア独裁の形態をとっているとしても、いまだ〈力〉が存在しなければならないということそれ自体が、階級対立が存在していること、また資本主義の矛盾が完全には解決されていないということ、社会の現状が共産主義社会の状態には程遠いことの証左である。

したがって、〈力〉はそれ自身の発生源（階級対立）を断つことにより、自らを消滅させなければならない。それは同時に、資本主義システムを経済的に廃止することによって共産主義を実現することを意味する。プロレタリア独裁によって普遍的なものとなった〈力〉は、自己の「特殊性」を最終的に消滅させるに至ることによって、社会にあまねく行き渡るのと同時に、その強制性を失うことによって、無効化するのである。

この筋書きにおいては、ただ一つの〈力〉しか本質的に登場していない。ただ一つの〈力〉がそれ自身生成変化することによって社会の存在様態をも変化させるのであるが、こうした筋書きが理論的に首尾一貫したものたり得たのは、「特殊な力」のそもそもの内実が国民（被抑圧者大衆）から徴募され編制された実力組織（警察・兵士）であったからである。特に、当時にあっては、帝国主義戦争を戦うために大規模に動員された兵士たちが現にレーニンの眼前にいた。彼らは、兵士である限り「特殊な力」であるが、それと同時に「武装した労働者」にほかならない。「特殊な力」が「武装した労働者」へと移行することによって、「普遍的な力」の生成が可能になる。レーニンは、一元論的な〈力〉の理論の現実的担保を右の事情に見出そうとしていた、と言えるだろう。

以上のように、本書において、〈力〉の生成変化とその消滅の理論は完結したものとして提示される。こうした「〈力〉の思想」の現実性を最終的に確証するのは、『国家と革命』の最終章「一九〇五年と一九一七年のロシア革命の経験」と題された章をレーニンがくなった瞬間に、テクストは中絶される。

執筆できなかった、という事実である。これ以上〈力〉について語るべきことがもはやなくなった瞬間に、テクストは中絶される。

つまり、この瞬間、レーニンの語っていた〈力〉は、彼自身のテクストのなかに躍り込んでくる。あるいは、テクストは革命を受肉したのであった。一元論的な〈力〉が理論的に造形され、展開し、質的転換を遂げ、さらにはその最終的な運命（〈力〉の消滅）までもが語られることによって理論的に語りうることがすべて語り尽くされた時点で、〈力〉そのものがテクストのなかに侵入し、テクストの語ってきた〈力〉の存在の物理的実在性が究極的に証明されるのである。そこにはもはや著者の姿はなく、革命それ自身がテクストを紡ぎ出す。本書を読むことは、かかる奇蹟的な出来事を追体験することにほかならない。

以上の議論は、拙著『未完のレーニン――〈力〉の思想を読む』（講談社学術文庫、二〇二一年）において論じた事柄である。詳しくは、そちらを参照していただきたい。

『国家と革命』あるいはレーニンの言説全般をめぐって立てられてきた問い、すなわち彼はリアリストであったのかそれとも理想主義者であったのか、という問題機制は、実はレーニンその人との関係において全く無意味であり、それが何らかの真実を示唆しているとすれば、それはわれわれの側における政治的想像力のあまりの貧しさという実情ではあるまいか。「政治」という言葉を口にした瞬間に、「理想主義か現実主義か」という二項対立

（そしてそれは、レーニンの斥けた二元論でもある）によって認識論的布置が即座に形成されてしまう。そして、現存社会主義の体制が雪崩を打って崩壊した後、もはや「現実主義」はそれが現実主義であると認識されない唯一の単なる「現実」となったが、かかる事態は、想像力における貧困の帰結なのである。レーニンのテクストが不可解であるとすれば、それは彼の罪なのではない。われわれの想像力の貧しさ、そしてそれを糊塗するわれわれの賢しらが、彼の書いたことの本質に迫ることを妨げている。

いかにしてこのような貧困状態にわれわれが落ち込んだのか、その経緯を検証してみることも必要であろう。こうした検証は、同時に、現代日本の読者にとって『国家と革命』という書物が何であったのか、何であるのか、を考えてみることでもある。

Ⅱ　われわれにとっての『国家と革命』

筆者が自分なりのスタンスを意識しながらレーニンの研究を世に問い始めたときに驚かされたのは、年長の同業者の一部がいまさらレーニン批判だとか、マルクス主義批判だとかに「思想的に」取り組んでいるその姿であった。いわく、マルクスやレーニンの暴力革命論は全体主義と親和性が高いとか、ユートピアを実現しようとする熱狂的政治運動はその理想と正反対の抑圧的ディストピアをつくり上げることにつながるというような、保守派の論客たちが何十年も前から再三再四指摘してきた話をいまさら聞かされたわけである。

かつて左派であった人々によるこうした議論に何の新鮮味もないことはあらためて言うまでもないが、それを単にナイーヴなものとしてやり過ごすわけにはゆかない。なぜなら、そこには道義的な観点から看過すべからざる要素があり、またそのことは翻って、本書がわれわれに突きつける一種の倫理的要求を浮き彫りにすることになるからである。

周知のように、本書でレーニンが力強く描き出した共産主義の理想社会を建設する試みは、二度にわたって挫折した。まず達成されたのは、「国家の死滅」どころか「国家の異常な肥大化」であり、民主主義が徹底された結果としてそれが廃棄されるどころか形式的な民主主義さえもが蔑ろにされる体制が成立し、さらに悪いことには、かかる畸形的社会を本物の理想社会であると信じることが国民に強制されることとなった。そして、こうした嘘と欺瞞に対する怨嗟の広まりが、やがて巨大な帝国を崩壊へと追い込んでゆく。

なぜこのような帰結が生まれてしまったのかについては、さまざまな議論がなされてきた。代表的なものは、たとえば、次のような議論である。いわく、マルクス＝レーニンの思想に内在する独断性が党という集団に結晶し、それが国家権力と結びついたときに、異論を許さない硬直的なほとんど教権的であるような体制の構築へと帰結することになった。

あるいは、ロシアの特殊性を持ち出す議論もかなり広く見られるものである。つまりそれは、マルクスやレーニンの思想や言説以上に、ツァーリズムの時代から現代に至るまで専制的体制を繰り返し生んでしまうロシアの政治風土に問題を帰着させる、という論法である。

筆者から見ると、以上の二つの議論の立場には、何の違いもない。なぜなら、こうしたさまざまな「理由探し」の議論は、ロシア革命の失敗をわれわれがその責めを負うべき失敗としてとらえるという視点を一切欠いている点において、何ら差異がないからである。ロシア革命の失敗について、「レーニンのせいだ」、「スターリンのせいだ」、「いやいやマルクスのせいだ」などというおしゃべりを続けている限り、われわれは道義的に完全に安全で「潔白な」立場を保つことができる。しかし、われわれがロシア革命の理想にほんのわずかでも共感を寄せる者であるとするならば、かかる「潔白」は、欺瞞に満ちたものにすぎない。

われわれは一度でも、こう考えてみるべきなのだ。すなわち、ロシア革命の失敗は、われわれが責めを負うべき事柄なのではないか、と。あるいは、もっと正確に言えば、ロシア革命の失敗が失敗であるがままにとどまっているのは、ほかでもなくわれわれのせいなのではないか、と。

こうした視点を設定することは、単なる思考実験ではないし、また歴史に対して想像力を働かせることにおいて、全くの荒唐無稽に属する事柄でもない。ボリシェヴィキ政権がその確立過程において恐ろしく強権的なものとなっていったことは事実であるが、仮に、当時ほかの先進国のどこかでボリシェヴィキ革命と同程度に決然とした反資本主義の革命が一つでも起こっていたとしたら――現にレーニンをはじめボリシェヴィキはとりわけドイツの革命に期待していた――、世界は果たしてどうなったであろうか。それは、ロシア革命・ソヴィエト政権の帰趨、その性格の確立に対しても大きな影響を及ぼすことになったであろう。そのときには、二〇世紀の世界史そのものが大きく違ったものになったかもしれない。もちろんこうした想像は、歴史に対してイフを差し挟むことにほかならず、憶測の域を出るものではない。だが、このあながちピント外れではない仮定が成り立ったとすれば、ソヴィエト政権がかくも強硬なものとならざるを得なくなった必然性を構成するもののひとつが取り除かれるのである。

現実には、生まれたての革命政権は孤立無援の状態に陥り、それが外から受け取ったものは、革命の扼殺《やくさつ》を目論む干渉軍と「反民主主義的！」と叫ぶ社会主義者たちによる非難の合唱であった。レーニンがボリシェヴィキ革命を批判したカール・カウツキーを「背教者」とまで呼んで罵倒したことは、筆者にとって完全に納得できる。ドイツで社会主義革命を実現し、ロシア革命を二重の意味で救済する（その同盟者として革命権力の維持を助け、またその苛酷さを緩和させることを可能にする）代わりに、その欠点を安全な立場から道義的に指摘するというスタンスが、真に度し難いものとしてレーニンには映ったのである。「民主主義が大事だ」とか「暴力は好ましくない」というような誰も原則的には反論できない「正しい」立場を、己の社会主義者としての義務を果たさないことのエクスキューズとして機能させること、この根本的欺瞞がレーニンをして怒髪天を衝く怒りを発せしめたのであった。

そして今日のわれわれもまた、ロシア革命の失敗の要因について云々するとき、カウツキーと同じ過ちを犯す危険に限りなく接近することになる。もちろん、われわれはロシア革命そのものの失敗に対して直接的な責任があるわけではない。だが、果たして、われわれはわれわれ自身の義務を果たした上で、レーニンの革命を批判しているのか？　レーニンの革命は、いつか再び社会主義革命が世界的理念として〈力〉を獲得しない限り、挫折した呪わしい革命として永久にあり続けるほかない。その理想を救済することができるのは後に来る者たちだけであるのだとすれば、『国家と革命』に出現した革命を汚辱のなかに捨て置かれたままにしているのは、われわれ自身の仕業にほかならない。

またさらに指摘しておかなければならないのは、世界的な構造から見るならば、ロシア革命が苛酷な暴力、悲惨を伴った一方で、第二次世界大戦後の日本人の大多数は、日本国家がソ連と対立関係にあったにもかかわらずこの革命から結果的に多大の恩恵をこうむった、という事実である。すなわち、大戦後の日本にも定着するフォーディズム的な修正資本主義の世界的体制は、階級対立の緩和、労働者階級の富裕化、富の配分の平等化、社会福祉の実現を相当真剣に追求した。そうせざるを得なかったのである。かかる必然性を構成したもののひとつが、巨大な社会主義陣営の存在であった。矛盾と欺瞞を抱えているとしても「労働者と農民の平等な国家」を旗印として掲げている強力な体制が現存する以上、資本主義陣営の諸国としても自らの体制を首尾よく正当化しうるためには、社会主義的な平等の理念を無視するわけにはゆかなかった。このようにして必然化されたフォーディズムの取り組みは、日本においては「総中流社会」の構築として追求されたわけである。その過程は歴史上未曾有の経済成長と大衆的富裕化の時代として現れ、戦後日本はフォーディズムの時代において稀有なまでの成功を収めた国家体制となった。

してみると、われわれはここで歴史の皮肉に気づかざるを得ない。ロシア革命は、労働者階級の解放の事業であると自称していた。しかしながら、解放されたはずの東側陣営の一般民衆は、物質的生活の次元においても市民的自由の次元においても、実際のところ解放されたようには到底見えなかった。あのペレストロイカの日々、ロシアの人々はついにモスクワに出店したマクドナルドの前で長蛇の列をなし、リーバイスのジーンズに血眼になって飛びついたが、彼らに対して「あなた方は金箔をふり掛けられたガラクタと引き換えに偉大な理想を弊履のごとく捨てようとしているのだ！」と呼び掛けたところで、それは空しい試みであっただろう。西側世界の差し出すきらびやかなモノたちが、その実やがて倦怠と新たな疎外（＝消費社会の病理）をもたらすものでしかないことは、大衆的富裕化をすでに経験したわれわれの側しか知らないことであった。

要するに、これらの状況が示すのは、経済的にも政治的にも、相対的に言って、自由主義先進諸国の大衆の方が解放されていた、ということである。そしてかかる事態をもたらした要因のひとつがロシア革命であった。ゆえに、歴史の皮肉とは、現存社会主義の体制を大方冷ややかに見ていた諸国の大衆こそが、社会主義革命の果実を最も豊富に享受していた、ということにほかならない。ロシア革命における労働者たちの闘い、その勝利は彼ら自身とその子孫を解放するというよりも、むしろその代わりに自由主義先進諸国の勤労大衆を解放することとなった。逆に言えば、自由主義先進諸国の勤労者階級は、階級闘争において代行的に勝利を収めることとなったのである。

そして、資本主義のフォーディズム的蓄積の段階が行き詰まりを迎えたとき、一九八〇年代の米英を筆頭として先進諸国は新自由主義の導入へと舵を切った。新自由主義は、一面では、資本家階級の側からの密かな階級闘争として現れる。総じて中流化し、階級闘争の概念を忘却の彼方に押し遣っていたわれわれは、何が進行していたのかということに長い間気づくことさえなかったのであった。そして、この階級闘争は主に、中流階級に対する破壊作用として現れる。フォーディズムの時代が自由主義先進諸国の中流階級にとっての黄金時代であったとすれば、ポスト・フォーディズムの時代とも呼ばれる新自由主義の時代は、彼らを篩に掛け、その大部分を選り落としてゆく時代である。堅調な経済成長と健全な民主主義の確固たる基盤であるとされてきた中流階級は、フレキシビリティのなかに溶かし込まれ、その実体を失ってゆく。

いま到来したのは決済のときである。このことは、日本を例に取ってみるとわかりやすい。われわれの先祖たちは、はるばるシベリアに出兵してまでロシアの革命を潰そうとした。それにもかかわらず、第二次大戦後の日本は、冷戦対立と地政学的要因にも助けられて、フォーディズム的発展の代表例に数えられるような中流意識の浸透した社会をつくり上げることになった。戦後分厚く形成された日本の中流階級こそは、「代行的勝利」の旨味を最大限に享受した存在にほかならない。そして、二〇〇〇年代以降「格差社会」のキャッチフレーズが連呼されるなかで進行してきたのは、この階級の崩壊過程である。日本の中流階級はいま、階級闘争における「主体的敗北」を経験しつつあるわけだが、この敗北という事実が一般に認識されにくいのは、かつての勝利が代行的なものであったことの代償なのである。

かくして明らかなのは、『国家と革命』のなかに侵入してきたあの革命に、われわれは非常に多くを負ってきた、という事実である。今日のわれわれの社会が経験している痛みは、部分的には、この多くのものが失われたことに起因する。すでに述べたように、われわれはこの革命を救い出さなければならない。それは、ほかならぬわれわれ自身を救済するためである。

さて、以上のように論じてくると、「ちょっと待ってくれ」という声が出るに違いない。「とはいえ、もっと批判的な視点を持つことも必要なのでは?」と。然りである。自由な精神は、大いにレーニンを批判すべきである。ただしそれは、われわれが、われわれの時代が、レーニンの革命よりももっと偉大な革命を成し遂げるとき、その革命そのものによって行なわれなければならない。

Ⅲ 『国家と革命』の「使い方」

二〇一一年は、「革命」という言葉が、世界中で切迫感を以って語られるようになった、語られざるを得なくなった年として、記憶されることになるかもしれない。年頭には、チュニジア、エジプトをはじめとする中東諸国の革命の話題が世界を駆けめぐり、そして夏から秋にかけては、欧州、北米において革命を求める声がとどろいている。この二つの大きな動きにおいて、状況の違いも大きいが、共有されている事柄もある。それはすなわち、新自由主義に対するはっきりとした「否」の声である。例えば、エジプトの場合、長年の独裁政権に対する不満の鬱積という事情はもちろん重大要因であるが、もっと注目されてよいのは、同国が一九九〇年代にＩＭＦの経済改革や世界銀行の構造調整プログラムの実施を受けた国であるという事実だ。つまり、エジプトにおける革命は、非常に多数の要因が生ぜしめたものであるが、その要因のひとつに、新自由主義的経済運営への不満が数えられる、ということである。

いまこの原稿を書いている最中にも進行している「ウォール・ストリート占拠」運動をはじめとする欧米諸国における抗議運動については、言うまでもないであろう。それらは、短期的には二〇〇八年の世界的金融危機の後遺症を原因として生じているが、中長期的には、フォーディズム的な資本蓄積体制の行き詰まり——それは一九七〇年代から始まった——の帰結として現れている。新自由主義の諸政策は、この行き詰まりを打開することを企図して採用されてきたわけであるが、それらもまたその不正と限界を赤裸々に露呈している、ということにほかならない。人類学者のデヴィッド・グレーバーは、次のように述べている。「いまわれわれが学んだのは、一九七〇年代の経済危機は決して過ぎ去っていない、ということだ。……債務危機は、過去のアジアやラテンアメリカにおける危機の際におけるのとまさに同じアプローチを携えて、ヨーロッパと北米へと戻ってきた。すなわち、金融危機を宣言し、それに対処するために中立的だと言われるテクノクラートを任命し、そして「緊縮財政」の名の下に略奪の狂宴を始めるのだ」(『ガーディアン』、二〇一一年九月二五日)。つまり、今日の危機は、これまで先進諸国が他地域へと押し遣っていた矛盾が、ついに自らの許へ戻り来て爆発的な形で露呈しつつある、という状況でもあるだろう。

　そして日本では、三・一一の地震が原発震災と化したことをきっかけに、政・官・財・学・マスコミの形づくる腐敗した支配の構造が、白日の下にさらされつつある。要するにそれは、日本における革命の必要性を突きつけた。未曾有の事故に直面して、「どうして国家は国民の安全を守ることを第一に優先しないのか」と問うことを禁じ得なかった人々も数多くいるであろう。しかし、『国家と革命』におけるレーニンの洞察に従うならば、国家が国民全体の生命や安全を第一に気に掛けることなど、国家の本質からしてそもそもあり得ない。「国家とは階級支配の機関、すなわちある階級が他の階級を抑圧するための機関」（講談社学術文庫版『国家と革命』、二一頁、強調原文）であり、この権力は「社会の中から発生しながら社会の上に君臨し、社会から疎遠になって行く」（同、二四頁）ものであるほかない、とレーニンは言う。いまはまさに、レーニンのこうした洞察を生かすべきときなのだ。原子力開発・発電をめぐっては、発電所が発電していること以外に嘘でないことは何一つないほど嘘にまみれていることをわれわれは思い知らされたが、この技術がそもそもの目的（＝大量破壊兵器の製造）からして国家権力と密接なものとなるほかない以上、原子力に関わるすべてが「社会から疎遠になって行く」のは至極当然である。

　してみれば、原子力利用に対する批判は、本質的には国家批判として展開されなければならないであろう。このことは、今回の事故に対する処理の緊急性に鑑みるならば、われわれの喫緊の実践的課題である。すでに多くの人々が、意識的にせよそうでないにせよ、国家に先立ち、その裏をかき、国家とは独立した形で、さまざまな行動によって国家批判の実践を現に展開しつつある。

それでは、こうした状況のなかで、『国家と革命』はどのように「使われる」ことができるであろうか。今回筆者があらためて読み直してみて特に印象的であったのは、第三章のパリ・コミューンをめぐる記述であった。そこには、われわれがいままさになさなければならないことは何であるのかについてのヒントが満ちている、という印象を強く受けた。たとえば、次のような件は、現代の課題に対する示唆に満ちたものではないだろうか。

> ただちに、くまなく、徹底的に官僚を根絶するなどというのは論外である。それは空理空論である。しかし、旧官僚機構を、一挙に粉砕し、代わって新たな官僚機構を構築し、その新設官僚機構があらゆる官僚制を徐々に廃止に追い込むことを可能にするというのであれば、それは夢物語では**ない**。それはコミューンの実体験であり、革命的プロレタリアートの喫緊の課題である。（講談社学術文庫版『国家と革命』、九二頁、傍点・太字強調原文）

日本で問題になっているのは国家の最も実体的な中核をなす官僚制をいかにして破壊

（その「改革」こそ夢物語と思われる）できるかという問題であり、欧米の抗議者たちが糾弾しているのもまた、寄生的な私企業とならんで国家的および超国家的な官僚組織（ＩＭＦ、世界銀行その他）である。今日、これらの機関を武装した民衆が物理的に攻撃・破壊することは、まず不可能である。それならば、われわれは何をなすべきであろうか。

ひとつには、これらの官僚機構に対して何か善を施してくれると期待するのを止めることである。既存の官僚機構に対して何かを要求することは、それらが現に存在していることの正当性を認めることになる。重要なのは、妥当な要求や代案の提出ではない。「ポジティブな提案がない」という非難を浴びている欧米の抗議者たちは、このことについて自覚的であるように思われる。彼らはただ、彼らの抗議の対象がもはや歴史の大道から外れ、無用の長物となっていることを、告げてやっているだけなのだ。

そしてもうひとつには、われわれの側で、レーニンの言う「新たな官僚機構」を準備することである。当然それは、『国家と革命』で描かれたようなコミューン的原理によって組織されるべきものである。そうした新たな「小社会」を職場で、学校で、地域社会で、要するにあらゆる場所・機会をとらえつくり出してゆく。それは、既存の官僚組織が自壊するに至ったときに速やかにそれらに取って代わるための準備を整えておく、ということである。

言うまでもなく、これらは容易でない道のりである。しかし、自律的に構成された社会に内在した組織のなかに「社会から疎遠になって行く」権力が溶かし込まれるとき、われわれの求める世界と『国家と革命』に描かれたヴィジョンはぴたりと重なり合うはずだ。『国家と革命』はもう一世紀近くもの間待ち続けている。書かれなかったあの最終章が、われわれの手によって書かれる日を、待ち望んでいるのである。

［解説　『国家と革命』（ウラジーミル・レーニン著、角田安正訳、講談社学術文庫、二〇一一年）］

付録二　二一世紀世界の〝欲望〟として再生するレーニンのユートピア

I　レーニンの〝清算〟から〝再生〟へ

「ポスト・モダニズム」あるいは「後期資本主義」といった概念が語られるようになって以来——つまり、もう相当長い間——、「レーニンの思想」、そして、その畸形的派生物たる「マルクス＝レーニン主義」は、先進諸国の左翼全般にとって清算されるべき対象にほかならなくなった。それは、ある意味で全く必然的な事柄ではあった。

ある時期から「レーニン主義」の総本山たるソヴィエト連邦が欺瞞と腐敗に覆われ、圧政の内実と停滞を包み隠せなくなったこと、革命の理想を象徴する正統性を失ってしまったことは言うまでもない。仮にレーニン主義と「現存社会主義」を切り離して考えてみたところで、やはり事態は同じようなものとして現れたのである。ケインズ主義とフォーディズム、また改良主義によって、先進国の労働者階級の生活水準が物質的な次元において持続的かつ一般的に上昇したことは、否定するべくもなかった。古典的マルクス主義の言う労働者階級の窮乏化法則がそこに単純に当てはまらないことはもちろんのこと、矛盾の累積の果てに資本主義国家同士が三たび総力戦型の帝国主義戦争を始める気配もなかった。そしてまた、勤労者のうちで工場労働者の占める割合が恒常的に減少し続けている先進資本主義諸国において、工業プロレタリアートを典型労働者として想定し革命の担い手と見なし続けることは倒錯的であるほかなくなった。

それゆえ、こうした現実のなかで、既成左翼の「マルクス＝レーニン主義」を否定し乗り越えることを意図して「真の前衛党」、「本物のマルクス＝レーニン主義の党」を対置するという試みもまた、倒錯に陥ることを免れ得なかった。このことは、例えば日本における新左翼の有力な諸党派が、「反スターリン主義」をその出発点としながら、自滅的な内紛（内ゲバ）を伴いつつ、それら自身が硬直しきったスターリン主義的な組織となってしまったことによって、典型的に、また苦々しくも示されている。一九七〇年代から八〇年代にかけて前述のような情勢はすでにはっきりとその輪郭を現してきていた以上、ソ連邦および東側ブロックの崩壊は、事態の必然的な成り行きを再確認させる以上のものではなかったのではないか。結論は見えていた。「本当のレーニン思想」、「本物のマルクス＝レーニン主義」などどこにもありはしないし、ありうるはずもない、「レーニン」の名は、「レーニン主義」は、きっぱりと忘れ去られるべきものである、と。

筆者が自分なりの問題意識からレーニンを読み、考え始めたのは、二〇〇〇年代に入ってからのことである。それは、右に述べた「必然的な事態」の「必然性」の少なくとも一部分は資本主義の特定の発展段階およびソ連邦を含む国際情勢によって形成された相対的なものであって絶対的なものではない、ということを認識させる新しい状況（端的に言えば、資本主義のグローバル化と新自由主義化）の出現によって、促されてのことであった。

筆者にとって二〇〇〇年代は、「本当のレーニン思想」を語るのに時宜を得た時代、もっと言えば、それを求め、語らなければならない時代として現れた。その意味で、筆者が展開してきたレーニン論は少しも反時代的なものではない。「資本のユートピア」が「空想から科学へ」と昇格したこの時代に呼び戻さなければならない対象は、ローザでもトロツキーでもルカーチでもなく、まさしく彼でなければならなかった。なぜなら、レーニンこそが「資本のユートピア」を打ち砕くことを本当にやってみせた最初の人物であるからだ。

翻って、ネグリ『戦略の工場』の内容、アントニオ・ネグリの「レーニン講義」が六〇年代から七〇年代にかけて準備され、二〇〇〇年代になって再版されたという事実は、一種の畏敬の念のようなものを喚起する。時代がその身に帯びていた強い傾向を鑑みるならば、「レーニン」という名の持つ権威が当時、今日よりもはるかに高かったであろうにもかかわらず、彼の取り組みは反時代的であったのだ。「アウトノミア運動」の旗手であり、ポスト・フォーディズム的な「労働の変容」、「労働者階級の変容」（ネグリの用語で言えば

「プロレタリアートの社会的構成の転換」）に対して最も先駆的に反応していた人々のひとりであるネグリは、その先駆性にもかかわらず、「レーニンを清算せよ」とは決して言わなかった。「レーニン的なるもの」が総体的に疑わしいものとなりつつあったなかで、それを曖昧にやり過ごすこともしなかった。本書を読めばわかるように、彼は正面からレーニンを論じ、積極的に受け継ごうとした。なおかつ、その継承の試みは、みずみずしい思考によって貫かれており、レーニンに心酔する人々に時に見られる「古さ」にとり憑かれてはいない。後のネグリが、波乱に満ちた歩みを経て『〈帝国〉』や『マルチチュード』によって世界中で途方もない数の読者を獲得し得たこと、そしてネグリ『戦略の工場』が二〇〇〇年代になってから再版される意義を十分に持っていることが、その証左である。

新版序文においてネグリは次のように書いている。「この講義録の基礎にある多くの仮定や、講義録のなかで展開された推論を支えていた多くの前提条件は変化してしまった。しかしそれが何だというのか。主体である諸勢力は、歴史のなかで力を蓄えながら、わたしたちが歴史を認識する仕方、そして現実の運動が現実それ自体を解釈する仕方を変えるのである。レーニンの抽象力が、現実的になるために戻ってきたのだ。というのも、レーニンのユートピアが欲望〔desiderio〕になるために戻ってきたからだ」。これは素晴らしい一節だ。反時代的な書物が、新たな生命を得て時代と一致した欲望の書となる。レーニンは再生する。

こうした一連のプロセスが可能となったのは、マルクスの表現を借りるなら、ネグリがレーニンの「合理的な核心」を把握することに成功したからであろう。それでは、その「合理的な核心」とは何であったのか。このことを考えてみたい。

Ⅱ　ネグリによるレーニン

ネグリはレーニンの「合理的な核心」を摑んで、前進しようとする。いまや「レーニンの思想」は、アップデートされなければならない。その試みは、レーニンにおける「普遍的なもの」を摑み出すことでもある。レーニンとは時代が異なり、それに従って資本主義の構造（そしてそのなかでの階級構成の在り方）にも重要な変化が現れたことを前提とし、また文化的・歴史的風土も異なる環境の存在を承認しながら、なおかつ譲歩的留保をいささかも付けることなしに「レーニンの思想」の直接的実現を訴えることは、決して容易な業ではない。それだからこそ、「合理的な核心」の強度は、その普遍性において審判を受ける。そこに資本主義社会における革命政治に対する何らかの普遍的な洞察が含まれていない限り、継承の試みは強弁にすぎなくなるほかないであろう。

ネグリは、普遍的な洞察を導き出すために、「レーニンをアップデートする」にあたって最も厄介であるがしかし避けては通れそうにない問題群をこそ、講義の主題として選び取っている。すなわちそれは、コミュニズムの実現を目指す党と評議会（ソヴィエト）を主題とする組織論、そして、『国家と革命』で主題化された「国家の死滅」の議論である。

ネグリの選択は、困難から目を逸らさない知的に誠実なものだ。実に、ロシア革命以後の諸国の社会主義・共産主義の運動において、「レーニン主義」が皮肉な意味で最もよく実現されたのは、党組織形態の側面においてではなかっただろうか。「民主集中制」に基づく「一枚岩」の組織は「マルクス＝レーニン主義」の代名詞となったが、それは、この「主義」がスターリン主義と同義のものとなることにしばしば帰結してきた。それゆえにネグリは、この話題を主題のひとつとするのである。

もうひとつの「国家の死滅」もまた、当時であるからこそ、主題化されなければならなかった。すでに述べたように、フォーディズムは先進諸国において疑うことの難しい物質的成果を挙げていた。そのなかで、社会民主主義的な諸潮流は、いわばフォーディズムに寄り添う形で、福祉国家の拡充をマルクス主義の理想たる「国家の死滅」の代替的な達成として事実上とらえる傾向を強めていった。もちろんそれは、すり替えでしかない。こうした既成左翼の欺瞞に対する不満が、一九六八年のラディカリズムという形で、諸国において爆発的に噴出することになる。ネグリによる「国家の死滅」の主題化は、こうした流れを反映するものであろう。

以下では、このふたつの主題に対するネグリの切り込み方の特異性について考察を加える。フォーディズムからポスト・フォーディズムへの転換のとば口にあって、この構造転換の必然性、その巨大な影響を視野に入れながら、レーニン的「党」の理論と「国家の死滅」の理論とに再び命を吹き込むこと、しかもそれをレーニン自身の内在論理と本質的に一致する形で行なうこと、これがネグリが『戦略の工場』で自らに課した課題であったように思われる。

a——組織論

さて、レーニンの組織論をとらえるにあたってネグリが提出するキーとなる概念は、「階級構成」と「組織化」である。

「階級構成」という耳慣れない概念が意味しているのは、「労働者の技術的構成プラス社会的構成プラス政治的構成であり、これらすべてが弁証法的に統一されたもの」である、という。要するにそれは、労働者階級の、自らの置かれた時代と社会における資本蓄積の様式と生産諸関係という客観的諸条件によって規定される客観的かつ主観的な存在様態を指すものである、と思われる。つまり、特定の時代・社会における労働者階級の在り方は、かくかくしかじかの資本蓄積の様式と生産諸関係によって客観的に規定されており、それが持つ主観性もまたこの規定によって必然的なものとなる特定の主観性として構成される、ということになる。これら客観的側面と主観的側面の総体が、「階級構成」と呼ばれる。

ただし、以上のように「階級構成」を定義しただけでは、労働者階級はその客観的な在り方のみならずその主観性もまた資本主義の発展段階によって規定し尽くされているとされ、「階級構成」の概念はきわめてスタティックなものとなり、労働者階級には本質的な能動性は一片も与えられない、ということになる。こうした結論を避けてネグリが強調しているのは、レーニンがマルクスを読むことによって成し遂げた「根本的な移動」である。「しかもそれは、階級間の力関係が提示されるよう、社会構成体と資本制的発展についての学知が力関係の規定につねに引き戻されねばならないという自覚への移動なの」だ、とネグリは言う。つまり、労働者階級の「階級構成」の前提となる社会的な生産諸関係や生産諸力は、階級間の闘争の産物にほかならないと観ずることが、レーニンが的確に摑んだマルクスの議論の核心である、ということだ。言い換えれば、「階級構成」という労働者階級の能動性を一見無化する客観的規定はそもそも、労働者階級の能動的闘争の結果として現れるものなのである。

それにしても、なぜ階級闘争の存在論的先行性をかくも声高に強調できるのであろうか。それは、マルクスに始まる資本主義把握の方法の根本に関わる問題である。マルクスそしてレーニンにとって、冷酷非情な搾取を伴う資本主義がそれでも「進歩的」であるのは、資本主義社会において、人類史上はじめて階級闘争が階級闘争として出現するからである。この意味では、『共産党宣言』の「人類の全歴史は階級闘争の歴史である」というかの有名な定式は、おそらくは過度に単純化されている。正確には、「人類の全歴史」を「階級闘争の歴史」として把握することは、資本主義社会という「人類の前史」の最終段階が到来してはじめて可能になった。すなわち、剰余生産物の支配階級による横領が人間集団間の疑似自然的な階層秩序によって「自然に」正当化されることが不可能な——したがって、かかる横領は必ず紛争・対立を巻き起こす、少なくとも巻き起こす可能性がある——社会が、歴史上はじめて出現したからこそ、この社会の視点から、これまでのすべての歴史を階級闘争に貫かれたものとして把握することができるのである。かくしてネグリは、資本主義社会におけるあらゆる「構成」に先立つものとして階級闘争を措定することになる。こうした議論をめぐってネグリが述べていることは、後のポスト・フォーディズム論やマルチチュード論ともその論理構成において通底するユニークなものである。彼は次のように述べている。

資本の力が原初的な質的飛躍を規定する段階にいたると、この飛躍が達成され、労働者階級はついに必要不可欠な契機として、言い換えるならば、搾取の拡大再生産の、それゆえシステムの拡大再生産の根本的な主体として登場します。これが一方の事態です。他方の事態は、その結果としての、必然性としての、革命の可能性の主体としての労働者階級の登場です。ここから資本にとってのたえず進歩しなければならないという必要性が生じます。というのも、搾取は、労働者階級のそうした力に対して行使される持続的な圧力に基づいてのみ、持続可能であり再生産可能だからです。(『戦略の工場』、四四頁)

つまり、資本制にとって、労働者階級とは矛盾そのものなのだ、と言ってよい。なぜなら、それは剰余価値の源泉としてシステムを支える根本的な主体であるのと同時に、そのシステムに絶えず抗い、究極的にはそれを否定しようとするものでもあるからだ。それゆえ、資本主義が発達、進歩するということは、この矛盾が転移された結果なのである。余剰生産物の横領、すなわち搾取が等価交換の原則にもかかわらず正当化されうるとすれば、それは、資本によって社会全体が進歩する、そしてその果実はやがてすべての社会構成員にまで及び、長期的には不等価交換は等価交換へと是正されるであろうという一種の共同幻想が成り立つことによってである(新自由主義の「トリックルダウン」の理論は、まさしくこうした論理を純粋型的に体現している)。ゆえに、言い換えれば、搾取を永続化し、搾取に対する抵抗を鎮圧し続けるためにこそ、資本は進歩しなければならない。この意味で、ネグリの考えによれば、さまざまな意味での資本主義の発展(生産力の上昇、技術の高度化、労働の組織化、物質的生活の変革、等々)は、階級闘争の産物にほかならない。労働者階級に対する搾取が存在するにもかかわらず資本主義は進歩的であるのではない。論理はその逆であって、労働者階級に対する搾取が（したがって、階級闘争が）存在するがゆえに資本主義は進歩することを強制されるのである。以上のような論理構成は、資本の増殖への衝動ではなくマルチチュードの抑え難い欲求が、フォーディズムからポスト・フォーディズムへの資本主義の転換をもたらした、とする後のネグリの理論図式と軌を一にしている。

それでは、闘争の結果として一定の形を取る「階級構成」に対して、レーニン的「党」ないし「組織」は、いかなる介入を図ることができるのか。ここに「組織化」の主題が立ち現れる。レーニンの党（ボリシェヴィキ）は、近代資本主義的な工場に似た姿を帯びるものとされた。すなわち、中央集権的で明確な指揮系統を持った上意下達の組織である。このことに対する当時のレーニンの論敵たちの非難に対し、レーニンはブルジョワ・インテリの無政府主義的「浮動性」を指弾する一方で、プロレタリアが工場で身に付ける「規律」を高く評価し、後者の要素を党の組織原理に持ち込もうと努めた。

はっきり言えば、レーニンの党組織論のこうした側面は、彼のさまざまな議論のうちで今日最も受け容れ難いと思われているものにほかならないであろう。ステレオタイプなイメージで言えば、「意識が高い」指導者層によって率いられた一枚岩の鉄のごとき結束を誇る組織が、修道僧さながらの禁欲的な姿で一路革命に向かってあらゆる艱難を乗り越え邁進する……。「レーニン主義」の組織がかかるものでしかあり得ないとすれば、少なくとも筆者には、このようなものに魅力を感じることは一切ない。

この困難を前にして、ネグリは「時代的制約」というような曖昧な概念に頼ることはしない。いわく、「実際のところ、このような工場としての党と組織化の概念は、レーニンによる組織化の企てが労働者階級の技術的‐政治的構成を反復しつつ発展した際の、特定の水準に対応している……資本と、工場の組織化が、闘争の物質的前衛としての工業プロレタリアートの形成と凝集における称賛すべき一歩前進を体現しているのです」。つまり、レーニンのイメージした党が当時の資本主義の発展段階によって規定される「階級構成」の内実にぴったりと一致したものであった、ということが決定的な点なのであり、党が上意下達を企図した中央集権的な組織形態をとっていることそれ自体は第二義的な事柄にすぎない。「わたしが思うに、わたしたちはレーニンからいくつかの言い回しとか、いくつかの抽象的なモデルを習う必要はそれほどないのです。むしろ、もっとも習うべき重要なことは、革命過程との、そして労働者階級の主体性との、こうした関係のとり方なのであり、さらにいえば、こんにちのこの労働者階級がいかに構成されているのか、そしてレーニンが描写した特定の階級構成とは明らかに異なった、こんにちのその階級構成により与えられる組織化の欲求とはいかなるものであるのか、これらを問うことであるとわたしは思うのです」。繰り返して言えば、重要なのはあれこれの特定の組織形態そのものなのではなく、創出された組織形態がその時々の「階級構成」が欲するものと嚙み合うものであるのか否か、ということなのである。

かくして適切に「組織化」された集団は、特定の「階級構成」を必然的なものとした階級闘争へと介入する。すでに述べたように、マルクス＝レーニン＝ネグリにおいて階級闘争が資本主義社会の社会構成に先立つものであるとすれば、いついかなるときでも――それがどれほど下火であるように見えるときでさえも――階級闘争はつねにすでに存在するのであり、その意味でそれは「自然発生的」である。したがって、「組織化」の任務は、いわば特定の「階級構成」からその源泉である闘争へと遡行することを可能にする、というところにある。この遡行は、労働者階級が自らの「階級構成」を理解するという意味でその自己理解を可能にするものであるのと同時に、その「階級構成」の破壊へと向かうこと、すなわち、筆者が二冊のレーニン論（『未完のレーニン』、『「物質」の蜂起をめざして』）で強調してきたように、現存するこの社会の〈外部〉との邂逅を可能にするものでもある。自然発生的につねにすでに存在する「搾取に抗する闘いは、ここにおいて発展をめざす闘いに、すなわち搾取からの解放の諸条件の構築をめざす闘いとなります。それと同時に、コミュニズム社会の構築をめざして、搾取に抗し、労働に抗する闘いにもなるのです」。つまり、闘いは〈外部〉を志向するものとなる。かくして、「階級にとって、プロレタリアート総体にとって外部的な意識こそが、労働者の意識となるのです」。

ひとことで言えば、労働者は労働者でありながら、労働者であるがゆえに、その意識において労働者ではないものとなる。このような逆説的な状況を現実化せしめることが、レーニン的組織の普遍的な任務にほかならない。その意味で、見かけも構造も全く異なるにもかかわらず、ボリシェヴィキ党が「レーニン的な」組織であったのと全く同程度に、革命時のソヴィエト（評議会）もまた「レーニン的な」組織であった。してみれば、「組織化」をめぐってわれわれが課題とすべきことは、単純にボリシェヴィキのコピー政党をつくることではもちろんないし、評議会の再興（のみ）を唱えることでもないだろう。重要なのは創発することであり、レーニンの遺したこの普遍的な教えを今日適切な形で具体的な意味において「組織化」する可能性は、われわれの想像力に委ねられている。

b——「国家の死滅」

つぎに「国家の死滅」の主題について見てみよう。ネグリが『国家と革命』を読み解くにあたって議論の中心に据えているのは、同書の第五章「国家死滅の経済的基礎」の章である。この書物の特異な意義を究明するにあたって、このように議題を設定することは、適切である。なぜなら、この章は、「現実主義者」レーニンが共産主義世界のユートピア的ヴィジョンを積極的に語っている稀有な場所であるからだ。それは、レーニンにおいてのみ例外的なのではなく、マルクス主義にとって「未来について語ることは反動的である」（マルクス）というテーゼは前提である以上、マルクス主義思想全体における例外的なテクストとなっている。かつそれは、表面的にいかにユートピア的に見えようとも、あくまでマルクス主義の根本原則にのっとった議論として展開されている。いわば、あり得ないはずの語りが革命の嵐のなかで、テクストに闖入しているのである。

それでは、ネグリはこのテクストのかような特異性をどのように取り扱うのであろうか。本稿でしばしば重要視しているネグリの「レーニンをアップデートする」試み、すなわち、この講義がなされた時代にとってのレーニンの思想的意義を直接的に明らかにするという企図の観点から見た場合、重要なのは、ネグリが『国家と革命』に則しつつ、あらためて「改良主義」への批判の論拠を確認していることであるように思われる。というのは、フォーディズムの蓄積体制の成功、より限定的にはケインズ主義的あるいは社会民主主義的な福祉国家の実現は、レーニンが『国家と革命』によって叩きのめした見解、すなわち「国家とは対立する階級を和解させる機関である」という見解を左派勢力のあいだで大規模に再生させたと思われるからである。

政治経済的安定が基本的に確保された先進諸国において、古典的な暴力革命の成功の見込みは消え失せる一方、社会民主主義的な改良が一定の実際的な成果を挙げつつあるという状況下では、「国家の死滅」のスローガンは、現実から乖離した空虚な御題目となるか、さもなくば知らぬふりを決め込むべき対象とならざるを得なかった。つまり、「国家とは階級対立の非和解性の産物でありその現れである」というレーニンの定式は、仮にその否定をおっぴらに宣言されなくとも、実質的には否認されたのであった。それは、逆に言えば、「国家とは対立する階級を和解させる機関である」という国家の定義が暗に採用されたことを意味する。

ネグリは、こうした状況を意識しつつ、次のように述べている。

レーニンによって指摘された第二の修正主義的な代替的選択肢は、現在の共産主義に見られるものであり、改良主義として機能します。……それは明らかに、さらに洗練されたものであって、まさしく力関係の中立性、すなわちプロレタリア勢力によるゲームが権力装置内で構造的改良を発展させ確実なものにすることがその内部でできるとされるような、中立的な国家領域を想定しているのです。それが洗練された歪曲である理由は、一方で、それが労働者階級による闘争という歴史的経験を、すなわち国家構造の実質的な改良をもたらす闘争を明らかに代表してきたからであり、他方ではそれにもかかわらず、国家それ自体は、つねにある階級の他の階級に対する支配機関であり、つねに総体的な生産メカニズムの結果であり、したがって、つねに総体的な支配関係の形象であるという事実をごまかしているからです。（『戦略の工場』、三〇〇頁）

改良主義に対する批判を通じての国家の定義の再確認は、『戦略の工場』の講義が行なわれた時点の直後にやってくることになる新自由主義の怒濤のような攻勢を見事に予期したものだ。それは、デヴィッド・ハーヴェイらも指摘するように、「政府の退場」を表向きには掲げながら、国家権力を巧みに利用して資本家階級の階級権力を復活・強化するものであった。そして、実際、改良主義の試みは、この攻勢に対して多かれ少なかれ無力であったし、今日ますます無力なものとなっている。

もちろん、レーニンが経済主義的な条件闘争を無益なものとは決して言わなかったのと同じように、改良主義による成果が総じて無意味なものであるとネグリは言っているのではない。しかしながら、重要なのは、改良主義による社会主義への接近は、それが国家の性格の根本的な変革、その死滅へと向かう根本的な転換・断絶を実現しない限り、レーニンが提示したところの資本主義社会における国家の本質的な規定を決して変更しはしない、ということである。

したがって、必要になるのは、レーニンの原初的国家定義から社会主義の批判へと向かうことである。「実際、国家についてのレーニンの批判は、同時に社会主義への批判なのです」。商品市場経済の部分的な止揚に目を奪われて、改良主義的前進にすぎないものをやがては共産主義に連続的に至るはずの社会主義の入口と同一視するという陥穽を避けるためには、社会主義こそが批判されなければならない、ということをネグリは主張しているのである。

それでは、社会主義を超えたコミュニズムそのもの、コミュニズムの世界の決定的な標識は何であるのか。ネグリがマルクスの『経済学批判要綱』をも援用しつつ強調しているのは、「価値法則の死滅」である。「国家死滅とは、搾取の法則としての労働‐価値法則の死滅です。搾取の法則の死滅によって労働は、資本制的発展を正当化する剰余の合理性から――物質的に――完全に解放されます」。「価値法則が存続しているあいだは、それがどのような形態であれ存続している限り、プロレタリアートは解放されません」。「社会主義建設から価値法則の破壊へ、それゆえに所与の価値法則機能の破壊へ、それゆえに（ひょっとしたら社会主義的な）所与の搾取の破壊へ、このことは、くぐりぬけなければならない道程なのです。レーニン主義のアナーキーな蛮行は、ここでマルクスによる経済学批判のもっとも高次の、もっとも洗練された到達点となるのです。知ったかぶった物識り連中などクソでも喰らえ！」

これらの件を読んだとき、筆者は「我が意を得たり」の感を禁じ得なかった。なぜなら、筆者も『「物質」の蜂起をめざして』の第四章「〈力〉の秩序としてのコミュニズム――無国家社会の倫理的基礎」と題する論稿において、『国家と革命』第五章「国家死滅の経済的基礎」を主題的に取り扱ったが、そこでの議論の第一義的焦点として、等価交換に基づく価値法則が廃絶されることが無国家社会（＝コミュニズム）の成立の絶対的条件であることを強調したからである。諸々の形をとりうる「社会主義」（現存社会主義、北欧型社会主義、日本型社会主義、等々）と、マルクス主義本来のコミュニズムとの本質的な差異を明確化するには、価値法則の有無こそがキーとなる。

その理由については本書第四章および『戦略の工場』を参照していただきたいが、新自由主義の隆盛以降はっきりしてきたのは、この命題の基本的な正しさである。先にも述べたように、諸々の「社会主義」は、新自由主義の攻勢のなかでその改良主義的ポテンシャルを使い果たしつつある。なぜそうならざるを得ないのか。その理由をひとことで言うなら、それは、これらの「社会主義」が一定の条件のもとで相当の成功を収めたとしても、そのいずれもが「価値法則の死滅」を達成していたわけではなかった、というところにある。社会主義は、価値法則の調整、あるいは価値法則との妥協によって十分に成り立ちうる。今日の情勢下で認めざるを得ないのは、価値法則の復讐である。それは、言ってみれば、少しばかり死んだふりをしていたのであるが、いまや国家および超国家的権力機関と手を携えて世界を覆い尽くさんとしている。してみれば、価値法則を廃絶するとはいかなることなのか、ということをあらためて根底から問わなければならない時代が来ているのは明らかである。

また、筆者と同様、ネグリはしばしばマルクス主義法学者のパシュカーニスを参照している。最終的にはスターリンの大テロルの犠牲者となったパシュカーニスは『法の一般理論とマルクス主義』(一九二四年)を著したが、この名著は、マルクス主義理論における確固たる前進を実現しているのと同時に、『国家と革命』に刻印されている革命の熱気を感じさせる緊張に満ちた知性の高揚の雰囲気に満ち溢れている。『戦略の工場』でネグリが指摘しているように、法学におけるパシュカーニス、経済学におけるルービン、哲学におけるルカーチ、文学におけるバフチンとマヤコフスキーといった面々は、いずれも革命の熱気をそれぞれの知的営為に封じ込め、それぞれの分野における「ボリシェヴィキ革命」を果たした人々である。そして、彼らの大部分が、スターリンのテルミドールによって物理的に葬られるか、言葉を奪われた。今日、彼らの知的営為をレーニンをその中心とする一種の「星座」（Konstellation）としてとらえることが可能であるはずだ。ボリシェヴィキ革命の可能性は汲み尽くされてはいないのである。

あるいは、「国家の死滅」は今日ある側面では進行しつつある事態にほかならないではないか、と考える向きもあろうかと思う。確かに、主権国家体制の衰微、その溶解を示す徴候はグローバル経済の現況をはじめとして、ここかしこに現れており、その意味では「国家は死滅しつつある」。しかし、このことは、コミュニズムの実現の焦点は価値法則の廃絶にこそ存する、という命題を否定するどころかより一層力強く裏書きするものにほかならない。なぜなら、今日のグローバル資本主義による「国家の死滅」は、主権国家が価値法則の貫徹のために最適な政治体制ではなくなりつつあることから生じている事態であるからだ。つまり、言い換えれば、価値法則のさらなる貫徹のために主権国家体制よりもより適当な統治の体制（それをネグリは〈帝国〉と呼んでいる）が形成されつつあるのであって、このことは、資本主義社会における価値法則の支配の根源性を確証するものである。

Ⅲ　レーニンと現代

最後に、ネグリの講義が行なわれた時代よりも一層現代の状況に引き寄せて、レーニン思想の含意について、考えてみたい。

ネグリが補論において取り上げているのは、革命後の代表的なテクストのひとつである『共産主義における左翼小児病』である。ネグリがこのテクストから引いているレーニンの言葉をあらためて目にしたとき、そこから受けた直接的な現代性の印象は、筆者を驚かせた。というのも、われわれの置かれている時代状況と、このテクストが執筆された状況は、似ても似つかないからである。われわれ先進資本主義諸国の住民は、紛うことなき反革命の時代に生きており、〈左翼小児病〉患者に出会うこともない。それにもかかわらず、次に見るレーニンの言葉は、われわれの時代における（当然レーニンの生きた時代においても）困難の所在を正確に射抜いている。

彼は、プロレタリアの党の規律を強調し、プチブルジョワ的な無軌道性、より一般的にはコミュニズムの実現にとって最大の障害となるであろうプチブルジョワ的なもの一般との、長期にわたる、したがって粘り強く続けられなければならない闘いの必要性を強調して、次のように述べている。

> 階級を廃絶するとは、地主と資本家を追いだすこと――われわれは、これを比較的たやすくやりとげた――だけを意味するものではなく、小商品生産者を廃絶することをも意味しているが、彼らを**追いだすことはできない**。彼らを押しつぶすことはできない。彼らとは仲よく暮らしていかなければならない。非常に長期にわたる、漸進的な、慎重な組織活動によって初めて、彼らをつくりかえ、再教育することができる（またそうすべきである）。……集中化された大ブルジョアジーにうちかつことは、何百万もの小経営主に「うちかつ」ことよりも、千倍も容易である。小経営主は、日常的な、日ごとの、目に見えない、とらえどころのない腐敗作用によって、ブルジョアジーに必要な結果、ブルジョアジーを復活させる結果そのものを実現している。いくらかでもプロレタリアートの党の鉄の規律を弱めようとする（とくにプロレタリアートの独裁の時期に）者は、事実上プロレタリアートにそむいてブルジョアジーを助けるものである。（『戦略の工場』、四五一―四五二頁、傍点・太字強調原文）

この件は本当に「古臭い」であろうか？　否である。ネグリは「レーニンのこのくだりは、本当に素晴らしい」という感想を表明しているが、筆者はそれに賛同する。レーニンの定式は決して古びてはいない。いま引用した一節の「小商品生産者」や「小経営主」といった言葉をフォーディズムによって黄金時代を迎え、今日急速に減少・没落しつつある「中流階級」に置き換えてみるならば、レーニンの言っていることの今日的なアクチュアリティが浮かび上がるはずだ。

先進資本主義諸国において、フォーディズム的蓄積体制のもとで分厚く形成された中流階級は、賛美の対象であり続けてきた。それは、政治的には「民主主義の健全な基盤」であり、経済的には「市場の堅調な成長の原動力」であるとされた（いまもされている）。だが、この階級が没落を始め、そこへ参入できる人々の数が次第に減少しつつあるなかで、本当の問いが発せられざるを得なくなっている。すなわち、「民主主義」とは誰のための民主主義であり、「市場」とは誰のための市場なのか、と。

「カジノ資本主義」によって巨利を貪る者たちや、「規制緩和」や「民営化」にハイエナのごとく群がって暴利を得る者たち、といった新自由主義のもはや見慣れた光景における登場人物たちの道義的失墜は、二〇〇八年の危機以来、誰の目にもすでに明らかになっている。その絶対数が大して多いわけではないこれらの手合いを絶滅させることは、「比較的たやすくやりとげ」られるのだ（もちろん、まだやり遂げられてはいないが）。

しかしながら、仮にそれをやり遂げたところで、どのような光景が現出するであろうか。おそらくそのときには、次第にそれへの参入障壁が高くなるが、しかしそれでもなおかなりの程度マジョリティであり続ける中流階級の集団と、そこからはじき出された、あるいはそもそも参入できなかった、ますますその数を増大させる貧者の群が現れるであろう。前者は、階級的な転落可能性に脅かされつつ、自己防衛のために攻撃的になる。その攻撃性は、心理的正当化を無意識に意図したイデオロギー的自己正当化として現れるだろう。「この船にもうこれ以上の客は乗れないのだ！　貴方にはこの船に乗る資格がないが、私にはある！」――これが彼らの合言葉である。ブルジョワ・イデオロギーと改良主義のある部分が褒め称えてきた「民主主義」と「市場」はこれらの人々のためにあるのであり、彼らは大ブルジョワのイデオロギー（すなわち、今日では新自由主義のそれ）に容易に同一化する。

没落する中流階級の攻撃性がこの階級によって支えられてきた「民主主義」と「市場」の正当性を掘り崩し、それらが事実上排除のための機構でしかないことを白日の下に曝け出す日は、さして遠くないであろう。だが、問題は、それでもなお有効であり続けるであろう、レーニンの指摘していた「日常的な、日ごとの、目に見えない、とらえどころのない腐敗作用」にいかにして対処するのか、というところにある。より具体的に言えば、中流階級に参入できないにもかかわらず、そのイデオロギーと同一化する群衆が必ず生じる（小泉元総理の郵政解散総選挙が示したのはその典型的一例である）、という問題である。かくして、イデオロギーは遍く伝播する。中流階級の今日のイデオロギーは新自由主義のそれである以上、中流階級のイデオロギーと同一化する非中流階級の群衆もまた新自由主義のイデオロギーを奉じることとなる。そうなれば、新自由主義は少数の大ブルジョワにしか直接的な階級基盤を持たないイデオロギーであるにもかかわらず、それは社会全体のイデオロギーとなる。「支配階級の思想は、何時の世にも、支配的思想である」(マルクス/エンゲルス『ドイツ・イデオロギー』)。

こうした事態に対して、レーニンは、「プロレタリアートの党の鉄の規律」によって応えようとした。レーニンの解をわれわれは単純に反復することはできない。ネグリもまた、本書で決定的な答えを断定的に導き出しているわけではない。

途を見つけ出す手掛かりのために、ネグリの言う「自律《アウトノミア》」という言葉を挙げておきたい。「レーニン講義」と同時に現に進行しつつあったアウトノミア運動を当然意識しつつ、ネグリはこの概念に触れている。運動において実践されたさまざまな試みと相俟って、この概念の含意は多様なものであろうが、いま述べた現代のイデオロギーのアリーナの情勢に鑑みて強調すべきと思われるのは、「自律」には、「欲望の自律」も含まれているに違いないであろうことだ。われわれがどのように生きることを欲し、その欲望された生き方を可能にする社会をどのように欲するのかということ、そしてその「欲する」際に、いかにして自律的でありうるか(逆に言えば、資本と権力が差し出してくるある特定の在り方の欲望を自らの欲望と取り違えることをいかにして避けうるか)ということ、これが筆者のイメージする「欲望の自律」である。自律した欲望を持たない限り、われわれの欲望は中流階級のそれを漠然となぞるものであるほかないであろう。

新自由主義の攻勢をはっきりと視野に入れていた晩年のフーコーが、唐突に（と第三者的には見える）古代ギリシャやローマへの言及を通して「快楽の活用」や「自己への配慮」を語り出した理由も、おそらくはこのような文脈に位置づけられる。それは、「欲望の自律」がますます困難になる世界のなかで、「自律的に欲望する作法」――「欲望」という言葉をフーコーは避けたが――をいま一度見出そうとする先駆的な試みであったように思われる。

してみれば、やはり問題は欲望なのだ。縮小する（おそらく日本では間もなく現在よりも一層劇的に）中流階級を羨望し、とにもかくにもそこに入れてもらうことを望み、運良くそれが叶ったならば後は脱落しないことだけをひたすら追求するという生き方をするのか、それとも、自らの、自分自身の「欲望の作法」を探し求め身に付けるのか。どちらの選択がこの世界を変えることに結びつきうるのかは言うまでもないだろう。そうであるならば、われわれは、『何をなすべきか？』に刻まれたレーニンの文句に少々手を加えてこう言わねばならない。「われわれに正しく欲望する術を与えよ、しからばわれわれは全世界を覆すであろう」、と。鍛え上げられた欲望が集団的に渦巻くとき、それはそのままわれらの時代の〈党〉の基《もとい》となるのである。

†フォーディズムは……難しい　三・一一福島第一原発事故によってわれわれが直面させられているのは、あらためてフォーディズムの「成果」を懐疑しなければならない、という当為である。「一億総中流」を現出させた発展の構造は、一国内においてすらコロニアルな構造をつくり出し、それに依拠していたことが、はっきりと示されたのである。

［解説　『戦略の工場』（アントニオ・ネグリ著、中村勝己・遠藤孝・千葉伸明訳、作品社、二〇一一年）］

注

序論

（1）筆者がここで念頭に置いているのは、いわゆる「全体主義論」を前提とした理論的趨勢である。この枠組みにおいては、〈力〉を積極的に語る思想は、全体主義につながりかねない危険なものとして忌避されることになる。ソ連崩壊以後のかかる趨勢によりマルクス主義が壊滅するなかで、批判的理論の多くは、改良主義を選ぶか、種々のマイノリティ問題に専心するようになっていった。

しかし、現在ようやく状況は変わりつつある。近年目撃されつつあるアナーキズム思想の目覚ましい復権は、再び〈力〉について語り出すことへの欲求と結びついているように思われる。例えば、マイケル・ハートとアントニオ・ネグリによる「帝国」と「マルチチュード」の議論が世界規模で爆発的に流行したことや、デヴィッド・グレーバーによる人類学をベースとしたアナーキズム思想が注目を集めつつあることなどがその証左として挙げられる。前者については、Michael Hardt and Antonio Negri, *Empire*, Harvard University Press, Cambridge, Massachusetts, 2001〔M・ハート／A・ネグリ『〈帝国〉──グローバル化の世界秩序とマルチチュードの可能性』水嶋一憲・酒井隆史ほか訳、以文社、二〇〇三年〕および Michael Hardt and Antonio Negri, *Multitude: War and Democracy in the Age of Empire*, The Penguin Press, New York, 2004〔M・ハート／A・ネグリ『マルチチュード（上・下）──〈帝国〉時代の戦争と民主主義』水嶋一憲・市田良彦監修、幾島幸子訳、NHKブックス、二〇〇五年〕を参照。後者については、David Graeber, *Fragments of an Anarchist Anthropology*, Prickly Paradigm Press, Chicago, Illinois, 2004〔D・グレーバー『アナーキスト人類学のための断章』高祖岩三郎訳、以文社、二〇〇六年〕

ほかを参照。

(2) ここで最近のレーニン研究(狭義の)の動向について簡単に触れておく。管見に触れた限りでは、ここ一〇年ほどのレーニンを主題とした体系的な研究書は、依然として伝記的体裁をとったものが多く、方法論的な革新性、政治哲学的に斬新な議論は滅多に見出されない。研究スタンスの特徴について言えば、ソヴィエト連邦崩壊後、ヴォルコゴーノフやパイプスといった確信的な反共主義者たちの著作(例えば、Dmitri Volkogonov, *Lenin: A New Biography*, Free Press, New York, 1994〔D・ヴォルコゴーノフ『レーニンの秘密(上・下)』白須英子訳、NHK出版、一九九五年〕や、Richard Pipes, *The Unknown Lenin: From the Secret Archive*, Yale University Press, New Haven, 1996など)が注目された反動からか、相対的に「中立的・客観的」立場からレーニンの業績・功罪を冷静に考察しようという姿勢を打ち出すものが増えてきているように思われる。例えば、Robert Service, *Lenin: A Biography*, Harvard University Press, Cambridge, MA, 2000〔R・サーヴィス『レーニン(上・下)』河合秀和訳、岩波書店、二〇〇二年〕やBeryl Williams, *Lenin: Profiles in Power*, Longman, Essex, 2000、さらにはChristopher Read, *Lenin: A Revolutionary Life*, Routledge, London & New York, 2005などが挙げられる。

エレーヌ・カレール=ダンコースの『レーニンとは何だったか』(石崎晴己・東松秀雄訳、藤原書店、二〇〇六年)も、その序文において次のように問題を提起することによって、こうした姿勢を共有しているように一見思われる。「共産主義が拒絶され、闘争が放棄された現在、偶像にはもはや存在理由はない。ソ連邦は〈歴史〉の中に入ってしまった。レーニンは今後は、政治的必要性や要請にとらわれずに、人物の功績と出来事を評価しつつじっくりと考える人のものとなる。今日、レーニンに関して次のような重要な問いを発し、自分に問いかけることが可能である。レーニンとは何者であったのか。二十世紀最大の恐るべき悲劇の一つについて責任を負うべき犯罪者なのか。あるいは〈歴史〉の突然の転換の犠牲者であって、やがていつの日か新たな、恐らくは最終的な転換が訪れて、正しさが認められることになるのであろうか。政治的な行為と政治的生成の中では、人物とその国を切り離すのは困難なものだが、その中でどれほどの部分を、レーニンという人間の人格に帰すべきなのか。彼の選択とその結果の中で、政治的背景——ロシアの遅れ、ロシアの外での革命の遅れ——が占めた部分はどれほどのものであったのか。レーニンは、人間への軽視が恒常的であった恐ろしい世紀を具現する者だったのか。あるいは人類に対して平和で穏やかな未来への道を描いてみせた——もしかしたらあまりにも早すぎたかも知れないが——予言者なのか」(二四一—二五頁)。

しかし、同書が証明することを意図しているのは、もっぱら、レーニンは「二十世紀最大の恐るべき悲劇の一つについて責任を負うべき犯罪者」である、「レーニンは、人間への軽視が恒常的であった恐ろしい世紀を具現する者だった」という命題のみであり、他方の命題に対する真摯な検証がなされているとは言えない。つまり、この問い掛けは、見せ掛けに限りなく近いものである。こうした問題提起と議論の内容との乖離は、筆者から見ると、知的に誠実なものとは思えないが、そのよって来る原因は、「闘争が放棄された現在」といういかなる意味でも現実と一致しないダンコースの現状認識に求められるように思われる。

その他の先行研究については、本論中で必要に応じて言及する。

(3) こうした研究は日本に多いが、その例として、雀部幸隆『レーニンのロシア革命像——マルクス、ウェーバーとの思想的交錯において』(未來社、一九八〇年)、太田仁樹『レーニンの経済学』(御茶の水書房、一九八九年)、渡邉寛『レーニンとスターリン——社会科学における』(こぶし書房、二〇〇七年)、等を挙げることができる。

(4) 例えば、Leszek Kolakowski, *Main Currents of Marxism: Its Rise, Growth, and Dissolution*, Translated from Polish by P. S. Falla, Clarendon Press, Oxford, 1978 や Andrzej Walicki, *Marxism and the Leap to the Kingdom of Freedom: The Rise and Fall of the Communist Utopia*, Stanford University

Press, CA, 1995といった著作を、代表的なものとして挙げることができる。これらの仕事は、マルクス＝エンゲルスからスターリンに至るまでの諸々のマルクス主義者たちの思想を時系列に沿って網羅的に解説するという方法を採っており、通時的な比較思想史研究の典型を成している。

(5) И. В. Сталин, Сочинения, Т. 6, М., 1952, С. 71. [I・V・スターリン『全集』第六巻、「レーニン主義の基礎について」、大月書店、一九五四年、八六頁]

(6) 哲学に関してこうした見方を示している代表的文献として、M・メルロ＝ポンティ『弁証法の冒険』（滝浦静雄ほか訳、みすず書房、一九七二年）。特に、第三章「『プラウダ』」を参照されたい。

(7) 西欧マルクス主義の創始者は、ジェルジ・ルカーチやアントニオ・グラムシといったそもそもはレーニン主義者である人々であり、その担い手たちは必ずしもレーニンに対して否定的見解を示したわけではない。むしろこれらの創始者たちが自らに解くことを課したのは、レーニンが直面したのとは異なる状況において、いかにしてレーニン的政治を実践しうるのか、という問題であった。しかし、ペリー・アンダースンが指摘したように、西欧マルクス主義の潮流は、時代が下るにつれて、議論の主題を政治経済学的対象から文化論的対象へと移行させ、マルクス主義的学知と革命とを節合する経路を見失っていった。それはあたかも、マルクス自身の関心の移行過程を逆向きに実践するかのごとき様相を呈した（P・アンダースン『西欧マルクス主義』中野実訳、新評論、一九七九年、九五頁）。

あるいは、西欧マルクス主義についての本格的研究であるMartin Jay, *Marxism and Totality: The Adventures of a Concept from Lukács to Habermas*, University of California Press, Berkeley & Los Angeles, 1984 [M・ジェイ『マルクス主義と全体性――ルカーチからハーバーマスへの概念の冒険』荒川幾男ほか訳、国文社、一九九三年]は、その副題そのものによって、レーニンをマルクス主義の評価されるべき知的伝統において位置づけることの困難を物語っているように思われる。実際、同書において、レーニンへの間接的言及は多々見られるものの、レーニンの思想それ自体に対する正面からの考察・評価はなされておらず、このことは取りも直さず、西欧マルクス主義とレーニンの思想との節合不可能性を表しているようにも見える。

(8) 全体主義論の最初の枠組みを与えたのは、Hannah Arendt, *The Origins of Totalitarianism*, Harcourt Brace, New York, 1973 [H・アーレント『全体主義の起原1〜3』大久保和郎・大島かおり訳、みすず書房、一九七二—一九七四年] である。ただし、「全体主義」という言葉が冷戦下で敵陣営を特徴づける用語として広く使われるようになるにつれて、アレントの議論における概念のそもそもの含蓄は見失われるようになる。

(9) アヴァンギャルド芸術一般の理念については、R・ポッジョーリ『アヴァンギャルドの理論』(篠田綾子訳、晶文社、一九八八年)。

(10) ドミニク・ノゲーズは、こうした状況から着想を得て、パロディの体裁をとって「レーニン=ダダイスト」説を主張している(D・ノゲーズ『レーニン・ダダ』鈴村和成訳、ダゲレオ出版、一九九〇年)。

(11) 例えば、ロシア革命および美的モダニズムと融合したマルクス主義が戦前の日本の知識人に対して与えたインパクトを論じた、寺出道雄『知の前衛たち——近代日本におけるマルクス主義の衝撃』(ミネルヴァ書房、二〇〇八年)は、こうしたグローバルな影響関係を論じたものであると言えよう。

(12) バーナイス・ローゼンタールの『新しい神話、新しい世界——ニーチェからスターリニズムへ』は、革命前からスターリン時代に至るまでの時期におけるロシアの急進派たちのあいだでのニーチェ思想の影響を、ボリシェヴィキの面々への影響を中心に検討している。同書は、方法論において大きな違いがあるとはいえ、ボリシェヴィキの思想を同時代の思想的革命の観点から多角的にとらえようとしているという意味で、本書の研究課題と問題機制を共有するものである。Bernice Glatzer Rosenthal, *New Myth, New World: From Nietzsche to Stalinism*, Pennsylvania State University Press, University Park, PA, 2002.

第一部　はじめに

（1）Ｅ・パノフスキー『〈象徴形式〉としての遠近法』木田元監訳、哲学書房、一九九三年、七四頁。

（2）例外的著作として、有尾善繁『物質概念と弁証法』（青木書店、一九三三年）がある。同書は、レーニンが『唯物論と経験批判論』において提示した「物質」概念を考察の中心的主題としている。

（3）Kevin B. Anderson, "The Rediscovery and Persistence of the Dialectic in Philosophy and in the World Politics" in Sebastian Budgen, Stathis Kouvelakis, and Slavoj Žižek eds., *Lenin Reloaded: Toward a Politics of Truth*, Duke University Press, Durham & London, 2007, p. 121.

第一章

（1）Michael Hardt and Antonio Negri, *Empire*, Harvard University Press, Cambridge, Massachusetts, 2001, p. 74.［Ｍ・ハート／Ａ・ネグリ『〈帝国〉――グローバル化の世界秩序とマルチチュードの可能性』水嶋一憲・酒井隆史ほか訳、以文社、二〇〇三年、一〇六頁］

（2）Ｍ・フーコー『言葉と物――人文科学の考古学』渡辺一民・佐々木明訳、新潮社、一九七四年、三三三―三三四頁。

（3）同書、三三七頁。

（4）同書、二八一頁。

（5）この論点を強調しているのは、Moishe Postone, *Time, Labor, and Social Domination: A Reinterpretation of Marx's Critical Theory*, Cambridge University Press, New York, 2003, pp. 143-146.［Ｍ・ポストン『時間・労働・支配――マルクス理論の新地平』白井聡・野尻英一監訳、筑摩書房、二〇一二年］

（6）Slavoj Žižek, *Tarrying With The Negative: Kant, Hegel, and the Critique of Ideology*, Duke University Press, Durham, 1993, p. 27.［Ｓ・ジジェク『否定的なもののもとへの滞留――カント、ヘーゲル、イ

デオロギー批判』酒井隆史・田崎英明訳、太田出版、一九九八年、四八頁〕

（7）以下の「物質」概念の解釈は、中沢新一『はじまりのレーニン』（岩波現代文庫、二〇〇五年）における「物質」の解釈に多くを負っている。

（8）В. И. Ленин, ПСС, изд. 5-ое, Т. 18, М., 1968, С. 50.〔『全集』第一四巻、「唯物論と経験批判論」、大月書店、一九五六年、五五頁〕

（9）Там же, С. 65-66.〔同書、七三頁〕

（10）Там же, С. 275.〔同書、三一四頁〕

（11）Там же, С. 195.〔同書、二二一頁〕

（12）佐々木力『マルクス主義科学論』、みすず書房、一九九七年、六二―六三頁、一七五―一八一頁を参照。

（13）В. И. Ленин, ПСС, изд. 5-ое, Т. 18, С. 276.〔前掲、『全集』第一四巻、「唯物論と経験批判論」、三一五頁〕

（14）この反批判はA・ボグダーノフ『信仰と科学』（佐藤正則訳、未來社、二〇〇三年）という著作にまとめられている。

（15）Thomas S. Kuhn, *The Structure of Scientific Revolutions*, Third Edition, The University of Chicago Press, Chicago & London, 1996, p. 115.〔T・クーン『科学革命の構造』中山茂訳、みすず書房、一九七一年、一二九頁〕

（16）В. И. Ленин, ПСС, изд. 5-ое, Т. 18, С. 138.〔前掲、『全集』第一四巻、「唯物論と経験批判論」、一五八頁〕

（17）注16に引用した部分について、三浦つとむは、レーニンにあっては「客観的真理」と「客観的実在」の混同が見られるとして批判を加え、かかる誤謬が、「レーニン哲学」の聖典化を通して、弁証法の理解をはじめマルクス主義の理論水準を後退させた、と説得的に指摘している。

しかし、次章で主題化するように、筆者が強調したいのは、レーニンが哲学論争において焦点化せざるを得なかった論点は、「客観的実在」のなかにそもそも「客観的真理」を想定することが可能であるか否か、またこの「客観的真理」が「客観的実在」と人間主体との関係性のなかで主体によっていかにして経験されるのか、という点にあったことであり、そしてかかる問題設定が論争当時の思想状況からして必然的なものであったことである。三浦つとむ『レーニン批判の時代　選集2』、勁草書房、一九八三年、二〇―二七頁、および三九―五六頁を参照されたい。

(18) 加藤正『弁証法の探究』、こぶし書房、二〇〇六年、三八頁。
(19) 同書、四七頁。
(20) 同書、四五―四六頁。
(21) 同書、二三―二四頁。
(22) В. И. Ленин, ПСС, изд. 5-ое, Т. 18, С. 281.〔前掲、『全集』第一四巻、「唯物論と経験批判論」、三二〇頁〕
(23) M・フーコー、前掲、『言葉と物』、三二七頁。
(24) В. И. Ленин, ПСС, изд. 5-ое, Т. 6, М., 1967, С. 75.〔『全集』第五巻、「なにをなすべきか?」、大月書店、一九五七年、四四六―四四七頁〕
(25) В. И. Ленин, ПСС, изд. 5-ое, Т. 18, С. 242.〔前掲、『全集』第一四巻、「唯物論と経験批判論」、二七六―二七七頁〕
(26) L・アルチュセール『レーニンと哲学』西川長夫訳、人文書院、一九七〇年、一二三―一二四頁。
(27) 断固たるレーニン主義者であると同時に、西欧マルクス主義の創始者でもあったジェルジ・ルカーチも、跳躍のモメントを強調して、次のように言っている。「弁証法的方法の基本命題、すなわち《人間の意識がその存在を決定するのではなく、逆に人間の社会的存在がその意識を決定する》という命題から、——正しく理解するならば——次の事柄が必然的に帰結する。すなわち、革命的な転換期においては、根本的に新しいもの、経済的構造の転覆、進むべき方向の変革のカテゴリーを、したがって跳躍（Sprung）というカテゴリーを、実践的に真剣に受け取らなければならない、ということである」。Georg Lukács, Werke, Band 2, Frühschriften 2, *Geschichte und Klassenbewusstsein*, Hermann Luchterhand Verlag, Darmstadt und Neuwied, 1977, S. 427.［G・ルカーチ『歴史と階級意識』城塚登・古田光訳、白水社、一九九一年、四〇九—四一〇頁］

　このルカーチの議論においては、「人間の意識がその存在を決定するのではなく、逆に人間の社会的存在がその意識を決定する」がゆえに、換言すれば、人間の意識が自己完結不可能である（「ズレ」をはらんでいる）からこそ、意識の担い手たる主体は跳躍せざるを得ないものとして措定されている。

（28） **В. И. Ленин, ПСС,** изд. 5-ое, Т. 5, М., 1967, С. 363.［前掲、『全集』第五巻、「経済主義の擁護者たちとの対話」、三二九頁］

（29） ニール・ハーディングは、レーニンの哲学的世界観を「確実性の哲学」と呼ぶことによって、こうした解釈を示している。Neil Harding, *Leninism*, Macmillan, Basingstoke & London, 1996, pp. 237-242.

（30） **К. С. Малевич, «От кубизма и футуризма к супрематизму», Собрание сочинений в пяти томах,** Т. 1, М., 1995, С. 39-40.［K・S・マレーヴィチ『零の形態——スプレマチズム芸術論集』、「キュビスム、未来主義からスプレマチズムへ——新しい絵画のリアリズム」宇佐見多佳子訳、水声社、二〇〇〇年、二四頁］

（31） 「片隅」（уголок）とは、伝統的にロシアの家庭でイコンが掲げられてきた部屋の「聖なる隅、東の隅」を指すと思われる。一九一五年の『0、10展』において、マレーヴィチは《白地の上の黒い正方形》をまさにこの場所に掲げた。大石雅彦『マレーヴィチ考——「ロシア・アヴァンギャルド」からの解放にむけて』、人文書院、二〇〇三年、一五五頁を参照。

(32) К. С. Малевич, «От кубизма и футуризма к супрематизму», Собрание сочинений в пяти томах, Т. 1, С. 53. [K・S・マレーヴィチ、前掲、『零の形態』、「キュビスム、未来主義からスプレマチズムへ」、五五—五六頁]

(33) К. С. Малевич, «Супрематизм (Квадрат, круг, семафор современности)», Собрание сочинений в пяти томах, Т. 5, М., 2004, С. 110–111.

(34) 桑野隆『夢みる権利——ロシア・アヴァンギャルド再考』、東京大学出版会、一九九六年、一二三—一二四頁を参照。

(35) К. С. Малевич, «Из книги о беспредметности», Собрание сочинений в пяти томах, Т. 5, С. 233. [K・S・マレーヴィチ、前掲、『零の形態』、「無対象に関する著作より」、三〇二—三〇三頁]

第二章

(1) Stephen Kern, *The Culture of Time and Space 1880-1918*, Harvard University Press, Cambridge, Massachusetts, 1983, pp. 135-136. [S・カーン『空間の文化史——時間と空間の文化：１８８０—１９１８年／下巻』浅野敏夫・久郷丈夫訳、法政大学出版局、一九九三年、六—八頁]

(2) 『道標』（一九〇九年初版刊行）への寄稿者のうち、例えば、ピョートル・ストルーヴェはレーニンのかつての政治的同盟者であり、後に実存主義的宗教哲学へと転じるニコライ・ベルジャーエフは流刑の経験も持つ元マルクス主義者であった。

(3) В. И. Ленин, ПСС, изд. 5-ое, Т. 14, М., 1972, С. 374. [『全集』第一二巻、「マルクスのクーゲルマンへの手紙のロシア語訳序文」、大月書店、一九五五年、一〇五—一〇六頁]

(4) ちなみに、この意図が「政治的な」ものであるかそれとも「学問的な」ものであるかと問うこと、換言すれば、レーニンの本質的意図はボリシェヴィキ内部での多数派工作であったのか、それとも哲学的真理の探求であったのか、と問うことは無用である。なぜなら、レーニンにとって政治理論と哲学思想との間に本質的な懸隔は存在しなかったし、このことは当の論争の直接の相手にとっても同様であった。論争の両当事者にとって、それは政治的であると同時に哲学的な論争でもあった。А. А. Богданов, Эмпириомонизм, М., 2003, С. 215.

なお、ジェームズ・D・ホワイトは、哲学論争の背景にロシア社会民主労働党の統一の目論見があり、そのことがレーニンのプレハーノフに対する好意的評価と結びついている可能性を示唆しているが、筆者の考えでは、このことは論争において争われた事柄の本質を左右するものではない。James D. White, *Lenin: The Practice and Theory of Revolution*, Palgrave Macmillan, Basingstoke & New York, 2001, pp. 85–89.

レーニンの哲学論争への介入の動機について、非常に示唆的な証言となっているのは、当時若手のボリシェヴィキであったニコライ・ヴァレンチノフが著した『レーニンとの出会い』（邦訳『知られざるレーニン』門倉正美訳、風媒社、一九七二年）である。同書によれば、レーニンは、ほかならぬこのヴァレンチノフを介して、マッハやアヴェナリウスの著作に初めて直接触れた。それは一九〇四年のことであったが、レーニンがこれらの著作の思想に対して示した反応は、政治的反対というよりも、むしろ生理的な嫌悪・猛反発であったことを、ヴァレンチノフの記述は物語っている。

（5）レーニンの政治的介入の文脈についての詳しい叙述は、島田豊『原典解説　唯物論と経験批判論』、青木書店、一九六六年、一五一―三七頁を参照されたい。

（6）木田元『マッハとニーチェ――世紀転換期思想史』、新書館、二〇〇二年、一七一―一九頁。

（7）廣松渉『事的世界観への前哨――物象化論の認識論的＝存在論的位相』、ちくま学芸文庫、二〇〇七年、八五―八六頁。

（8）このような研究の例として挙げることができるのは、佐藤正則『ボリシェヴィズムと〈新しい人間〉

――20世紀ロシアの宇宙進化論』（水声社、二〇〇〇年）である。同著作は日本で初めての本格的なボグダーノフ研究の書でもある。その序文には、著者の問題意識が、次のように表明されている。「ロシア革命とソ連の成立が二〇世紀の世界にとってきわめて重要な意味をもっていることそれ自体にたいしてはおおかたの異論はないだろうが、それがいかなる点において二〇世紀的と言えるのかについては十分に説明されてはいない。たとえば、自明のもののように思われがちなボリシェヴィキの思想ですら、実際にはそれほどよくわかっているわけではない。そのため、ロシア革命が二〇世紀世界にとって重大な意味をもっていることは疑いないにしても、思想としてのボリシェヴィズムにはたして二〇世紀的な特徴を見出すことはできるのか、という問題はまったくもって不明のままである。その原因の一端は、これまでの研究がもっぱらボリシェヴィキの政治や経済面での政策に集中し、彼らの世界観といったものを正面からとりあげてこなかったことにある」（一一頁）。

また、同じく佐藤によるアレクサンドル・ボグダーノフ『信仰と科学』（未來社、二〇〇三年）に寄せられた「訳者解説」も、同様の問題を扱っており、本稿が成るうえで、筆者も多くの示唆を与えられた。

（9）廣松渉『世界の共同主観的存在構造』、講談社学術文庫、一九九一年、二四―二六頁。

（10）H. Stuart Hughes, *Consciousness and Society: The Reorientation of European Social Thought 1890–1930*, Alfred A. Knopf, New York, 1958, p. 14 ［H・S・ヒューズ『意識と社会――ヨーロッパ社会思想 1890―1930』生松敬三・荒川幾男訳、みすず書房、一九九九年、一一頁］

（11）佐藤正則、前掲、『ボリシェヴィズムと〈新しい人間〉』、四九頁。

（12）同書、四二頁。

（13）А. А. Богданов, Эмпириомонизм, С. 228.

（14）Там же, С. 228.

（15）Там же, С. 108.

(16) Ernst Mach, *Die Analyse der Empfindungen und das Verhältnis des Physischen zum Psychischen*, Verlag von Gustav Fischer, Jena, 1922, S. 5. [E・マッハ『感覚の分析』須藤吾之助・廣松渉訳、法政大学出版局、一九七一年、七頁]

(17) Ernst Mach, *Populär-wissenschaftliche Vorlesungen*, Johann Ambrosius Barth, Leipzig, 1896, S. 217. [E・マッハ『認識の分析』廣松渉編訳、法政大学出版局、二〇〇二年、三七頁]

(18) マッハの認識論の分野における主著『感覚の分析』の第一章は、「反形而上学的序説」と題されている。

(19) E・マッハ、前掲、『認識の分析』、九七頁。

(20) この著作のタイトルに現れている「実体から関数へ」というフレーズはマッハ主義の合言葉であった。上山安敏『フロイトとユング――精神分析運動とヨーロッパ知識社会』、岩波書店、一九八九年、一五六頁を参照。

(21) Ernst Cassirer, Gesammelte Werke 6, *Substanzbegriff und Funktionsbegriff: Untersuchungen über die Grundfragen der Erkenntniskritik*, Felix Meiner Verlag, Hamburg, 2000, S. 292. [E・カッシーラー『実体概念と関数概念――認識批判の基本的諸問題の研究』山本義隆訳、みすず書房、一九七九年、三一五頁]

(22) Ibid., S. 292. [同書、三一五―三一六頁]

(23) В. И. Ленин, ПСС, изд. 5-ое, Т. 18, М., 1968, С. 275. [『全集』第一四巻、「唯物論と経験批判論」、大月書店、一九五六年、三一四頁]

(24) Там же, С. 276. [同書、三一五頁]

(25) 例えば、大澤真幸「失敗する指導者」:『本』、二〇〇六年一一月号、講談社、を参照されたい。

(26) 廣松渉『マルクス主義の地平』、講談社学術文庫、一九九一年、七八頁。なお、引用中の「近世」という用語を廣松は「近代」と無差別に使用している。

(27) 同書、八〇—八一頁。

(28) В. И. Ленин, ПСС., изд. 5-ое, Т. 18, С. 138. [前掲、『全集』第一四巻、「唯物論と経験批判論」、一五八頁]

(29) Slavoj Žižek, “Afterword: Lenin’s Choice”, in Žižek ed., V. I. Lenin, *Revolution at the Gates: A Selection of Writings from February to October 1917*, Verso, London & New York, 2002, pp. 179-180. [S・ジジェク『迫り来る革命——レーニンを繰り返す』長原豊訳、岩波書店、二〇〇五年、四一—四二頁]

(30) Ibid., p. 180. [同書、四二頁]

(31) 佐藤正則「マルクスを読みなおす〈マッハ主義者〉たち——〈ロシア・マルクス主義〉の多面性のために」:『情況』二〇〇三年五月号、情況出版、一四一頁。

(32) A・ボグダーノフ、前掲、『信仰と科学』、四七頁。

(33) В. И. Ленин, ПСС., изд. 5-ое, Т. 18, С. 128. [前掲、『全集』第一四巻、「唯物論と経験批判論」、一四六頁]

(34) Там же, С. 206. [同書、二三五頁]

(35) Там же, С. 131. [同書、一五〇頁]

(36) プレハーノフは、認識論ではカントに依拠する一方で、「一元論」の立場から、カント主義のマルクス主義への導入を厳しく批判していた。フレデリック・C・コプレストンは、プレハーノフのかような首尾一貫しない立場を「奇怪な」ものであると評している。Frederick C. Copleston, *Philosophy in Russia: From Herzen to Lenin and Berdyaev*, Search Press, University of Notre Dame, Notre Dame, Indiana, 1986, p. 264 を参照。

(37) Г. В. Плеханов, «Ещё раз материализм», Избранные философские произведения в пяти томах, Т. 2, М.,

1956, С. 446.

（38） Там же, С. 446.

（39） Там же, С. 447.

（40） В. И. Ленин, ПСС., изд. 5-ое, Т. 18, С. 244.［前掲、『全集』第一四巻、「唯物論と経験批判論」、二七九頁］

（41） Там же, С. 250.［同書、二八六頁］

（42） Там же, С. 248.［同書、二八三頁］

（43） Walter Benjamin, Gesammelte Schriften Band 1/2, Suhrkamp Verlag, Frankfurt am Main, 1991, S. 441.［W・ベンヤミン『ボードレール 他五篇――ベンヤミンの仕事 2』、「複製技術の時代における芸術作品」野村修編訳、岩波文庫、一九九四年、七一―七二頁］

（44） Jonathan Crary, *Suspensions of Perception: Attention, Spectacle, and Modern Culture*, The MIT Press, Cambridge, Massachusetts & London, 2001, pp. 138-147.［J・クレーリー『知覚の宙吊り――注意、スペクタクル、近代文化』岡田温司監訳、平凡社、二〇〇五年、一三六―一四三頁］

（45） Ibid., pp. 56-57.［同書、六〇―六一頁］

（46） Ibid., pp. 162.［同書、一六〇頁］

（47） Martin Heidegger, Gesamtausgabe, Band 41, *Die Frage nach dem Ding: Zu Kants Lehre von den transzendentalen Grundsätzen*, Vittorio Klostermann, Frankfurt am Main, 1984, S. 211.［M・ハイデッガー『全集第41巻　物への問い――カントの超越論的原則論に向けて』高山守ほか訳、創文社、一九八九年、二二〇頁］

（48） Ibid., S. 211.［同書、二二〇頁］

（49） Ibid., S. 213-214.［同書、二二二頁］

(50) H・スピーゲルバーク『現象学運動』立松弘孝監訳、世界書院、二〇〇〇年、上巻、一六八頁。
(51) В. И. Ленин, ПСС., изд. 5-ое, Т. 18, С. 59. ［前掲、『全集』第一四巻、「唯物論と経験批判論」、六五頁］
(52) R・バルト『明るい部屋――写真についての覚書』花輪光訳、みすず書房、一九九七年、四六頁。
(53) G・W・F・ヘーゲル『世界の名著44』：「法の哲学」藤野渉・赤沢正敏訳、中央公論社、一九七八年、一六九頁。

第三章

(1) Karl Marx, *Das Kapital: Kritik der politischen Ökonomie,* Erster Band, Buch 1, Dietz Verlag, Berlin, 1961, S. 6. ［K・マルクス『資本論』岡崎次郎訳、大月文庫、一九七二年、第一分冊、一三三頁］
(2) Ibid., S. 8. ［同書、一二五頁］
(3) ダニエリソンは『資本論』の最初のロシア語版の訳者である。彼は、マルクスおよびエンゲルスと多くの書簡を交わしあい、彼らの学問上の弟子を自認していた。
(4) ロシア・ナロードニキ主義に関する日本語で読める主要な文献としては、田中真晴『ロシア経済思想史の研究――プレハーノフとロシア資本主義論史』、ミネルヴァ書房、一九六七年、およびアンジェイ・ヴァリツキ『ロシア資本主義論争――ナロードニキ社会思想史研究』日南田静真ほか訳、ミネルヴァ書房、一九七五年（Andrzej Walicki, *The Controversy over Capitalism: Studies in the Social Philosophy of the Russian Populists*, University of Notre Dame Press, Notre Dame, Indiana, 1989）、などがある。
(5) Andrzej Walicki, *Marxism and the Leap to the Kingdom of Freedom: The Rise and Fall of the Communist Utopia*, Stanford University Press, Stanford, California, 1995, p. 273.
(6) S・H・バロン『プレハーノフ――ロシア・マルクス主義の父』白石治朗ほか訳、恒文社、一九七八年、五八〇―五八一頁。

（7）マルクスの経済発展観が、収斂説的なものに尽きるのか否かという問題は、ロシアの社会主義者たちにとってきわめて重大な意味を持った。なぜなら、それは彼らが伝統的なロシア・ナロードニキ的発想を維持できるかどうか、という問題に直接関わったからである。最晩年のマルクスはロシア研究に残された精力を注いだわけだが、ヴェーラ・ザスーリッチに対する彼の有名な手紙などから判断する限り、ロシアにおける資本主義の発展や革命の展望が西ヨーロッパと全く同一のものとなるであろうとは考えていなかったようである（和田春樹『マルクス・エンゲルスと革命ロシア』、勁草書房、一九七五年、を参照）。
ただし、ザスーリッチへの手紙の存在は限られた人々にしか知られず、その内容が最終的に公になるのは一九二四年のことである。レーニンが知り得た限りでの、ロシアにおける資本主義の発展に対するマルクスの見解としては、「《祖国雑記》編集部への手紙」として一八七七年に書かれたものがある。この書簡は、一八八六年に『〈人民の意志〉通報』（ジュネーヴ）誌上で、またロシア国内ではその二年後に『法律通報』誌上で明らかにされた。そこでのマルクスはこの問題に対してきわめて慎重な態度を示しているが、これをもってレーニンは、マルクスは判断を留保したのであると解釈している。В. И. Ленин, ПСС., изд. 5-ое, Т. 1, М., 1967, С. 274.［『全集』第一巻、「「人民の友」とはなにか」、大月書店、一九五三年、二七八―二七九頁］なおこの問題に関しては、Andrzej Walicki, *The Controversy over Capitalism: Studies in the Social Philosophy of the Russian Populists*, pp. 179-194［A・ヴァリツキ、前掲、『ロシア資本主義論争』、二五三―二七六頁］を参照されたい。

（8）H・ルフェーヴル『レーニン――生涯と思想』大崎平八郎訳、ミネルヴァ書房、一九六三年、二九一頁。

（9）В. И. Ленин, ПСС., изд. 5-ое, Т. 3, М., 1971, С. 60.［『全集』第三巻、「ロシアにおける資本主義の発展」、大月書店、一九五四年、四七頁］

（10）В. И. Ленин, ПСС., изд 5-ое, Т. 27, М., 1969, С. 95.［『全集』第二二巻、「エヌ・ブハーリンの小冊子

『世界経済と帝国主義』の序文」、大月書店、一九五七年、一一四頁］

（11） Там же, С. 359.［前掲、『全集』第二二巻、「資本主義の最高の段階としての帝国主義」〔以下「帝国主義」と略記〕、二七七頁］

（12） Там же, С. 422-423.［同書、三四七―三四八頁］

（13） H・ルフェーヴル、前掲、『レーニン』、二九三頁。

（14） 小幡道昭「マルクス派経済学」：伊藤誠編『経済学史』、有斐閣、一九九六年、一五八頁。

（15） 西川潤『経済発展の理論（第二版）』、日本評論社、一九七八年、一〇三―一〇四頁。

（16） В. И. Ленин, ПСС., изд. 5-ое, Т. 27, С. 360.［前掲、『全集』第二二巻、「帝国主義」、二七八頁］

（17） 例えば、サミール・アミンの『不均等発展』、『帝国主義と不均等発展』等の仕事を指す。

（18） このような論理は、合法的ナロードニキ主義者、ヴォロンツォフによる「ロシア資本主義没落論・不可能論」と外見的に類似してくる。ただしレーニンの場合は、帝国主義列強間の全面戦争という状況下で、「ロシアの（あるいは特定の国民経済の）資本主義が不可能」であるのではなく、世界全体でもはや資本主義が不可能であるとの認識に立っている。雀部幸隆『レーニンのロシア革命像――マルクス、ウェーバーとの思想的交錯において』、未來社、一九八〇年、二六五―二六九頁を参照。

（19） R・A・メドヴェージェフ『1917年のロシア革命』石井規衛・沼野充義監訳、現代思潮社、一九九八年、七二頁。

（20） A. Walicki, *Marxism and the Leap to the Kingdom of Freedom: The Rise and Fall of the Communist Utopia*, p. 242.

（21） Robert Service, *Lenin: A Biography*, Harvard University Press, Cambridge, MA, 2000, pp. 238-239.［R・サーヴィス『レーニン』河合秀和訳、岩波書店、二〇〇二年、上巻、三一七―三一八頁］

（22） В. И. Ленин, ПСС., изд. 5-ое, Т. 23, М., 1973, С. 166-167.［『全集』第一九巻、「後進的なヨーロッパと

先進的なアジア」、大月書店、一九五六年、八七―八九頁〕
(23) В. И. Ленин, ПСС, изд. 5-ое, Т. 10, М., 1967, С. 23. 〔『全集』第八巻、「プロレタリアートと農民の革命的民主主義的独裁」、大月書店、一九五五年、二九二頁〕
(24) この問題に関する筆者の結論的な見解については、白井聡『未完のレーニン――〈力〉の思想を読む』、講談社学術文庫、二〇二一年、第二章、を参照されたい。
(25) В. И. Ленин, ПСС, изд. 5-ое, Т. 41, М., 1981, С. 245-246. 〔『全集』第三一巻、「共産主義インターナショナル第二回大会」、大月書店、一九五九年、二三七頁〕
(26) В. И. Ленин, ПСС, изд. 5-ое, Т. 45, М., 1970, С. 380. 〔『全集』第三三巻、「わが革命について」、大月書店、一九五九年、四九八頁〕
(27) С. Франк, Этика нигилизма: Н. А. Бердяев, С. Н. Булгаков, М. О. Гершензон, А. С. Изгоев, Б. А. Кистяковский, П. Б. Струве, С. Л. Франк, Вѣхи, Сборникъ статей о русской интеллигенции, 2-ое издание, М., 1909, С. 191. 〔S・フランク「ニヒリズムの倫理」：ブルガーコフ、ベルジャーエフ、ストルーヴェほか『道標――ロシア革命批判論文集1』長縄光男・御子柴道夫監訳、現代企画室、一九九一年、二一三頁〕
(28) マルクスの思想そのものは、プレハーノフ以前にナロードニキによって、すでにロシアに輸入されていた。『資本論』のロシア語訳も、ダニエリソンによって、早くも一八七二年（ドイツ語初版の五年後）に行なわれた。ただし、ナロードニキたちがマルクスに依拠しようとしたのは、マルクスがきわめて強力な資本主義批判者であったからであり、彼らは基本的に、ロシアが資本主義の世界に参入すべきでない（ミハイロフスキー）、あるいはできない（ヴォロンツォフ、ダニエリソン）ということを正当化する論拠をマルクスに求めたのである。

だから、プレハーノフが「ロシア・マルクス主義の父」と呼ばれるのは正当なことである。彼はロシアの資本主義的発展が「必然」であることを主張し、ほかの道など存在しないと主張することによって、マルクス思想を「マルクス主義」化したのであった。

もっとも、マルクス＝エンゲルスと親交を持ち、また彼らから高く評価されたダニエリソンのような人物を、断定的に「ナロードニキ」と呼ぶことに問題がないわけではない。ロシアにおいて「ナロードニキ」と「マルクス主義者」という、ややもすればレッテル的に用いられた呼称によって、何が名指されていたのかということについては、本章の注38で後述する。Andrzej Walicki, *The Controversy over Capitalism: Studies in the Social Philosophy of the Russian Populists*, pp. 153-165［A・ヴァリツキ、前掲、『ロシア資本主義論争』、二一五—二三一頁］を参照されたい。
(29) レーニンがマルクス主義者としての自らの立場を確立していった時期（＝一八九〇年代）のロシアにおけるマルクス受容のさまざまな形を考慮しなければ、言い換えればレーニンが主に対決した相手がどのような思潮であったかを考慮しなければ、レーニンにとってのマルクス主義とは一体何であったのかということはわかりづらい。ナロードニキ主義者たちもまたマルクスを受容していた。しかし、このナロードニキ主義とは「人民の意志」派衰退以降のものであり、革命的ラディカリズムのモメントを欠いていた。一方で、ピョートル・ストルーヴェを代表とする「合法的マルクス主義」は、『資本論』を単なる「資本主義必然論＝近代化論」としてとらえがちであった。これらの革命抜きのマルクス思想に対して、プレハーノフのマルクス主義は、科学的世界観と革命とを結合したものとして現れた、と言えるであろう（田中真晴、前掲、『ロシア経済思想史の研究』、二四三—二五二頁）。
(30) Г. В. Плеханов, К вопросу о развитии монистического взгряда на историю, М., 1933, С. 91.［G・V・プレハーノフ『史的一元論』川内唯彦訳、岩波文庫、上巻、二一四—二一五頁、一九六三年］
(31) В. И. Ленин, ПСС, изд. 5-ое, Т. 26, М., 1969, С. 57-58.［『全集』第二一巻、「カール・マルクス」、大月書店、一九五七年、四四—四五頁］
(32) とはいえ、レーニンにおいてマルクス主義はそもそも決定論的ではなかったのだという反論もありうるかもしれない。確かにレーニンは『わが革命について』に二五年近く先立つ一八九九年の時点で、すでに次のように書いている。

われわれはマルクスの理論を、何か完成された、不可侵のものとは決して見なしていない。反対にわれわれは次のように確信している。すなわち、この理論は、社会主義者が生活から立ち後れたくないならば、今後さらにあらゆる方向に前進させなければならないひとつの科学の要石を置いたにすぎない、と。ロシアの社会主義者にとって、マルクスの理論を独自に仕上げることが特に必要であると、われわれは考える。というのは、この理論は一般的な指導的諸命題だけを提供しているのであって、それらの諸命題は、詳細においては、イギリスに対してはフランスと違ったように、フランスに対してはドイツと違ったように、ドイツに対してはロシアと違ったように、適用されるからである。［強調原文］《В. И. Ленин, ПСС, изд. 5-ое, Т. 4, М., 1967, С. 184.［『全集』第四巻、「われわれの綱領」、大月書店、一九五四年、二二六頁］》

ここですでにマルクス主義理論、わけてもその決定論的な発展段階論が改変されうるということが示唆されている、と言えないことはない。しかし、ここでのレーニンの基本的論旨は、マルクスの理論を諸国の現実に対して機械的に適用することはできず、諸国における資本主義や革命運動の発展は細部においてはさまざまな形態をとるであろうという、あくまで常識的な事柄にすぎないとも解釈しうる。つまり、資本主義的な発展の過程を十分な時間を掛けて通過することなしに、ロシアや他の後進諸国においては社会主義革命と社会主義の建設を実行できる、という後の主張の論拠をここから直接的に引き出すことはできない。要するに、ここでのレーニンはまだ、第二インターナショナル的正統派マルクス主義の客観主義的な必然性のカテゴリーから決定的に脱してはいない。結局のところ、決定論からの脱出が完遂されたように見えるのは、第一次世界大戦のインパクトを経て、政治・経済の世界的な危機が逼迫したときからである。

(33) 勝田吉太郎『著作集 第一巻』、「近代ロシヤ政治思想史（上）」、ミネルヴァ書房、一九九三年、三八五—三八六頁。
(34) 同書、三八八頁。
(35) A・I・ゲルツェン『ロシヤにおける革命思想の発達について』金子幸彦訳、岩波文庫、一九七四年、三三二頁。
(36) 先に言及した「後進的なヨーロッパと先進的なアジア」という観念を想起されたい。
(37) 勝田吉太郎、前掲、『著作集 第一巻』、三八六頁。
(38) このようなナロードニキ概念は異論の余地のないものではない。なぜなら、ゲルツェンの貴族主義的ブルジョワ文明批判、「人民の意志」派のテロリズム、ヴォロンツォフやダニエリソンらのナロードニキ主義経済学（＝合法的ナロードニキ主義）といったものは、それぞれ時代的にも思想的・実践的にも全く異なる内容を持つものだからである。
しかし、それにもかかわらず、この少々乱暴な包括的ナロードニキ概念に相当のリアリティーがある理由は、ヴァリツキの次のような言葉によって説明されよう。「これらのきわめて異なった人々や運動をひとつの「ナロードニキ主義」として一括するものは、ある種の思想の束、すなわち、ロシアの社会生活の原型的な構造に対立するものとして資本主義を把握するという、資本主義に対するあの特有の態度であった」（Andrzej Walicki, *The Controversy over Capitalism: Studies in the Social Philosophy of the Russian Populists*, p.5［A・ヴァリツキ、前掲、『ロシア資本主義論争』、七—八頁］）。ヴァリツキのこのような定義は、ストルーヴェによるナロードニキ主義の定義（＝「ロシアの経済発展の独自性の理論」という定義）に、そもそもは由来するように思われる（和田春樹、前掲、『マルクス・エンゲルスと革命ロシア』、三五三頁）。なお、「後れて出発した者の特権」という観念については、Andrzej Walicki, Ibid. pp. 107-131［A・ヴァリツキ、前掲、『ロシア資本主義論争』一五〇—一八三頁］をも参照されたい。

(39) B. И. Ленин, ПСС, изд. 5-ое, Т. 21, М., 1968, С. 258.［『全集』第一八巻、「ゲルツェンの追想」、大月書店、一九五五年、一五頁］

(40) B. И. Ленин, ПСС, изд. 5-ое, Т. 45, С. 381.［前掲、『全集』第三三巻、「わが革命について」、四九九頁］

(41) この問題については、白井聡、前掲、『未完のレーニン』、第二章、を参照されたい。

(42) 十月革命前夜におけるレーニンの蜂起の提案に対するボリシェヴィキたちの態度・行動および政治状況については、L・D・トロツキー『ロシア革命史 4』藤井一行訳、岩波文庫、二〇〇一年、「19 レーニン、蜂起を呼びかける」に詳しい。

(43) B. И. Ленин, ПСС, изд. 5-ое, Т. 34, М., 1969, С. 290.［『全集』第二六巻、「ボリシェヴィキは国家権力を維持できるか?」、大月書店、一九五八年、七七頁］

(44) Там же, С. 337.［同書、一二七頁］

(45) Там же, С. 328-329.［同書、一一九頁］

(46) Там же, С. 341.［前掲、『全集』第二六巻、「中央委員会、モスクワ委員会、ペトログラード委員会、ピーテルとモスクワのボリシェヴィキ派への手紙」、一三六頁］

(47) この主題については、白井聡、前掲、『未完のレーニン』、特に第五〜七章、を参照されたい。

(48) Karl Marx, *Das Kapital: Kritik der politischen Ökonomie*, Erster Band, Buch 1, S. 77-78.［K・マルクス、前掲、『資本論』、第一分冊・一三五頁］

(49) Ibid., S. 78.［同書、一三五—一三六頁］

(50) Ibid., S. 78.［同書、一三六頁］

第四章

(1) 白井聡『未完のレーニン——〈力〉の思想を読む』、講談社学術文庫、二〇二一年、第三部、を参照。

(2) В. И. Ленин, ПСС, изд. 5-ое, Т. 33, М., 1969, С. 7.〔『全集』第二五巻、「国家と革命」、大月書店、一九五七年、四一七頁〕

(3) この論点については、白井聡、前掲、『未完のレーニン』、第三部、を参照。

(4) Е. Б. Пашуканис, Общая теория права и марксизм, изд. третье, М., 1929, С. 91.〔E・B・パシュカーニス『法の一般理論とマルクス主義』稲子恒夫訳、日本評論社、一九六七年、一四四頁〕

(5) M・フーコー『ミシェル・フーコー講義集成Ⅷ　生政治の誕生——コレージュ・ド・フランス講義1978—1979年度』慎改康之訳、筑摩書房、二〇〇八年、三九三頁。

(6) 「摩擦なき資本主義」という観念を後期資本主義に特有の幻想として指摘しているのは、スラヴォイ・ジジェクである（J・バトラー／E・ラクラウ／S・ジジェク『偶発性・ヘゲモニー・普遍性——新しい対抗政治への対話』竹村和子・村山敏勝訳、青土社、二〇〇二年、四二三頁）。

(7) Е. Б. Пашуканис, Общая теория права и марксизм, С. 10.〔E・B・パシュカーニス、前掲、『法の一般理論とマルクス主義』、四三頁〕

(8) 藤田勇『ソビエト法理論史研究　1917〜1938——ロシア革命とマルクス主義法学方法論（増補版）』、岩波書店、一九七六年、九一—九三頁。

(9) Е. Б. Пашуканис, Общая теория права и марксизм, С. 97.〔E・B・パシュカーニス、前掲、『法の一般理論とマルクス主義』、一五〇—一五一頁〕

(10) Там же, С. 101.〔同書、一五六—一五七頁〕

(11) Karl Marx, *Das Kapital: Kritik der politischen Ökonomie*, Erster Band, Buch 1, Dietz Verlag, Berlin, 1961, S. 90.〔K・マルクス『資本論』岡崎次郎訳、大月文庫、一九七二年、第一分冊、一五五頁〕

(12) 再びフーコーを引けば、彼は自由主義について、「統治＝政府はそれ自身のうちには存在理由を持たない」ことを前提とすると述べている。M・フーコー「生体政治の誕生」：『ミシェル・フーコー思考集成

Ⅷ　政治　友愛』蓮實重彦・渡辺守章監修、筑摩書房、二〇〇一年、一三五頁。

(13) Ernest Gellner, *Nations and Nationalism*: Second Edition, Blackwell, Massachusetts, 2006, pp. 98-99. [E・ゲルナー『民族とナショナリズム』加藤節監訳、岩波書店、二〇〇〇年、一七二―一七三頁]

(14) 上記の断絶をもたらしたものを、ゲルナーは、農耕社会から産業社会への歴史的移行に見定めているが、この見方は、資本主義経済にすべての事象の存立根拠を還元しがちなマルクス主義の一面性に対する批判を意図している一方で、一種の技術決定論的な、あるいは生産力決定主義にも類似した性格(つまり、粗雑なマルクス主義に見られる性格)を皮肉にも帯びてしまっている。というのも、ゲルナーが決定的な要素と見なす高度な産業社会を成立させたもの(すなわち、労働力と土地の資本への包摂であり、それに先立つ商品経済の浸透)への言及が意図的に省かれることによって、あたかも産業化によって他のすべての社会構造が決定されるかのような観を呈するからである。

(15) Karl Marx, *Das Kapital: Kritik der politischen Ökonomie*, Erster Band, Buch 1, S. 93. [K・マルクス、前掲、『資本論』、第一分冊、一六一頁]

(16) Ibid., S. 93. [同書、一六一頁]

(17) とはいえ、近代国家もまた、情緒的要素(ナショナリズム)と実際的要素(富の再分配)によって、依然として共同体にほかならない、という反論も出てくるだろう。しかし、ナショナリズムはともかくとして、現代の新自由主義・市場原理主義がまさに国家を介して(あるいは、それでは不十分な場合には超国家的な国際的機関を通して、いずれにせよそれによって意図されることは同じである)推し進めているのは、富の共同体的な再分配の否定であり、等価交換に基づく価値法則を社会全体に貫徹せしめること、すなわち国家から共同体的原理を追放することにほかならない。したがって、現代の新自由主義的国家とは、おそらく、近代国家がその根幹の部分で有していた原理をより高度に貫徹させることを要求するものである。言い換えれば、それは、近代国家に残存していた共同体的要素を残りなく拭い去って、近代国家を完成させるものなのである。してみれば、近代国家における情緒の領域に依拠する共同体的要素、すなわちナショナリズムは、しばしば指摘されるように、国家から共同体的要素が現実に消え去ってゆくときに、それを想像的に（政策に影響することによって時には実際に）回復しようとする運動である。

(18) Е. Б. Пашуканис, Общая теория права и марксизм, С. 25. [E・B・パシュカーニス、前掲、『法の一般理論とマルクス主義』、六二頁]

(19) G・ドゥルーズ／F・ガタリ『千のプラトー――資本主義と分裂症』宇野邦一ほか訳、河出書房新社、一九九四年、四四二頁。

(20) この議論の詳細については、白井聡、前掲、『未完のレーニン』、第三部、を参照されたい。

(21) Karl Marx, *Das Kapital: Kritik der politischen Ökonomie*, Erster Band, Buch 1, S. 91. [K・マルクス、前掲、『資本論』、第一分冊、一五五頁]

(22) В. И. Ленин, ПСС, изд. 5-ое, Т. 33, С. 90. [前掲、『全集』第二五巻、「国家と革命」、五〇〇頁]

(23) Там же, С. 89. [同書、五〇〇頁]

(24) Там же, С. 89. [同書、五〇〇頁]

(25) 白井聡、前掲、『未完のレーニン』を参照。

(26) G・バタイユ『呪われた部分　有用性の限界』中山元訳、ちくま学芸文庫、二〇〇三年、八〇頁。

(27) Judith Butler, *Subjects of Desire: Hegelian Reflections in Twentieth-Century France*, Columbia University Press, New York, 1999, pp. 249-250. [J・バトラー『欲望の主体――ヘーゲルと二〇世紀フランスにおけるポスト・ヘーゲル主義』大河内泰樹ほか訳、堀之内出版、二〇一九年、三四五頁]

(28) G・バタイユ『呪われた部分、著作集　第六巻』生田耕作訳、二見書房、一九七三年、一八三頁。

(29) 同書、一七九―一八〇頁。

(30) 同書、一八二頁。

(31) 同書、一八二頁。
(32) 同書、一八七頁。
(33) В. И. Ленин, ПСС., изд. 5-ое, Т. 33, С. 91.［前掲、『全集』第二五巻、「国家と革命」、五〇一—五〇二頁］
(34) パシュカーニスのこの引用は正確なものではない。ただし、ほぼ同義の記述はВ. И. Ленин, Там же, С. 96［同書、五〇七頁］に見出される。
(35) Н. К. Крупская, Воспоминания о Ленине, изд. 2-ое, М., 1968, С. 391.［N・K・クループスカヤ『レーニンの思い出』松本滋・藤川覚訳、大月書店、一九九〇年、四〇六頁］

第二部　はじめに

（1）Slavoj Žižek, "Afterword: Lenin's Choice", in Žižek ed., *V. I. Lenin, Revolution at the Gates: A Selection of Writings from February to October 1917*, Verso, London & New York, 2002, pp. 310-311.［S・ジジェク『迫り来る革命——レーニンを繰り返す』長原豊訳、岩波書店、二〇〇五年、二五四—二五五頁］

第五章

（1）例えば、バーナード・クリックによる卓抜な入門書を参照されたい。Bernard Crick, *Democracy: A Very Short Introduction*, Oxford University Press, Oxford, 2002.［B・クリック『デモクラシー』添谷育志・金田耕一訳、岩波書店、二〇〇四年］
（2）アルカイダに代表されるようなテロリスト・グループと「イスラム原理主義者」を単純に同一視することには、明らかに問題がある。イスラム原理主義そのものは、より広範な「イスラム復興運動」の一部であり、そのすべてがテロリズムへの傾斜を含んでいるわけではないからだ。むしろ、一般市民の無差別殺戮を奨励するような層は一部である、と考えるべきであろう。

とはいえ、山内昌之の次のような記述を読むとき、九・一一事件が二つの相容れない価値観の衝突の爆発的露呈であったという側面を否定することはできない、と感じられる。「もともとイスラームは、イジュティハード（創造的適用）やイジュマー（合意）に示されるように、宗教として非常に柔軟な性格をもっており、歴史的にもいろいろな政治体制や経済システムに弾力的に適応してきた。（中略）もともと、他の宗教にたいする寛容性と多民族共存のフレキシビリティこそ、イスラームの教えの要であった。しかし、この二つの否定こそ、今やイスラーム主義の特徴なのである」（山内昌之「いま、なぜ「イスラム原理主義」なのか」：山内昌之編『「イスラム原理主義」とは何か』、岩波書店、一九九六年、二七頁）。

いわゆる〈文明の衝突〉の不可避性を自己成就的予言として強調することは危険であり愚かであるが、その可能性を否認することも同じく愚かである。
(3) G・レイコフ「September 11, 2001」梅木達郎訳：『現代思想臨時増刊号——これは戦争か』、青土社、二〇〇一年一〇月、五一頁。
(4) 主に右派からの民主主義批判についての適切な見取り図を示す文献としては、以下を参照。J・ランシエール『民主主義への憎悪』松葉祥一訳、インスクリプト、二〇〇八年。
(5) Hannah Arendt, *The Origins of Totalitarianism*, Harcourt Brace, New York, 1973［H・アーレント『全体主義の起原1～3』大久保和郎・大島かおり訳、みすず書房、一九七二―一九七四年］の議論、特に第三部・第一章、を参照。
(6) こうした暴力の制御という観点から展開されている議論として、萱野稔人『国家とはなにか』（以文社、二〇〇五年）がある。
(7) 福田歓一『デモクラシーと国民国家』、岩波現代文庫、二〇〇九年、一五四―一五五頁。
(8) フランスのケースと日本のケースとの間には、武装していた主たる社会的勢力が大きく異なるという差異がある。しかし、暴力の国家への集中化のプロセスという観点から見れば、両ケースにおいてこのプロセスが果たした役割は、非常に近い。

(9) ベルンシュタインの議論は、マルクス主義におけるブランキ主義的要素への批判という形で展開されている。Eduard Bernstein, *Die Voraussetzungen des Sozialismus und die Aufgaben der Sozialdemokratie*, Verlag J. H. W. Dietz Nachf., Hannover, 1964, S. 65.〔E・ベルンシュタイン『社会主義の諸前提と社会民主主義の任務』佐瀬昌盛訳、ダイヤモンド社、一九七四年、六九頁〕

(10) 上野成利『暴力』、岩波書店、二〇〇六年、九頁。

(11) Sigmund Freud, Gesammelte Werke 9, *Totem und Tabu*, S. Fischer Verlag, Frankfurt am Main, 1996, S. 171-172.〔S・フロイト『全集12』、「トーテムとタブー」門脇健訳、岩波書店、二〇〇九年、一八二頁〕

(12) Ibid., S. 173.〔同書、一八四頁〕

(13) Ibid., S. 179.〔同書、一九〇頁〕

(14) Ibid., S. 179.〔同書、一九〇頁〕

(15) マルクス主義陣営にあっては、一九〇八年に『暴力論』を執筆し、議会主義を痛烈に批判したジョルジュ・ソレルもまた、本稿の主題からして重要な位置を占めるであろう(G・ソレル『暴力論(上・下)』今村仁司・塚原史訳、岩波文庫、二〇〇七年)。

(16) もっとも帝政の退場が遅れに遅れたロシアの場合、西欧とは少なからず状況を異にする。とはいえ、アレクサンドル二世の暗殺事件(一八八一年)以降、ナロードニキ主義者たちのテロリズムに対する鎮圧が一応の成功を収めたという点から見れば、暴力の封じ込めの戦略は、一九世紀末の帝政ロシアにおいてもある面で機能してはいた。

(17) Eckard Bolsinger, *The Autonomy of the Political: Carl Schmitt's and Lenin's Political Realism*,

Greenwood Press, Westport, Connecticut & London, 2001, p. 16.

（18）Carl Schmitt, *Die geistesgeschichtliche Lage des heutigen Parlamentarismus*, Duncker & Humblot, Berlin, 1991, S. 34.〔C・シュミット『著作集Ⅰ』、「現代議会主義の精神史的状況」樋口陽一訳、慈学社出版、二〇〇七年、六一頁〕

（19）Ibid., S. 33.〔同書、六〇頁〕

（20）Ibid., S. 42.〔同書、六九―七〇頁〕

（21）Ibid., S. 43.〔同書、七〇頁〕

（22）Ibid., S. 45.〔同書、七一頁〕

（23）Ibid., S. 45-46.〔同書、七三頁〕

（24）Ibid., S. 58.〔同書、八六頁〕

（25）Chantal Mouffe, *The Return of the Political*, Verso, London & New York, 1993, p. 113.〔C・ムフ『政治的なるものの再興』千葉眞ほか訳、日本経済評論社、一九九八年、二二三頁〕

（26）Carl Schmitt, *Die geistesgeschichtliche Lage des heutigen Parlamentarismus*, S. 35.〔C・シュミット、前掲、『著作集Ⅰ』、「現代議会主義の精神史的状況」、六二―六三頁〕

（27）長尾龍一「カール・シュミット伝」を参照（『カール・シュミット著作集Ⅰ』に収録、四三〇―四七六頁）。

（28）Chantal Mouffe, *The Return of the Political*, p. 109.〔C・ムフ、前掲、『政治的なるものの再興』、二一七頁〕

（29）Chantal Mouffe, *The Democratic Paradox*, Verso, London & New York, 2000, p. 19.〔C・ムフ『民主主義の逆説』葛西弘隆訳、以文社、二〇〇六年、三一頁〕

（30）Ibid., p. 19.〔同書、三二―三三頁〕

(31) Ibid., pp. 19-20.〔同書、三三頁〕
(32) Ibid., p. 55.〔同書、八六―八七頁〕
(33) Ibid., p. 56.〔同書、八七頁〕
(34) Ibid., pp. 101-102.〔同書、一五七頁〕
(35) Ibid., p. 102.〔同書、一五八頁〕
(36) Carl Schmitt, *Die geistesgeschichtliche Lage des heutigen Parlamentarismus*, S. 46.〔C・シュミット、前掲、『著作集Ⅰ』、「現代議会主義の精神史的状況」、七三頁〕
(37) Sigmund Freud, Gesammelte Werke 14, "Selbstdarstellung", S. Fischer Verlag, Frankfurt am Main, 1972, S. 41.〔S・フロイト『全集18』、「みずからを語る」家高洋・三谷研爾訳、岩波書店、二〇〇七年、七六頁〕
(38) Sigmund Freud, Gesammelte Werke 13, *Kurzer Abriss der Psychoanalyse*, S. Fischer Verlag, Frankfurt am Main, 1972, S. 406-407.〔S・フロイト、前掲、『全集18』、「精神分析梗概」本間直樹訳、二四六頁〕
(39) Sigmund Freud, Gesammelte Werke 14, "*Selbstdarstellung*", S. 66.〔S・フロイト、前掲、『全集18』、「みずからを語る」、一〇一頁〕
(40) Ibid., S. 66.〔同書、一〇一頁〕
(41) Ibid., S. 65.〔同書、一〇〇頁〕
(42) Ibid., S. 53.〔同書、八八頁〕
(43) Ibid., S. 66.〔同書、一〇一頁〕
(44) M・フーコー『ミシェル・フーコー講義集成Ⅳ　精神医学の権力――コレージュ・ド・フランス講義1973―1974年度』慎改康之訳、筑摩書房、二〇〇六年、四三一頁。

(45) Sigmund Freud, Gesammelte Werke 13, *Massenpsychologie und Ich-Analyse*, S. Fischer Verlag, Frankfurt am Main, 1972, S. 96-97.〔S・フロイト『全集17』、「集団心理学と自我分析」藤野寛訳、岩波書店、二〇〇六年、一五四頁〕

(46) Sigmund Freud, Gesammelte Werke 13, "*Psychoanalysee*" *und* "*Libidotheorie*", S. Fischer Verlag, Frankfurt am Main, 1972, S. 213.〔S・フロイト、前掲、『全集18』、「「精神分析」と「リビード理論」」本間直樹訳、一四六頁〕

(47) Sigmund Freud, Gesammelte Werke 13, *Massenpsychologie und Ich-Analyse*, S. 126.〔S・フロイト、前掲、『全集17』、「集団心理学と自我分析」、一八六頁〕

(48) Ibid., S. 140.〔同書、一九九―二〇〇頁〕

(49) Sigmund Freud, Gesammelte Werke 12, *Das Unheimliche*, S. Fischer Verlag, Frankfurt am Main, 1972, S. 259.〔S・フロイト、前掲、『全集17』、「不気味なもの」藤野寛訳、四二頁〕

(50) Sigmund Freud, Gesammelte Werke 14, "*Selbstdarstellung*", S. 68-69.〔S・フロイト、前掲、『全集18』、「みずからを語る」、一〇三―一〇四頁〕

(51) Sigmund Freud, Gesammelte Werke 11, *Vorlesungen zur Einführung in die Psychoanalyse*, S. Fischer Verlag, Frankfurt am Main, 1973, S. 463.〔S・フロイト『精神分析入門』高橋義孝・下坂幸三訳、新潮文庫、一九七七年、下巻、一六九頁〕

(52) Ibid., S. 299.〔同書、上巻、三七三頁〕

(53) Ibid., S. 463.〔同書、下巻、一六九頁〕

(54) こうした見方を示している文献として、佐々木毅『プラトンの呪縛――二十世紀の哲学と政治』（講談社学術文庫、二〇〇〇年）がある。

(55) ラース・T・リーによる浩瀚な著書、『レーニンの再検討――「何をなすべきか?」の文脈』は、レーニンの言説とその批判の俎上に上っている左翼諸流派の言説との詳細な対照を行なうことにより、レーニンは『何をなすべきか?』において「労働者階級への不信」を表明した、というしばしば語られてきた説を否定している。筆者もこの点に関して、リーの見解と意見を同じくする。『何をなすべきか?』において不活発さを糾弾されたのは、労働者階級ではなく、社会民主主義者の側である。Lars T. Lih, *Lenin Rediscovered: What Is to Be Done? in Context*, Brill, Leiden & London, 2006.

(56) В. И. Ленин, ПСС., изд. 5-ое, М., 1967, Т. 6, С. 56. [『全集』第五巻、「なにをなすべきか?」、大月書店、一九五七年、四二五—四二六頁]

(57) Там же, С. 43-44. [同書、四一一頁]

(58) Там же, С. 90-91. [同書、四六二—四六三頁]

(59) 吉本隆明『擬制の終焉』、「前衛的コミュニケーションについて」、現代思潮社、一九六二年、九三—一〇八頁。

(60) В. И. Ленин, ПСС., изд. 5-ое, Т. 6, С. 69-70. [前掲、『全集』第五巻、「なにをなすべきか?」、四四〇頁]

(61) В. И. Ленин, ПСС., изд. 5-ое, Т. 33, М. 1969, С. 46. [『全集』第二五巻、「国家と革命」、大月書店、一九五七年、四五六頁]

第六章

(1) L・アルチュセール『レーニンと哲学』西川長夫訳、人文書院、一九七〇年、六一—六二頁。

(2) Hannah Arendt, *On Revolution*, Penguin Books, New York, 1984, p. 249. [H・アレント『革命について』志水速雄訳、ちくま学芸文庫、一九九五年、三九九頁]

(3) A・ネグリ『構成的権力——近代のオルタナティブ』杉村昌昭・斉藤悦則訳、松籟社、一九九九年、一九頁。
(4) 同書、四二六頁。
(5) 同書、二三四頁。
(6) G・アガンベン『ホモ・サケル――主権権力と剝き出しの生』高桑和巳訳、以文社、二〇〇三年、六七―六八頁。
(7) ネグリは、アガンベンに対して『マルチチュード』、『〈帝国〉をめぐる五つの講義』の両著作において反論を試みているが、あまり説得的なものとは思えない。吉沢明「ネグリの語法における両義性の「革命的」意義」:『情況』二〇〇四年一二月号、情況出版、を参照されたい。
(8) 隈研吾『負ける建築』、岩波書店、二〇〇四年、六三頁。
(9) 同書、七一頁。
(10) A・ネグリ、前掲、『構成的権力』、四〇五頁。
(11) 同書、三八二―三八三頁。
(12) В. И. Ленин. ПСС, изд. 5-ое, Т. 6, М., 1967, С. 29-30.［『全集』第五巻、「なにをなすべきか?」、大月書店、一九五七年、三九四頁］
(13) このような図式化については、柄谷行人『差異としての場所』、「形式化の諸問題」、講談社学術文庫、一九九六年、六〇―九八頁、を参照されたい。
(14) ゆえにこそ、アルチュセールはレーニンの下項の唯物論について語ろうとしたがために、「レーニンの哲学」とは言わずに、「レーニンと哲学」と言ったのだった。上項の等号で結ばれた観念論こそは「哲学」にほかならないのだから、「レーニンの哲学」について語ることは不適切なのではなく、単に不可能である。レーニンにおいてそのようなものは存在しない。
(15) A・ネグリ、前掲、『構成的権力』、三八三頁。

(16) В. И. Ленин, ПСС, изд. 5-ое, Т. 18, М., 1968, С. 361.〔『全集』第一四巻、「唯物論と経験批判論」、大月書店、一九五六年、四一二頁〕

(17) В. И. Ленин, ПСС, изд. 5-ое, Т. 6, М., 1967, С. 50-51.〔『全集』第五巻、「なにをなすべきか?」、大月書店、一九五七年、四一九頁〕

(18) Antonio Negri, "What to Do Today with What is to Be done? or Rather: The Body of the General Intellect" in Sebastian Budgen, Stathis Kouvelakis, and Slavoj Žižek eds., *Lenin Reloaded: Toward a Politics of Truth*, Duke University Press, Durham & London, 2007, p. 306.〔A・ネグリ『〈帝国〉をめぐる五つの講義』:「いま「何をなすべきか」について何をなすべきか。〈一般的知性〉の身体。」小原耕一・吉澤明訳、青土社、二〇〇四年、二二七頁〕

(19) 藤田省三『現代史断章』、未來社、一九七四年、三二一頁。

(20) 近年のスラヴォイ・ジジェクが、レーニンとともに盛んに「信」について論じていることは示唆的である。また、この問題については、長原豊「反時代的「確信」の問題について」:『現代思想』、二〇〇四年二月号、青土社、をも参照されたい。

第七章

(1) 新田滋は、宇野経済学の退潮の原因について次のように述べている。「[宇野経済学に対して] 決定的なダメージを与えたのは、(中略) 八〇年代半ばから日本で本格化した消費社会現象であった。そして、一九八九年時点で、バブル経済が完膚無きまでに見せつけたのは大衆的な富裕化を現実化させる資本主義経済の成長力であり、ソ連・東欧崩壊が突き付けたのは知識・情報の問題に関して社会主義的計画経済の実行不可能性であった。前者はマルクス経済学に、後者はマルクス主義思想に決定的な打撃を与えざるをえなかったのであった」(『段階論の研究――マルクス・宇野経済学と〈現在〉』、御茶の水書房、一九九八年、四八一頁)。

この引用文中では、マルクスその人の経済学と宇野の経済学との区別を、新田は付けていない。だが、その後の時代の趨勢を見てみると、新自由主義経済の負の部分(階級社会化・投機の横行・金融危機)が顕在化してくるにつれて、マルクスの名は浮かび上がり、宇野の名は依然として忘却されたままの状態にあるように思われる。

(2) 原題は次の通り。"The Social Sciences in Modern Japan, The Marxian and Modernist Tradition"

(3) 以上のような戦後思想の評価の一例として、小熊英二『〈民主〉と〈愛国〉――戦後日本のナショナリズムと公共性』、新曜社、二〇〇二年。

(4) 宇野弘蔵『資本論五十年』、法政大学出版局、一九八一年、上巻、五二五頁。

(5) 同書、上巻、五六―五八頁。

(6) 宇野弘蔵「『資本論』と私」、御茶の水書房、二〇〇八年、三〇六頁。

(7) 宇野弘蔵『著作集第十巻』、「『資本論』と社会主義」、岩波書店、一九七四年、一一五―一四〇頁。同部分の雑誌初出は一九五三年である。

(8) 宇野弘蔵『著作集第九巻』、「経済学方法論」、岩波書店、一九七四年、三七頁。

(9) 同書、二七頁。

(10) 同書、四二頁。

(11) 長原豊『われら瑕疵ある者たち――反「資本」論のために』、青土社、二〇〇八年、一二三頁。

(12) 宇野弘蔵、前掲、『著作集第九巻』、「経済学方法論」、七五頁。

(13) 同書、七七頁。

(14) 同書、七六頁。

(15) 宇野弘蔵『著作集第六巻』、「資本論の経済学」、岩波書店、一九七四年、五六頁。

(16) 宇野弘蔵、前掲、『著作集第九巻』、「マルクス経済学とその発展」、三三七頁。
(17) 宇野弘蔵、前掲、『『資本論』と私』、二二五―二二七頁。
(18) 同書、二二七―二二八頁。
(19) 柄谷行人「宇野理論とブント」:『中央公論』第九六巻一五号(一九八一年一一月)、一七八頁。
(20) 宇野弘蔵、前掲、『著作集第九巻』、「経済学方法論」、二一頁。
(21) 同書、二一頁。
(22) 同書、二〇頁。
(23) 桜井毅『宇野理論と資本論』、有斐閣、一九七九年、二七頁。
(24) 宇野弘蔵、前掲、『著作集第九巻』、「経済学方法論」、一四一頁。
(25) 宇野弘蔵、前掲、『著作集第十巻』、「社会主義と経済学」、三五三頁。
(26) 絓秀実ほか『LEFT ALONE――持続するニューレフトの「68年革命」』、明石書店、二〇〇五年、一二六頁。
(27) 宇野弘蔵、前掲、『著作集第九巻』、「経済学方法論」、六〇頁。
(28) 同書、一三五頁。
(29) Andrew E. Barshay, *The Social Sciences in Modern Japan: The Marxian and Modernist Tradition*, University of California Press, Berkeley & Los Angeles, 2004, p. 119.〔A・E・バーシェイ『近代日本の社会科学――丸山眞男と宇野弘蔵の射程』山田鋭夫訳、NTT出版、二〇〇七年、一四六頁〕
(30) В. И. Ленин, ПСС., изд. 5-ое, Т. 27, М., 1969, С. 424.〔『全集』第二二巻、「帝国主義」、大月書店、一九五四年、三四九頁〕
(31) 宇野弘蔵『著作集第七巻』、「経済政策論・改訂版」、岩波書店、一九七四年、二四四―二四五頁。
(32) 最晩年の宇野は『経済政策論』をさらに書き換えたいという強い希望を述べている(宇野弘蔵、前掲、

『資本論五十年』、下巻、一〇七九―一〇八七頁)。それは、新しい段階論(帝国主義段階を超える新段階)の導入を示唆するものであったのかもしれない。しかし、この望みはついに果たされなかった。身体はしばしば精神よりも思想に忠実である。

(33) そもそも宇野の『経済政策論』はレーニンの議論に対する一定の批判を含意していたわけだが、宇野の批判的視角は後継者たちによってさらに詳細に展開されてきた。例えば、宇野弘蔵監修『講座 帝国主義の研究』第1巻所収、渡辺寛「レーニン『帝国主義』――その論理と実証」、青木書店、一九七三年、一九七―三一〇頁。降旗節雄『著作集第3巻――帝国主義論の系譜と論理構造』、社会評論社、二〇〇三年、一七四―二六一頁。新田滋、前掲、『段階論の研究』、三四一―四五八頁。

(34) 宇野弘蔵、前掲、『著作集第九巻』、「経済学方法論」、二二二―二二三頁。

(35) Karl Marx, *Das Kapital: Kritik der politischen Ökonomie*, Erster Band Buch 1, Dietz Verlag, Berlin, 1961, S. 86-87. [マルクス『資本論』岡崎次郎訳、大月文庫、一九七二年、第一分冊、一四九―一五〇頁]

(36) В. И. Ленин, ПСС, изд. 5-ое, Т. 27, С. 386. [前掲、『全集』第二二巻、「帝国主義」、三〇七―三〇八頁]

(37) Там же, С. 387. [同書、三〇八頁]

(38) Там же, С. 387-388. [同書、三〇九頁]

(39) Там же, С. 415. [同書、三四〇頁]

(40) Там же, С. 417-418. [同書、三四二頁]

(41) 白井聡『未完のレーニン――〈力〉の思想を読む』、講談社学術文庫、二〇二一年、第三部、を参照。

(42) В. И. Ленин, ПСС, изд. 5-ое, Т. 27, С. 372. [前掲、『全集』第二二巻、「帝国主義」、二九二頁]

(43) 宇野弘蔵、前掲、『著作集第十巻』、「『資本論』と社会主義」、一四四頁。

（1） 長原豊、白井聡編集企画『別冊情況：レーニン〈再見〉――あるいは反時代的レーニン』、情況出版、二〇〇五年。
（2） 白井聡『未完のレーニン』は、このような読解の試みである。
（3） 藤田省三『現代史断章』、未來社、一九七四年。
（4） 二〇〇一年二月にドイツのエッセンで行なわれたレーニンをめぐるコンファレンス。「レーニンの後に真理の政治は存在するか？」と題され、スラヴォイ・ジジェク、アラン・バディウ、アレックス・カリニコス、フレドリック・ジェイムソンらが参加した。

結論

（1） Mikhail N. Epstein, *After the Future: The Paradoxes of Postmodernism and Contemporary Russian Culture*, Translated with an Introduction by Anesa Miller-Pogacar, University of Massachusetts Press, Amherst, 1995, p. 52.
（2） レーニンの言説におけるこうした性格は、同時代人によってすでに感じ取られていた。ヴィクトル・シクロフスキーら、ロシア・フォルマリストの文学者たちによるレーニンの言語に対する分析は、レーニンの言葉遣いが聞き手の心理の無意識的な次元に対してもたらす効果を重要な主題としていた。V・シクロフスキーほか『レーニンの言語』（桑野隆訳、水声社、二〇〇五年）を参照。
（3） Walter Benjamin, Gesammelte Schriften Band 7/1, Suhrkamp Verlag, Frankfurt am Main, 1991, S. 370.［W・ベンヤミン、『ボードレール 他五篇――ベンヤミンの仕事2』、「複製技術の時代における芸術作品」野村修編訳、岩波文庫、一九九四年、一一六―一一七頁］
（4） Ibid., S. 371.［同書、一一八頁］
（5） 米原万里『ロシアは今日も荒れ模様』、講談社文庫、二〇〇一年、九―一二頁。

旧版あとがき

これで『未完のレーニン』に続く二冊目の「レーニン論」を上梓したことになる。本書に収められた文章が書かれた期間は、前著が書かれた時期と重なり合っているから、当然二つの書物の関連性は強い。本書に興味を持った読者が前著も読んでいただけるなら、著者としては、非常に嬉しく思う。

レーニンについての私なりの一応の決算を果たすことができたことに、いまは安堵している。そんな気持ちになると、研究を始めた当時のことをふと想い出す。あれは、まだ大学院修士課程の一年生か二年生のとき（二〇〇一あるいは二〇〇二年）のことだった。修士論文の研究テーマをレーニンの『国家と革命』にしようと決心した私は、早稲田大学近くの古書店に大月書店版『レーニン全集』を買いに出かけたのだった。全部で五〇冊近くにも上るセットは、びっくりするほど安い金額で手に入った。「ずいぶん安いんですね」、と店主のおじさんに言ったら、「近頃この手のはめっきり売れなくなりましたから……」という返事が返ってきた。

『全集』を一橋大学の院生共同研究室（院生の勉強部屋）に運び込んだ。茶色のカバーに入った『全集』を台車に小山のごとく積み上げて、研究室棟のエレベーターに乗った。たまたまエレベーターに乗り合わせた同級生くらいと思しき院生の見知らぬ男が、目を真ん丸にして声を掛けてきた。

「これ本当に読むんですか？」

「ええ、もちろん！」

私はきわめて快活に答えた。

よく考えてみると、赤の他人（私は彼が誰であったのかいまでも知らない）の本を見て藪から棒にこんな質問をしてくるというのは、ちょっと失礼な感じがしないでもない。けれども、そのとき私は微塵も不愉快な気持ちにはならなかった。それは、見知らぬ彼の態度に嫌味なところが全くなかったということ以上に、私には自信があったからだ。私は知っていた。このかさ張るだけのように見える薄汚れてしまった岩のなかには、必ずダイヤや金塊が埋まっていることを。だから、その後の作業は、岩に適切な切れ目を入れてやって、なかに隠れている貴重なものを取り出してやるだけでよかった。この作業が思いのほか面白くて、予想以上の年月にわたってこれに従事することになったのであった。

思えば、かの青年に限らず、多くの人から「なぜレーニンなんか？」という質問をこの数年間受け続けてきた。「私の本を読めばわかります」とだけ言って済ますわけにもいかないので、その度にあれこれと考えたが上手い答えが見つかったわけでもない。あらためて考えてみるなら、ひとつ言えるのは、仮にソヴィエト連邦がいまもダラダラと存続していたとしたら、私はレーニンを真剣に読むことなど決してしなかったに違いない、ということだ。歴史の現実がロシア革命を完膚なきまでに打ちのめしたからこそ、私はそこにいま一度目を向けなければならない、と思った。

ただし、見捨てられた英雄、堕ちた偶像といった悲壮な形象に惹かれたわけではない。要するに、多分私は天邪鬼なのであろうと思う。しかし、天邪鬼の気まぐれだけで何年間も時間を使うほど、私は酔狂者でもない。今日の思想の世界に欠けている何かをレーニンに感じ取ることができたからこそ、この仕事を続けることができた。私が感じ取ったのは、度々述べてきたように、〈力〉である。思想の力、力強くあることから逃げない思想……。それは、歴史が証明したように、危険なものでもある。しかし、現実の世界は同時に思想的世界でもあり、一見平々凡々たる現実はまた思想的現実でもある。その意味で、この世界を構成しているものは、それが良きものであれ悪しきものであれ、思想の力にほかならない。だから、われわれは逃避することはできない。〈力〉の思想を正面から受けとめることは、思想を語る者に課せられた義務なのである。

ともあれいまこうして私は、あの岩から掘り出してきたものを読者の前に提示しているわけである。それは、商品であることから半ば降りてしまった「モノ」から出てきたものだ。もっとも、それが再び新刊書という一種の商品として流通してしまうことに、いささかの矛盾を感じないわけではない。しかしながら、もしも幸運に恵まれ、この書物が使い捨ての商品として読み捨てられるのではなくて、何らかの思想を伝えることができるとするならば、そのときには、ひとりの唯物論者の書いたテクストという「モノ」に刻印されていた運命を、成就させることに成功した、と言えるはずだ。思想は、その定義からして、売れるものではない。しかし、売る＝買うという方法以外によっても、何かが流通することがありうるのだ、ということをそれは示してくれる。われわれがいま真剣に取り組まなければならないのは、こうした幸運な出来事が人間生活のあらゆる場面に広がって起こるよう、いかにしてそれを組織するかという問題である。この問題に人類と地球の未来が懸かっていると言っても過言ではない、と私は思う。

本書各章の初出一覧は巻末に付した。貴重な発表の機会を与えてくれた関係者の方々、特に仲正昌樹、的場昭弘、大下敦史の各氏に厚く御礼を申し上げる。各章は、大幅ないし若干の加筆・削除・修正が行なわれた。

第一部
第一章 「「物質」の思想が目指したもの——レーニンのスプレマチズム」、『アソシエ』第一六号、御茶の水書房、二〇〇五年

第二章　「〈物質〉の叛乱のために――レーニンの唯物論と反映論」、『歴史における「理論」と「現実」：叢書アレテイア・10』、御茶の水書房、二〇〇八年

第三章　「転倒的継承――レーニンによるロシア・マルクス主義の創造」、『マルクスを再読するI　マルクスから見たロシア、ロシアから見たマルクス』、五月書房、二〇〇七年

第四章　「〈力〉の消滅のヴィジョン――『国家と革命』再論」、『情況』第三期第七巻第三号、情況出版、二〇〇六年

第二部

第五章　「民主主義は不可能か？――シュミット、フロイト、ラディカル・デモクラシー」、『RATIO』第四号、講談社、二〇〇七年

第六章　「実在論の政治学――レーニンとネグリ」、『情況』第三期第六巻第一号、情況出版、二〇〇五年

第七章　「経済学と革命――宇野弘蔵におけるレーニン」、『ポスト・マルクス研究――多様な対案の探究』、ぱる出版、二〇〇九年

補　論　「終末の認識論――レーニン〈再見〉に寄せて」、『情況』第三期第七巻第一号、情況出版、二〇〇六年

大学院入学からこれまで親身に私の研究を見守っていただいた、加藤哲郎先生に感謝の気持ちを捧げさせていただきたい。懐の広い先生がいなかったならば、私がこのような研究を続けることはできなかったに違いない、と思う。本書の出版にあたっては、作品社の福田隆雄さんの手を煩わせた。いただいた励ましと配慮に、深く感謝している。共同の作業が福田さんにとっても楽しいものであったことを祈っている。また、明月堂書店の末井幸作さんにも感謝しなければならない。末井さんからは日ごろどれほど沢山の応援をもらっているのか、想像もつかないくらいだ。そして、忙しいなか夜を徹して論文の校正をしてくれて、貴重な助言もくれた、無二の友人、浜野喬士に感謝する。彼のような最上のライバルであり同志でもある存在を得られたのはなぜなのか、見当もつかない。私の前世の行ないが途轍もなく良かったのだろうか。「前世の私」に報いるためには、今後もお互いに刺激し合って、もっと良い仕事をするほかない。

本書を佐藤健の思い出に捧げる。

なお、著者は二〇〇五年度から二〇〇九年度まで、日本学術振興会特別研究員の地位にあった。本書は同制度による研究支援の成果の一部である。

二〇一〇年二月

白井　聡

文庫版あとがき

本書には、おおよそ私が二〇代前半から三〇代はじめの頃に書いた文章が収められている。言い換えれば、私が本格的に研究者としての道に入った頃から、研究者として一応の自己確立をしてゆく期間に書かれたものである。

当然それは、本書の諸論考の多くが、いわゆる「若書き」のものであることを意味している。だが、この研究者としての訓練期に抽象度の高い数々の論考を書いたことは、いまから振り返れば、研究者として大きな財産になったと思える。

その後の私は、『永続敗戦論――戦後日本の核心』や『国体論――菊と星条旗』、『武器としての「資本論」』等の著作を世に問うことになった。ドゥルーズ＝ガタリは哲学を「概念を創造すること」であると定義している。その思想的含みが何であるのか私は詳らかにできないが、どことなく「しっくり来る」定義である。私の仕事に何らかの個性があるとすれば、それは概念の取り扱いにあるのではないかと思っているからだ。「敗戦の否認」（『永続敗戦論』）、「国体」（『国体論』）、「包摂」（『武器としての「資本論」』）といったかたちで、私は概念を時に発明し、あるいは従来からあった概念に新しい生命を吹き込むことに努めてきた。

そして、よくよく考えてみれば、レーニンもまたきわめて「哲学的」であったのではないか。「自然発生性と意識性」、「物質」、「国家の死滅」、「資本主義の最高段階としての帝国主義」……。レーニンのテクストは概念の創造的生産力において際立っていたが、その創造行為は、本書で追跡したように、レーニンの執拗さによって貫かれていた。概念の創造はやはり容易いことではないのだ。自らの概念の実在を――あるいはその概念が指し示す事象の実在を――深く確信する者だけが、飽くことなくそれを唱え、概念の創造に達することができるのではないか。

文庫版の出版を準備するなかでそうしたやや個人的な感慨を催した一方で、本書の出版当時と現在との間でのイデオロギー状況の変化にも気づかされた。読めばわかる通り、本書を書いていた当時の私は、リベラル・デモクラシーの思想的覇権に対して、強く苛立っていた。「歴史の終わり」(フランシス・フクヤマ)はすでに訪れたのであり、リベラル・デモクラシー以外に選択肢はないのだ、という観念に対して砲弾を撃ち込むにはレーニンは最良の対象だったのである。

そしていま、レーニンを持ち出さずとも、リベラル・デモクラシーは自滅の道をひた走っているように見える。現代デモクラシーの母国であるはずのアメリカでは、お馴染みの保守対リベラルの対立が昂進し、少なからぬ人々が内乱の発生を予感している。ヨーロッパでは右翼勢力の台頭が嘆かれているが、それを押しとどめることはますます困難になっている。日本政治の悲惨な状況は言うまでもない。いまやリベラル・デモクラシーの実質は、果てしない金権政治と認知戦（≒デマ合戦）でしかなくなった。

そうした状況下で、左派の機能と立ち位置は両義的なものとなった。階級格差が拡大するなかで勤労者の置かれた状況を少しも改善できていないという点において、左派は無力である。他方で、左派が傾倒してきたアイデンティティ・ポリティクスは、少なくとも先進諸国では時代を席巻している。一体左派は、無力なのか強力なのか、敗北しているのか勝利しているのか？

左派は一見勝利しているようでいて、壊滅的な敗北に至りつつあるのだと私は見ている。アイデンティティ・ポリティクスは、「歴史の終わり」以降有力化した。それが意味するのは、その流行はネオリベラリズムの隆盛に対する敗北宣言であったことだ。ゆえにそれは、ネオリベラリズムに対する対抗原理であるよりも、むしろネオリベラリズムと深いところで結び付いている。

ここでは詳論できないが、その理由は、ひとつには、アイデンティティ・ポリティクスに依拠した安易な自己主張はネオリベ化によって極限的に高度化した消費社会における主体の在り方と親和的であること。ゆえに、いまや世界の名だたる企業が、アイデンティティ・ポリティクスを後押しするに至っている。それは最新の資本主義文化にほかならないからだ。

もうひとつには、アイデンティティ・ポリティクスは先進国の帝国主義戦略におけるイデオロギー兵器となっていること。二〇二二年にウクライナ・ロシア紛争が始まって以降の国際政治において、G7対グローバル・サウスという構図の対立図式が浮かび上がってきた。それは、アメリカを中心とする先進諸国が途上国に対して自らの意志を押しつける力がはっきりと低下してきたことの反映である。そうしたなかで、台頭するグローバル・サウス諸国（とりわけその先頭に立つ中国とロシア）の体制や社会の在り方を非難するためのイデオロギー兵器として、アイデンティティ・ポリティクスは役に立つ。それは、実質的な次元では覇権を失いつつある西洋中心主義の最後の武器として機能しうる。

右のような私の見方が正しいとすれば、左派はアイデンティティ・ポリティクスの次元で勝利を収めたかに見えて、実はネオリベラリズムと帝国主義に全面的に屈服していることになる。

そのような状況下で、誰の名を思い起こさなければならないか、誰を召喚しなければならないか、自明のことではないだろうか。執拗な思考だけが呼び戻されるに値する。近代資本主義社会が継続している限り、レーニンは何度でも甦る。

京都　衣笠にて　白井　聡

〈戦後日本〉の救済者

細見和之

本書を一読した読者のなかに消しがたい印象を残すエピソードのひとつに、「旧版あとがき」に記されている、『レーニン全集』の邦訳の購入をめぐる経緯があるだろう。まだ修士課程の学生だった著者は、約五〇冊にものぼるそれを古書店で驚くほどの安値で買い取って、院生共同研究室に「台車に小山のごとく積み上げて」持ち込んだというのである。拙宅の書架にも収まっているその茶色の膨大な塊は、私見によれば、同じ大月書店から刊行されている、補巻と別巻あわせて全五三冊におよぶ『マルクス＝エンゲルス全集』とともに、およそ〈戦後日本〉における書籍文化の最良の成果と呼ばれるべきものだ。紙媒体の書籍が限りなく減少してゆく可能性に鑑みても、今後、質・量ともにこれらに匹敵する「書籍」が日本で出版されることはまずないだろうと推測することができる。

それにしても、これらの二つの全集に注がれた労力を思うと、私はほとんど眩暈がしてくる。生半可にできる仕事でないことは、誰の目にも明らかだ。しかも、『マルクス＝エンゲルス全集』の場合には、監訳者として大内兵衛《おおうちひょうえ》・細川嘉六《ほそかわかろく》の名が記され、各巻の冒頭に当該の巻の訳者名と「統一者」の名が並べられ、それぞれの訳文の末尾には、その担当者の個人名が書き入れられている。それにたいして、『レーニン全集』の場合には、訳者名として「マルクス＝レーニン主義研究所　レーニン全集刊行委員会」と記されているだけで、個人名はいっさい登場しないのだ。そのうえで、「訳者はしがき」の最後にこう断られているのである。

翻訳は、それぞれ担当の訳者がまず訳出し、これに校閲者団が、各国語訳および旧邦訳をも参照しつつ、厳密に校閲をくわえ、さらに統一者が術語、用語、文体などの整理、統一をおこなって完成したものである。（『レーニン全集』第一巻、大月書店、一九五三年、二頁）

つまり、『レーニン全集』においても、当然のごとく各篇の翻訳担当者がおり、「校閲者団」なるものが存在し、さらに各巻の「統一者」が立てられてもいたのである。しかも『マルクス＝エンゲルス全集』が必要としたドイツ語の読解能力の持ち主はそれなりに存在していただろうが、『レーニン全集』のほうはもちろんロシア語である。ロシア語の読解能力を持つ当時の左派知識人がいわば片っ端から総動員されたことは疑いないのだ。しかし、それらのひとびとは「レーニン全集刊行委員会」の名のもとにあくまで身を潜めているのである。『レーニン全集』の刊行は一九五三年からなので、当時激しく展開されていたレッドパージを逃れる意味合いもあったかもしれない。

ともあれ、この『レーニン全集』のありかたは、まったくべつの文脈で、荒地派の詩人、鮎川信夫が自らのエコールの理念として掲げていた「無名にして共同なるもの」(「Xへの献辞」)という言葉を私に呼び起こさずにいない。もとより、鮎川の想定していた共同性とレーニン全集刊行委員会の体現していた共同性では、背馳《はいち》するところのほうが大きかっただろう。しかし、戦後の左派知識人の知的エネルギーが結集していったその仕方には、鮎川の「無名にして共同なるもの」という言葉がまことにふさわしく思えるのだ。

その〈戦後日本〉の宝の山のような『レーニン全集』に、名を伏せた訳者たちの、おそらく孫さらには曾孫の世代にも相当するであろう著者が、果敢に取り組んだのである。その優れた成果が『未完のレーニン』(講談社選書メチエ、二〇〇七年刊。現在、講談社学術文庫)であり、本書『「物質」の蜂起をめざして――レーニン、〈力〉の思想』(作品社、二〇一〇年刊)だった。

一方で、中沢新一氏の『はじまりのレーニン』(岩波書店、一九九四年刊。現在、岩波現代文庫)がレーニン研究に向かうきっかけのひとつを与えたと、著者は明確に述べている(『未完のレーニン』「あとがき」)。『はじまりのレーニン』は中沢氏ならではの、従来のレーニン研究とはまったく異なる、きわめて特徴的かつ挑発的な著作であって、『哲学ノート』

のレーニンを軸に読み解き、「レーニン主義の三つの源泉」を「古代唯物論、グノーシス主義、そして東方的三位一体論」に見定めたものである。その当の中沢氏によって記された帯文のもと、著者は『未完のレーニン』という書物を携えて、まさしく彗星のごとくわれわれのまえに登場したのだった（中沢氏にも、自分の蒔いた種が十数年してようやく芽吹いたという深い感慨があったことだろう）。

つまり、『レーニン全集』という「無名にして共同なるもの」と中沢新一という強烈な批評的個性、この二つがぶつかり合う場所で、レーニンをめぐる著者の思考は最初の火花を発したに違いないのである。その後著者は、よく知られているように、『永続敗戦論——戦後日本の核心』（太田出版、二〇一三年刊。現在、講談社＋アルファ文庫）という著作で、〈戦後日本〉にたいする若手の鋭利な批判的論客として文字どおり脚光を浴び、その系列の著作をつぎつぎと著して現在にいたっている。

それにしても、レーニンと〈戦後日本〉ではずいぶん批評の対象が異なっていると思われるかもしれない。本書『「物質」の蜂起をめざして』は、この一見異なる著者の批評対象を明快に繋いでくれるものでもある。つまり、レーニンをめぐる著者の関心の中心に当初からリベラル・デモクラシー批判があったことを、あらためて本書は告げているのである。西欧の政治思想史のなかでリベラル・デモクラシーが抱えている原理的な困難と、それゆえに歴史のなかで繰り返されてきた数々の欺瞞……。それについて著者は本書『「物質」の蜂起をめざして』において再三再四言及しているのだが、まさしく私たち自身の現実において、そのリベラル・デモクラシーの欺瞞性は「自由民主党（自民党）」というい
ささかカリカチュアめいた姿で、現に存在しているのだった。これにたいする批判をあの
手、この手で提示し続けることは、著者にとって喫緊の課題ともなったのである。
『未完のレーニン』から『「物質」の蜂起をめざして』における著者のレーニン論の大事
な柱のひとつに、レーニンとフロイトの並行関係を強く打ち出す読み方がある。これは中
沢氏の『はじまりのレーニン』においてもまったく未解明にとどまっている点であって、
著者の優れた着眼点を示すものといえる。レーニンは『何をなすべきか？』において大衆
運動の「自然発生性」に依拠することを断固拒否して、労働者に階級意識を外部注入する
必要性を強く説いた。一党独裁をもたらした元凶としてレーニンにたいする批判が集中し
やすいこの一点に、著者はフロイトの精神分析の立場を重ねる。本書に登場する言い方で
は、「レーニンにおける「革命家－労働者」の関係は、フロイトにおける「精神分析家－
神経症患者」の関係に類似している」（本書、二九四頁）ということである。労働者の自然
発生性に水平的に向き合っているだけの態度は、患者の病理をなんの解釈も抜きに見てい
るだけの、精神分析家ならざる精神分析家に等しい、ということである。事態を垂直的・
超越的に解釈し得る視点がはじめて、その症候の背後にある真の欲望とそれに見合った現
実を摘出し得るというのが、著者の考えである。

このようなレーニン＝フロイトという著者の視点は、現在にいたるまでの著者自身の盛んな批評活動の要点を私たちに教えてくれるものでもある。要するに、『永続敗戦論』とそれに続く著者の執拗なまでの議論は、〈戦後日本〉という神経症患者の無意識に、精神分析学の垂直的な解釈をくわえる営みにほかならない、ということである。日本がアメリカ合衆国に敗戦したことなどおよそすべての日本人に周知のことだが、その周知のことを同時に日々「否認」し続けているのが、われわれの神経症的現実なのだ。「敵」を浮き彫りにしつつ、そのことをあらゆる局面であくまで暴露し続けること——。それこそが、本書の「増補新版まえがき」で「レーニンのように書くこと」（一六頁）と著者が記していることにほかならない。

『レーニン全集』という宝の山に切り込んだ著者は、〈戦後日本〉にたいする最大の批判者であるとともにその最大の救済者のひとりでもあるということを、私たちは肝に銘じなければならない。

（ほそみ・かずゆき　ドイツ思想・詩人）

索　引

ア 行

アインシュタイン，アルバート　87, 91
アヴェナリウス，リヒャルト　89, 92
青木昌彦　358
アガンベン，ジョルジョ　316
アルチュセール，ルイ　72, 308-9, 320
アレクサンドル・ウリヤーノフ　402
アレント，ハンナ　310, 313
淡路憲治　136
ヴァリツキ，アンジェイ　148
ウィトゲンシュタイン，ルートヴィヒ　104
上野成利　235
ウェーバー，マックス　93, 205, 231, 320, 392, 417
ヴォロンツォフ，ワシーリー　138
宇野弘蔵　217-8, 336, 338-45, 347-8, 350-4, 356-77, 379-81, 383-4, 389-94, 404
エプシテイン，ミハイル　422
エンゲルス，フリードリヒ　58, 64-5, 68, 97, 137, 175, 184, 426, 441, 484

カ 行

カーメネフ，レフ　166
カーン，スティーヴン　87
カウツキー，カール　144, 163, 350, 354-5, 385, 413, 441, 449-50
カッシーラー，エルンスト　105-6, 110
勝田吉太郎　158
加藤正　65-7
亀山郁夫　432
柄谷行人　358, 365
カント，イマヌエル　42, 48, 61-3, 91, 99-101, 103-4, 109, 114-8, 120, 122-5, 127, 331
キュルペ，オズワルド　92
クーン，トーマス　63-4
隈研吾　317, 319
グラムシ，アントニオ　409-10
クループスカヤ，ナジェージダ　205
グレーバー，デヴィッド　455
クレーリー，ジョナサン　123-5
ゲルツェン，アレクサンドル　158-61
ゲルナー，アーネスト　186-8
ゴーリキー，マクシム　90
コジェーヴ，アレクサンドル　198
小林秀雄　137
コペルニクス，ニコラウス　63

コルニーロフ，ラヴル　165
ゴルバチョフ，ミハイル　25

サ　行

サーヴィス，ロバート　149-50
桜井毅　362
佐藤正則　114
サルトル，ジャン＝ポール　93, 403
ジェームズ，ウィリアム　92
ジジェク，スラヴォイ　112-3, 209-10
ジノヴィエフ，グリゴリー　166
シャルコー，ジャン＝マルタン　274
シュミット，カール　189, 213-4, 216, 226-7, 248-61, 264-5, 267, 269, 271, 288
ショーペンハウアー，アルトゥル　123-6
スターリニズム　84, 397
スターリン，ヨシフ　32-3, 45, 84, 344, 440, 448, 478-9
　──主義　18-9, 27, 33, 60, 84, 137, 320, 461, 465
　──批判　344
ストルイピン，ピョートル　89
スミス，アダム　360, 377
ソクラテス　271

タ　行

ダーウィン，チャールズ　238
竹内好　338
ダニエリソン，ニコライ　138, 160
チェーホフ，アントン　403
チェルヌィシェフスキー，ニコライ　160
鶴見俊輔　338
デカルト，ルネ　91, 122, 127
デュシャン，マルセル　422-4
デュルケム，エミール　93
ドゥルーズ＝ガタリ　191
トカチョーフ，ピョートル　160
ドストエフスキー，フョードル　403
トロツキー，レフ　321-3, 462

ナ　行

中沢新一　397
長原豊　347, 395
ナルツィス，トゥポルィロフ　328
ニーチェ，フリードリヒ　104, 128, 310
西田幾多郎　92, 131
西部邁　365, 368-9
ニュートン，アイザック　97
ネグリ，アントニオ　46, 217, 311-7, 320-3, 326, 334-5, 417, 462-81, 484

ハ　行

ハーヴェイ，デヴィッド　476
バーシェイ，アンドリュー・E.　338, 370-1
ハート，マイケル　46
ハーバーマス，ユルゲン　257-9, 264, 267, 269-71
ハイデガー，マルティン　65, 93, 126-9
バザーロフ，ウラジーミル　115
パシュカーニス，エヴゲーニー　45, 177, 180-1, 193, 202, 478-9
バタイユ，ジョルジュ　45, 197-200, 204-5

バディウ，アラン　418-9
パノフスキー，エルウィン　41
ハリントン，ジェームズ　312
バルト，ロラン　132
ヒューズ，スチュアート　94-5
ヒューム，デイヴィッド　130
ヒルファディング，ルドルフ　143, 349-56, 375, 389
廣松渉　91, 93, 105, 110-3, 131
フーコー，ミシェル　49-50, 52-5, 69, 179, 277, 485
フォイエルバッハ，ルートヴィヒ　103, 115
福田歓一　228, 230, 242
福本和夫　65
藤田勇　180
藤田省三　334, 405-7, 412, 414
フッサール，エドムント　91, 129, 318
プトレマイオス，クラウディオス　63
ブハーリン，ニコライ　143
プラトン　271, 291
フランク，セミョーン　154
プレハーノフ，ゲオルギー　100-1, 115, 120-1, 144, 148, 154-6, 161, 413
フロイト，ジークムント　35, 93, 213, 216, 226-7, 232, 237-41, 244-8, 251, 272-89, 291-2, 294-5, 298, 303, 305, 419, 424-9
ヘーゲル，G. W. F.　47-8, 72, 97, 101, 134, 173, 198, 333-4, 405-6, 411-2, 414-5, 417
ベルグソン，アンリ　92, 131
ベルネーム，イポリット　274, 279
ベルンシュタイン，エドゥアルド　232-3, 350
ベンサム，ジェレミー　179-80, 182
ベンヤミン，ヴァルター　122, 429-31
ボグダーノフ，アレクサンドル　35, 57, 62, 65, 68, 87, 89-90, 92-3, 95-100, 114, 116, 332
ポスト・マルキスト　270-1
ホッブズ，トマス　48, 224
ポパー，カール　278
ホブソン，ジョン，アトキンソン　143
ボルシンガー，エッカート　249

マ　行

マキャヴェリ，ニッコロ　312
マッハ，エルンスト　57, 61, 89, 91, 97-9, 101-4, 106, 114, 116, 128-9, 131, 331-2
　——主義　35, 41, 58, 68, 96-7, 118, 124-6, 130, 163, 331-2
　——的思潮　125
マヤコフスキー，ウラジミール　479
マルクス，カール
　新しい非単線的な——主義的発展論　152
　革命的——主義　214, 236
　古典的な——像　337
　主体論的——主義　359
　通俗化された——主義　54
　——経済学　217-8, 337, 342, 348
　——主義史観　52
　——主義者　45, 68, 89, 136, 138-40, 149, 163, 168, 170, 211, 359, 402-3,

410, 413
——主義の革命論　53, 136
——主義の終焉　337
——主義唯物論　68
——的経済学　366, 368–9
——の資本制分析　404, 407
——＝レーニン主義　18, 32, 212, 396–7, 460–1, 465
丸山眞男　338
マレーヴィチ，カジミール　44, 76–84
三木清　65
ミハイロフスキー，ニコライ　160
ムフ，シャンタル　213, 226, 257–61, 263–71
メドヴェージェフ，ロイ　148

ヤ　行

山之内靖　136
吉本隆明　300
米原万里　432, 436

ラ　行

リカード（リカルド），デヴィッド　360, 377
ルカーチ，ジェルジ　65, 425, 462, 479
ルクセンブルク，ローザ　310, 321–3, 350, 462
ルソー，ジャン＝ジャック　196, 224, 242
ルナチャルスキー，アナトーリー　89–90
ルービン，イ・イ・リュドミーラ・ヴァーシナ　479
ルフォール，クロード　261
ル・ボン，ギュスターヴ　429
レーニン，ウラジーミル・イリッチ
——主義　16, 32, 83–4, 212, 323, 460–1, 465, 470, 477
——的「物質」　133
——における階級生成の理論　305
——の経済理論　141
——の言説　30, 36, 289, 291, 399, 415–6, 426–7, 436, 445
——の思想　27, 29–33, 35–7, 44, 56, 62, 92–3, 158, 206, 209, 212–3, 215, 399, 427, 436, 447, 460, 464
——の哲学　42–3
——の唯物論　30, 42–4, 54, 58–61, 76, 81–3, 107, 109–10, 112, 116–9, 128, 132, 202, 325–6, 330, 333, 437
——＝ボグダーノフの論争　92
——＝マッハ主義の論争　96
ロールズ，ジョン　258–9, 264, 267, 269–70

研究・参考文献

[研究文献]

Ленин, В. И., ПСС., изд. 5-ое, М., 1967-1972, Т. 1-55［『レーニン全集』本巻45巻＋別巻3巻、レーニン全集刊行委員会訳、大月書店、1953-1969年］.

[参考文献]（著者名ABC順）

アガンベン, G.『ホモ・サケル——主権権力と剝き出しの生』高桑和巳訳、以文社、2003年。

アルチュセール, L.『レーニンと哲学』西川長夫訳、人文書院、1970年。

アンダースン, P.『西欧マルクス主義』中野実訳、新評論、1979年。

Arendt, H. *The Origins of Totalitarianism*, Harcourt Brace, New York, 1973［『全体主義の起原1〜3』大久保和郎・大島かおり訳、みすず書房、1972-1974年］.

Arendt, H., *On Revolution*, Penguin Books, New York, 1984［『革命について』志水速雄訳、ちくま学芸文庫、1995年］.

有尾善繁『物質概念と弁証法』、青木書店、1993年。

淡路憲治『マルクスの後進国革命像』、未來社、1971年。

バロン, S. H.『プレハーノフ——ロシア・マルクス主義の父』白石治朗ほか訳、恒文社、1978年。

Barshay, A. E., *The Social Sciences in Modern Japan: The Marxian and Modernist Tradition*, University of California Press, Berkeley & Los Angeles, 2004［『近代日本の社会科学——丸山眞男と宇野弘蔵の射程』山田鋭夫訳、NTT出版、2007年］.

バルト, R.『明るい部屋——写真についての覚書』花輪光訳、みすず書房、1997年。

バタイユ，G.『呪われた部分　ジョルジュ・バタイユ著作集、第六巻』生田耕作訳、二見書房、1973 年。
バタイユ，G.『呪われた部分　有用性の限界』中山元訳、ちくま学芸文庫、2003 年。
Benjamin, W., Gesammelte Schriften Band 1/2, Suhrkamp Verlag, Frankfurt am Main, 1991［『ボードレール 他五篇──ベンヤミンの仕事 2』野村修編訳、岩波文庫、1994 年］.
Benjamin, W., Gesammelte Schriften Band 7/1, Suhrkamp Verlag, Frankfurt am Main, 1991.
Бердяев, Н. А., Булгаков, С. Н., Гершензон, М. О., Изгоев, А. С., Кистяковский, Б. А., Струве, П. Б., Франк, С. Л., Вѣхи, Сборникъ статей о русской интеллигенции, 2-ое издание, М., 1909［『道標──ロシア革命批判論文集 1』長縄光男・御子柴道夫監訳、現代企画室、1991 年］.
Bernstein, E., *Die Voraussetzungen des Sozialismus und die Aufgaben der Sozialdemokratie*, Verlag J. H. W. Dietz Nachf. GmbH., Hannover, 1964［『社会主義の諸前提と社会民主主義の任務』佐瀬昌盛訳、ダイヤモンド社、1974 年］.
Бессонова, А. Ф. и дрг., Библиотека В. И. Ленина в кремле: каталог, М., 1961.
Богданов, А. А., Энприомонизм, М., 2003.
ボグダーノフ，A.『信仰と科学』佐藤正則訳、未來社、2003 年。
Bolsinger, E., *The Autonomy of the Political: Carl Schmitt's and Lenin's Political Realism*, Greenwood Press, Westport, Conneticut & London, 2001.
Budgen, S., Kouvelakis, S. and Žižek, S. eds., *Lenin Reloaded: Toward a Politics of Truth*, Duke University Press, Durham & London, 2007.
Butler, J., *Subjects of Desire: Hegelian Reflections in Twentieth-Century France*, Columbia University Press, New York, 1999［『欲望の主体──ヘーゲルと二〇世紀フランスにおけるポスト・ヘーゲル主義』大河内泰樹ほか訳、堀之内出版、2019 年］.

バトラー，J., ラクラウ，E., ジジェク，S.『偶発性・ヘゲモニー・普遍性――新しい対抗政治への対話』竹村和子・村山敏勝訳、青土社、2002 年。
カレール＝ダンコース，H.『レーニンとは何だったか』石崎晴己・東松秀雄訳、藤原書店、2006 年。
Cassirer, E., Gesammelte Werke 6, *Substanzbegriff und Funktionsbegriff; Untersuchungen über die Grundfragen der Erkenntniskritik*, Felix Meiner Verlag, Hamburg, 2000［『実体概念と関数概念――認識批判の基本的諸問題の研究』山本義隆訳、みすず書房、1979 年］.
Copleston, F. C., *Philosophy in Russia: From Herzen to Lenin and Berdyaev*, Search Press, University of Notre Dame, Notre Dame, Indiana, 1986.
Crary, J., *Suspensions of Perception: Attention, Spectacle, and Modern Culture*, The MIT Press, Cambridge, Massachusetts & London, 2001［『知覚の宙吊り――注意、スペクタクル、近代文化』岡田温司監訳、平凡社、2005 年］.
Crick, B., *Democracy: A Very Short Introduction*, Oxford University Press, Oxford, 2002［『デモクラシー』添谷育志・金田耕一訳、岩波書店、2004 年］.
ドゥルーズ，G., ガタリ，F.『千のプラトー――資本主義と分裂症』宇野邦一ほか訳、河出書房新社、1994 年。
Epstein, M. N., *After the Future: The Paradoxes of Postmodernism and Contemporary Russian Culture*, Translated with an Introduction by Anesa Miller-Pogacar, University of Massachusetts Press, Amherst, 1995.
Эткинд, А., Эрос невозможного; История психоанализа в Росии, М., 1994.
フーコー，M.『言葉と物――人文科学の考古学』渡辺一民・佐々木明訳、新潮社、1974 年。
フーコー，M.『ミシェル・フーコー思考集成Ⅷ』蓮實重彥・渡辺守章監修、筑摩書房、2001 年。
フーコー，M.『ミシェル・フーコー講義集成Ⅳ　精神医学の権力

――コレージュ・ド・フランス講義　1973-1974年度』慎改康之訳、筑摩書房、2006年。
フーコー，M.『ミシェル・フーコー講義集成Ⅷ　生政治の誕生――コレージュ・ド・フランス講義　1978-1979年度』慎改康之訳、筑摩書房、2008年。
Freud, S., Gesammelte Werke 9, *Totem und Tabu*, S. Fischer Verlag, Frankfurt am Main, 1996［『フロイト全集12』門脇健ほか訳、岩波書店、2009年］.
Freud, S., Gesammelte Werke 11, *Vorlesungen zur Einführung in die Psychoanalyse*, S. Fischer Verlag, Frankfurt am Main, 1973［『精神分析入門（上・下）』高橋義孝・下坂幸三訳、新潮文庫、1977年］.
Freud, S., Gesammelte Werke 12, S. Fischer Verlag, Frankfurt am Main, 1972［『フロイト全集17』藤野寛ほか訳、岩波書店、2006年］.
Freud, S., Gesammelte Werke 13, S. Fischer Verlag, Frankfurt am Main, 1972［『フロイト全集17』藤野寛ほか訳、岩波書店、2006年。『フロイト全集18』家高洋ほか訳、岩波書店、2007年］.
Freud, S., Gesammelte Werke 14, S. Fischer Verlag, Frankfurt am Main, 1972［『フロイト著作集3』浜川祥枝ほか訳、人文書院、1969年。『フロイト全集18』家高洋ほか訳、岩波書店、2007年］.
藤田勇『ソビエト法理論史研究　1917〜1938――ロシア革命とマルクス主義法学方法論（増補版）』、岩波書店、1976年。
藤田勇『ソビエト法史研究』、東京大学出版会、1982年。
藤田省三『現代史断章』、未來社、1974年。
福田歓一『デモクラシーと国民国家』、岩波現代文庫、2009年。
降旗節雄『著作集 第3巻――帝国主義論の系譜と論理構造』、社会評論社、2003年。
ゲイ，P.『フロイト（1・2）』鈴木晶訳、みすず書房、1997-2004年。
Gellner, E., *Nations and Nationalism:* Second Edition, Blackwell, Massachusetts, 2006［『民族とナショナリズム』加藤節監訳、岩波書店、2000年］.
ゲルツェン，A. I.『ロシヤにおける革命思想の発達について』金子幸

彦訳、岩波文庫、1974年。
Graeber, D., *Fragments of an Anarchist Anthropology*, Prickly Paradigm Press, Chicago, Illinois, 2004［『アナーキスト人類学のための断章』高祖岩三郎訳、以文社、2006年］.
原研二「マルクス主義と精神分析のはざま――レーニン、ルカーチ、ラカンとムージル」:『東北大学文学研究科研究年報』、第52号、2002年。
Harding, N., *Leninism*, Macmillan, Basingstoke & London, 1996.
Hardt, M. and Negri, A., *Empire*, Harvard University Press, Cambridge, Massachusetts, 2001［『〈帝国〉――グローバル化の世界秩序とマルチチュードの可能性』水嶋一憲・酒井隆史ほか訳、以文社、2003年］.
Hardt, M. and Negri, A., *Multitude: War and Democracy in the Age of Empire*, The Penguin Press, New York, 2004［『マルチチュード（上・下）――〈帝国〉時代の戦争と民主主義』幾島幸子訳、NHKブックス、2005年］.
ヘーゲル, G. W. F.『世界の名著44』藤野渉ほか訳、中央公論社、1978年。
Heidegger, M., Gesamtausgabe, Band 41, *Die Frage nach dem Ding: Zu Kants Lehre von den transzendentalen Grundsätzen*, Vitttorio Klostermann, Frankfurt am Main, 1984［『全集第41巻　物への問い――カントの超越論的原則論に向けて』高山守ほか訳、創文社、1989年］.
廣松渉『世界の共同主観的存在構造』、講談社学術文庫、1991年。
廣松渉『マルクス主義の地平』、講談社学術文庫、1991年。
廣松渉『事的世界観への前哨――物象化論の認識論的＝存在論的位相』、ちくま学芸文庫、2007年。
Hughes, H. S., *Consciousness and Society: The Reorientation of European Social Thought 1890–1930*, Alfred A. Knopf, New York, 1958［『意識と社会――ヨーロッパ社会思想 1890-1930』生松敬三・荒川幾男訳、みすず書房、1999年］.
稲子恒夫『革命後の法律家レーニン』、日本評論社、1974年。

伊藤誠編『経済学史』、有斐閣、1996年。
Jay, M., *Marxism and Totality: The Adventures of a Concept from Lukács to Habermas*, University of California Press, Berkeley & Los Angeles, 1984 [『マルクス主義と全体性――ルカーチからハーバーマスへの概念の冒険』荒川幾男ほか訳、国文社、1993年].
上島武・村岡到編『レーニン　革命ロシアの光と影』、社会評論社、2005年。
柄谷行人「宇野理論とブント」:『中央公論』第96巻15号(1981年11月)、中央公論社。
柄谷行人『差異としての場所』、講談社学術文庫、1996年。
加藤正『弁証法の探究』、こぶし書房、2006年。
勝田吉太郎『著作集第一巻』、「近代ロシヤ政治思想史(上)」、ミネルヴァ書房、1993年。
勝田吉太郎『著作集第二巻』、「近代ロシヤ政治思想史(下)」、ミネルヴァ書房、1993年。
萱野稔人『国家とはなにか』、以文社、2005年。
Kern, S., *The Culture of Time and Space 1880–1918*, Harvard University Press, Cambridge, Massachusetts, 1983 [『時間の文化史――時間と空間の文化:1880–1918年/上巻』浅野敏夫訳、法政大学出版局、1993年。『空間の文化史――時間と空間の文化:1880–1918年/下巻』浅野敏夫・久郷丈夫訳、法政大学出版局、1993年].
ケルゼン, H.『マルクス主義法理論の考察　選集2』服部栄三・高橋悠訳、木鐸社、1974年。
木田元『マッハとニーチェ――世紀転換期思想史』、新書館、2002年。
Kolakowski, L., *Main Currents of Marxism: Its Rise, Growth, and Dissolution*, Translated from Polish by P. S. Falla, Clarendon Press, Oxford, 1978.
Крупская, Н. К., Воспоминания о Ленине, изд. 2-ое, М., 1968 [『レーニンの思い出』松本滋・藤川覚訳、大月書店、1990年].
Крупская, Н. К., О Ленине, изд. 5-ое, М., 1983.
Kuhn, T. S., *The Structure of Scientific Revolutions*: Third Edition,

The University of Chicago Press, Chicago & London, 1996［『科学革命の構造』中山茂訳、みすず書房、1971 年］.
隈研吾『負ける建築』、岩波書店、2004 年。
桑野隆『夢みる権利――ロシア・アヴァンギャルド再考』、東京大学出版会、1996 年。
レイコフ，G.「September 11, 2001」梅木達郎訳：『現代思想臨時増刊号――これは戦争か』、青土社、2001 年 10 月。
ルフェーヴル，H.『レーニン――生涯と思想』大崎平八郎訳、ミネルヴァ書房、1963 年。
Lih, L. T., *Lenin Rediscovered: What Is to Be Done? in Context*, Brill, Leiden & London, 2006.
Lukács, G., Werke, Band 2, Frühschriften 2, *Geschichte und Klassenbewußtsein*, Hermann Luchterhand Verlag, Darmstadt und Neuwied, 1977［『歴史と階級意識』城塚登・古田光訳、白水社、1991 年］.
Mach, E., *Die Analyse der Empfindungen und das Verhältnis des Physischen zum Psychischen*, Verlag von Gustav Fischer, Jena, 1922［『感覚の分析』須藤吾之助・廣松渉訳、法政大学出版局、1971 年］.
Mach, E., *Populär-wissenschaftliche Vorlesungen*, Johann Ambrosius Barth, Leipzig, 1896.
マッハ，E.『認識の分析』廣松渉編訳、法政大学出版局、2002 年。
Малевич, К. С., Собрание сочинений в пяти томах, М., 1995-2004.
マレーヴィチ，K. S.『零の形態――スプレマチズム芸術論集』宇佐見多佳子訳、水声社、2000 年。
Marx, K., *Das Kapital: Kritik der politischen Ökonomie*, Erster Band, Buch 1, Dietz Verlag, Berlin, 1961［『資本論（1～8)』岡崎次郎訳、大月文庫、1972 年］.
メドヴェージェフ，R. A.『1917 年のロシア革命』石井規衛・沼野充義監訳、現代思潮社、1998 年。
メルロ＝ポンティ，M.『弁証法の冒険』滝浦静雄ほか訳、みすず書房、1972 年。

Miller, M. A., *Freud and the Bolsheviks: Psychoanalysis in Imperial Russia and the Soviet Union*, Yale University Press, New Haven & London, 1998.

三浦つとむ『レーニン批判の時代　選集 2』、勁草書房、1983 年。

Mouffe, C., *The Return of the Political*, Verso, London & New York, 1993 [『政治的なるものの再興』千葉眞ほか訳、日本経済評論社、1998 年].

Mouffe, C., *The Democratic Paradox*, Verso, London & New York, 2000 [『民主主義の逆説』葛西弘隆訳、以文社、2006 年].

長原豊「反時代的「確信」の問題について」:『現代思想』、2004 年 2 月号、青土社。

長原豊『われら瑕疵ある者たち――反「資本」論のために』、青土社、2008 年。

長原豊・白井聡編集企画『別冊情況：レーニン〈再見〉――あるいは反時代的レーニン』、情況出版、2005 年。

中沢新一『はじまりのレーニン』、岩波現代文庫、2005 年。

ネグリ，A.『構成的権力――近代のオルタナティブ』杉村昌昭・斉藤悦則訳、松籟社、1999 年。

ネグリ，A.『〈帝国〉をめぐる五つの講義』小原耕一・吉澤明訳、青土社、2004 年。

ネグリ，A.『戦略の工場――レーニンを超えるレーニン』中村勝己・遠藤孝・千葉伸明訳、作品社、2011 年。

西川潤『経済発展の理論（第二版)』。日本評論社、1978 年。

新田滋『段階論の研究――マルクス・宇野経済学と〈現在〉』、御茶の水書房、1998 年。

ノゲーズ，D.『レーニン・ダダ』鈴村和成訳、ダゲレオ出版、1990 年。

沼田稲次郎『増補 法と国家の死滅』、法律文化社、1975 年。

小熊英二『〈民主〉と〈愛国〉――戦後日本のナショナリズムと公共性』、新曜社、2002 年。

大石雅彦『マレーヴィチ考――「ロシア・アヴァンギャルド」からの解放にむけて』、人文書院、2003 年。

太田仁樹『レーニンの経済学』、御茶の水書房、1989年。
大澤真幸「失敗する指導者」:『本』、2006年11月号、講談社。
パノフスキー，E.『〈象徴形式〉としての遠近法』木田元監訳、哲学書房、1993年。
Пашуканис, Е. Б., Обшая теория права и марксизм, изд. третье, М., 1929 [『法の一般理論とマルクス主義』稲子恒夫訳、日本評論社、1967年].
Pipes, R., *The Unknown Lenin: From the Secret Archive*, Yale University Press, New Haven, 1996.
Плеханов, Г. В., Избранные философские произведения в пяти томах, М., 1956.
Плеханов, Г. В., К вопросу о развитии монистического взгряда на историю, М., 1933 [『史的一元論（上・下）』川内唯彦訳、岩波文庫、1963年].
ポッジョーリ，R.『アヴァンギャルドの理論』篠田綾子訳、晶文社、1988年。
Postone, M., *Time, Labor, and Social Domination: A Reinterpretation of Marx's Critical Theory*, Cambridge University Press, New York, 2003 [時間・労働・支配——マルクス理論の新地平』白井聡・野尻英一監訳、筑摩書房、2012年].
ランシエール，J.『民主主義への憎悪』松葉祥一訳、インスクリプト、2008年。
Read, C., *Lenin: A Revolutionary Life*, Routledge, London & New York, 2005.
Rosenthal, B. G., *New Myth, New World: From Nietzsche to Stalinism*, Pennsylvania State University Press, University Park, PA, 2002.
桜井毅『宇野理論と資本論』、有斐閣、1979年。
雀部幸隆『レーニンのロシア革命像——マルクス、ウェーバーとの思想的交錯において』、未來社、1980年。
佐々木力『マルクス主義科学論』、みすず書房、1997年。
佐々木毅『プラトンの呪縛——二十世紀の哲学と政治』、講談社学術

文庫、2000年。

佐藤正則『ボリシェヴィズムと〈新しい人間〉——20世紀ロシアの宇宙進化論』、水声社、2000年。

佐藤正則「マルクスを読みなおす〈マッハ主義者〉たち——〈ロシア・マルクス主義〉の多面性のために」:『情況』2003年5月号、情況出版。

Schmitt, C., *Die geistesgeschichtliche Lage des heutigen Parlamentarismus*, Duncker & Humblot, Berlin, 1991［長尾龍一編『著作集I』樋口陽一ほか訳、慈学社出版、2007年］.

Service, R., *Lenin: A Biography*, Harvard University Press, Cambridge, MA, 2000［『レーニン（上・下）』河合秀和訳、岩波書店、2002年］.

社会主義法研究会編『レーニンの国家・法の理論』、法律文化社、1971年。

島田豊『原典解説　唯物論と経験批判論』、青木書店、1966年。

白井聡『未完のレーニン——〈力〉の思想を読む』、講談社選書メチエ、2007年。

シクロフスキー, V. ほか『レーニンの言語』桑野隆訳、水声社、2005年。

ソレル, G.『暴力論（上・下）』塚原史・今村仁司訳、岩波文庫、2007年。

スピーゲルバーク, H.『現象学運動（上・下）』立松弘孝監訳、世界書院、2000年。

Сталин, И. В., Сочинения, Т. 6, М., 1952［『スターリン全集』第六巻、大月書店、1954年］.

絓秀実ほか『LEFT　ALONE——持続するニューレフトの「68年革命」』、明石書店、2005年。

田中真晴『ロシア経済思想史の研究——プレハーノフとロシア資本主義論史』、ミネルヴァ書房、1967年。

寺出道雄『知の前衛たち——近代日本におけるマルクス主義の衝撃』、ミネルヴァ書房、2008年。

トロツキー, L. D.『ロシア革命史（1〜5）』藤井一行訳、岩波文庫、

2000-2001年。

上野成利『暴力』、岩波書店、2006年。

上山安敏『フロイトとユング——精神分析運動とヨーロッパ知識社会』、岩波書店、1989年。

宇野弘蔵監修『講座 帝国主義の研究』第1巻、青木書店、1973年。

宇野弘蔵『著作集』全十巻、岩波書店、1973-1974年。

宇野弘蔵『資本論五十年（上・下)』、法政大学出版局、1981年。

宇野弘蔵『『資本論』と私』、御茶の水書房、2008年。

ヴァレンチノフ, N.『知られざるレーニン』門倉正美訳、風媒社、1972年。

Volkogonov, D., *Lenin: A New Biography*, Free Press, New York, 1994 [『レーニンの秘密（上・下)』白須英子訳、NHK出版、1995年].

和田春樹『マルクス・エンゲルスと革命ロシア』、勁草書房、1975年。

ヴァリツキ, A.『ロシア社会思想とスラヴ主義』今井義夫訳、未來社、1979年。

Walicki, A., *The Controversy over Capitalism: Studies in the Social Philosophy of the Russian Populists*, University of Notre Dame Press, Notre Dame, Indiana, 1989 [『ロシア資本主義論争——ナロードニキ社会思想史研究』日南田静真・松井憲明ほか訳、ミネルヴァ書房、1975年].

Walicki, A., *Marxism and the Leap to the Kingdom of Freedom: The Rise and Fall of the Communist Utopia*, Stanford University Press, CA, 1995.

渡邉寛『レーニンとスターリン——社会科学における』、こぶし書房、2007年。

White, J. D., *Lenin: The Practice and Theory of Revolution*, Macmillan Palgrave, Basingstoke & New York, 2001.

Williams, B., *Lenin: Profiles in Power*, Longman, Essex, 2000.

山之内靖『マルクス・エンゲルスの世界史像』、未來社、1969年。

山内昌之編『「イスラム原理主義」とは何か』、岩波書店、1996年。

米原万里『ロシアは今日も荒れ模様』、講談社文庫、2001年。

吉本隆明『擬制の終焉』、現代思潮社、1962年。
吉沢明「ネグリの語法における両義性の「革命的」意義」:『情況』2004年12月号、情況出版。
Зеньковский В. В., История русской философии, М., 2001.
Žižek, S., *Tarrying With The Negative: Kant, Hegel, and the Critique of Ideology*, Duke University Press, Durham, 1993 [『否定的なもののもとへの滞留——カント、ヘーゲル、イデオロギー批判』酒井隆史・田崎英明訳、太田出版、1998年].
Žižek, S., "Afterword: Lenin's Choice", in Žižek ed., *V. I. Lenin, Revolution at the Gates: A Selection of Writings from February to October 1917*, Verso, London & New York, 2002 [『迫り来る革命——レーニンを繰り返す』長原豊訳、岩波書店、2005年].

本書は、二〇一〇年四月、作品社より刊行され、その後二〇一五年七月、同社より「増補新版」として再刊された。文庫化に際しては、「増補新版」を底本とした。

ちくま学芸文庫

「物質《ぶっしつ》」の蜂起《ほうき》をめざして　レーニン、〈力《ちから》〉の思想《しそう》

二〇二四年九月十日　第一刷発行

著　者　白井　聡（しらい・さとし）
発行者　増田健史
発行所　株式会社　筑摩書房
東京都台東区蔵前二―五―三　〒一一一―八七五五
電話番号　〇三―五六八七―二六〇一（代表）
装幀者　安野光雅
印刷所　株式会社精興社
製本所　株式会社積信堂

ISBN978-4-480-51253-6 C0110